内蒙古自治区新能源汽车技术专业群“双高”建设成果
内蒙古自治区于洪兵技能大师工作室技能推广建设成果
内蒙古自治区于洪兵（劳模）创新工作室建设成果
内蒙古自治区高等学校科学技术研究人文类重点项目“高职汽车专业群1+X证书制度人才培养模式探索与实践研究”（项目编号：NJSZ22106）研究成果
包头职业技术学院崔广磊“双师型”名师工作室建设成果

新能源汽车技术专业标准化作业手册

沈盛军　张呼努斯图　于洪兵　王　晨◎编著

中国铁道出版社有限公司
CHINA RAILWAY PUBLISHING HOUSE CO., LTD.

内 容 简 介

《新能源汽车技术专业标准化作业手册》是一本旨在培养新能源汽车技术领域高素质技术技能人才的著作。本书依据新能源汽车技术发展的最新趋势和行业需求，结合标准化作业流程与规范，系统介绍了新能源汽车维修所需的各项核心知识与技能。内容涵盖新能源汽车高压安全、基础知识、维修技能、维护与保养、故障诊断与排除及新能源汽车 1+X 考试认证等。

本书实用性强，内容紧密贴合新能源汽车维修与保养的实际需求，提供大量实操案例与标准化作业流程，便于学习者快速掌握并应用于实际工作中；内容新颖，能紧跟新能源汽车技术发展的最新趋势，确保学习者能够掌握前沿的技术知识；语言简洁明了，结合标准化作业表的形式，帮助学习者轻松理解和掌握复杂的技术知识。

本书适合新能源汽车技术领域的专业人员、汽车维修工程人员以及相关专业的师生使用，旨在提升其专业技能，适应新能源汽车行业的快速发展需求。同时，也可作为新能源汽车技术培训与考核的参考用书。

图书在版编目（CIP）数据

新能源汽车技术专业标准化作业手册 / 沈盛军等编著． -- 北京：中国铁道出版社有限公司，2025．6． -- ISBN 978-7-113-32346-2

Ⅰ．U469．7-65

中国国家版本馆 CIP 数据核字第 2025DV0658 号

书　　名：新能源汽车技术专业标准化作业手册
作　　者：沈盛军　张呼努斯图　于洪兵　王　晨

策　　划：何红艳　　**编辑部电话：**（010）63560043
责任编辑：何红艳　包　宁
封面设计：刘　颖
责任校对：苗　丹
责任印制：赵星辰

出版发行：中国铁道出版社有限公司（100054，北京市西城区右安门西街 8 号）
网　　址：https：//www. tdpress. com/51eds
印　　刷：北京铭成印刷有限公司
版　　次：2025 年 6 月第 1 版　2025 年 6 月第 1 次印刷
开　　本：787 mm×1 092 mm　1/16　**印张：**24　**字数：**613 千
书　　号：ISBN 978-7-113-32346-2
定　　价：79. 80 元

前言

随着全球能源转型与“双碳”目标推进，新能源汽车产业已成为引领交通领域技术变革的核心力量。新技术的快速迭代、产业规模的持续扩张，以及电动化、智能化、网联化技术的深度融合，对从业者的技术技能提出了更高要求。为规范行业作业流程、提升技术服务质量、保障从业人员与车辆安全，于洪兵技能大师工作室领办人组织行业专家、院校教师等新能源汽车领域技术骨干，结合国家最新标准、行业规范及一线实践经验，编写了这部《新能源汽车技术专业标准化作业手册》。

本书以国务院办公厅《新能源汽车产业发展规划（2021—2035 年）》、《新能源汽车维修维护技术要求》（GB/T 44510—2024）等政策与国家标准为纲领，融入上汽大众、吉利汽车等国内主流车企技术规范，旨在为从业人员提供一套权威、系统且可操作性强的作业指导资料，助力行业规范化发展。

本书为内蒙古自治区新能源汽车技术专业群“双高”建设成果、内蒙古自治区于洪兵技能大师工作室技能推广建设成果、内蒙古自治区于洪兵（劳模）创新工作室建设成果、内蒙古自治区高等学校科学技术研究人文类重点项目“高职汽车专业群 1+X 证书制度人才培养模式探索与实践研究”（项目编号：NJSZ22106）研究成果、包头职业技术学院崔广磊“双师型”名师工作室建设成果。本书旨在为新能源汽车技术相关人员提供全面、系统、实用的指导，涵盖了新能源汽车的基本原理、关键技术、维修保养、安全规范等方面的内容。我们希望通过这本手册，能够帮助读者更好地掌握新能源汽车技术，提升专业技能，为新能源汽车产业的发展贡献力量。同时，我们也期待本手册能够在职业教育、技能培训等领域发挥积极作用，促进新能源汽车技术人才的培养和成长。

本书由包头职业技术学院沈盛军、张呼努斯图、于洪兵、王晨编著，参加编著的还有包头职业技术学院吕凯、崔广磊、孙丽、朱颖、郝魁、白树全、张明星、李超、黄大江、孟婕、李海岗、杨秀芳、于淑霞、郑春伟、解艳超、刘颖，包头机械工业职业学校白康燕。其中，基础篇电动汽车高压系统认知由沈盛军、张呼努斯图编著，1+X 篇智能新能源汽车考试认证由沈盛军编著，1+X 证书制度实践研究报告由沈盛军、白树全、郝魁编著；1+X 证书制度实施相关文件由张呼努斯图编著，汽车运用与维修认证考试由张呼努斯图、白树全编著；维护保养篇高压部件绝缘检测由于洪兵、白康燕编著；基础篇纯电动汽车制动系统的认知与检修由王晨编著；基础篇高压电安全基础知识、职业技能提高篇纯电动汽车不能行驶故障诊断与排除由吕凯编著；维护保养篇纯电动汽车维护与保养基础、纯电动汽车维护保养作业前场地准备、车辆电器及设施基本检查、底盘基本检查、充电系统基本检查由崔广磊、李超编著；职业技能提高篇纯电动汽车 CAN 总线系统的检修由孙丽编著；基础篇纯电动汽车驱动电机系统拆装与测量、职业技能提高篇新能源汽车驱动电机控制系统故障诊断与维修由朱颖编著；基础篇纯电动汽车中控门锁检修由郝魁编著；基础篇纯电动汽车动力电池拆装与检验由张明星编著；基础篇纯电动汽车转向系统的拆装与调整由黄大江编著；基础篇纯电动汽车电动车窗检修由孟婕编著；基础篇纯电动汽车电动后视镜检修由李超编著；基础篇纯电动汽车刮水器与洗涤系统检修由李海岗编著；基础篇混合动力汽车空调系统的检修由杨秀芳编著；基础篇纯电动汽车灯光与信号系统检修由于淑霞编著；职业技能提高篇纯电动汽车高压不上电故障诊断与排除、纯电动汽车不能充电故障诊断与排除由郑春伟编著；职业技能提高篇纯电动汽车高温故障诊断与排除由解艳超编著；职业技能提高篇新能源车现场查勘流程由刘颖编著；1+X 证书制度试点工作实施方案由白树全、郝魁编著。

本书在编著过程中得到了吉利汽车集团有限公司陶智、包头机电工业职业学校康雁军、准格尔旗职业高级中学樊磊、乌兰察布技师学院王伊东的大力支持和帮助。同时，参考了大量国内外相关著作、汽车厂家资料和其他相关文献资料，在此一并向有关作者和汽车厂家表示真诚感谢！

限于编著者技术水平，书中难免存在不当之处，敬请广大读者批评指正。

编著者

2025 年 3 月

目 录

基础篇

职业技能提高篇

维护保养篇

1+X 篇

基础篇

高压电安全基础知识

吕　凯

一、任务内容

新能源汽车的故障诊断与维修危险性最大的地方在其高压系统，本任务通过对高压电的危害、警示标志、维修工作安全原则、人身防护、事故急救措施等进行学习，提高维修工作人员对于高压电的认知，从而确保维修时的人身安全。

二、注意事项

在进行新能源汽车的高压电系统相关维修工作时，必须严格遵守以下安全操作注意事项：

(1)认知高压电的危险：例如25 V及以上的交流电压和60 V及以上的直流电压均视为危险电压，而且交流电相比直流电更具危险性，因其能引发肌肉和心脏的震颤。人体在低电压下内阻较大，但在高电压、大电流情况下，内阻会显著降低，增加触电风险。

(2)警示标志识别：在操作前，必须识别并理解车辆内及工位上的高压电警示标志，以确保操作安全。

(3)遵守安全原则：在对高压电系统进行任何操作前，必须确保系统已断电，并采取措施防止系统再次启动。

(4)个人防护装备：操作时必须穿戴适当的个人防护装备，包括抗酸和耐高压安全手套、绝缘安全工作鞋、耐高压电的适当工具以及护目镜等。

(5)操作规范：例如避免将水管或清洁水管直接对准高压组件，在靠近高压组件操作时，务必切断系统电源，使用拆卸工具或进行焊接操作前，必须将系统断电等。

(6)急救措施准备：熟悉电气事故急救措施，确保在发生电气事故时能够迅速、正确地采取行动。

通过以上注意事项的严格遵守，可以最大程度地降低高压电操作中的安全风险，保障维修工作人员的人身安全。

三、标准化作业表

1. 高压电的危害(见表 1-1-1)

表 1-1-1　高压电的危害

认知项目	认　知　内　容	备　　注
电流与电压的危险区域	➢ 25 V 及以上的交流电压和 60 V 及以上的直流电压都很危险。 ➢ 当 5 mA 以上电流流过人体时,会出现“触电反应”。人会体验到刺痛感,但仍能自行脱离带电体。 ➢ 当 10 mA 以上的电流流过人体时,即超过允许电流阈值,人体开始收缩。无法再脱离带电体。电流的停留时间显著增加。 ➢ 30～50 mA 交流电的较长停留会导致呼吸骤停和心室纤维性颤动。 ➢ 超过 80 mA 的电流穿过人体即被称为“致命阈值” 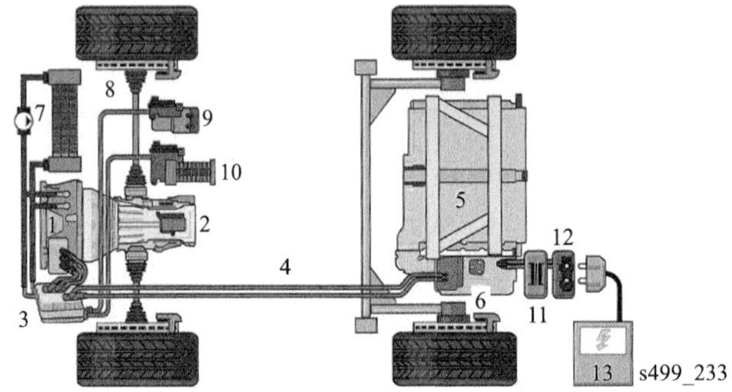 1—电机;2—变速箱和差速器;3—功率电子元件;4—高压导线; 5—高压电池;6—电控箱和电池控制单元;7—冷却系统; 8—制动系统;9—高压空调压缩机;10—高压暖风装置; 11—充电器;12—外部充电触点;13—外接电源。 电动汽车高压部件	通用基础知识
交流电与直流电对比	➢ 交流电压导致交流电通过人的身体,引发肌肉组织和心脏的震颤,因此更危险。 ➢ 交流电压的频率越低,危险性越大。 ➢ 交流电明显更早地引发心室纤维性颤动,如不立即采取急救措施,将导致致命伤害。 有效值为 25 V 的交流电,实际电压冲击为 70. 5 V。 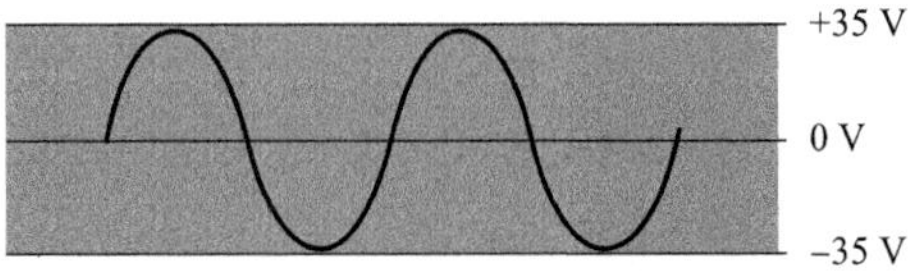 而有效值为 60 V 的直流电,电压冲击始终为 60 V  	新能源汽车高压直流和高压交流都存在

续表

认知项目	认 知 内 容	备 注
人体内阻	➢ 低压情况下人体内阻较大,比如用万用表测量时。 ➢ 在高压电导致的大电流的情况下,人体内阻将大大降低。 ➢ 所有血管内的血液都是良好的导电体。 ➢ 根据触电过程中的接触点不同,对人体的影响也有很大差异。 ➢ 当电流流经心脏时最危险 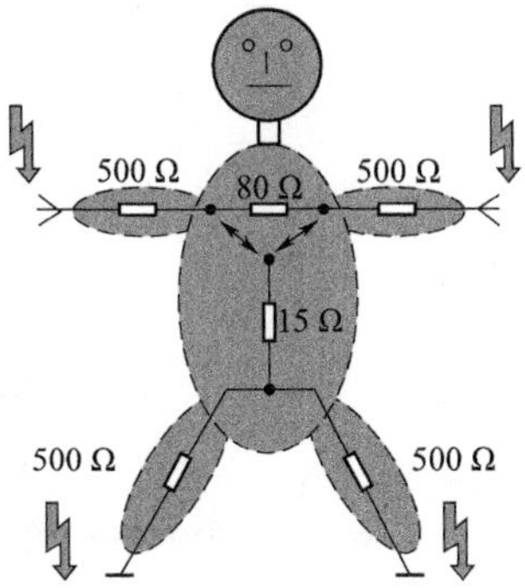	
电流流过人体的后果	➢ 冲击反应:脱离阈值以下的冲击反应,从而通过不受控的动作和失去平衡导致受伤的风险。 ➢ 热反应:电流进口和出口点的灼伤和烧焦以及内部灼伤。结果是肾脏超负荷,可导致致命伤害。 ➢ 化学反应:血液和细胞液为电解质,通过电解方式分解。结果将导致重度中毒,直到数日之后才会发现,所以具有潜在危害性。 ➢ 肌肉刺激效应:人体的所有身体功能和肌肉动作是由大脑通过神经系统中的电刺激控制的。如果流经身体的电流过大,肌肉会发生痉挛,而且大脑无法再影响肌肉组织。 ➢ 皮肤灼伤:出现短路时温度上升,可导致工具急剧加热,包括材料熔化,产生飞溅的火花,粒子温度高于 5 000 ℃,有被灼伤的危险。 ➢ 眼睛伤害:连接和断开活动高压电缆时形成电弧,光辐射可导致电光眼,会造成严重眼部伤害	

2. 高压电的警示标志(见表 1-1-2)

表 1-1-2 高压电的警示标志

认知项目	认 知 内 容	备 注
车内危险区域	 该警示牌主要指电压危险,接触可能造成电击或烧伤,操作前关闭高压电系统	以大众汽车警示标志为例

续表

认知项目	认 知 内 容	备 注
车内危险区域	 该警示牌主要提示:注意零件带有高压电。操作前断开高压电系统,并阅读维修资料	以大众汽车警示标志为例
工位危险区域	 VAS 6786 电池危险警告  VAS 6649 高压危险警告  VAS 6881 切勿靠近  禁止佩戴心脏起博器者靠近  VAS 6650A 请勿接通  VAS 6871 请勿插入  VAS 6882 禁止烟火	

3. 高压电工作安全原则(见表 1-1-3)

表 1-1-3　高压电工作安全原则

认知项目	认知内容	备注
高压电系统操作的五大安全规则	➢ 断电。 ➢ 确保不会再次启动。 ➢ 确认断电状态。 ➢ 接地和短路。 ➢ 盖上或隔离附近带电的组件 	通用基础知识
对高压电系统进行操作时,需遵循的事项	➢ 所有橙色电缆都带有威胁生命的高压电。 ➢ 不要将浇淋水管或高压清洁水管正对着高电压组件。 ➢ 不要让润滑油、油脂、触点喷剂等接触到高压电接头。 ➢ 在靠近带高压电的组件附近进行操作时,要切断系统电源。 ➢ 在需要使用拆卸工具或锋利工具的焊接操作之前必须将系统断电。 ➢ 必须防止灰尘和湿气沾染到所有断开的高压电连接装置。 ➢ 务必更换受损的电缆。 ➢ 身体上或身体内佩戴电子/医疗生命和健康维持设备(如起搏器)的人员不得操作高压电系统(包括点火系统)。 ➢ 所有使用的测量仪器应适当而且是经过批准的。 ➢ 小心操作潮湿的高压电系统(湿润的组件,尤其沾有道路用盐的组件,会导致威胁生命安全的危险)	新能源汽车高压直流和高压交流都存在

4. 人身防护用品(见表 1-1-4)

表 1-1-4　人身防护用品

认知项目	认知内容	备注
高压电操作防护用品	➢ 抗酸和耐高压安全手套。 ➢ 绝缘安全工作鞋。 ➢ 耐高压电的适当工具。 ➢ 护目镜	基础知识

续表

认知项目	认 知 内 容	备 注
高压电操作防护用品	 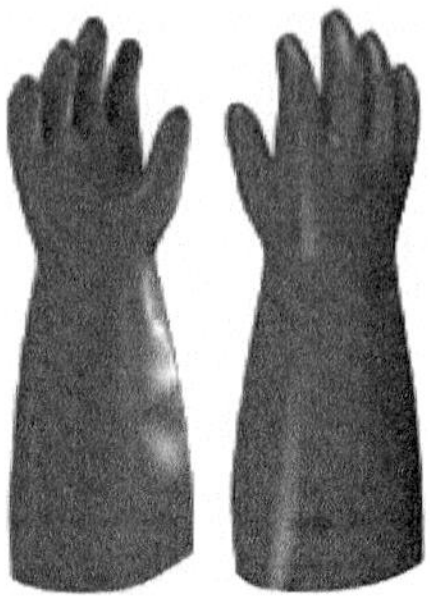 VAS 6762 带绝缘垫的高压电工具套装　安全手套   护目镜　电工安全鞋	以大众汽车防护用品为例

5. 事故急救措施(见表 1-1-5)

表 1-1-5 事故急救措施

认知项目	认 知 内 容	备 注
当营救遭遇电气事故人员时的注意事项	➢ 必须首先保证自己的安全。 ➢ 切勿直接接触触电人员。 ➢ 在可能的情况下,立即将电气系统断电(立即关闭点火开关,拔出维修插头 TW)。 ➢ 用不导电的物体(如长木杆、扫帚把等)将受害者或导电体与电压分离开	通用基础知识
电气事故之后实施急救措施时的注意事项	如果事故受害者没有任何反应,应实施以下急救措施: ➢ 首先确定生命机能,如脉搏和呼吸。 ➢ 立即呼叫(或请他人呼叫)急诊医生。 ➢ 进行心肺复苏和人工呼吸(30 : 2),直至医生到达。 ➢ 如果停止呼吸,使用体外除颤器(如有)。 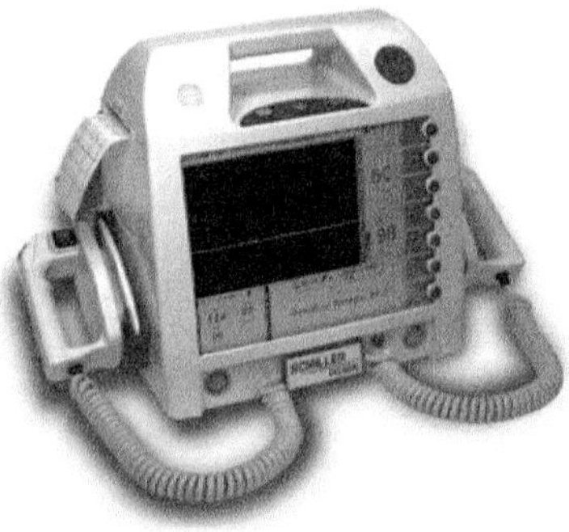 如果事故受害者有反应,应实施以下急救措施: ➢ 冷却灼伤处,并用无菌的无绒布盖住。 ➢ 事故受害者必须就医,即使他们拒绝,仍应如此	

续表

认知项目	认　知　内　容	备　　注
在发生事故时(有蓄电池/蓄电池内容物)的急救措施	➢ 在接触到皮肤时,用大量的水冲洗。 ➢ 如果吸入气体,需要大量新鲜空气。 ➢ 如果接触到眼睛,用大量水冲洗(至少 10 min)。 ➢ 如果吞下蓄电池内容物,需饮用大量水,但避免呕吐。 ➢ 立即就医	

6. 大众汽车的高电压安全方案(见表 1-1-6)

表 1-1-6　大众汽车的高电压安全方案

认知项目	认　知　内　容	备　　注
大众汽车的高电压安全方案	设计保护: ➢ 组件接触保护。 ➢ 高压线路的绝缘措施。 ➢ 高压系统与车身接地断开。 ➢ 维修插头。 ➢ 高压保护继电器。 ➢ 电位平衡线路。 ➢ 低压控制线路。 ➢ 绝缘电阻监控。 警示保护: ➢ 警告标签。 ➢ 橙色提醒色。 功能保护: ➢ 点火开关关闭高压系统。 ➢ 充电保护。 ➢ 碰撞保护	以大众汽车为例
高压设备的保护继电器	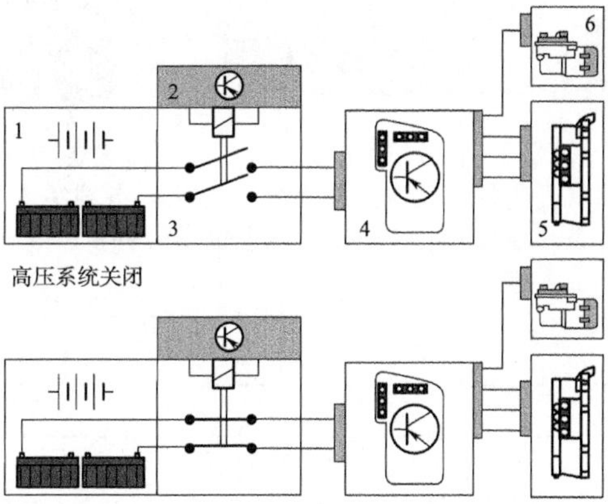 1—高压电池;2—电池管理系统;3—保护继电器; 4—功率电子元件;5—电机;6—空调压缩机。 高压设备的作用: 高压电池与高压系统连接在一起。两根高压线路(主正 HV+、主负 HV-)有各自的保护继电器,其作用是控制高压电池与高压电网通断。 工作原理: 两路保护继电器同时工作,如果继电器断电,高压电池与高压电网也会断开。断开指令可由多种情况触发。如果关闭汽车并拔出点火钥匙,也能使继电器打开,同时使其他安全系统做出响应	

续表

认知项目	认 知 内 容	备 注
通过关闭点火开关断开高压	 工作原理: 断开高压设备最简单的方法是将点火钥匙关闭。 点火开关或 Engine off 键被用作将电路与高压设备保护继电器断开的开关。钥匙关闭后,高压设备上很快没有电压。高压电池本身以及连接至保护继电器上游高压导线仍然有电压	
高压系统与低压 12 V 系统隔离	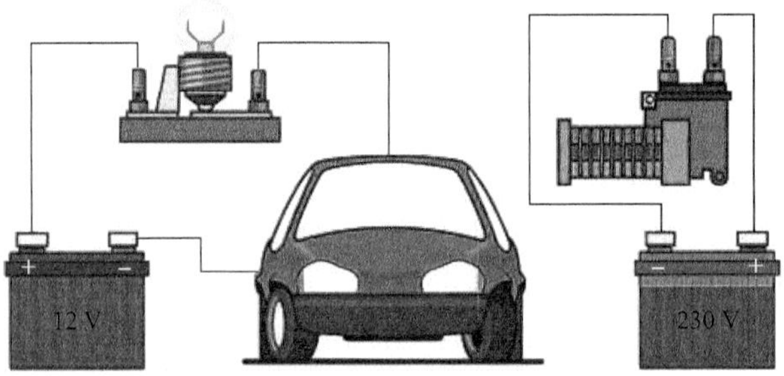 高压电网与 12 V 车载电网的严格隔离可以防止高压设备与汽车接地发生意外短路。所有高压组件都具有两条导线,由这两条导线组成回路,与车身接地没有连接。高压设备具有一个专门的电位平衡装置	
电位平衡	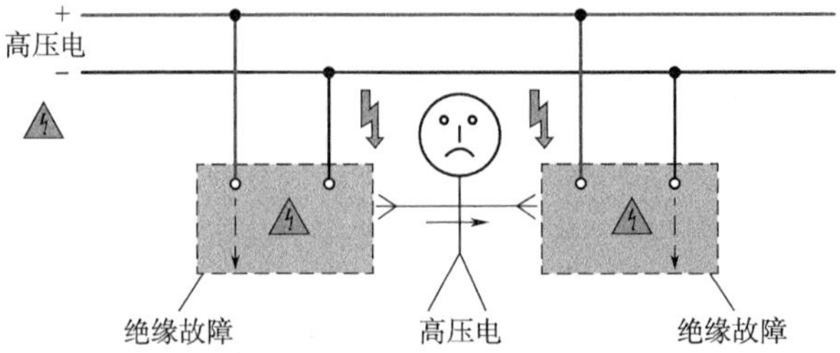 上图为无电位平衡电缆的高压电系统,接触电压无法有效疏导,触电风险显著增加,因为高压部件之间或部件与车体间的电位差无法通过等电位线均衡,可能导致局部电压累积,人员在接触金属部件时,可能因接触电压差引发电击事故	

续表

<table>
<tr><th>认知项目</th><th>认 知 内 容</th><th>备 注</th></tr>
<tr><td>电位平衡</td><td>
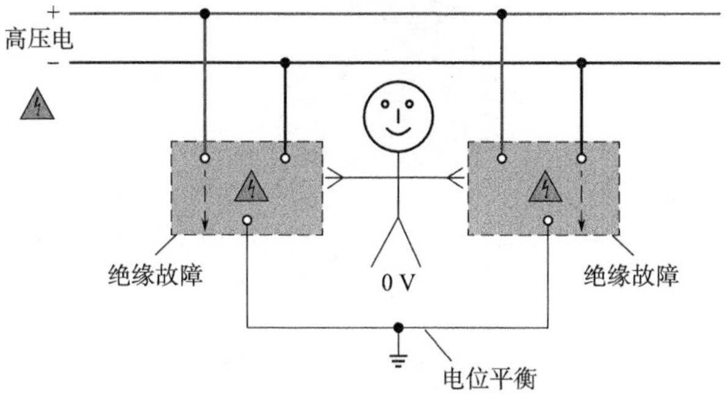

带电位平衡电缆的高压电系统,安全性大大提升</td><td></td></tr>
<tr><td>低压控制线路</td><td>
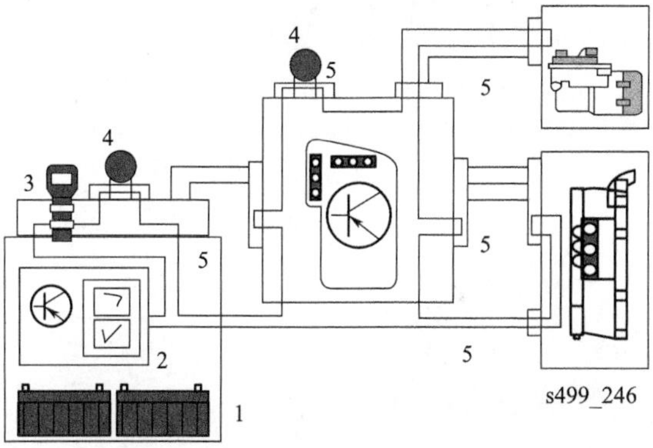

1—高压电池;2—电池管理系统;3—保养插头;
4—控制电路插头;5—高压组件接口。

低压控制线路是一个完全独立的低压安全系统,它用于确定是否所有高压组件都正确地连在高压系统上。控制电路连接着所有高压组件,系统检查连接在控制电路中的部件的高压接口是否正确连接。当某一高压部件的高压触点断开,控制电路就会断开;即使在高压系统中控制线路只在一个位置断开,保护继电器也会切断高压电池的输出

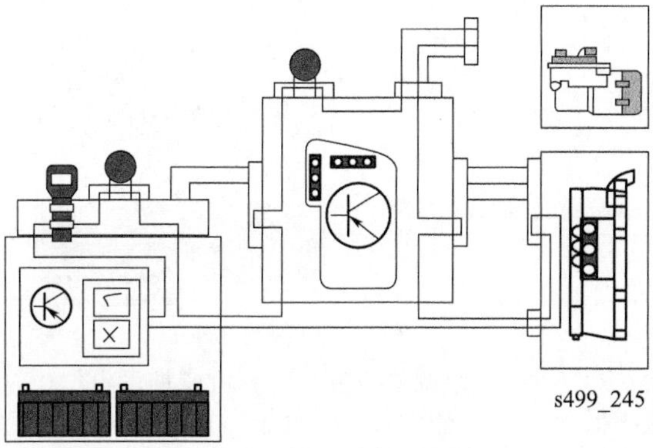

</td><td></td></tr>
</table>

续表

认知项目	认　知　内　容	备　　注
高压电系统的维修插头 TW	 为了在车辆作业时为断开高压设备额外提供一个安全装置，在高压系统前部舱内通常设置一个保养插头。当保养插头解锁并拔出后，会使低压控制线路断开，保护继电器断开，使高压电网与高压电池分离。仅电池模块自身仍然带部分电压。  该插头禁止擅自插拔操作，只可由高压电专家和有资质的救援人员进行操作，插头拔出后为避免意外闭合，需锁止。 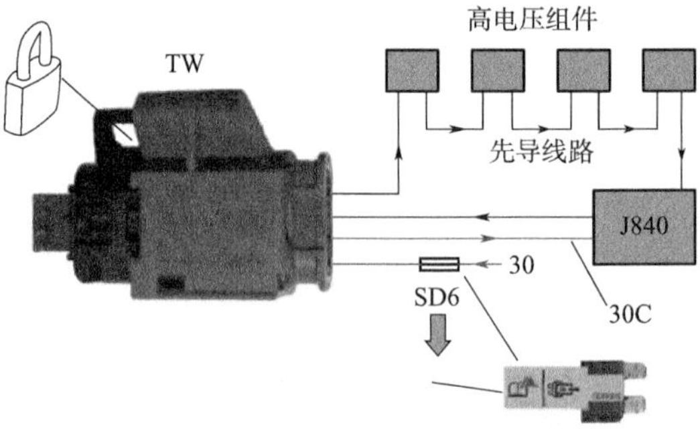 注：30、30C 为线路标识	
绝缘电阻的监控	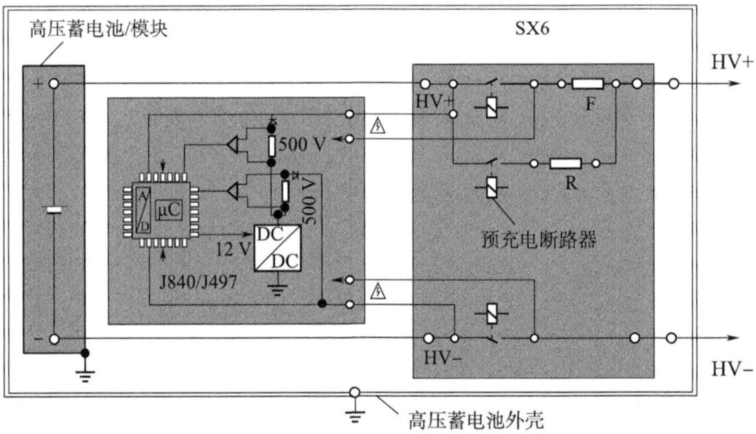 在高压电动汽车行驶时，电池调节控制单元 J840 定期发出 500 V 测试电压，测试电流值很低，所以对人体无害。假如由于外部损坏使导线绝缘层破损，绝缘电阻会发生改变，控制单元通过电阻改变识别到绝缘故障	

续表

<table>
<tr><th>认知项目</th><th>认 知 内 容</th><th>备 注</th></tr>
<tr><td>外部充电保护</td><td>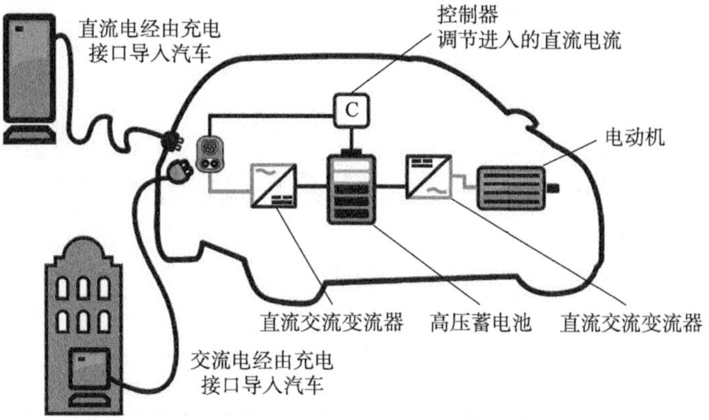

汽车外部充电插头中装有额外的保护继电器，只有当系统确定充电触点已连接且存在电压时，保护继电器才会将高压电池与充电触点连接</td><td></td></tr>
<tr><td>碰撞保护</td><td>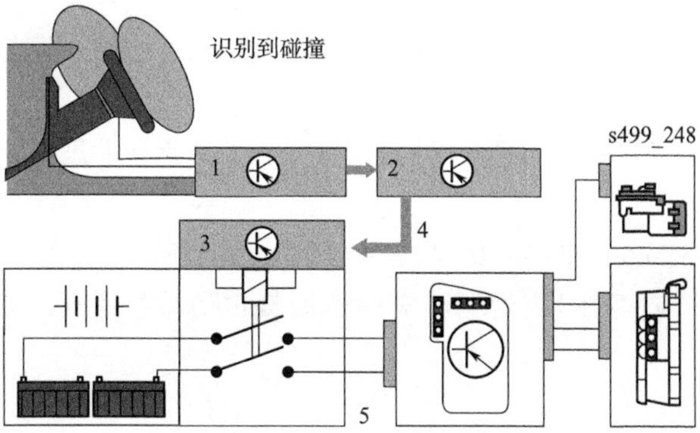

1—安全气囊控制单元；2—数据总线诊断接口；
3—电池调节控制单元；4—CAN 报文；5—高压系统。
安全气囊控制单元识别到发生事故且安全带拉紧器或安全气囊触发，就会要求电池调节控制单元断开保护继电器。如果只有安全带拉紧器触发，重新开关点火开关后就可以使继电器闭合。如果发生二级碰撞，安全带拉紧器和安全气囊就会触发，之后只能通过诊断仪使保护继电器重新闭合</td><td></td></tr>
</table>

电动汽车高压系统认知

沈盛军　张呼努斯图

一、任务内容

本任务以大众汽车为例，通过对电动汽车高压系统的认知，旨在提高学习者对电动汽车高压系统的组成和结构原理的了解，从而为后续的检修和故障诊断打下坚实的基础。

二、注意事项

（1）安全第一：在了解电动汽车高压系统时，必须注意高压电的安全问题，确保在操作过程中不会触电。

（2）专业指导：在拆解或检修高压系统时，应在专业人员的指导下进行，避免操作不当造成损坏或危险。

（3）准确识别：了解各部件的准确名称、功能及位置，避免混淆或误操作。

（4）遵循规范：在操作过程中，应遵循汽车制造商提供的维修手册和规范，确保操作正确、安全。

（5）个人防护：在操作高压系统时，应佩戴适当的个人防护装备，如绝缘手套、绝缘鞋等，以确保人身安全。

（6）环保意识：在处理动力电池等有害部件时，应注意环保要求，遵循相关法规进行妥善处理。

三、标准化作业表

电动汽车高压系统认知（见表1-2-1）

表1-2-1　电动汽车高压系统认知

作业项目	作业内容	备注
电动汽车高压系统的组成	电动汽车的高压系统是电动汽车的核心，承担了电动汽车的储能、驱动、能量分配等功能，主要由以下各部分组成：	通用基础知识

续表

<table>
<tr><th>作业项目</th><th>作 业 内 容</th><th>备 注</th></tr>
<tr><td>电动汽车高压系统的组成</td><td>
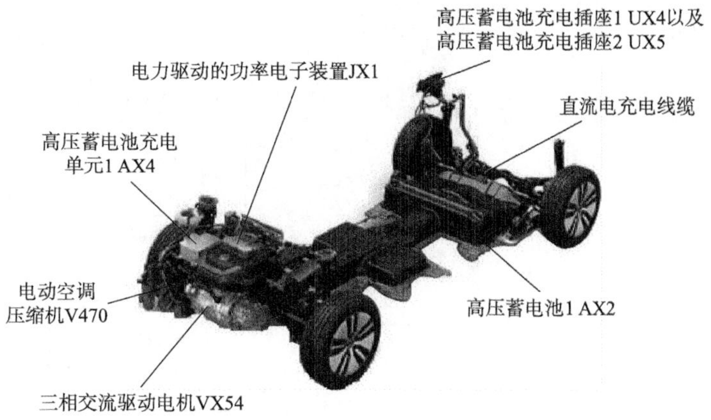

1. 动力电池系统
(1)动力电池:作为整车能量来源,负责储存电能并向其他高压部件供电,其性能直接影响续航里程和车辆性能。
(2)电池管理系统(BMS):监控电池状态(如电压、温度、内阻等),管理充放电过程并确保安全性。
2. 电力驱动系统
(1)驱动电机:将电能转化为机械能驱动车辆,常见类型包括永磁同步电机和异步感应电机等。
(2)电机控制器(MCU):控制驱动电机的运行,将直流电转换为三相交流电并调节输出功率。
(3)减速器/变速器:与电机集成,优化动力传输效率。
3. 高压配电与控制单元
(1)高压配电箱(PDU):分配高压电至各用电设备,内置继电器/熔断器实现过载或短路保护。
(2)高压控制盒(PEU):集成多个控制模块(如电机控制器、DC/DC 变换器),管理高压系统的协调运行。
4. 能量转换与充电系统
(1)车载充电机(OBC):将外部交流电转换为直流电为动力电池充电。
(2)DC/DC 变换器:将高压直流电降压为低压直流电,供 12 V 低压系统使用。
(3)快充接口/慢充接口:分别支持大功率直流快充和常规交流慢充。
5. 热管理与辅助系统
(1)电动压缩机:驱动空调制冷系统,直接由高压电供电。
(2)PTC 加热器:用于电池和驾驶舱的加热,采用高压电实现快速升温。
6. 高压连接部件
高压线束:连接各高压部件,需满足耐高温、抗电磁干扰等特殊要求。
7. 保护与监控系统
(1)绝缘监测模块:实时检测高压系统绝缘状态,防止漏电风险。
(2)熔断器/继电器:在异常工况下切断电路,保障系统安全
</td><td>通用基础知识</td></tr>
</table>

续表

作业项目	作 业 内 容	备 注
电动汽车高压系统的组成	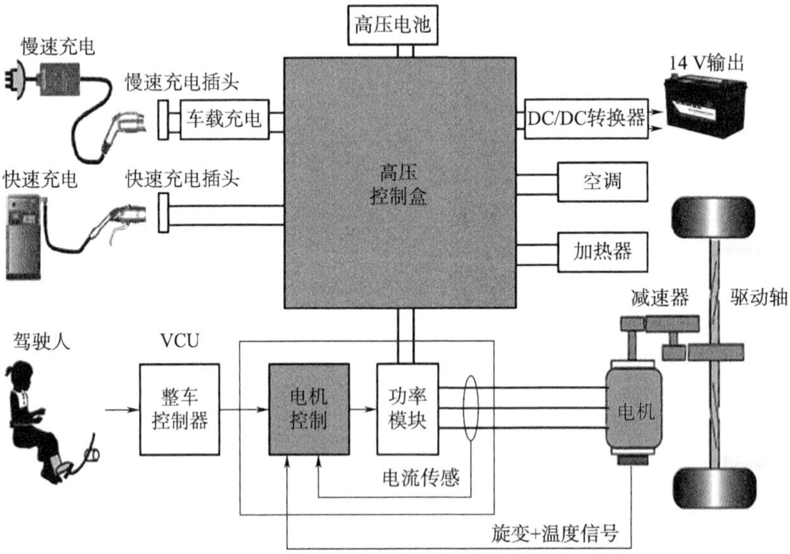	通用基础知识
典型电动汽车高压系统结构	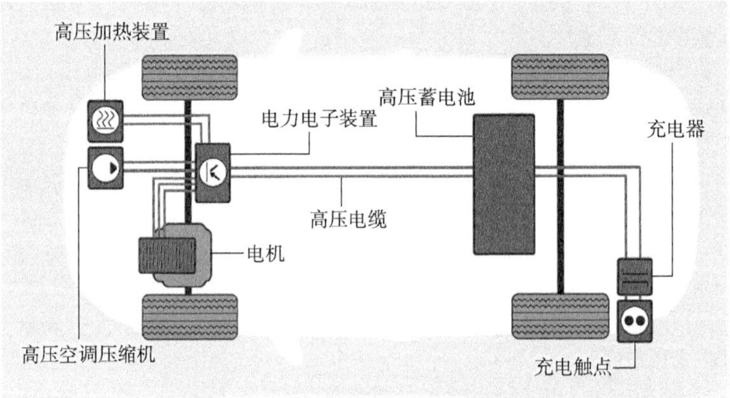 大众纯电动车高压部件 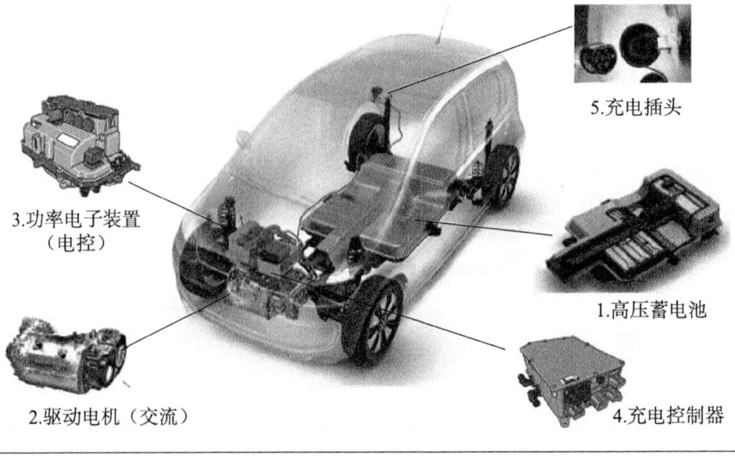	以大众汽车为例

续表

作业项目	作　业　内　容	备　　注
动力电池的结构原理	1. 动力电池原理与作用 动力电池又称动力蓄电池、高压动力电池组、高压电池包、HV 蓄电池等，用于存储电能，能够实现电池的循环充放电，作为电动汽车动力使用。动力电池在新能源汽车上安装的位置有环境要求、安全要求以及便于拆装等要求。 动力电池是电动汽车的核心部件，它的作用是接收和储存来自外部充电装置（充电桩）、发电机、制动能量回收装置提供的电能，并且为驱动电机和其他高压用电设备提供电能。 动力电池可通过外接在插座上充电。插座为功率电子元件提供交流电压。输出时功率电子元件将直流电压转换为交流电压，通过三条导线（U、V 和 W）为电机提供三相电流，这样电动汽车就可以开始行驶。 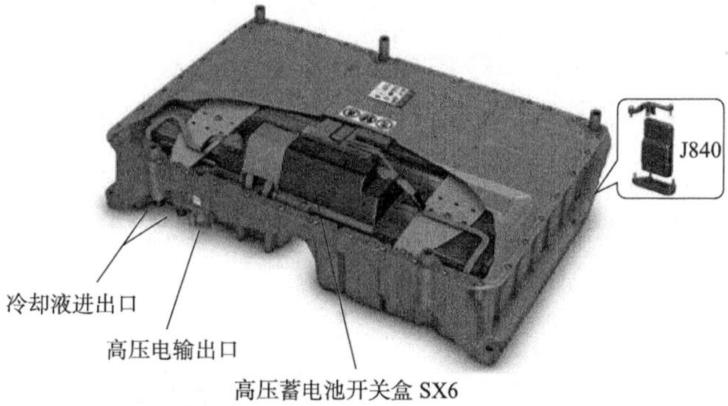 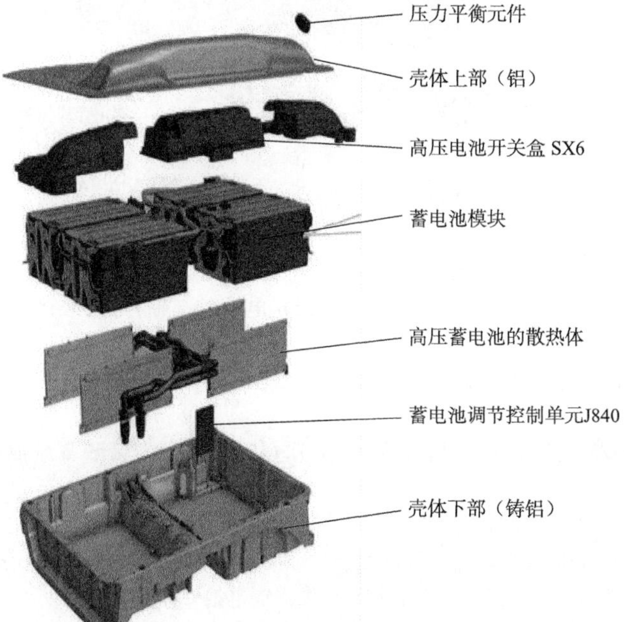 	以大众汽车为例

续表

作业项目	作业内容	备注
动力电池的结构原理	2. 动力电池的使用要求 动力电池是纯电动汽车的核心部件，也是价格最高的部件，在纯电动汽车中的成本占30%～50%。动力电池一旦失效，车辆就会处于瘫痪状态。 （1）正确掌握充电时间，如果电量表指示应充电，尽快充电，否则电池过度放电会严重缩短其寿命。过度充电、过度放电和充电不足都会缩短电池寿命。 （2）定期充电，建议每天都充电，这样使电池处于浅循环状态，电池的寿命会延长。 3. 动力电池的类型 目前在各类新能源和纯电动汽车上广泛使用的是锂电池，锂电池是指正极材料含锂（包括金属锂、锂合金和锂离子、锂聚合物），负极材料采用石墨，使用非水电解质溶液的电池。 纯电动汽车动力电池主要采用锂电池，包括磷酸铁锂电池（$LiFePO_4$）、钴酸锂电池（$LiCoO_2$）、锰酸锂（$LiMn_2O_4$）以及三元锂电池[$Li(NiCoMn)O_2$]。 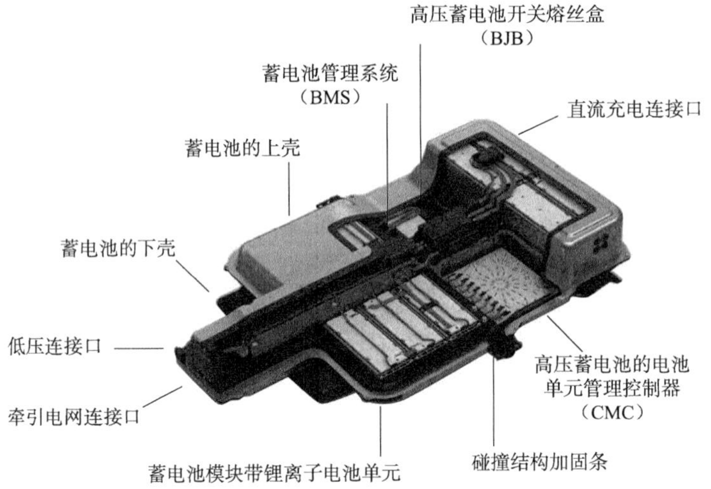 （1）锂电池的优点（磷酸铁锂）： ➢ 单体电池工作电压高达3.7 V，是镍氢电池的3倍，是铅酸蓄电池的近2倍。 ➢ 质量小，比能量大，高达150 W·h/kg，是镍氢电池的2倍，是铅酸蓄电池的4倍。 ➢ 循环寿命长，循环次数可达2 000次以上。寿命为铅酸蓄电池的2～3倍。 ➢ 自放电率低，每月不到5%。 ➢ 允许工作温度范围宽，低温性能好，锂离子电池可在-20～+55 ℃工作。 ➢ 无记忆效应，所以每次充电前不必像镍镉电池一样需要放电。 ➢ 无污染，锂电池中不存在有毒物质，因此，称为"绿色电池"。	以大众汽车为例

续表

<table>
<tr><th>作业项目</th><th>作 业 内 容</th><th>备 注</th></tr>
<tr><td>动力电池的结构原理</td><td>
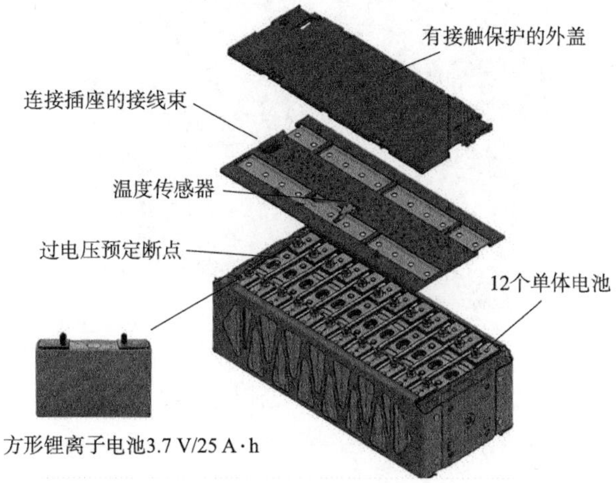

(2)锂电池的缺点：
➢ 机械损坏可能导致电池短路。
➢ 电池既不允许过度充电，也不允许过度放电。
4. 大众汽车电池模组布置
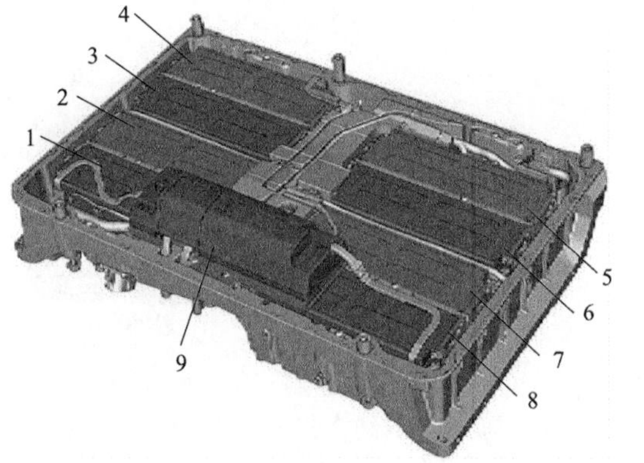

1—高压蓄电池模组 0-J1068-;
2—高压蓄电池模组 1-J991-;
3—高压蓄电池模组 2-J992-;
4—高压蓄电池模组 3-J993-;
5—高压蓄电池模组 4-J994-;
6—高压蓄电池模组 5-J995-;
7—高压蓄电池模组 6-J996-;
8—高压蓄电池模组 7-J997-;
9—高压蓄电池开关盒-SX6-
</td><td>以大众汽车为例</td></tr>
</table>

续表

作业项目	作 业 内 容	备 注
高压电池开关盒 SX6	 高压电池开关盒 SX6内部主要由蓄电池模组监测控制单元 J497、主开关 HV+和 HV-、预充电继电器、串联电阻器、电流传感器、主熔丝等组成	以大众汽车为例
蓄电池调节控制单元 J840	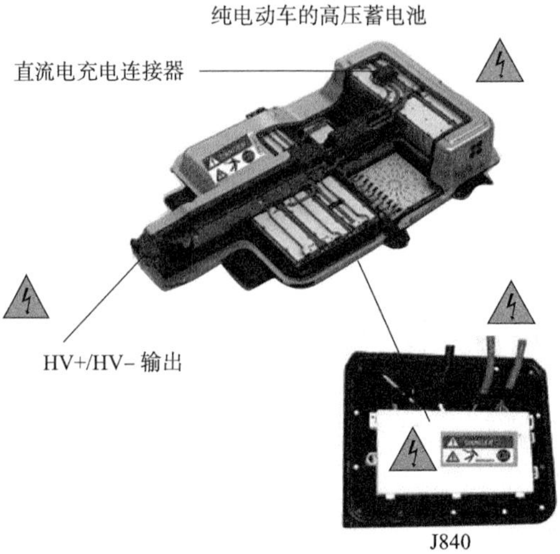 高压电池开关盒 SX6的主要作用是控制高压电的通断，蓄电池调节控制单元 J840 是 SX6 的主控制器。J840 结合 SX6 可执行下述功能： ➢ 监控控制信号。 ➢ 分析碰撞信号。 ➢ 调节高压蓄电池温度。 ➢ 控制锁定继电器。 ➢ 测量锁定继电器前后的电压。 ➢ 分析电流传感器。 ➢ 检测并分析蓄电池电压。 ➢ 检测并分析蓄电池单元格电压。 ➢ 检测模块温度。 ➢ 蓄电池单元格平衡。 ➢ 监测绝缘电阻	以大众汽车为例

续表

作业项目	作 业 内 容	备 注
电子功率装置 JX1	 电子功率装置 JX1 控制从高压蓄电池 AX1 到三相交流驱动电机 VX54 的能量流(放电/充电),控制调节三相交流驱动电机上所需的扭矩(发动机/发电机)。电子功率装置 JX1 通过内置的变压器 A19 对 12 V 车载电网进行充电。 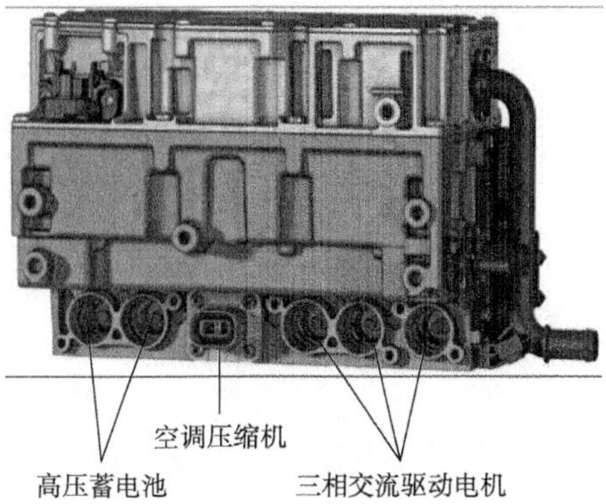 对于大众汽车,电子功率装置 JX1 一般安装在发动机舱内右侧,一般通过高压线路连接电动空调压缩机 V470。不同车型 JX1 的设计会有所不同,有些车型充电机 AX4 也会连接至 JX1。它通过一条电位平衡导线与车身接地相连,并且通过高压电冷却液回路进行冷却。 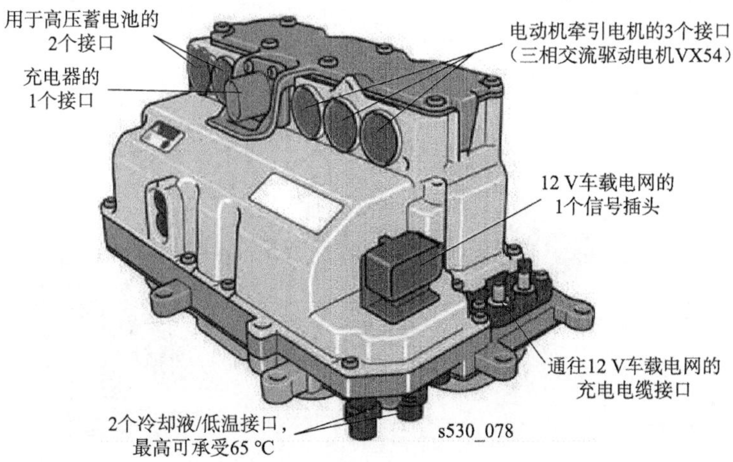 	以大众汽车为例

续表

<table>
<tr><th>作业项目</th><th>作 业 内 容</th><th>备 注</th></tr>
<tr><td>电子功率装置 JX1</td><td>变压器在 JX1 中的工作原理图如下：
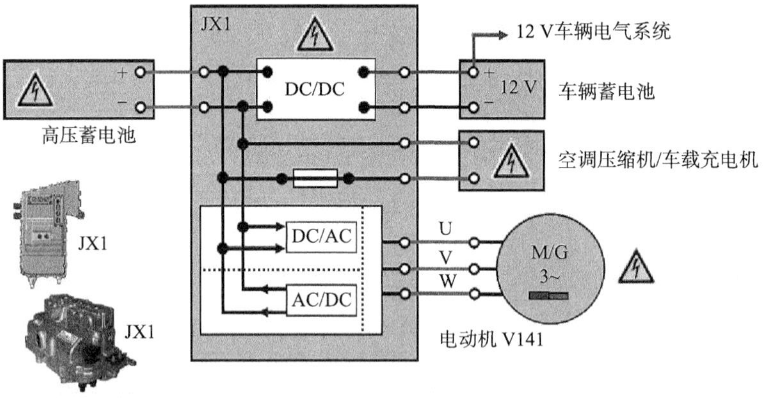
</td><td>以大众汽车为例</td></tr>
<tr><td>三相交流驱动电机 VX54</td><td>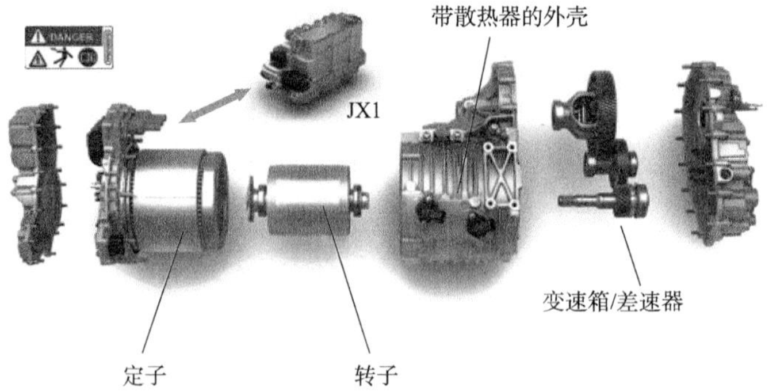

三相交流驱动电机 VX54 是本车的动力驱动装置，包括：
➢ 电动机的牵引电机 V141。
➢ 牵引电机温度传感器 G712。
➢ 牵引电机转子位置传感器 1G713。
➢ 两个冷却液接口。
➢ 三相高压电接口
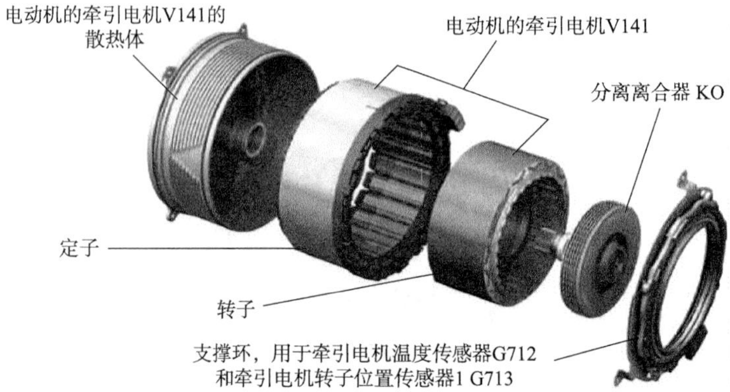
</td><td>以大众汽车为例</td></tr>
</table>

续表

<table>
<tr><th>作业项目</th><th>作 业 内 容</th><th>备 注</th></tr>
<tr><td>高压蓄电池充电单元AX4</td><td>高压蓄电池充电单元 AX4 的任务是将加载的电网交流电转换为直流电,以便给高压电池充电。集成了高压蓄电池充电器控制单元 J1050。高压蓄电池充电单元 AX4 安装在发动机舱内或底板下。
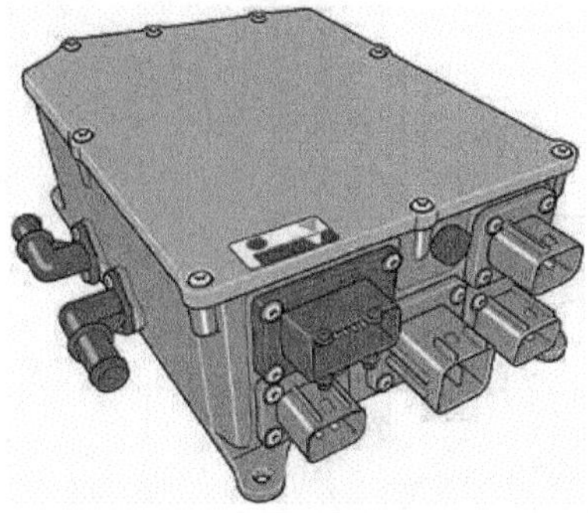
高压蓄电池充电单元AX4可具有以下接口:
➢ 冷却液。
➢ 控制单元的车载电网接口。
➢ 高压蓄电池充电系统充电插座 UX4。
➢ 高压电接口。
➢ 电动空调压缩机 V470。
➢ 高压加热装置(PTC)Z115
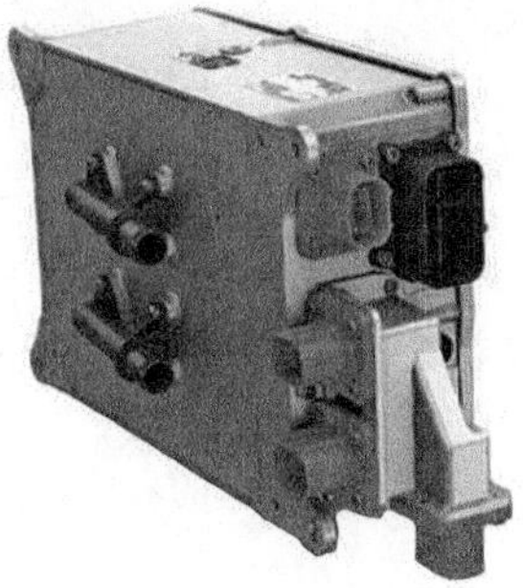</td><td>以大众汽车为例</td></tr>
<tr><td>充电插座UX4</td><td></td><td>以大众汽车为例</td></tr>
</table>

续表

<table>
<tr><th>作业项目</th><th>作 业 内 容</th><th>备 注</th></tr>
<tr><td>充电插座 UX4</td><td>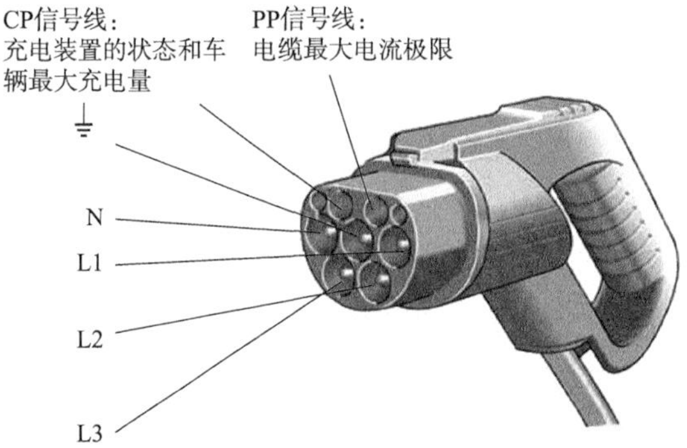

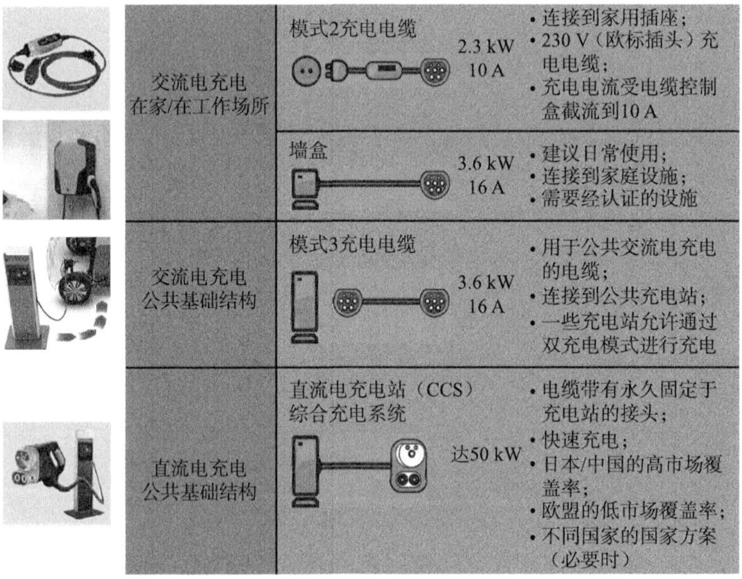
<table>
<tr><td rowspan="2">交流电充电
在家/在工作场所</td><td>模式2充电电缆</td><td>2.3 kW
10 A</td><td>• 连接到家用插座；
• 230 V（欧标插头）充电电缆；
• 充电电流受电缆控制盒截流到10 A</td></tr>
<tr><td>墙盒</td><td>3.6 kW
16 A</td><td>• 建议日常使用；
• 连接到家庭设施；
• 需要经认证的设施</td></tr>
<tr><td>交流电充电
公共基础结构</td><td>模式3充电电缆</td><td>3.6 kW
16 A</td><td>• 用于公共交流电充电的电缆；
• 连接到公共充电站；
• 一些充电站允许通过双充电模式进行充电</td></tr>
<tr><td>直流电充电
公共基础结构</td><td>直流电充电站（CCS）
综合充电系统</td><td>达50 kW</td><td>• 电缆带有永久固定于充电站的接头；
• 快速充电；
• 日本/中国的高市场覆盖率；
• 欧盟的低市场覆盖率；
• 不同国家的国家方案（必要时）</td></tr>
</table></td><td>以大众汽车为例</td></tr>
<tr><td>电动空调压缩机 V470</td><td>电动车在没有发动机或发动机不工作的情况下，必须采用电动空调压缩机 V470。
电动空调压缩机 V470 安装在电驱动装置的右前方，并加注制冷剂 R134a
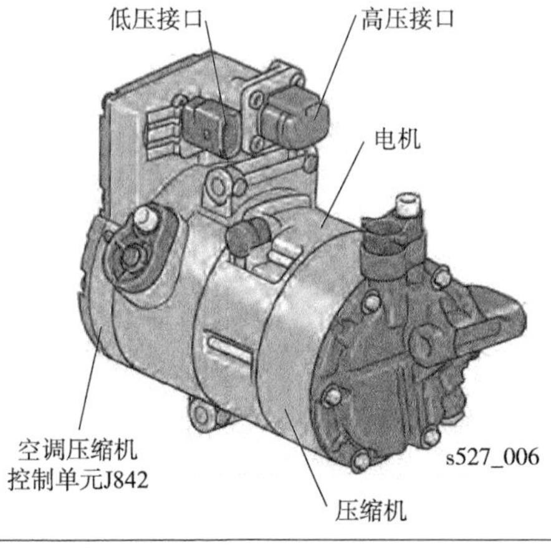
</td><td></td></tr>
</table>

续表

<table>
<tr><th>作业项目</th><th>作 业 内 容</th><th>备 注</th></tr>
<tr><td>高压加热装置 Z115</td><td>

高压加热装置 Z115 的作用：

高压加热装置(PTC)Z115 加热冷却液回路中的冷却液以确保暖风系统正常工作。

全自动空调控制单元 J255 对高压加热装置(PTC)Z115 进行控制。冷却液的输入和输出温度各通过一个温度传感器进行测量

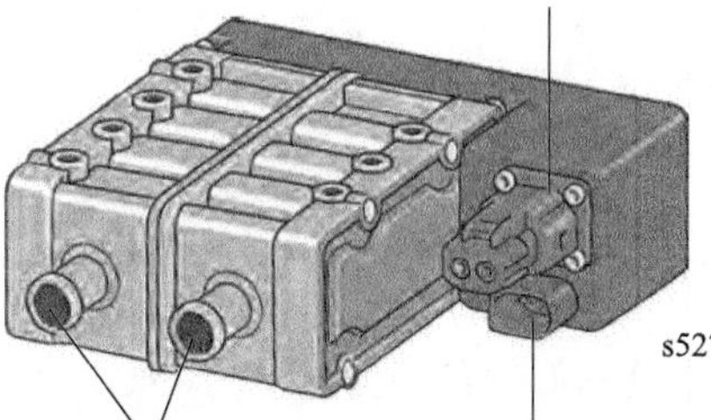

</td><td></td></tr>
<tr><td>高压电缆</td><td>

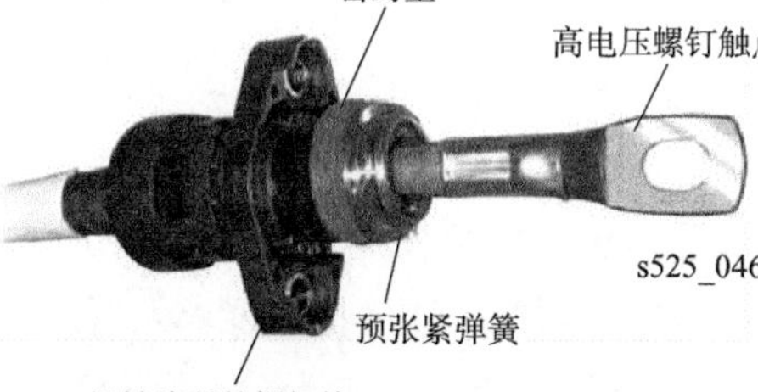

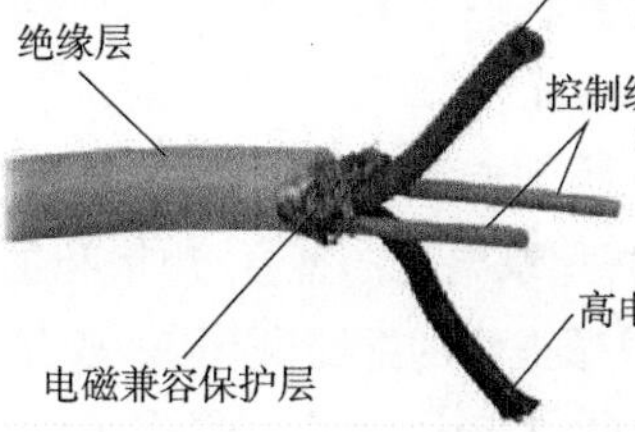

</td><td></td></tr>
</table>

纯电动汽车动力电池拆装与检验

张明星

一、任务内容

在新能源汽车迅猛发展的当下，其核心部件动力电池的重要性不言而喻。它如同新能源汽车的“心脏”，直接关乎车辆的性能、续航以及安全性。随着全球对环保出行需求的不断攀升，新能源汽车行业正以前所未有的速度蓬勃发展。在这一绿色变革浪潮中，动力电池作为新能源汽车的关键能量源，其性能与稳定性直接决定了车辆的续航能力、动力输出以及整体运行效率，是推动新能源汽车产业持续前行的核心驱动力。

新能源汽车动力电池的拆装与检验，不仅是保障车辆安全稳定运行的必要措施，更是实现电池高效回收利用、降低环境污染、促进资源循环的重要环节。精准且规范的拆装操作，能够在车辆维修、升级或电池更换时，最大程度避免对电池及周边部件的损伤，确保车辆后续的正常使用；科学严谨的检验流程，则如同为动力电池进行全面“体检”，能够及时发现潜在隐患，提前预警电池性能衰退风险，为新能源汽车的安全行驶筑牢防线。本任务将以北汽 EV160 轿车为例进行动力电池拆装与检验学习。

二、注意事项

新能源汽车动力电池拆装存在一定风险，以下是一些注意事项：

(1)人员防护：务必穿戴好绝缘手套、绝缘鞋和防护眼镜等专业防护装备，防止触电和电解液溅到身上造成伤害。

(2)场地要求：选择干燥、通风良好且无火源的开阔场地进行操作，避免在潮湿环境中作业，防止短路。同时，要确保场地有良好的接地装置，以保障操作安全。

(3)工具准备：使用合格的绝缘工具，如绝缘扳手、螺丝刀等，且工具要摆放整齐，防止工具之间相互碰撞产生火花，并且在操作前检查工具是否完好无损，绝缘层是否有破损。

(4)车辆断电：严格按照车辆维修手册的步骤，断开车辆的低压电源和高压电源，防止在操作过程中出现意外通电情况。

(5)电池标识：在拆卸电池之前，对电池的连接线路、接口位置等进行标记，方便安装时能够准确无误地复原。同时，记录电池的型号、规格和生产批次等信息。

(6)拆卸顺序：遵循正确的拆卸顺序，一般先断开电池模组之间的连接电缆，再拆卸固定电池的螺栓或卡扣。在拆卸过程中，要小心操作，避免拉扯电缆或损坏电池外壳。

(7)电池搬运:由于动力电池质量较大,搬运时要使用合适的搬运设备,如叉车、电池搬运车等,并确保电池在搬运过程中平稳,防止电池受到碰撞或挤压。

(8)安装检查:安装新电池或重新安装旧电池时,要仔细检查电池的连接是否牢固,电缆是否有破损或松动现象。安装完成后,再次检查所有连接部位,确保无遗漏。

(9)安装测试:在完成安装后,按照规定的程序进行通电测试,检查电池的电压、电流等参数是否正常,车辆是否能够正常起动和运行。

(10)环境清理:操作完成后,及时清理场地,妥善处理废弃的电池和零部件,避免对环境造成污染。

三、标准化作业表

纯电动汽车动力电池拆装与检验(见表1-3-1)

表1-3-1　北汽EV160纯电动汽车动力电池拆装与检验

<table>
<tr><th>作业项目</th><th>作　业　内　容</th><th>备　　注</th></tr>
<tr><td>拆卸动力电池</td><td>(1)关闭点火开关,拔下钥匙。
(2)拆卸蓄电池负极,用胶布包扎蓄电池桩头。
(3)举升车辆至合适位置,锁住安全锁。
(4)拆下动力电池总正、总负和低压插接件。
(5)将动力电池举升车推入电池下方,举升车接触到电池包底部再进行拆卸工作。
(6)拆下动力电池的安装螺栓,注意螺栓安装位置。
(7)降下电池举升车,推出举升车至车外</td><td>以北汽EV160车型为例</td></tr>
<tr><td>拆解动力电池包上盖</td><td>用合适的内六角扳手拧下电池包外壳螺钉,取下电池包上盖</td><td></td></tr>
<tr><td>电池模组的检验</td><td>(1)电池参数检查与填写。
额定电压:<u>332 V</u>
电芯容量:<u>91.5 A·h</u>
额定能量:<u>30.4 kW·h</u>
工作电压范围:<u>250～382 V</u>
(2)测量模组电压值。
<table>
<tr><th>项目</th><th>数值</th><th>单位</th><th>判断</th></tr>
<tr><td>模组1</td><td>33.2</td><td>V</td><td>正常</td></tr>
<tr><td>模组2</td><td>33.1</td><td>V</td><td>正常</td></tr>
<tr><td>模组3</td><td>33.1</td><td>V</td><td>正常</td></tr>
<tr><td>模组4</td><td>33.1</td><td>V</td><td>正常</td></tr>
<tr><td>模组5</td><td>33.2</td><td>V</td><td>正常</td></tr>
<tr><td>模组6</td><td>33.1</td><td>V</td><td>正常</td></tr>
<tr><td>模组7</td><td>33.1</td><td>V</td><td>正常</td></tr>
<tr><td>模组8</td><td>33.1</td><td>V</td><td>正常</td></tr>
<tr><td>模组9</td><td>33.1</td><td>V</td><td>正常</td></tr>
<tr><td>模组10</td><td>33.1</td><td>V</td><td>正常</td></tr>
</table></td><td></td></tr>
</table>

续表

<table>
<tr><th>作业项目</th><th>作 业 内 容</th><th>备 注</th></tr>
<tr><td>电池模组的检验</td><td>(3)测量模组温度。
<table>
<tr><th>项目</th><th>数值</th><th>单位</th><th>判断</th></tr>
<tr><td>模组 1</td><td>25</td><td>℃</td><td>正常</td></tr>
<tr><td>模组 2</td><td>25. 1</td><td>℃</td><td>正常</td></tr>
<tr><td>模组 3</td><td>25. 3</td><td>℃</td><td>正常</td></tr>
<tr><td>模组 4</td><td>25. 1</td><td>℃</td><td>正常</td></tr>
<tr><td>模组 5</td><td>25. 1</td><td>℃</td><td>正常</td></tr>
<tr><td>模组 6</td><td>25. 2</td><td>℃</td><td>正常</td></tr>
<tr><td>模组 7</td><td>25. 1</td><td>℃</td><td>正常</td></tr>
<tr><td>模组 8</td><td>25. 1</td><td>℃</td><td>正常</td></tr>
<tr><td>模组 9</td><td>25. 2</td><td>℃</td><td>正常</td></tr>
<tr><td>模组 10</td><td>25. 1</td><td>℃</td><td>正常</td></tr>
</table>
(4)写出电池包内高压部件名称及作用。
①高压盒。高压盒用于检测动力电池的总电压、总电流和绝缘性能的测试。主要功能如下:
➢ 测量动力电池的总电压。
➢ 测量充放电电流。
➢ 检测高压系统绝缘性能。
➢ 检测高压连接情况。
➢ 将以上项目监控到的数据反馈给主控盒。
②从控盒。用来测量动力电池的单体电压和动力电池组的温度,主要功能如下:
➢ 测量每个单体电池电压并反馈给主控盒。
➢ 测量每个动力电池模组的温度并反馈给主控盒。
➢ 电量(SOC)值的计算与监测。
➢ 将以上项目监控到的数据反馈给主控盒。
③主控盒。接收从控盒数据并进行继电器的控制,主要功能如下:
➢ 接收从控盒反馈的实时温度和单体电压。
➢ 接收高压盒反馈的电压和电流输出情况。
➢ 控制电池包与车辆其他部件的通信。
➢ 控制主正、主负继电器的接合。
➢ 控制动力电池加热片的工作</td><td></td></tr>
<tr><td>安装动力电池包外壳</td><td>安装电池包上盖,用合适的内六角扳手拧上电池包外壳螺钉</td><td></td></tr>
</table>

续表

作业项目	作 业 内 容	备 注
安装动力电池包	(1)安装前需对动力电池进行以下检查: ➢ 检查电源线、插头、延长线、保护器是否破裂或损坏。 ➢ 检查是否有过热、冒烟、冒火花的迹象。 ➢ 检查是否有动力电池系统损坏(如破裂)。 ➢ 检查动力电池系统、电源线是否出现进水现象。 ➢ 检查高低压插接件是否与说明书不一致或不能正常对接。 ➢ 检查是否有异常情况等。 如发现上述情况,请停止安装该动力电池。 (2)安装步骤: ①将电池举升车推入车底。 ②调整电池举升车位置,将电池固定螺栓与车辆螺栓孔对准。 ③安装动力电池的安装螺栓并紧固。 ④安装动力电池总正、总负和低压插接件。 ⑤安装蓄电池负极桩头	
安装后检查	(1)打开点火开关,观察仪表指示,检查动力电池能否正常运行。 (2)连接诊断仪,查看是否存在故障代码	

纯电动汽车驱动电机系统拆装与测量

朱　颖

一、任务内容

新能源汽车驱动电机系统在新能源汽车中起着十分重要的作用,本任务以吉利帝豪 EV450 为例,对新能源汽车驱动电机系统的安装和拆卸进行分析,旨在学习驱动电机系统拆装和测量的工作流程和标准化作业。通过学习,可以强化维修人员在进行纯电动汽车维修时的安全意识,提高规范操作能力,同时也能为相关技术人员提供参考和借鉴。

二、注意事项

在进行纯电动汽车驱动电机系统拆装和测量时,除了关注技术层面的操作,还需要特别注意以下几个方面,以确保维修工作的顺利进行及人员的安全:

(1)安全防护措施:始终将安全放在首位。由于纯电动汽车驱动电机系统涉及高压电路系统,在执行安装、拆卸、测量前,请确保已经正确切断高压电源,并穿戴适当的个人防护装备(PPE),如绝缘手套、防护眼镜等。

(2)遵循维修手册和厂商指南:严格按照车辆维修手册、制造商提供的服务手册和指导文件操作。每款车型都有其独特的电气架构和技术规范,不正确的操作可能会导致严重的损坏或安全隐患。

(3)工具与设备校验:使用经过校准的专业工具和设备执行测量和测试任务。包括但不限于万用表、绝缘测试仪和其他特定于电动汽车的诊断设备。确保所有工具处于良好状态且能够提供准确的数据。

(4)团队协作与沟通:在复杂情况下,依靠团队合作可以更有效地解决问题。保持清晰的沟通渠道,确保每位参与维修的成员都清楚了解当前的任务状态和下一步计划。

(5)记录保存:详细记录所有检查结果、发现的问题以及采取的解决措施。这对于后续的维护工作极为重要,同时也为未来可能遇到的类似问题提供了参考依据。

通过严格遵守上述注意事项,不仅可以提高故障诊断的效率和准确性,还能最大程度地保障工作人员的安全,防止意外事故的发生。

三、标准化作业表

1. 吉利帝豪 EV450 驱动电机系统结构组成(见表 1-4-1)

表 1-4-1　吉利帝豪 EV450 驱动电机系统结构组成

EV450 驱动电机系统位置	EV450 驱动电机系统位置如下图所示  1—驱动电机;2—电机控制器
电机控制器	电机控制器如下图所示 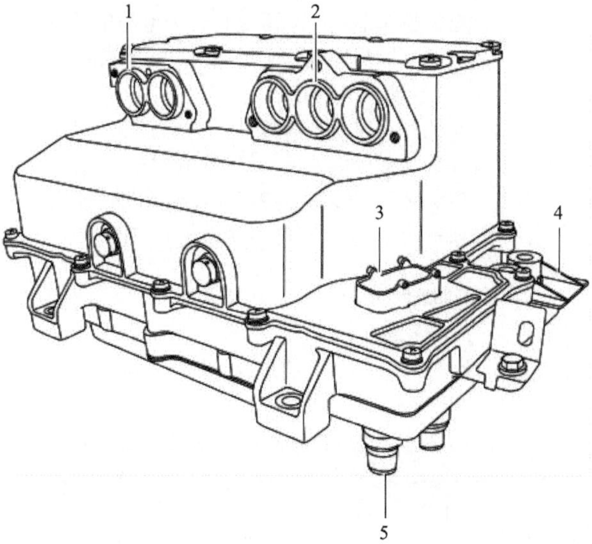 1—高压线束接口;2—驱动电机三相线束接口;3—低压信号接口;4—低压充电(DC/DC)接口;5—冷却管口

2. 驱动电机系统控制器拆装（见表 1-4-2）

表 1-4-2 驱动电机系统控制器拆装

<table>
<tr><th>作业项目</th><th>作业内容</th><th>备注</th></tr>
<tr><td>参数及功能描述</td><td>
1. 电机控制器参数
<table>
<tr><th>项目</th><th>参数</th><th>单位</th></tr>
<tr><td>额定功率</td><td>42</td><td>kW</td></tr>
<tr><td>峰值功率</td><td>120</td><td>kW</td></tr>
<tr><td>额定扭矩</td><td>105</td><td>N · m</td></tr>
<tr><td>峰值扭矩</td><td>250</td><td>N · m</td></tr>
<tr><td>最高转速</td><td>12 000</td><td>r/min</td></tr>
<tr><td>电机旋转方向</td><td>从轴伸端看电机逆时针旋转</td><td>—</td></tr>
<tr><td>温度传感器类型</td><td>NTC</td><td>—</td></tr>
<tr><td>温度传感器型号</td><td>SEMITEC 103NT-4(11-C041-4)</td><td>—</td></tr>
<tr><td>冷却液类型</td><td>50% 水+50% 乙二醇</td><td>—</td></tr>
<tr><td>冷却液流量要求</td><td>2～6</td><td>L/min</td></tr>
</table>
2. 电机控制器功能描述
<table>
<tr><th>部件</th><th>功能描述</th></tr>
<tr><td>电机控制器</td><td>
电机控制器安装在前舱内，采用 CAN 通信控制，控制着动力电池组到电机之间能量的传输，同时采集电机位置信号和三相电流检测信号，精确地控制驱动电机运行。
电机控制器是一个既能将动力电池中的直流电转换为交流电以驱动电机，同时具备将车轮旋转的动能转换为电能（交流电转换为直流电）给动力电池充电的设备。
车辆制动或滑行阶段，电机作为发电机应用。它可以完成由车轮旋转的动能到电能的转换，给电池充电。
DC/DC 集成在电机控制器内部，其功能是将电池的高压电转换成低压电，提供整车低压系统供电。下图所示为电机控制器传递路线
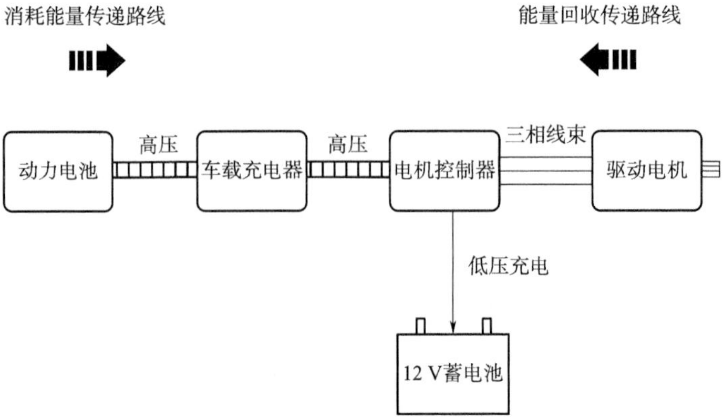

</td></tr>
</table>
</td><td>明确驱动电机控制器的参数和功能描述</td></tr>
</table>

续表

<table>
<tr><th>作业项目</th><th colspan="2">作 业 内 容</th><th>备 注</th></tr>
<tr><td>参数及功能描述</td><td colspan="2">加速踏板位置传感器标准值：
<table>
<tr><th>部件</th><th>功 能 描 述</th></tr>
<tr><td>加速踏板位置传感器</td><td>加速踏板位置传感器标准值：
<table>
<tr><th>项 目</th><th>参 数</th><th>单 位</th></tr>
<tr><td>电源电压</td><td>5±0.5</td><td>V</td></tr>
<tr><td>负载电阻</td><td>>300</td><td>kΩ</td></tr>
<tr><td>操作力</td><td>5～44</td><td>N</td></tr>
<tr><td>踏板臂角度</td><td>≤18</td><td>(°)</td></tr>
</table></td></tr>
<tr><td>制动踏板开关信号</td><td>制动踏板开关：当驾驶人踩下制动踏板，表现制动或减速意图时，该开关将踏板位置信号转换成电压信号，通过硬线传递给整车控制器（VCU）。制动踏板开关内部有两组开关，一组为常闭开关，一组为常开开关。VCU 通过两组开关输出电压的变化判断驾驶人的制动或减速意图。
制动踏板开关信号传递路线如下
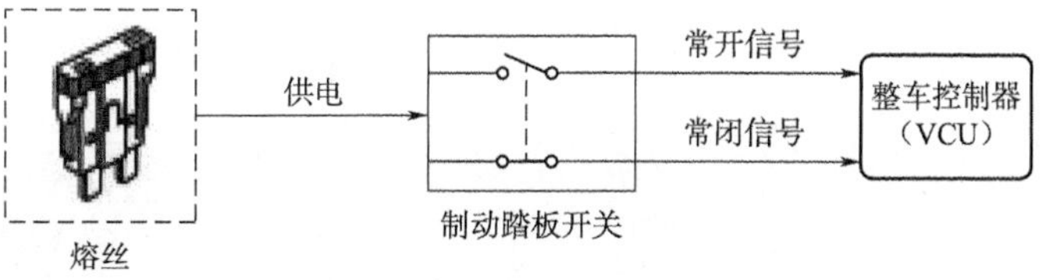
</td></tr>
</table></td><td>明确驱动电机控制器的参数和功能描述</td></tr>
<tr><td rowspan="2">拆卸流程</td><td>1. 拆卸前准备</td><td>(1)打开前机舱盖。
(2)断开蓄电池负极电缆。
(3)断开车载充电机处直流母线。
(4)拆卸电机控制器上盖</td><td rowspan="2">按照拆卸流程进行拆装，注意拆装顺序和要求</td></tr>
<tr><td>2. 电机控制器上盖的拆卸</td><td>拆卸电机控制器上盖 8 个螺栓，取下电机控制器上盖
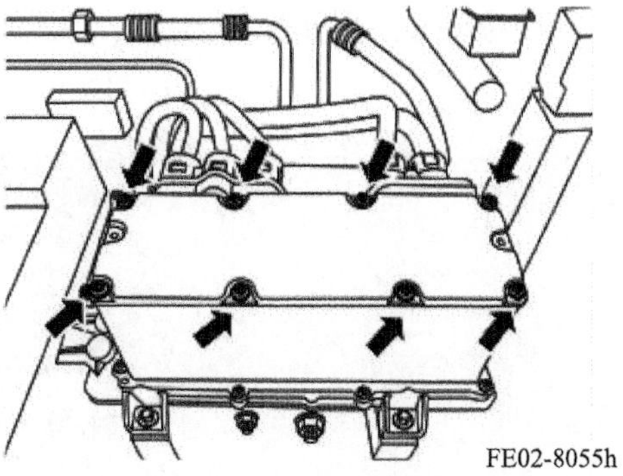
</td></tr>
</table>

续表

<table>
<tr><th>作业项目</th><th colspan="2">作 业 内 容</th><th>备 注</th></tr>
<tr><td rowspan="3">拆卸流程</td><td>3. 电机控制器线束拆卸</td><td>(1)拆卸驱动电机三相线束连接器(电机控制器侧)3 个固定螺栓 1。
(2)拆卸驱动电机三相线束端子(电机控制器侧)3 个固定螺栓 2,脱开三相线束。
(3)拆卸电机控制器高压线线束连接器(电机控制器侧)2 个固定螺栓 3。
(4)拆卸电机控制器高压线线束端子(电机控制器侧)2 个固定螺栓 4,脱开线束
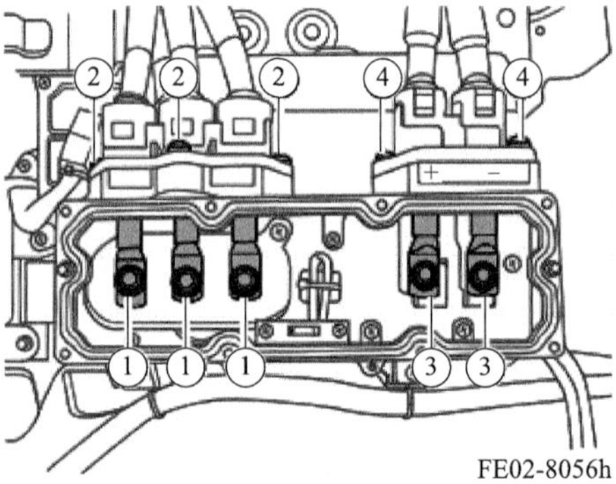

FE02-8056h</td><td rowspan="3">按照拆卸流程进行拆装,注意拆装顺序和要求</td></tr>
<tr><td>4. 电机控制器搭铁防尘盖拆卸</td><td>取下电机控制器搭铁防尘盖
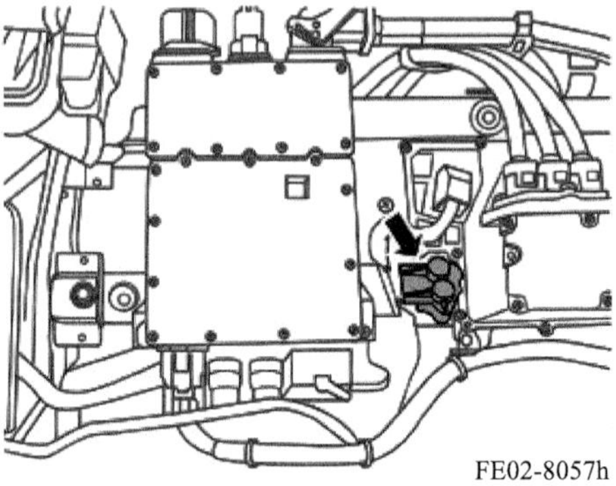
FE02-8057h</td></tr>
<tr><td>5. 搭铁线束拆卸</td><td>(1)断开电机控制器线束插头。
(2)拆卸电机控制器 2 根搭铁线束固定螺母,脱开搭铁线束
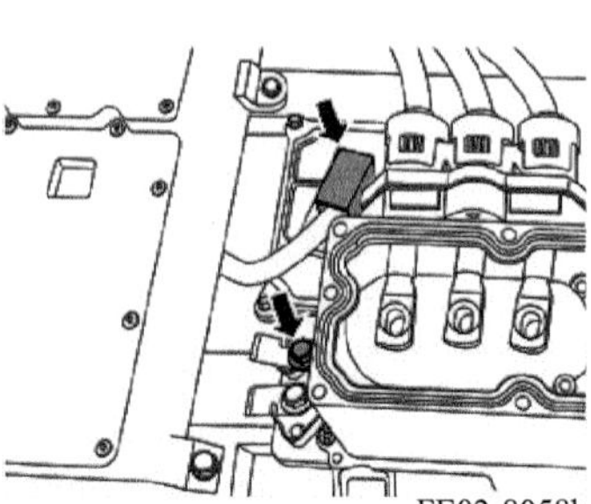
FE02-8058h</td></tr>
</table>

续表

<table>
<tr><th>作业项目</th><th colspan="2">作 业 内 容</th><th>备 注</th></tr>
<tr><td rowspan="2">拆卸流程</td><td>6. 冷却水管的拆卸</td><td>(1)脱开电机控制器进水管。
(2)脱开电机控制器出水管
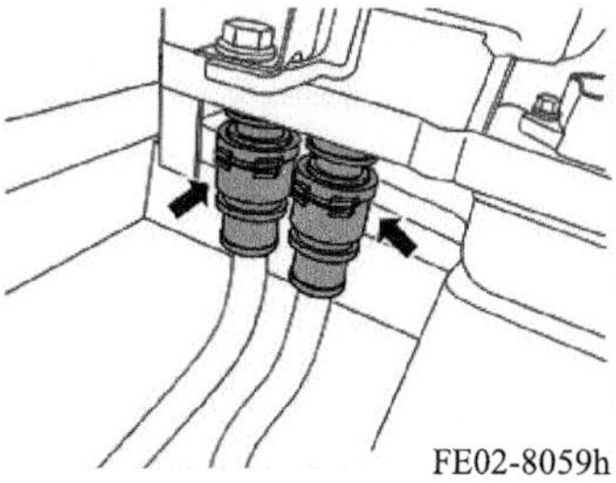
FE02-8059h</td><td rowspan="2">按照拆卸流程进行拆装,注意拆装顺序和要求</td></tr>
<tr><td>7. 电机控制器总成拆卸</td><td>拆卸电机控制器 4 个固定螺栓,取下电机控制器总成
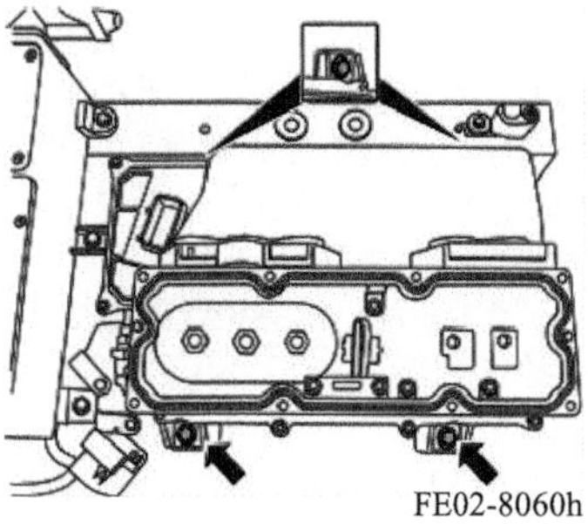
FE02-8060h</td></tr>
<tr><td rowspan="2">安装流程</td><td>1. 冷却水管的安装</td><td>(1)连接电机控制器进水管。
(2)连接电机控制器出水管
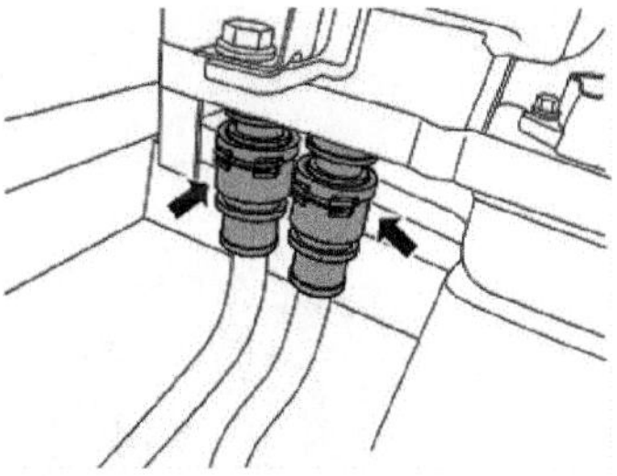</td><td rowspan="2">请按照标准操作流程进行安装,注意拧紧力矩要求</td></tr>
<tr><td>2. 电机控制器总成的安装</td><td>(1)紧固电机控制器 4 个固定螺栓。
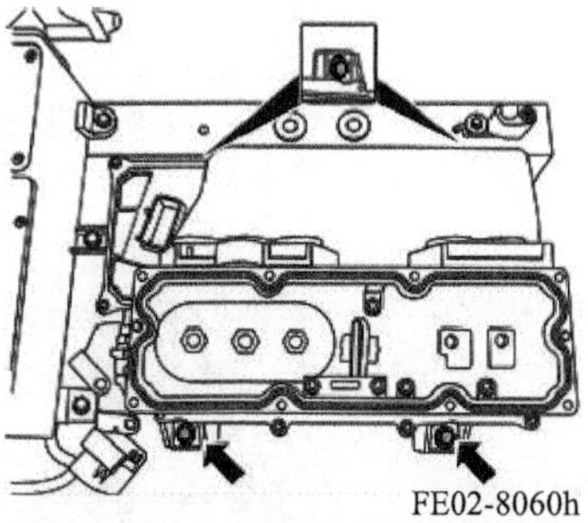
FE02-8060h
(2)电机控制器固定螺栓拧紧力矩为 23 N·m(牛·米)或 17 ft·lbf(英尺磅力)。1 ft·lbf=1.355 82 N·m</td></tr>
</table>

续表

<table>
<tr><th>作业项目</th><th colspan="2">作 业 内 容</th><th>备 注</th></tr>
<tr><td rowspan="3">安装流程</td><td>3. 线束插头和防尘盖的安装</td><td>(1)连接电机控制器线束插头。
(2)连接2根搭铁线,紧固螺母,盖上防尘盖。
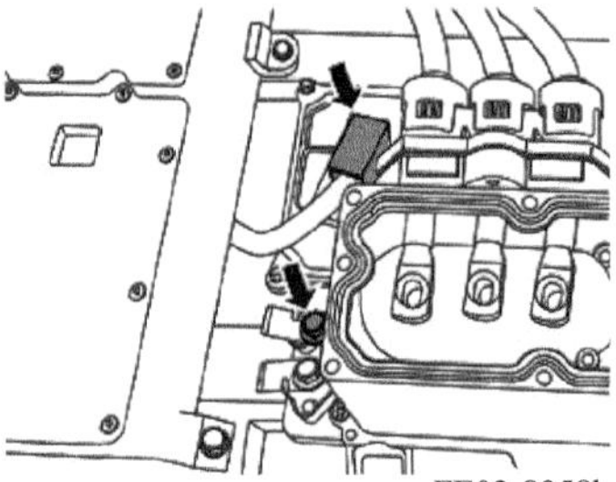
FE02-8058h
(3)电机控制器防尘盖固定螺栓拧紧力矩为23 N·m或17 ft·lbf</td><td rowspan="3">请按照标准操作流程进行安装,注意拧紧力矩要求</td></tr>
<tr><td>4. 线束的连接</td><td>(1)连接三相线束,预紧驱动电机三相线束连接器(电机控制器侧)3个固定螺栓1,紧固驱动电机三相线束端子(电机控制器侧)3个固定螺栓2。
固定螺栓2力矩:7 N·m或5.2 ft·lbf。
(2)紧固驱动电机三相线束连接器(电机控制器侧)3个固定螺栓1。
螺栓1力矩:23 N·m或17 ft·lbf。
(3)连接线束,预紧分线盒电机控制器高压线线束连接器(电机控制器侧)2个固定螺栓3,紧固分线盒电机控制器高压线端子(电机控制器侧)2个固定螺栓4。
螺栓4力矩:7 N·m或5.2 ft·lbf。
(4)紧固分线盒电机控制器高压线线束连接器(电机控制器侧)2个固定螺栓3。
螺栓3力矩:23 N·m或17 ft·lbf
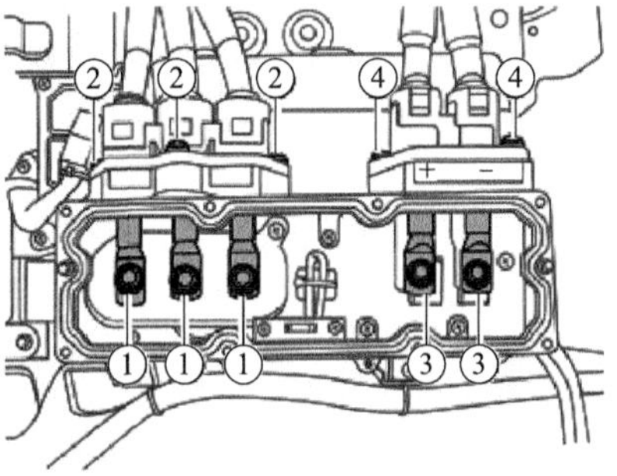
</td></tr>
<tr><td>5. 电机控制器上盖的安装</td><td>放置电机控制器上盖,紧固电机控制器上盖8个螺栓。查询维修手册,上盖螺栓紧固力矩:8 N·m或5.9 ft·lbf
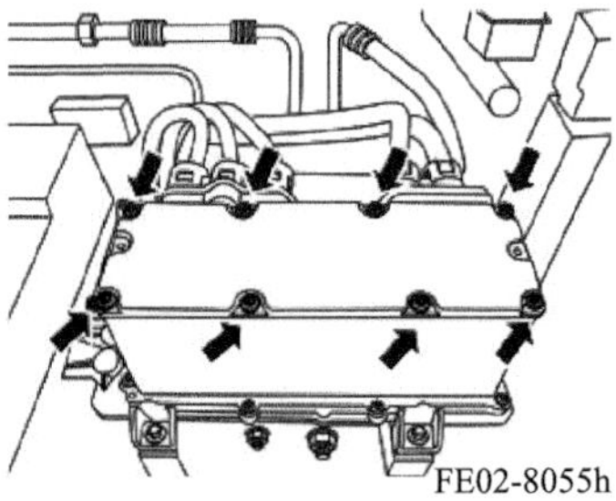
FE02-8055h</td></tr>
</table>

续表

作业项目	作 业 内 容		备 注
安装流程	6. 安装结束工作	(1)连接直流母线。 (2)连接蓄电池负极电缆。 (3)加注冷却液： ①拧开膨胀罐盖,加入吉利指定型号的冷却液； ②持续加注冷却液,直至膨胀罐内冷却液容量达到 80% 左右,且液位不再下降,膨胀罐保持开口状态； ③拔出电机控制器出水管,待电机控制器出水口有成股水流出,装上电机控制器出水管； ④除气完成,补充冷却液,恢复车辆。 (4)关闭前机舱盖	请按照标准操作流程进行安装,注意拧紧力矩要求
	拧紧力矩标准数据（见下表）		

拧紧力矩标准数据

应 用	规格	力矩范围	
		公制/N · m	英制/ft · lbf
加速踏板安装支架与车身固定螺栓	M6×30	9～11	6. 6～8. 1
加速踏板与安装支架固定螺母	M6	9～11	6. 6～8. 1
分线盒到电机控制器的高压线束固定螺钉	M6×16	6. 5～7. 5	4. 8～5. 5
电机到电机控制器的高压三相线固定螺钉	M6×16	6. 5～7. 5	4. 8～5. 5
驱动电机控制器顶盖固定螺钉	M6×16	7～9	5. 2～6. 7
驱动电机控制器与动力总成托架固定螺栓	M8	20～26	14. 8～19. 2

3. 驱动电机拆装与测量(见表 1-4-3)

表 1-4-3　驱动电机拆装与测量

作业项目	作 业 内 容	备 注
参数及功能描述	1. 驱动电机参数（见下表）	明确驱动电机参数和功能描述

1. 驱动电机参数

项 目	参 数	单 位
额定功率	42	kW
峰值功率	120	kW
额定转矩	105	N · m
峰值转矩	250	N · m
额定转速	4 200 或 3 820	r/min
峰值转速	12 000	r/min
电机旋转方向	从轴伸端看电机逆时针旋转	—
温度传感器类型	NTC	—
温度传感器型号	SEMITEC 13-C310	—
冷却液类型	乙二醇型防冻液,冰点≤40 ℃	—
冷却液流量要求	8	L/min

续表

<table>
<tr><th>作业项目</th><th>作业内容</th><th>备注</th></tr>
<tr><td>参数及功能描述</td><td>
2. 驱动电机功能描述
<table>
<tr><th>部件</th><th>功能描述</th></tr>
<tr><td>驱动电机</td><td>驱动电机工作过程：
当三相交流电接入定子线圈时，即产生了旋转的磁场，这个旋转的磁场牵引转子内部的永久磁体，产生和旋转磁场同步的旋转扭矩。
使用旋转变压器检测转子的位置和电流传感器检测线圈的电流，从而控制驱动电机的扭矩输出
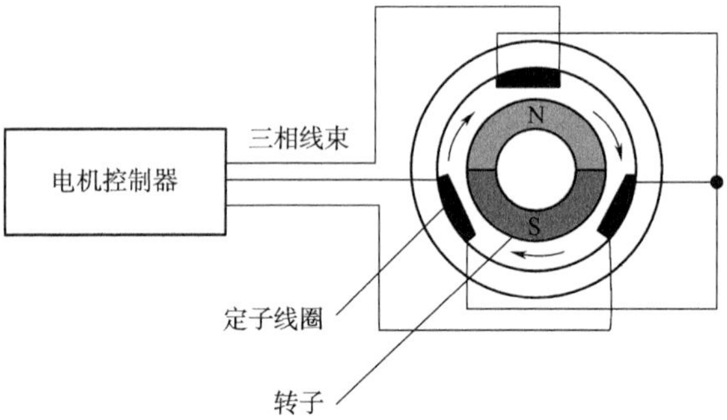
</td></tr>
<tr><td>旋转变压器</td><td>旋转变压器的工作原理：
旋变信号的作用是反映驱动电机转子当前的旋转相位，电机控制器通过旋变信号计算当前的驱动电机转速。实验车辆采用磁阻式旋转变压器，结构如下图所示，旋变转子与驱动电机转子同轴连接，随电机转轴旋转。旋变定子内侧有感应线圈，安装在驱动电机定子上。驱动电机旋转时，带动旋变转子旋转。旋变器与电机控制器中间通过 6 根低压线束连接，2 根是从电机控制器激励信号，另外 4 根分别是旋变器输出的正弦信号和余弦信号。6 根线当中任何一根线路出现故障都会导致驱动电机无法正常工作
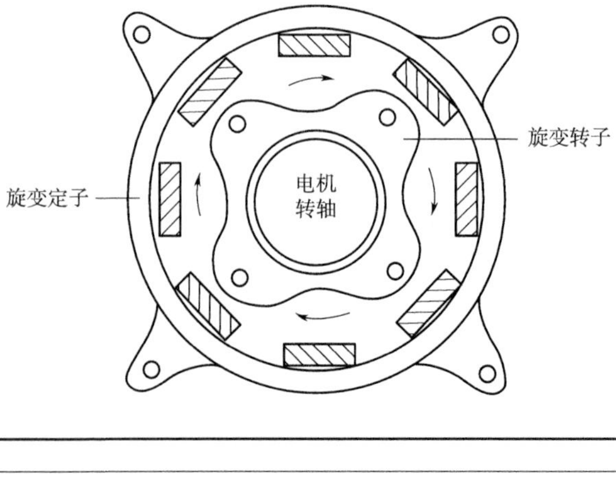
</td></tr>
</table>
</td><td>明确驱动电机参数和功能描述</td></tr>
</table>

续表

作业项目	作业内容		备注
拆卸流程	1. 线束插头的拆卸	(1)断开 TCU 控制器插头 1。 (2)断开减速器电机插头 2。 (3)拆卸线束卡扣 3 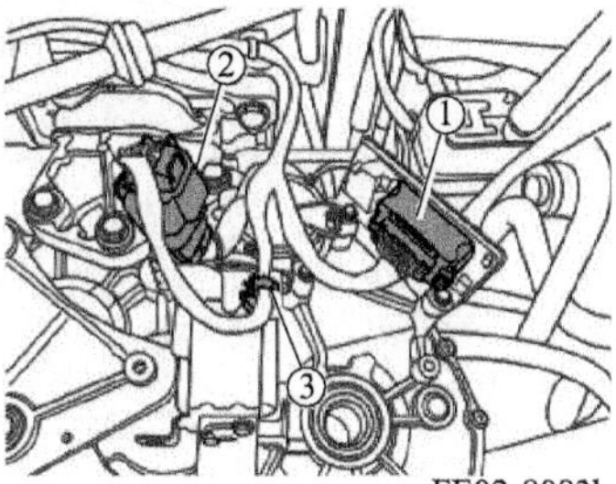 FE02-8083h	请按照标准操作流程进行拆卸,注意拆卸要求
	2. 线束的拆卸	(1)断开驱动电机线束插头 1。 (2)拆卸线束卡扣 2 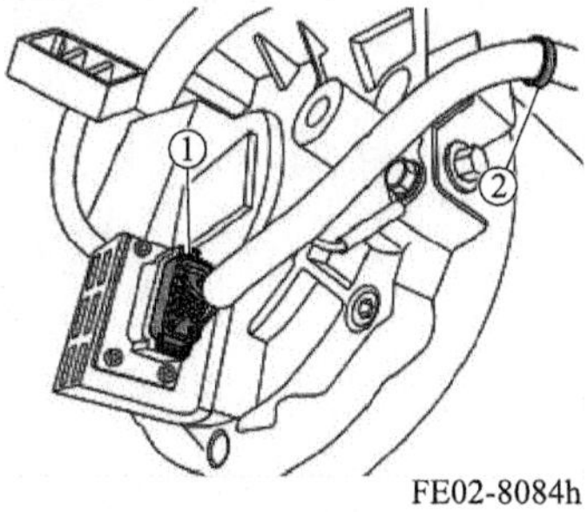 FE02-8084h	
	3. 线束搭铁线的拆卸	拆卸线束搭铁线 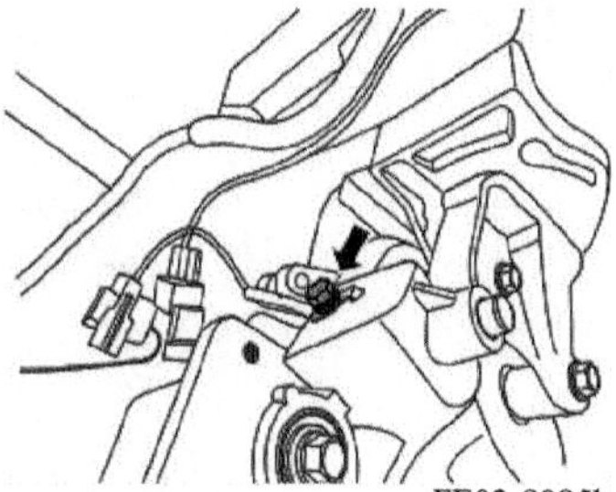 FE02-8085h	
	4. 冷却水管的拆卸	拆卸电机进、出水管环箍,脱开电机冷却水管 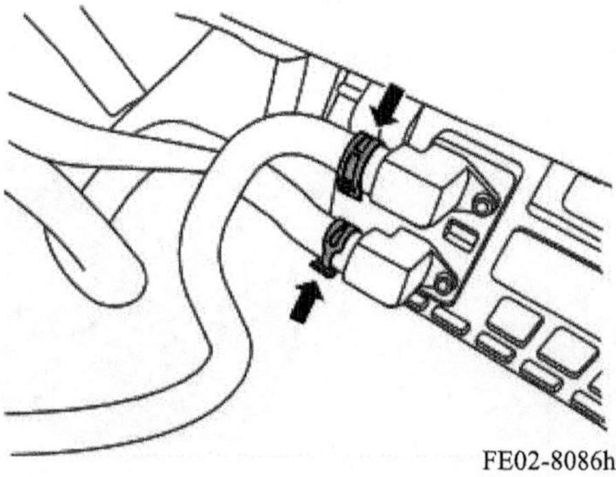 FE02-8086h	

续表

<table>
<tr><th>作业项目</th><th colspan="2">作 业 内 容</th><th>备 注</th></tr>
<tr><td rowspan="4">拆卸流程</td><td>5. 后悬架的拆卸</td><td>(1)拆卸后悬架
(2)放置举升平台车
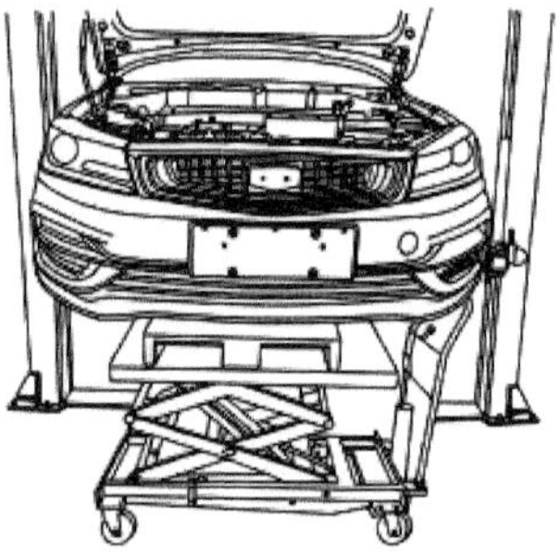</td><td rowspan="4">请按照标准操作流程进行拆卸,注意拆卸要求</td></tr>
<tr><td>6. 动力总成的拆卸</td><td>拆卸动力总成 2 个固定螺母
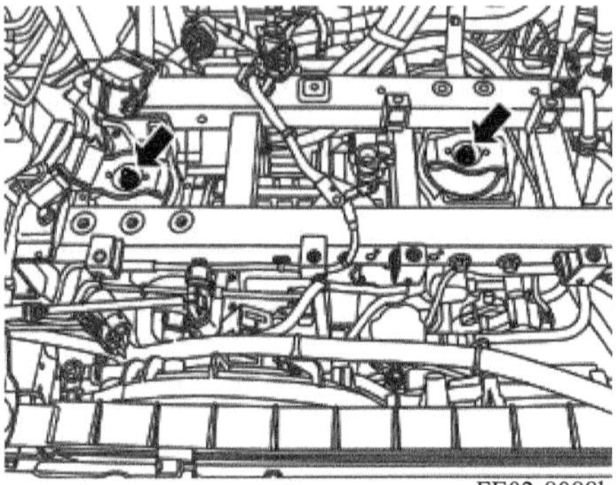
FE02-8088h</td></tr>
<tr><td>7. 举升动力总成</td><td>缓慢下降举升平台车
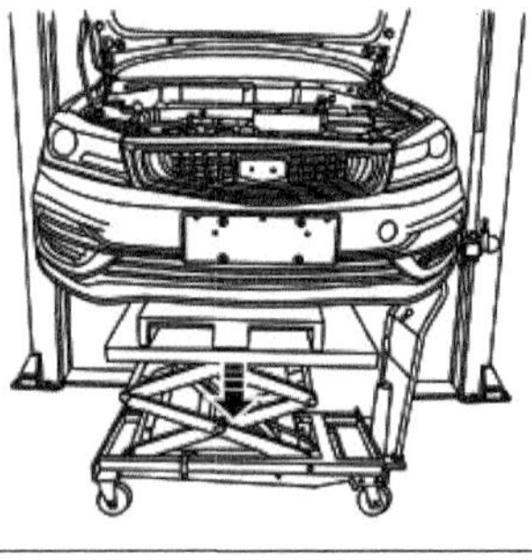</td></tr>
<tr><td>8. 驱动电机隔音罩的拆卸</td><td>拆卸驱动电机隔音罩
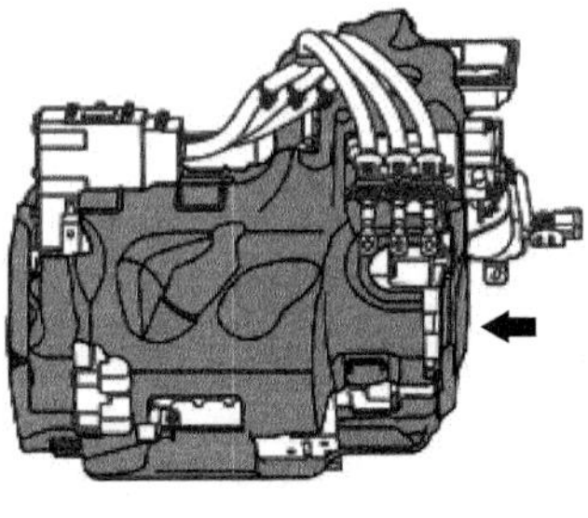</td></tr>
</table>

续表

<table>
<tr><th>作业项目</th><th colspan="2">作业内容</th><th>备注</th></tr>
<tr><td>拆卸流程</td><td>9. 减速器的拆卸</td><td>拆卸驱动电机及减速器总成之间的连接螺栓，将驱动电机和减速器分离
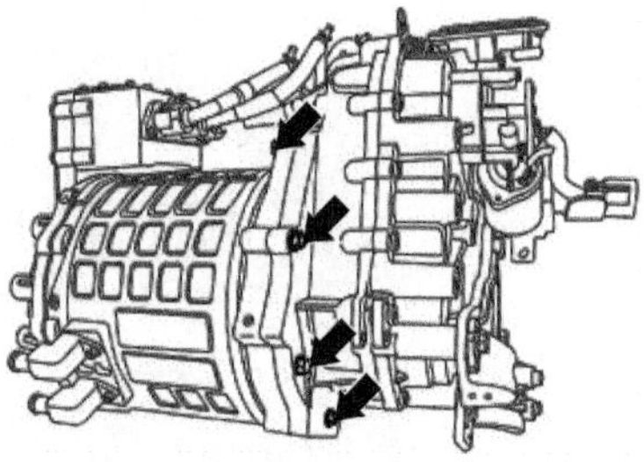</td><td>请按照标准操作流程进行拆卸，注意拆卸要求</td></tr>
<tr><td rowspan="3">安装流程</td><td>1. 减速器的安装</td><td>将驱动电机和减速器组装在一起，紧固驱动电机及减速器连接螺栓，查维修手册，螺栓拧紧力矩为 23 N · m 或 17 ft · lbf
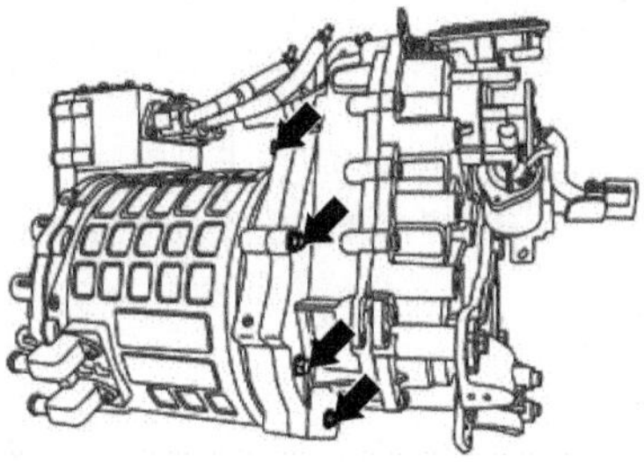</td><td rowspan="3">请按照标准操作流程进行安装，注意拧紧力矩要求</td></tr>
<tr><td>2. 驱动电机隔音罩的安装</td><td>安装驱动电机隔音罩
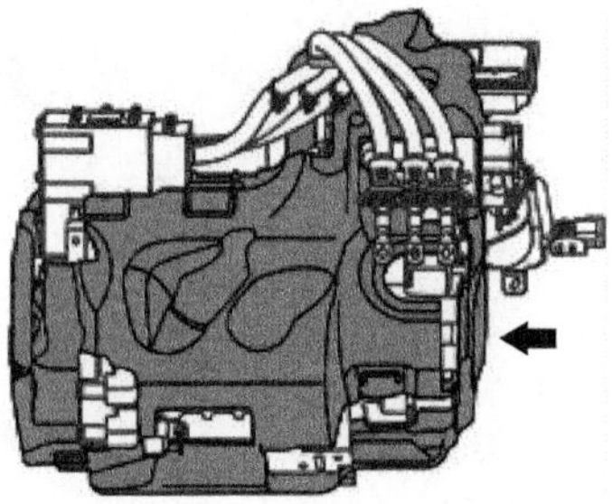</td></tr>
<tr><td>3. 举升动力总成</td><td>(1)将动力总成放置在举升平台工具上。
(2)缓慢下降举升平台车
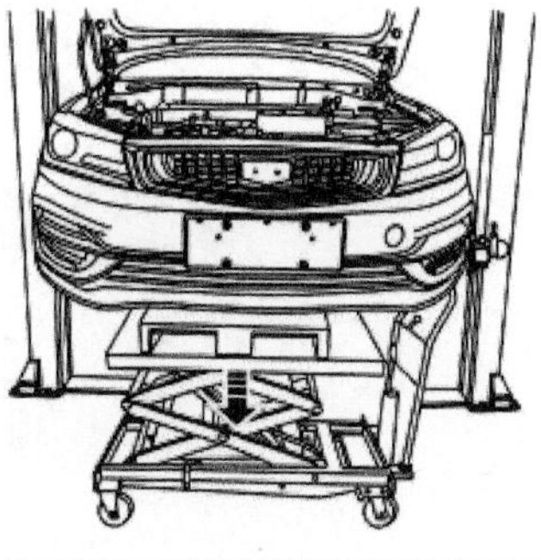</td></tr>
</table>

续表

<table>
<tr><th>作业项目</th><th colspan="2">作 业 内 容</th><th>备 注</th></tr>
<tr><td rowspan="3">安装流程</td><td>4. 动力总成的紧固</td><td>紧固动力总成2个固定螺母。查维修手册,紧固螺栓拧紧力矩为90 N·m或66.6 ft·lbf
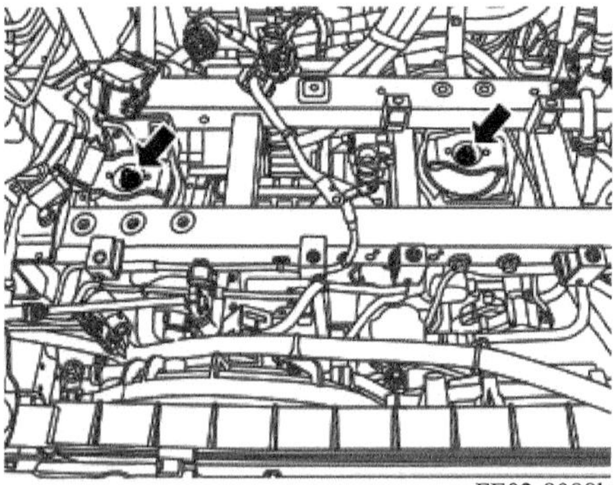
FE02-8088h</td><td rowspan="3">请按照标准操作流程进行安装,注意拧紧力矩要求</td></tr>
<tr><td>5. 冷却水管的安装</td><td>连接驱动电机进、出水管。
注意:环箍装配位置应该与管路标示线对齐
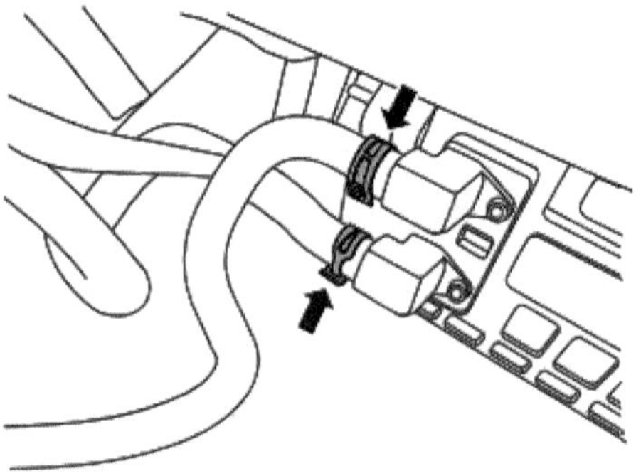</td></tr>
<tr><td>6. 线束搭铁线的安装</td><td>安装线束搭铁线。查维修手册,线束拧紧力矩为9 N·m或6.7 ft·lbf
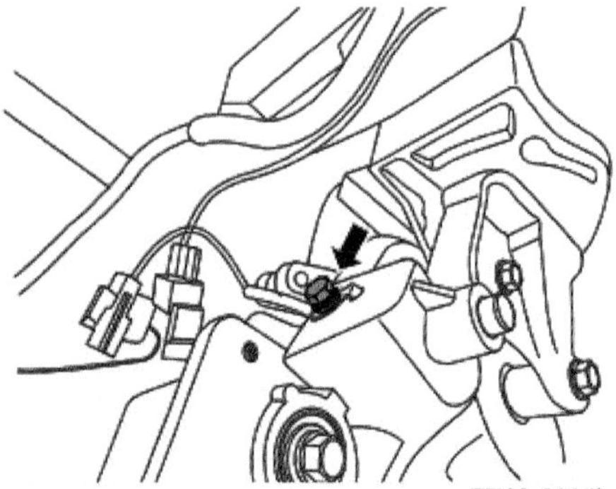
FE02-8085h</td></tr>
</table>

续表

<table>
<tr><th>作业项目</th><th colspan="2">作 业 内 容</th><th>备 注</th></tr>
<tr><td rowspan="3">安装流程</td><td>7. 驱动电机线束连接器的安装</td><td>(1)连接驱动电机线束连接器 1。
(2)安装线束卡扣 2。
注意:插接时注意“一插、二响、三确认”
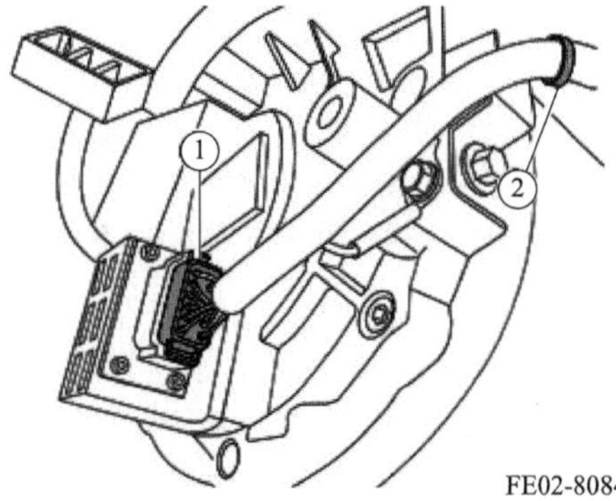

FE02-8084h</td><td rowspan="2">请按照标准操作流程进行安装，注意拧紧力矩要求</td></tr>
<tr><td>8. 其他线束连接器的安装</td><td>(1)连接 TCU 控制器线束连接器 1。
(2)连接减速器电机线束连接器 2。
(3)安装线束卡扣 3。
注意:插接时注意“一插、二响、三确认”
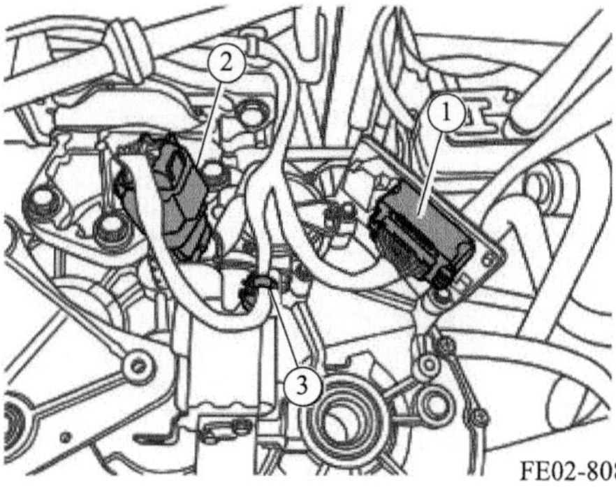

FE02-8083h</td></tr>
<tr><td colspan="2">拧紧力矩标准数据
<table>
<tr><th rowspan="2">应　用</th><th rowspan="2">规　格</th><th colspan="2">力 矩 范 围</th></tr>
<tr><th>公制/N · m</th><th>英制/ft · lbf</th></tr>
<tr><td>动力总成托架固定螺母</td><td>M12×T13</td><td>75～85</td><td>55. 5～62. 9</td></tr>
<tr><td>动力总成托架固定螺栓</td><td>M10×65</td><td>75～85</td><td>55. 5～62. 9</td></tr>
<tr><td>减速器与驱动电机固定螺栓</td><td>M8×35</td><td>21～25</td><td>16～18. 5</td></tr>
</table></td><td></td></tr>
</table>

续表

<table>
<tr><th>作业项目</th><th colspan="2">作 业 内 容</th><th>备 注</th></tr>
<tr><td rowspan="6">驱动电机的测量</td><td>测量项目</td><td>测 量 数 据</td><td rowspan="6">参考标准值判读，如有问题及时进行维修或者更换</td></tr>
<tr><td>1. 转子磁场感应强度的测量</td><td>(1)拆卸电机转子。
(2)将高斯计测量头平行于转子测量面距离转子 1～2 mm。读取数值，标准值：峰值应不小于 1 500 Gs</td></tr>
<tr><td>2. 转子径向跳动量的测量</td><td>(1)清洁驱动电机输出轴。
(2)将百分表探头安装在电机输出轴侧面。
注意：百分表需要放置在电机输出轴光滑平面上。
(3)转动转子轴读取测量值，标准值：≤0.5 mm</td></tr>
<tr><td>3. 转子轴向跳动量的测量</td><td>(1)清洁驱动电机输出轴。
(2)将百分表探头安装在电机输出轴与减速器结合面上。
注意：百分表需要放置在电机输出轴光滑平面上。
(3)转动转子轴读取测量值，标准值：≤1 mm</td></tr>
<tr><td>4. 电机径向间隙的测量</td><td>(1)清洁驱动电机输出轴。
(2)将电机牢固地轴向水平安装，可将百分表的测量头置于轴伸面上，并尽可能靠近轴承位置。
(3)施加 100 N 的力沿与轴向垂直的方向加在轴上。
(4)首先向一个方向，然后向相反方向，观察千分表两次读数，差值即为径向间隙测量值，标准值：≤0.5 mm</td></tr>
<tr><td>5. 电机轴向间隙的测量</td><td>(1)将电机牢固地轴向水平安装，可将千分表的测量头置于轴伸端面上。
(2)施加 100 N 的力沿轴向水平方向加在轴上。
(3)首先向一个方向，然后向相反方向，观察千分表两次读数，差值即为轴向间隙测量值，标准值：≤0.5 mm</td></tr>
</table>

纯电动汽车制动系统的认知与检修

王　晨

子任务一　电动真空泵故障诊断与排除

一、任务内容

一辆吉利帝豪 EV450,踩下制动踏板的同时按下一键起动开关后,车辆上电正常,踩踏制动踏板发现没有制动助力,经维修技师初步诊断,确定为真空助力。请根据该故障现象制订一份电动真空泵故障检修方案,完成电动真空泵故障诊断与排除。

二、注意事项

在进行电动真空泵故障诊断与排除时,为确保维修工作的高效开展及维修人员的安全,需注意以下几点:

(1)安全防护措施:维修前,务必确保车辆处于安全状态。关闭车辆电源,将车辆置于平稳地面,拉紧驻车制动,戴好绝缘手套、防护眼镜等个人防护装备,避免维修过程中发生意外。

(2)遵循维修手册和厂商指南:严格按照车辆维修手册、制造商提供的服务手册和指导文件操作。每辆车都有其独特的电气架构和技术规范,不正确的操作可能会导致严重的损坏或安全隐患。

(3)工具与设备校验:使用经过校准的专业工具和设备执行测量和测试任务。包括但不限于万用表、绝缘测试仪和其他特定于电动汽车的诊断设备。确保所有工具处于良好状态且能够提供准确的数据。

(4)团队协作与沟通:在复杂情况下,依靠团队合作可以更有效地解决问题。保持清晰的沟通渠道,确保每位参与维修的成员都清楚了解当前的任务状态和下一步计划。

(5)记录保存:详细记录所有检查结果、发现的问题以及采取的解决措施。这对于后续的维护工作极为重要,同时也为未来可能遇到的类似问题提供了参考依据。

三、标准化作业表

1. 电动真空助力系统的认知(见表 1-5-1)

表 1-5-1 吉利帝豪 EV450 电动真空助力系统的认知

认知项目	认 知 内 容	备 注
认识行车制动系统	液压式行车制动系统主要由制动踏板、制动踏板推杆、电动真空泵、真空助力器、真空软管、制动总泵、制动总泵储液罐、制动管路、制动分泵、制动系统故障指示灯和制动器等组成 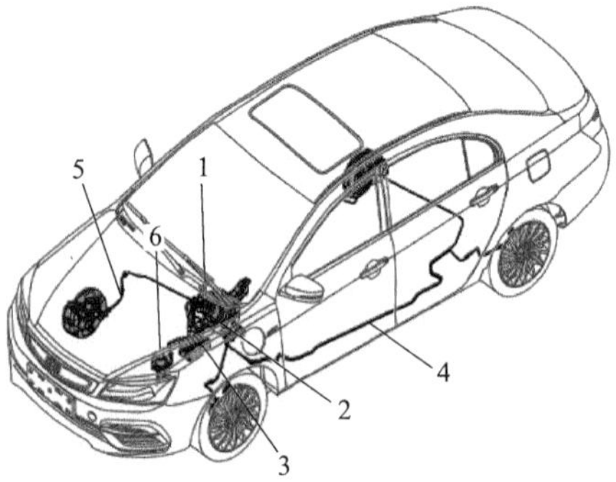 1—真空助力器;2—主缸;3—液压电子控制单元;4—制动硬管;5—制动软管;6—电子真空泵	以吉利帝豪 EV450 为例
电动真空泵的结构	电动真空助力系统主要由电动真空助力泵、真空压力传感器、真空助力器等组成 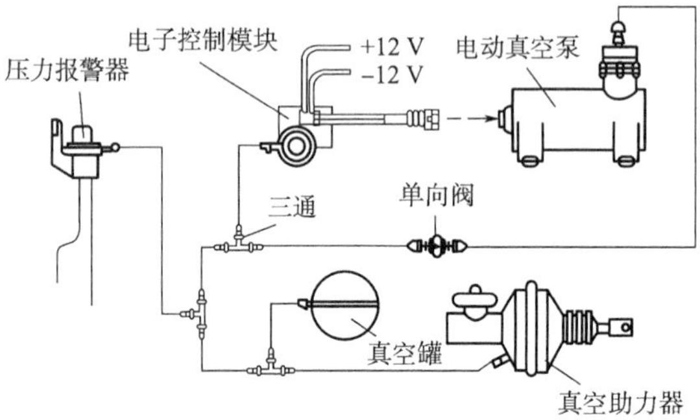 吉利帝豪 EV450 的电动真空助力泵安装在前机舱内 	

续表

认知项目	认 知 内 容	备 注
电动真空泵的工作原理	（1）在制动过程中，真空助力器被安装在制动踏板和制动主缸之间，由踏板通过推杆进行直接操控。助力器与踏板的力结合，共同作用于制动主缸，从而增强了制动主缸的输出压力。 （2）当汽车起动时，12 V 电源开始供电，电子控制系统起动压力自检功能，通过压力延时开关和压力报警器进行检测。若真空罐内的真空度低于预设值，真空压力传感器会向控制器输出相应电压，触发电动真空泵开始工作。当真空度达到预设值后，传感器再次输出电压，控制器断开压力延时传感器，真空泵停止工作。若制动过程中真空度下降至低于预设值，电动真空泵将重新起动，以此循环。 （3）电动真空泵的整车控制器（VCU）负责控制电动真空泵的起动与停止。VCU 通过采集压力传感器的信号电压，并与参考电压对比，来判断真空泵内的压力大小。若压力低于设定值，VCU 会通过真空泵控制线起动真空泵，增加泵内压力。当压力达到设定值后，传感器向 VCU 发送信号，VCU 切断控制电路，保持泵内压力稳定 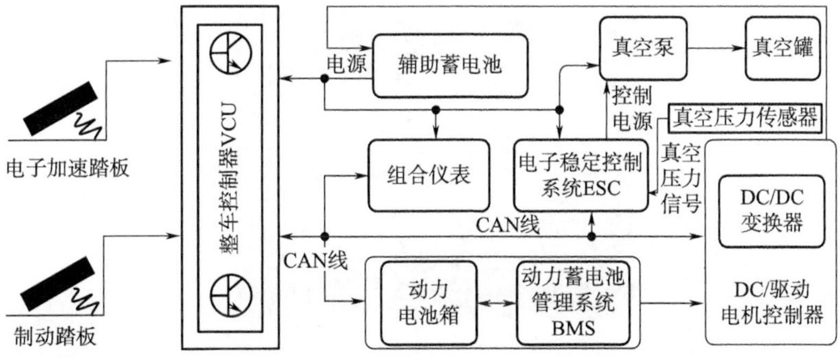 	

2. 电动真空泵故障诊断（见表 1-5-2）

表 1-5-2 吉利帝豪 EV450 电动真空泵故障诊断

作业项目	作 业 内 容	备 注
电动真空泵故障诊断	车辆上电正常，踩踏制动踏板发现没有制动助力	以帝豪 EV-450 为例
故障现象确认	起动车辆，踩踏制动踏板，观察制动踏板下降程度，听是否有电动泵工作声音，是否有真空泵排气声	确认故障症状，记录症状现象
执行高压断电作业	关闭起动开关，断开蓄电池负极，并可靠放置，等待 5 min 以上，断开直流母线，使用万用表验电，确保母线电压小于 50 V	
利用故障诊断仪诊断故障	连接故障诊断仪，按下一键起动开关，打开故障诊断仪进入 ESC 系统，读取故障代码和数据流。车辆下电后，清除故障代码；车辆再次上电后，使用诊断仪再次读取故障代码并和之前的故障代码进行对比，分析故障代码的性质	如果无故障代码，则无须填写

续表

作业项目	作 业 内 容	备 注
故障检测	 使用万用表测量辅助蓄电池电压,万用表红黑表笔分别接蓄电池正负接线柱	正常情况下应为 11～14 V
	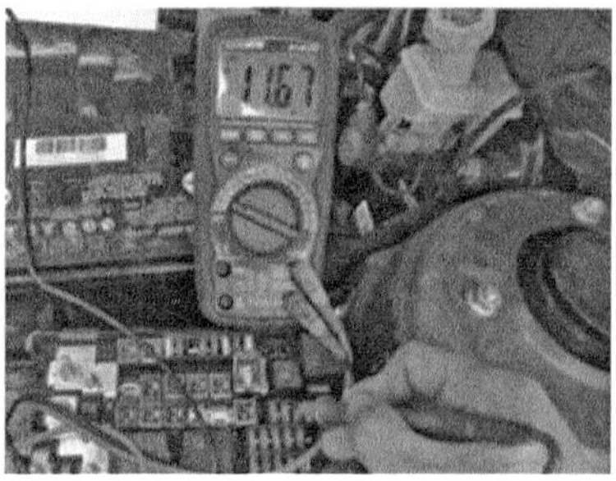 检测电动真空泵供电线路:打开起动开关,使用万用表检测电动真空泵供电熔丝 EF02(10 A)、EF05(20 A)技术状况	测量标准见表 1
	 检测电动真空泵插接器 BV06 的供电情况:使用万用表检测电动真空泵插接器 BV06 端子 1 和 2 之间的电压	正常值应为 11～14 V

续表

作业项目	作 业 内 容	备 注
	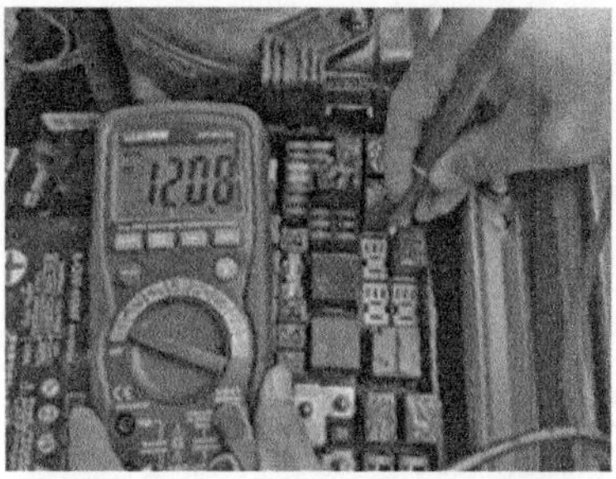 检测电动真空泵继电器 ER03 技术状况：拔下电动真空泵继电器 ER03，使用万用表测量 ER03 继电器相关线路	测量标准见表 2
	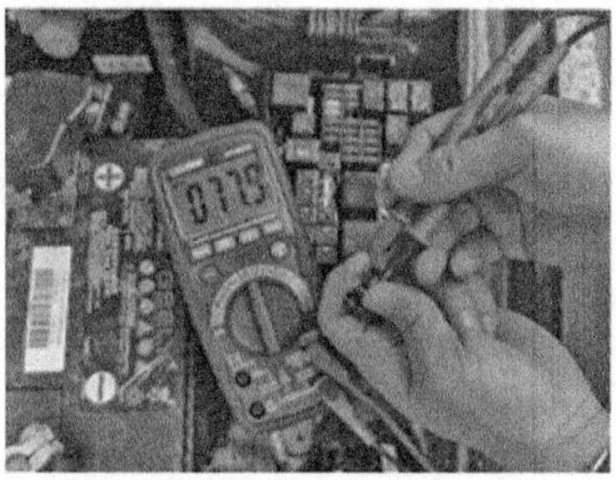 检测电动真空泵继电器 ER03 技术状况	测量标准见表 2
故障检测	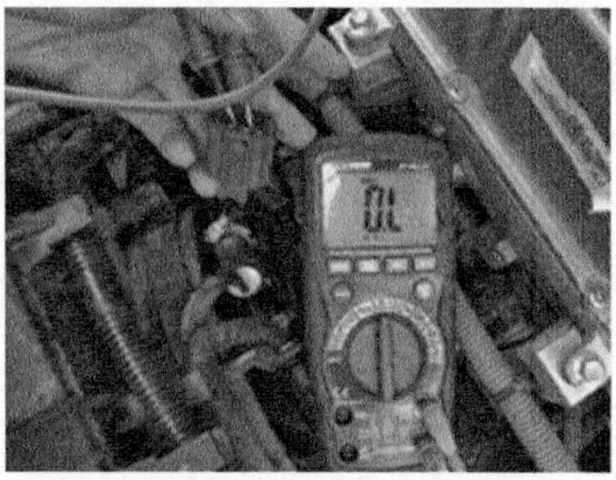 检测电动真空泵电机技术状况：使用万用表检测电动真空泵电机线圈电阻	线圈电阻应小于 1 Ω
	 更换电动真空泵：松开电动真空泵真空管路接口卡子，断开电动真空泵真空管，拆卸电动真空泵固定螺栓，取下电动真空泵	应先按下管路锁扣再拔下管路

续表

<table>
<tr><th>作业项目</th><th>作 业 内 容</th><th>备 注</th></tr>
<tr><td rowspan="3">故障检测</td><td>
装新的电动真空泵:安装电动真空泵 2 个固定螺栓,使用扭力扳手拧紧,装复真空管;装复电动真空泵线束插接器 BV06</td><td>电动真空泵固定螺栓拧紧力矩为 9 N·m</td></tr>
<tr><td>表 1　电动真空泵供电熔丝检测记录表
<table>
<tr><th>序号</th><th>检查项目</th><th>检测点</th><th>检测条件</th><th>检测类型</th><th>标准值</th></tr>
<tr><td>1</td><td>EF02</td><td>上游</td><td>ON 挡</td><td>电压</td><td>11～14 V</td></tr>
<tr><td>2</td><td>EF02</td><td>下游</td><td>ON 挡</td><td>电压</td><td>11～14 V</td></tr>
<tr><td>3</td><td>EF05</td><td>上游</td><td>ON 挡</td><td>电压</td><td>11～14 V</td></tr>
<tr><td>4</td><td>EF05</td><td>下游</td><td>ON 挡</td><td>电压</td><td>11～14 V</td></tr>
<tr><td>5</td><td>EF02</td><td>熔丝两端</td><td>拔出熔丝</td><td>电阻</td><td><1 Ω</td></tr>
<tr><td>6</td><td>EF05</td><td>熔丝两端</td><td>拔出熔丝</td><td>电阻</td><td><1 Ω</td></tr>
</table></td><td></td></tr>
<tr><td>表 2　ER03 继电器及相关线路检查结果
<table>
<tr><th>序号</th><th>检查项目</th><th>检测点</th><th>检测条件</th><th>检测类型</th><th>标准值</th></tr>
<tr><td>1</td><td>ER03</td><td>ER03-30 端</td><td>ON 挡</td><td>电压</td><td>11～14 V</td></tr>
<tr><td>2</td><td>ER03</td><td>ER03-30 端</td><td>ON 挡</td><td>电压</td><td>11～14 V</td></tr>
<tr><td>3</td><td>ER03</td><td>ER03 85-86</td><td>OFF 挡</td><td>电阻</td><td>80 Ω 左右</td></tr>
<tr><td>4</td><td>ER03 线路</td><td>ER03-86 至 CA20-3 间线路</td><td>OFF 挡</td><td>电阻</td><td><1 Ω</td></tr>
<tr><td>5</td><td>ER03 线路</td><td>ER03-87 至 BV06-1 间线路</td><td>OFF 挡</td><td>电阻</td><td><1 Ω</td></tr>
<tr><td>6</td><td>线路</td><td>BV06-1 至车身地之间</td><td>OFF 挡</td><td>电阻</td><td><1 Ω</td></tr>
</table></td><td></td></tr>
<tr><td>竣工检验</td><td>(1)按照相反顺序安装已拆卸部件。
(2)起动车辆,验证电动真空泵工作情况。
(3)整理、恢复作业场地</td><td></td></tr>
</table>

子任务二　ESC 系统数据采集与分析

一、任务内容

一辆吉利帝豪 EV450,踩下制动踏板的同时按下一键起动开关后,发现仪表中制动系统故障报警灯点亮,经维修技师初步诊断,确定车身稳定控制系统(ESC)故障。请根据该故障现象采集 ESC 系统相关数据信息,并进行分析。

二、注意事项

在进行 ESC 系统数据采集与分析时,为确保数据的准确性、维修工作的高效开展及维修人员的安全,需注意以下几点:

(1)安全防护措施:维修前,务必确保车辆处于安全状态。关闭车辆电源,将车辆置于平稳地面,拉紧驻车制动,戴好绝缘手套、防护眼镜等个人防护装备,避免维修过程中发生意外。

(2)遵循维修手册和厂商指南:严格按照车辆维修手册、制造商提供的服务手册和指导文件操作。每辆车都有其独特的电气架构和技术规范,不正确的操作可能会导致严重的损坏或安全隐患。

(3)工具与设备校验:使用经过校准的专业工具和设备执行测量和测试任务。包括但不限于万用表、绝缘测试仪和其他特定于电动汽车的诊断设备。确保所有工具处于良好状态且能够提供准确的数据。

(4)团队协作与沟通:在复杂情况下,依靠团队合作可以更有效地解决问题。保持清晰的沟通渠道,确保每位参与维修的成员都清楚了解当前的任务状态和下一步计划。

(5)记录保存:详细记录所有检查结果、发现的问题以及采取的解决措施。这对于后续的维护工作极为重要,同时也为未来可能遇到的类似问题提供了参考依据。

(6)数据采集准确性:在采集 ESC 系统数据时,确保故障诊断仪等设备连接正确,按照规范操作流程进行数据读取,避免因操作失误导致数据不准确。

(7)系统关联性考虑:ESC 系统与其他车辆系统存在关联,在分析数据时,综合考虑如制动系统、转向系统等相关数据,以全面评估车辆状态。

(8)数据安全性:采集的数据涉及车辆关键信息,确保数据存储和传输的安全性,防止数据泄露或被篡改。

(9)实验环境控制:在进行数据采集和分析时,保持车辆周围环境的稳定,避免外部干扰因素影响数据的准确性。

三、标准化作业表

1. ESC 车身稳定控制系统的认知(见表 1-5-3)

表 1-5-3　ESC 车身稳定控制系统的认知

认知项目	认　知　内　容	备　　注
认识 ESC 系统	吉利帝豪 EV450 标配了 ESC 电子稳定控制单元,简称车身稳定控制系统(electronic stability control,ESC),采用了博世 ESP 9.0+RBS 系统,也就是电子稳定程序+智能能量回收系统。具有基本的 EBD、ABS、TCS、VDC 等安全功能,还具有 ESC 增值功能比,如 HHC、HBA、CDP 等。RBS 制动能量回收模块集成在 ESC 电子控制单元中	以吉利帝豪 EV450 为例

续表

<table>
<tr><th>认知项目</th><th>认 知 内 容</th><th>备 注</th></tr>
<tr><td>认识 ESC 系统</td><td>吉利 EV450ESC 系统主要组成如下图所示
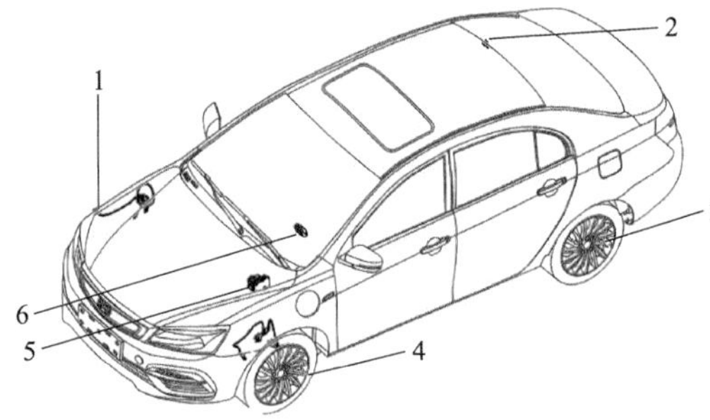

1—右前轮传感器;2—右后轮传感器;3—左后轮传感器;4—左前轮传感器;5—ESC 控制模块;6—转向盘转角传感器</td><td>以吉利帝豪 EV450 为例</td></tr>
<tr><td>ESC 的组成及工作原理</td><td>ESC 系统可分为四部分:用于检测汽车状态和驾驶人操作的传感器部分;用于估算汽车侧滑状态和计算恢复到安全状态所需的旋转动量和减速的 ECU 部分;用于根据计算结果来控制每个车轮制动力和发动机输出功率的执行器部分;用于告知驾驶人汽车失稳的信息部分。ESC 系统的主要传感器及其功能如下:转向传感器,监测转向盘旋转角度,帮助确定汽车行驶方向是否正确;轮速传感器,监测每个车轮速度,确定车轮是否打滑。
1. 轮速传感器
轮速传感器的功用是检测车轮的旋转速度,并将速度信号输入电子控制单元。目前,常用的轮速传感器主要有电磁式和霍尔式两种。
(1)电磁式轮速传感器。电磁式轮速传感器在驱动轮和非驱动轮上的安装位置如下图所示。
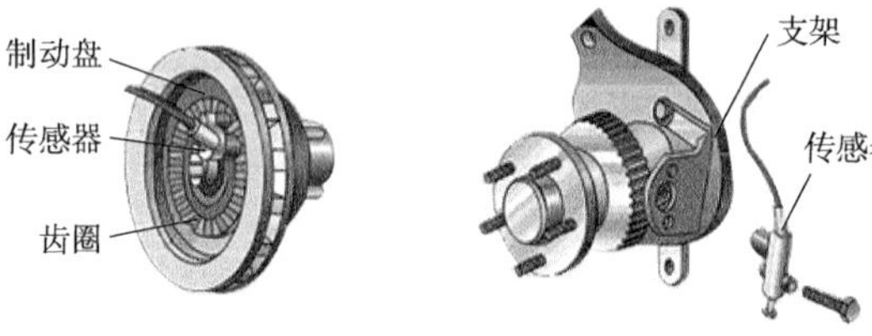

(a) 前轮 (b) 后轮
车速转速传感头在车轮上的安装
电磁式轮速传感器主要由传感器头和齿圈两部分组成,齿圈随车轮或传动轴一起转动,通常用磁阻很小的铁磁材料制成。传感头通常由永久磁铁、电磁线圈和磁极等组成。
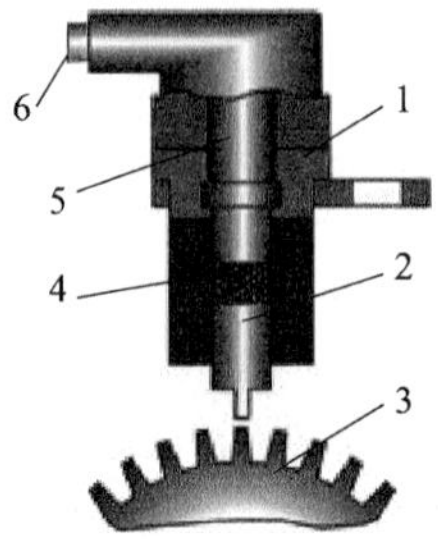

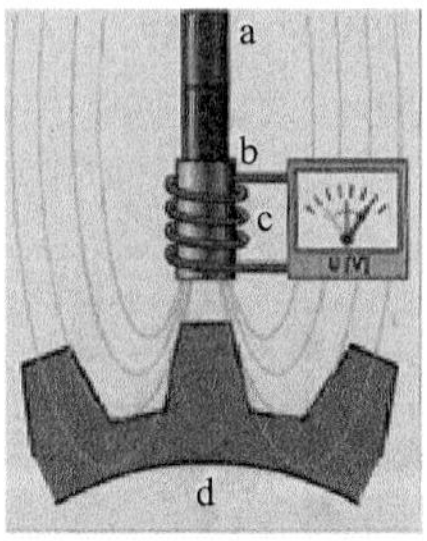

1—传感器外壳;2—极轴;3—齿圈;4—电磁线圈;5—永久磁铁;6—导线。</td><td></td></tr>
</table>

续表

<table>
<tr><th>认知项目</th><th>认 知 内 容</th><th>备 注</th></tr>
<tr><td>ESC 的组成及工作原理</td><td>
(2)霍尔式轮速传感器。霍尔式轮速传感器利用霍尔效应进行工作。当霍尔元件通电后,在磁铁的作用下,电子会发生偏转,进而产生霍尔电动势。

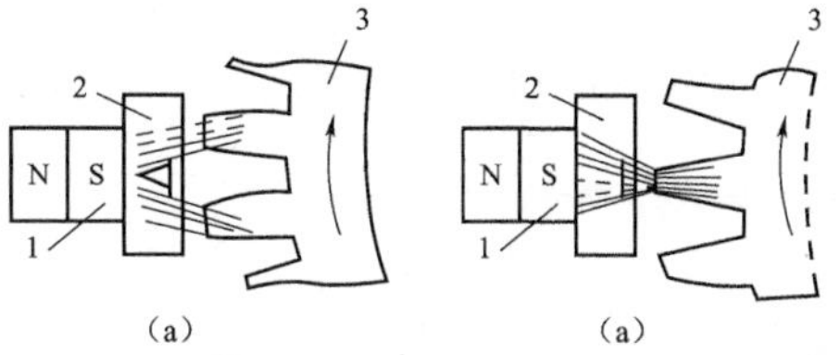

1—磁体;2—霍尔元件;3—齿圈。

霍尔式轮速传感器通常用于检测车轮的转速和方向。随着信号轮逐渐接近霍尔元件,磁场强度逐渐增强,进而导致霍尔电动势增大。相反,当信号轮远离霍尔元件时,磁场强度减弱,霍尔电动势也随之减小。这种变化周期性地发生,便形成了方波信号。而且,车辆行驶速度越快,方波信号的频率也会相应地加快。

2. 转向盘转角传感器

如下图所示,转向盘转角传感器安装在转向柱锁开关和转向盘之间的转向柱上,安全气囊的带滑环的回位环集成在该传感器内。其作用是将转向盘的转角信息传递给 ESC 电控单元。角度变化范围为±720°。

转向盘转角传感器结构

3. ESC 液压装置及 ESC 工作过程

(1)ESC 液压装置。ESC 液压装置液压线路图如下图所示。

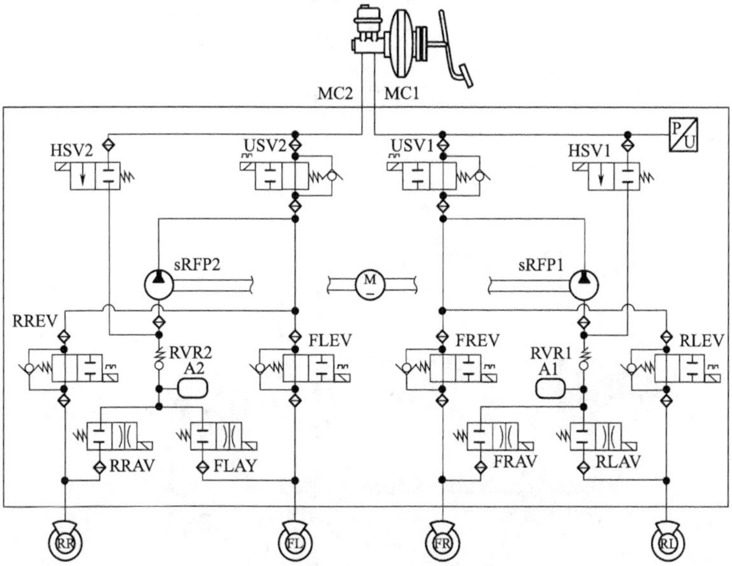

ESC 液压装置液压线路图
</td><td></td></tr>
</table>

续表

<table>
<tr><th>认知项目</th><th>认　知　内　容</th><th>备　　注</th></tr>
<tr><td>ESC 的组成及工作原理</td><td>

(2)ESC 工作过程。

①增压：

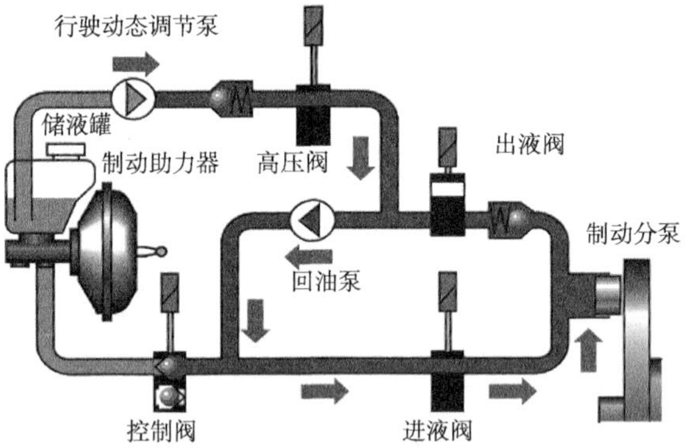

增压工作过程示意图

②保压：

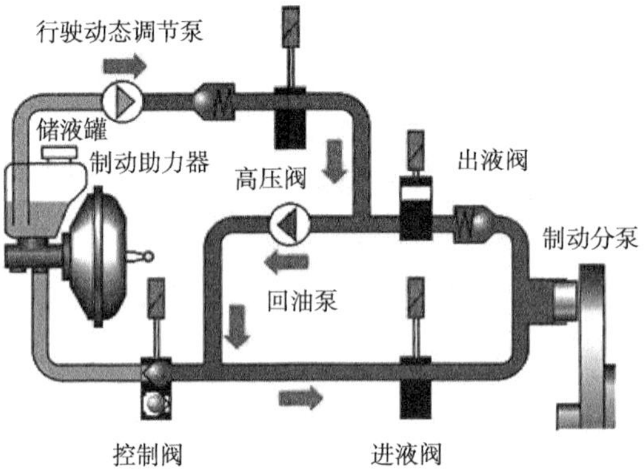

保压工作过程示意图

③减压：

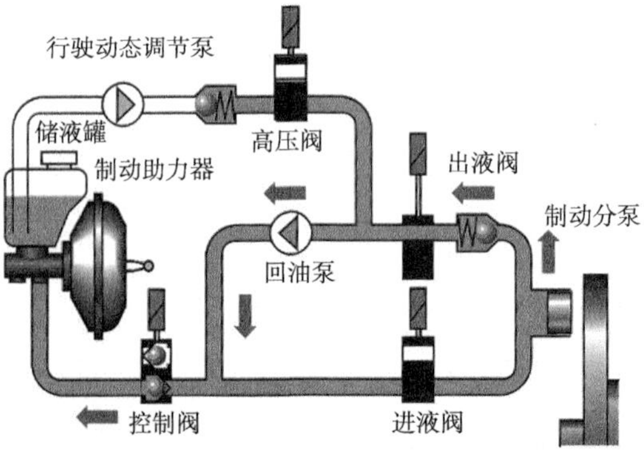

减压工作过程

</td><td></td></tr>
</table>

2. ESC 系统数据采集与分析(见表 1-5-4)

表 1-5-4　ESC 系统数据采集与分析

作业项目	作　业　内　容	备　注
ESC 故障	踩下制动踏板的同时按下一键起动开关后,发现仪表中制动系统故障报警灯点亮	以吉利帝豪 EV450 为例
故障现象确认	经维修技师初步诊断,确定为 ESC 故障。请根据该故障现象采集 ESC 系统相关数据信息,并进行分析	确认故障症状记录症状现象
执行高压断电作业	关闭起动开关,断开蓄电池负极,并可靠放置,等待 5 min 以上,断开直流母线,使用万用表验电,确保母线电压小于 50 V	
利用故障诊断仪读取故障代码、数据流	(1)测量辅助蓄电池电压,正常情况下应为 11～14 V。 (2)连接故障诊断仪,按下一键起动开关。 (3)打开故障诊断仪,进入 ESC 模块,读取故障代码。 (4)清除故障代码;再次操作后,使用诊断仪再次读取故障代码。 (5)读取数据流[可以举升车辆,加速车辆(需上电),踩踏制动踏板,采集数据流]	如果无故障代码则无须填写
数据采集及波形测量(以左前轮为例)	举升车辆,使用拆胎工具拆下车轮 	拆下轮胎装饰帽,拧松车轮固定螺母,车辆可靠举升,拆下车轮
	拆下左前轮罩 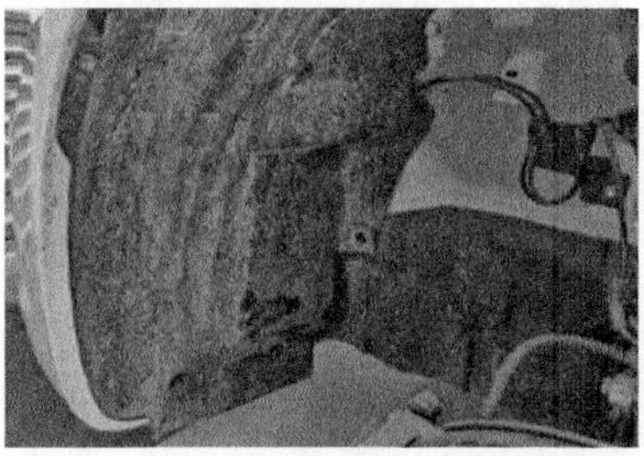	依次拆下左前轮罩固定卡扣,拆下轮罩

续表

作业项目	作 业 内 容	备 注
数据采集及波形测量(以左前轮为例)	断开左前轮速传感器插接器 CA23 	先按下插接器锁扣,再拔下轮速传感器插接器 CA23
	使用万用表红表笔连接插接器 CA23 端子 2,黑表笔连接车身搭铁,测量左前轮速传感器供电电压 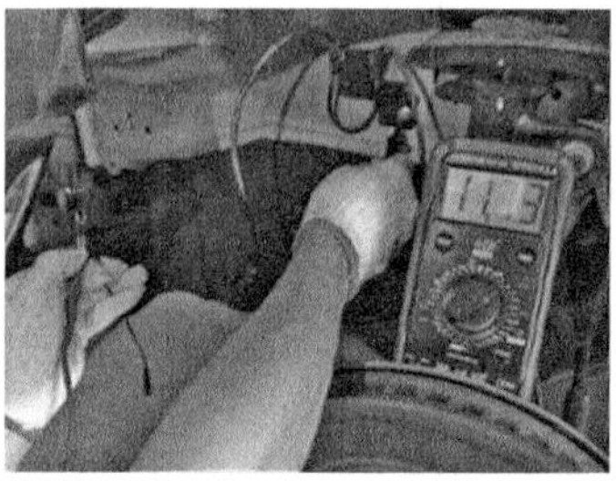	正常值应为 11～14 V
	使用万用表红表笔连接插接器 CA23 端子 1,黑表笔连接车身搭铁,测量左前轮速传感器供电电压 	正常电压应为 0 V
	连接示波器,A、B 通道分别连接 CA23 端子 2、1,转动车轮,测量左前轮速传感器工作波形 	CA23 端子 2 波形为蓄电池电压直波,CA23 端子 1 为 0～0.5 V 矩形波,并随着车速增大,波形周期变短
竣工检验	(1)按照相反顺序安装左前轮罩和左前轮。 (2)起动车辆,验证上电是否正常。 (3)整理、恢复作业场地	

子任务三　ESC 系统故障诊断与排除

一、任务内容

一辆吉利帝豪 EV450，踩下制动踏板的同时按下一键起动开关后，驾驶人仪表盘 ESC 报警灯长亮，经维修技师初步诊断，确定为 ESC 系统不工作。请根据该故障现象制订一份 ESC 系统不工作故障检修方案，完成故障诊断与排除。

二、注意事项

在进行 ESC 系统故障诊断与排除时，为确保维修工作的高效开展及维修人员的安全，需注意以下几点：

(1)安全防护措施：维修前，务必确保车辆处于安全状态。关闭车辆电源，将车辆置于平稳地面，拉紧驻车制动，戴好绝缘手套、防护眼镜等个人防护装备，避免维修过程中发生意外。

(2)遵循维修手册和厂商指南：严格按照车辆维修手册、制造商提供的服务手册和指导文件操作。每辆车都有其独特的电气架构和技术规范，不正确的操作可能会导致严重的损坏或安全隐患。

(3)工具与设备校验：使用经过校准的专业工具和设备执行测量和测试任务。包括但不限于万用表、绝缘测试仪和其他特定于电动汽车的诊断设备。确保所有工具处于良好状态且能够提供准确的数据。

(4)团队协作与沟通：在复杂情况下，依靠团队合作可以更有效地解决问题。保持清晰的沟通渠道，确保每位参与维修的成员都清楚了解当前的任务状态和下一步计划。

(5)记录保存：详细记录所有检查结果、发现的问题以及采取的解决措施。这对于后续的维护工作极为重要，同时也为未来可能遇到的类似问题提供了参考依据。

(6)数据采集准确性：在采集 ESC 系统数据时，确保故障诊断仪等设备连接正确，按照规范操作流程进行数据读取，避免因操作失误导致数据不准确。

(7)故障现象再现：在分析数据前，尝试多次再现故障现象，确认故障的稳定性和相关条件，以便更准确地定位问题根源。

(8)系统关联性考虑：ESC 系统与其他车辆系统存在关联，在分析数据时，综合考虑如制动系统、转向系统等相关数据，以全面评估车辆状态。

(9)数据安全性：采集的数据涉及车辆关键信息，确保数据存储和传输的安全性，防止数据泄露或被篡改。

(10)实验环境控制：在进行数据采集和分析时，保持车辆周围环境的稳定，避免外部干扰因素影响数据的准确性。

三、标准化作业表

1. ESC 系统常见故障诊断与排除流程(见表 1-5-5)

表 1-5-5　ESC 系统常见故障诊断与排除流程

认知项目	认　知　内　容	备　注
ESC 电气原理	吉利帝豪 EV450 车型 ESC 系统采集 ESC 开关、左前轮速传感器、右前轮速传感器、左后轮速传感器、右后轮速传感器、制动真空度传感器、转向盘转角传感器、制动开关等信号,控制 ABS 泵左前轮进油电磁阀、左前轮排油电磁阀、右前轮进油电磁阀、右前轮排油电磁阀、左后轮进油电磁阀、左后轮排油电磁阀、右后轮进油电磁阀、右后轮排油电磁阀、电动真空泵、回路导向阀和高压开关阀等执行器工作,提供车辆最佳的制动力,保持车辆行驶稳定	
认识吉利帝豪 EV450 车型 ESC 系统电路	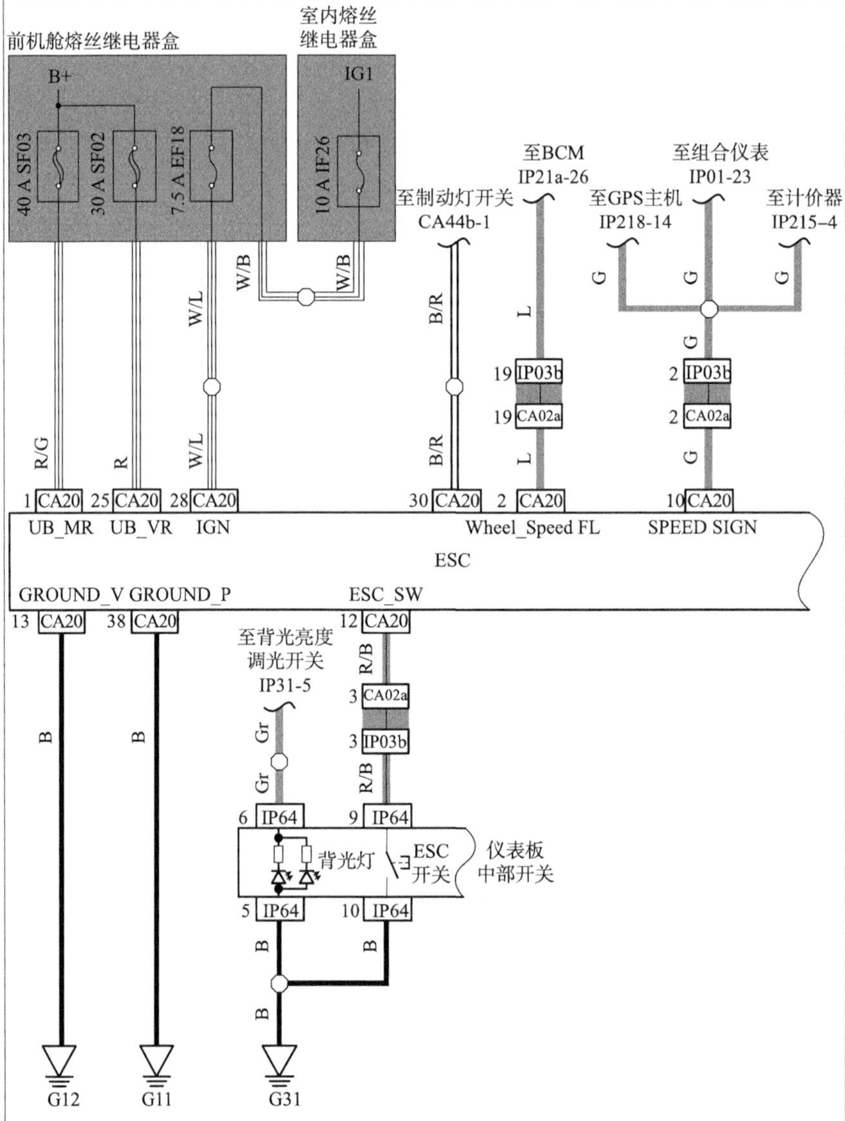 ESC 系统电路图一	以吉利帝豪 EV450 为例

续表

认知项目	认　知　内　容	备　注
认识吉利帝豪 EV450 车型 ESC 系统电路	左前、右前、左后、右后轮速传感器采集的轮速信息通过 CA20 线束插接器传递至 ESC 控制单元。 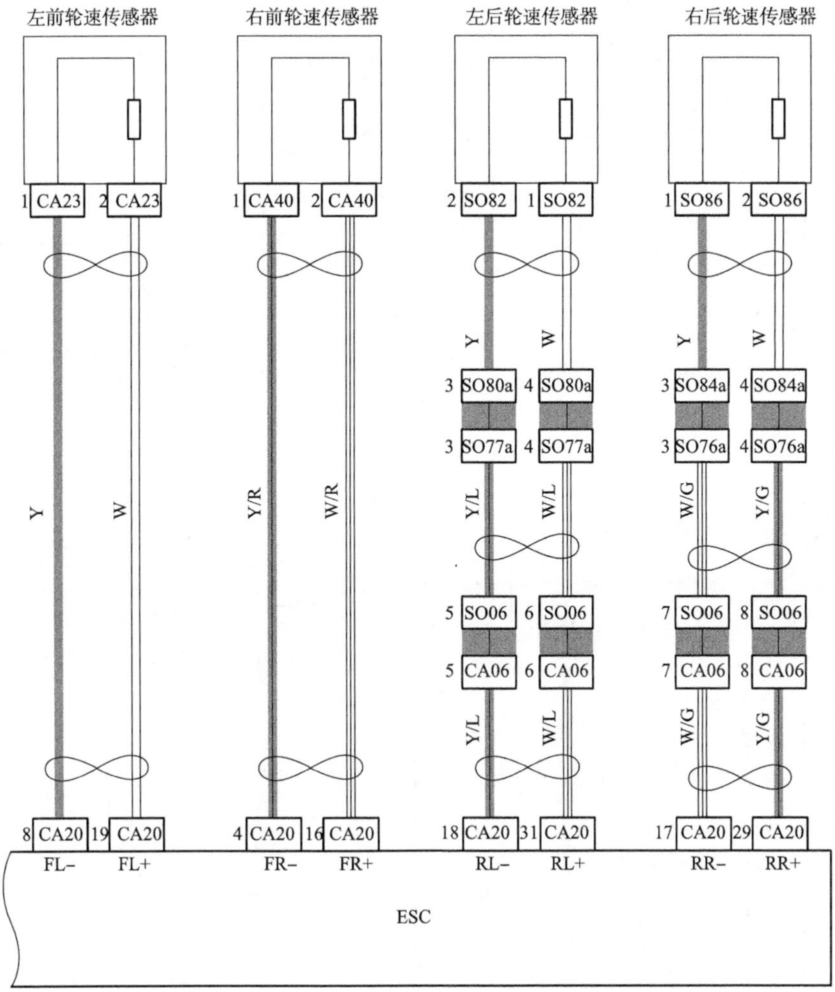 ESC 系统电路图二 安装在转向柱中的转向盘转角传感器通过室内熔丝 IF28(10 A)供电，通过 G28 搭铁点与车身形成回路，采集的转向盘转角信息通过 V-CAN 传递至 ESC 控制单元	以吉利帝豪 EV450 为例

续表

认知项目	认　知　内　容	备　注
认识吉利帝豪 EV450 车型 ESC 系统电路	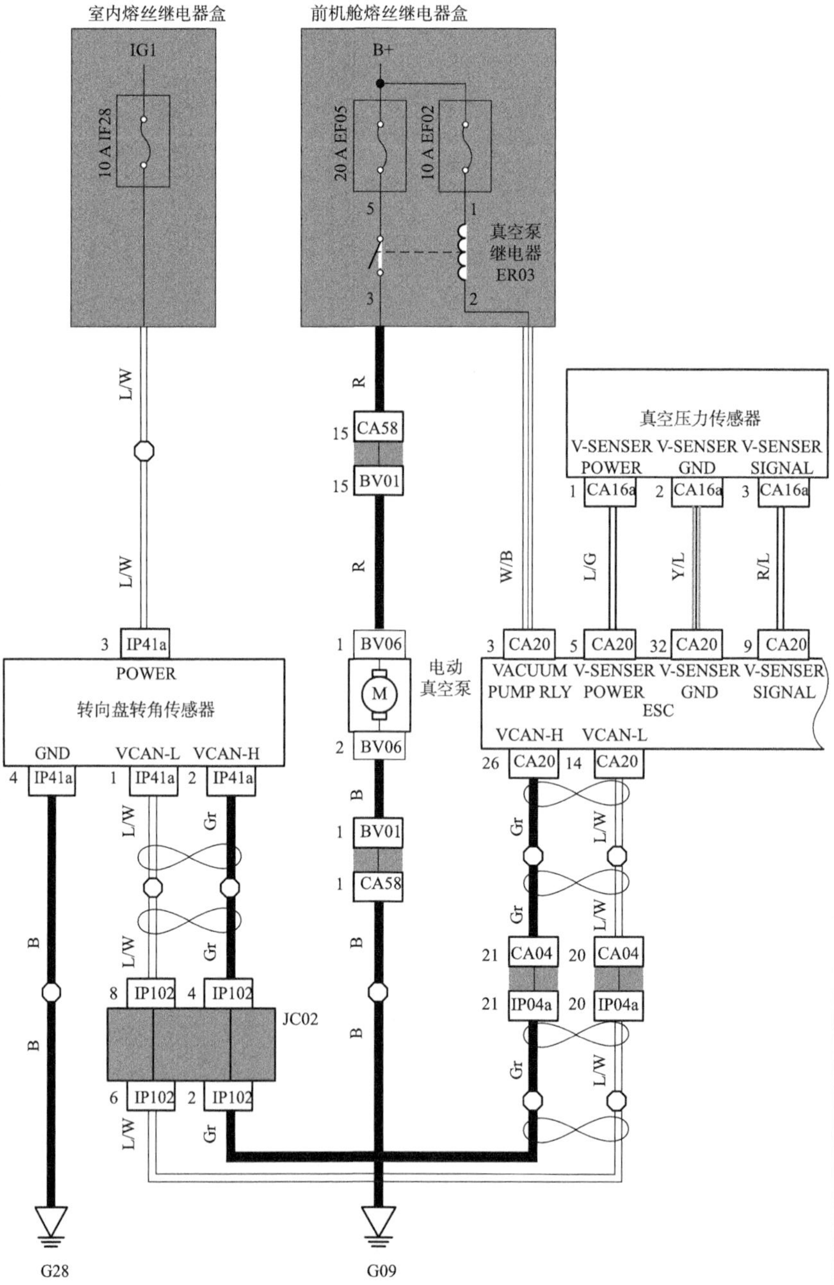 ESC 系统电路图三	以吉利帝豪 EV450 为例

续表

<table>
<tr><th>认知项目</th><th>认 知 内 容</th><th>备 注</th></tr>
<tr><td>ESC 控制模块插接器 CA20 端子列表</td><td>
ESC 控制模块插接器 CA20 端子如下图所示。各端子的定义见表 1。

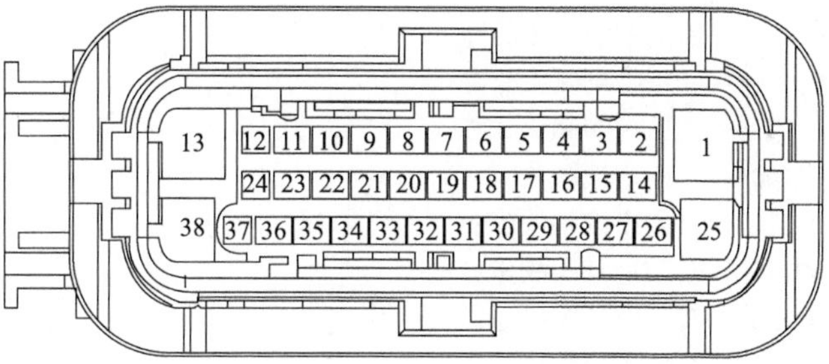

表 1 ESC 控制模块插接器 CA20 端子定义

<table>
<tr><th>端子号</th><th>端子定义</th><th>线色</th><th>端子号</th><th>端子定义</th><th>线色</th></tr>
<tr><td>1</td><td>供电线</td><td>红/绿</td><td>16</td><td>右前轮速传感器电源线</td><td>白/红</td></tr>
<tr><td>2</td><td>右前轮速输出</td><td>黑/红</td><td>17</td><td>右后轮速传感器电源线</td><td>白/绿</td></tr>
<tr><td>3</td><td>EVP 控制线</td><td>白/黑</td><td>18</td><td>左后轮速传感器信号线</td><td>黄/蓝</td></tr>
<tr><td>4</td><td>右前轮速传感器信号线</td><td>黄/红</td><td>19</td><td>左前轮速传感器电源线</td><td>白</td></tr>
<tr><td>5</td><td>真空压力传感器电源线</td><td>蓝/绿</td><td>25</td><td>供电线</td><td>红</td></tr>
<tr><td>8</td><td>左前轮速传感器信号</td><td>黄</td><td>26</td><td>VCAN-H</td><td>棕</td></tr>
<tr><td>9</td><td>真空压力传感器输入</td><td>红/蓝</td><td>28</td><td>ESC 唤醒信号</td><td>白/蓝</td></tr>
<tr><td>10</td><td>车速信号输出</td><td>绿</td><td>29</td><td>右后轮速传感器信号线</td><td>黄/绿</td></tr>
<tr><td>12</td><td>ESC OFF 开关</td><td>红/黑</td><td>31</td><td>左后轮速传感器电源线</td><td>白/蓝</td></tr>
<tr><td>13</td><td>泵电机接地线</td><td>黑</td><td>32</td><td>真空压力传感器接地</td><td>黄/蓝</td></tr>
<tr><td>14</td><td>VCAN-L</td><td>蓝/白</td><td>38</td><td>接地</td><td>黑</td></tr>
</table>

注:未给出定义的端子为空。
</td><td></td></tr>
</table>

续表

<table>
<tr><th>认知项目</th><th>认　知　内　容</th><th>备　注</th></tr>
<tr><td>ESC 系统故障代码（DTC）</td><td>ESC 系统常见故障代码有：
➢ C000104—回路控制阀 1 故障；
➢ C000204—回路控制阀 2 故障；
➢ C000294—高压控制阀 1 故障；
➢ C000404—高压控制阀 2 故障；
➢ C001004—左前进液阀故障；
➢ C001104—左前出液阀故障；
➢ C001404—右前进液阀故障；
➢ C001504—右前出液阀故障；
➢ C001804—左后出液阀故障；
➢ C001904—左后出液阀故障；
➢ C001C04—右后出液阀故障；
➢ C001D04—右后出液阀故障；
➢ C002004—排气泵故障；
➢ C001904—左后出液阀故障；
➢ C003108—左前轮速传感器信号故障；
➢ C003200—左前轮速传感器开路；
➢ C003408—右前轮速传感器信号故障；
➢ C003500—右前轮速传感器开路；
➢ C004008—制动灯开关故障；
➢ C004460—压力传感器信号故障；
➢ C006B06—ABS/ESC 控制异常；
➢ C046008—转角传感器故障；
➢ C106600—转角传感器标定错误；
➢ P004020—电子真空泵故障；
➢ U0122604—与转角传感器失去通信</td><td></td></tr>
<tr><td>常见故障及可能原因</td><td>在 DTC 检查时显示正常代码，可是故障依然存在，可按照表 2 给出的检查顺序检查系统是否存在各种故障症状，然后进入相关的维修方案以排除故障
表 2　故障现象及可能原因
<table>
<tr><th>故障现象</th><th>可能故障原因</th></tr>
<tr><td rowspan="6">ESC 不工作</td><td>（1）检查 DTC，确认没有历史和当前故障</td></tr>
<tr><td>（2）IG1 电源电路</td></tr>
<tr><td>（3）前转速传感器电路</td></tr>
<tr><td>（4）后转速传感器电路</td></tr>
<tr><td>（5）利用诊断仪主动测试功能检查液压电子控制单元；如果异常，则检查液压管路是否泄漏</td></tr>
<tr><td>（6）如果怀疑部位上的上述电路经过检查并确认正常后，症状仍然存在，则应更换液压电子控制单元</td></tr>
</table></td><td></td></tr>
</table>

续表

<table>
<tr><th>认知项目</th><th>认 知 内 容</th><th>备 注</th></tr>
<tr><td>常见故障及可能原因</td><td>
<table>
<tr><th>故 障 现 象</th><th>可能故障原因</th></tr>
<tr><td rowspan="6">ESC 无法有效运行</td><td>(1)检查 DTC,确认没有历史和当前故障代码</td></tr>
<tr><td>(2)前转速传感器电路</td></tr>
<tr><td>(3)后转速传感器电路</td></tr>
<tr><td>(4)制动灯开关电路</td></tr>
<tr><td>(5)利用诊断仪主动测试功能检查液压电子控制单元,如果异常,则检查液压管路是否泄漏</td></tr>
<tr><td>(6)如果怀疑部位上的上述电路经过检查并确认正常后,症状仍然存在,则应更换液压电子控制单元</td></tr>
<tr><td rowspan="2">ABS 警告灯故障(保持长亮)</td><td>(1)液压电子控制单元</td></tr>
<tr><td>(2)仪表失去与 ESC 的 CAN 网络通信,点亮 ESC、ABS、EBD 故障灯</td></tr>
<tr><td rowspan="2">ABS 警告灯故障(不亮)</td><td>(1)组合仪表</td></tr>
<tr><td>(2)液压电子控制单元</td></tr>
<tr><td rowspan="2">制动警告灯故障(保持长亮)</td><td>(1)制动警告灯电路</td></tr>
<tr><td>(2)检测电动真空泵控制电路</td></tr>
</table>
</td><td></td></tr>
</table>

2. ESC 系统故障诊断与排除(见表 1-5-6)

表 1-5-6 ESC 系统故障诊断与排除

作业项目	作 业 内 容	备 注
ESC 系统故障诊断与排除	ESC 系统故障诊断与排除	以帝豪 EV450 为例
故障现象确认	起动车辆,观察仪表中 ESC 故障报警灯是否点亮,按下 ESC 关闭按钮,观察报警灯是否熄灭	确认故障症状记录症状现象
执行高压断电作业	关闭起动开关,断开蓄电池负极,并可靠放置,等待 5 min 以上,断开直流母线,使用万用表验电,确保母线电压小于 50 V	
利用故障诊断仪诊断故障	连接故障诊断仪,按下一键起动开关,打开故障诊断仪进入 ESC 模块,读取故障代码和数据流。清除故障代码;再次操作后,使用诊断仪再次读取故障代码并和之前的故障代码进行对比,分析故障代码的性质	如果无故障代码则无须填写

续表

作业项目	作 业 内 容	备 注
故障检测	使用万用表测量辅助蓄电池电压,万用表红黑表笔分别接蓄电池正负接线柱  	正常情况下应为 11～14 V
	打开起动开关,拔下 SF02(30 A)熔丝,使用万用表测量熔丝上游供电情况 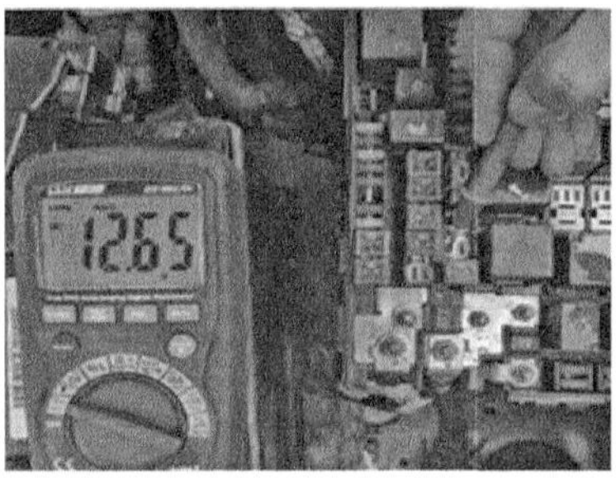 	电压应为 11～14 V
	使用万用表测试 SF02(30 A)熔丝电阻 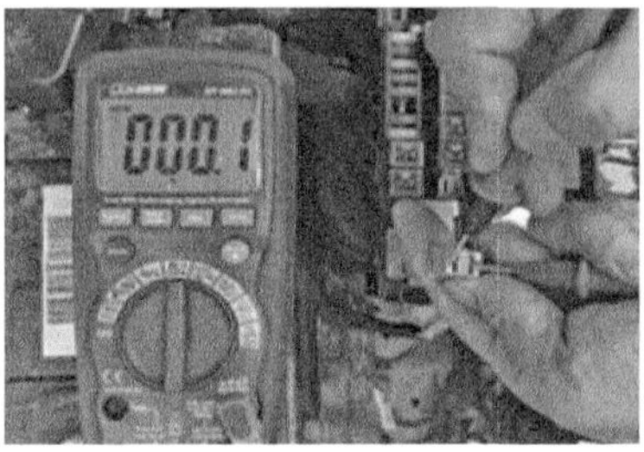 	电阻应小于 1 Ω
	打开起动开关,拔下 SF03(40 A)熔丝,使用万用表测量熔丝上游供电情况  	电压应为 11~14 V

续表

作业项目	作 业 内 容	备 注
故障检测	使用万用表测试 SF03(40 A)熔丝电阻  	电阻应小于 1 Ω
	使用万用表测量 EF18(7.5 A)上游和下游供电情况  	电压应为 11～14 V
	关闭起动开关,断开蓄电池负极,并可靠放置,断开 ESC 控制单元线束插接器 CA20,安装电池负极,检查 CA20 端子 1 对地电压 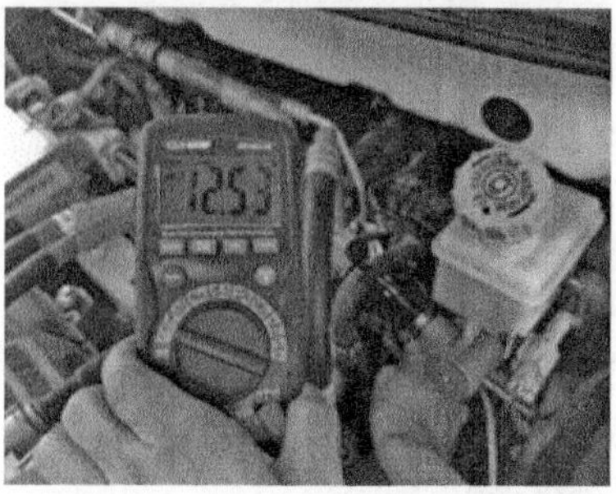 	电压应为 11～14 V
	检查 ESC 控制单元线束插接器 CA20 端子 25 对地电压 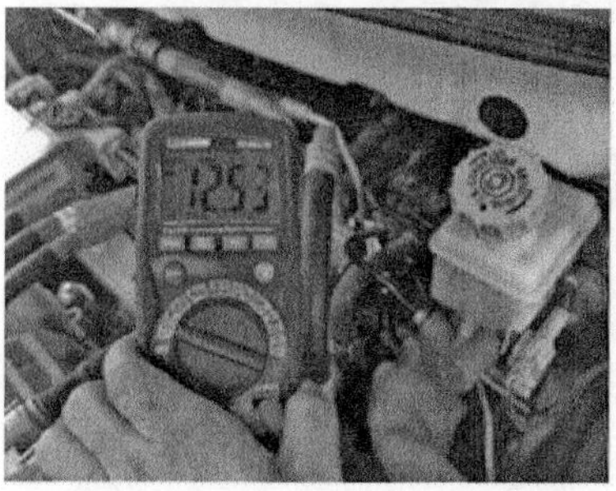 	电压应为 11～14 V

续表

作业项目	作　业　内　容	备　　注
故障检测	检查 ESC 控制单元线束插接器 CA20 端子 28 对地电压 	电压应为 11～14 V
	检查 ESC 控制单元线束插接器 CA20 端子 13 对地电阻 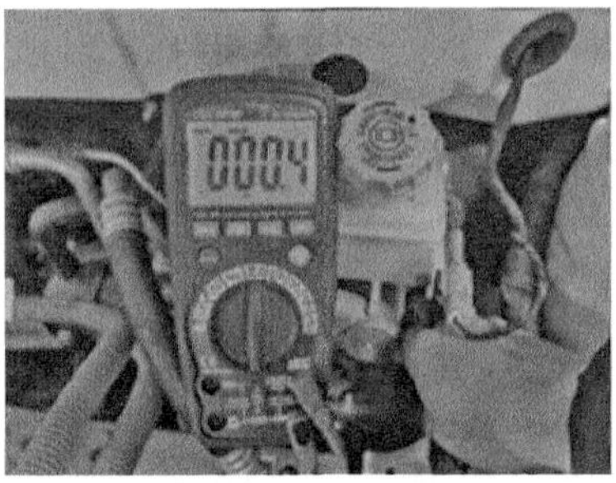	电阻应小于 1 Ω
	检查 ESC 控制单元线束插接器 CA20 端子 38 对地电阻 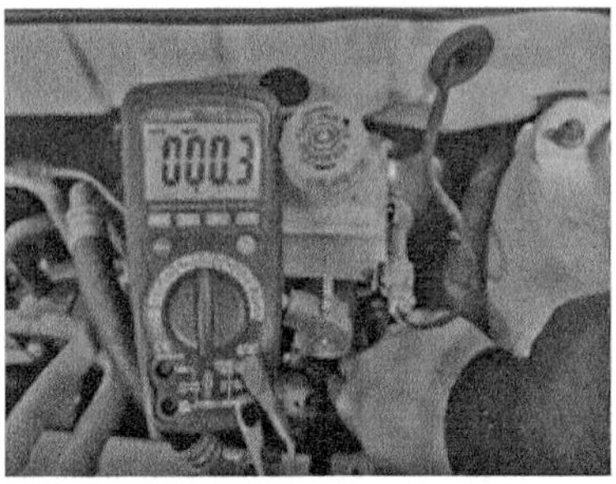	电阻应小于 1 Ω
	排放制动液，拆卸 ESC 控制单元，连接 ESC 控制单元插接器 CA20，添加制动液，执行液压制动系统排气程序进行系统排气 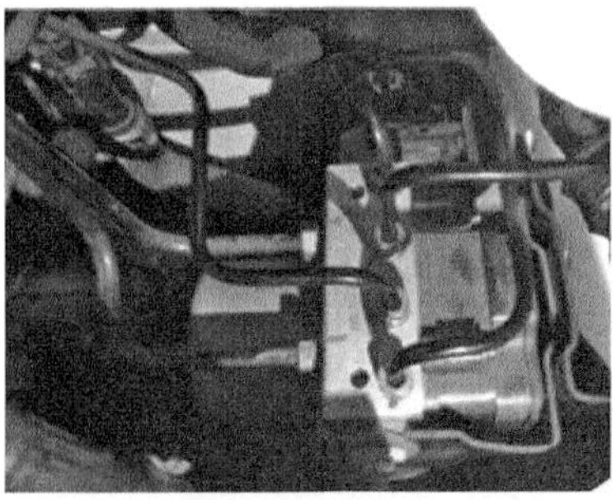	紧固支架固定螺栓，拧紧力矩为 9 N·m
竣工检验	(1)按照相反顺序安装相关线束插接器。 (2)起动车辆，验证制动功能。 (3)整理、恢复作业场地	

子任务四 EPB 系统数据采集与分析

一、任务内容

一辆吉利 EV450,踩下制动踏板的同时按下一键起动开关后,驾驶人操作 EPB 按钮,发现 EPB 无法解锁,经维修技师初步诊断,确定 EPB 故障。请根据该故障现象采集 EPB 系统相关数据信息,并进行分析。

二、注意事项

在进行 EPB 系统数据采集与分析时,为确保数据的准确性、维修工作的高效开展及维修人员的安全,需注意以下几点:

(1)安全防护措施:维修前,务必确保车辆处于安全状态。关闭车辆电源,将车辆置于平稳地面,拉紧驻车制动,戴好绝缘手套、防护眼镜等个人防护装备,避免维修过程中发生意外。

(2)遵循维修手册和厂商指南:严格按照车辆维修手册、制造商提供的服务手册和指导文件操作。每辆车都有其独特的电气架构和技术规范,不正确的操作可能会导致严重的损坏或安全隐患。

(3)工具与设备校验:使用经过校准的专业工具和设备执行测量和测试任务。包括但不限于万用表、绝缘测试仪和其他特定于电动汽车的诊断设备。确保所有工具处于良好状态且能够提供准确的数据。

(4)团队协作与沟通:在复杂情况下,依靠团队合作可以更有效地解决问题。保持清晰的沟通渠道,确保每位参与维修的成员都清楚了解当前的任务状态和下一步计划。

(5)记录保存:详细记录所有检查结果、发现的问题以及采取的解决措施。这对于后续的维护工作极为重要,同时也为未来可能遇到的类似问题提供了参考依据。

(6)数据采集准确性:在采集 EPB 系统数据时,确保故障诊断仪等设备连接正确,按照规范操作流程进行数据读取,避免因操作失误导致数据不准确。

(7)故障现象再现:在分析数据前,尝试多次再现故障现象,确认故障的稳定性和相关条件,以便更准确地定位问题根源。

(8)系统关联性考虑:EPB 系统与其他车辆系统存在关联,在分析数据时,综合考虑如制动系统等相关数据,以全面评估车辆状态。

(9)数据安全性:采集的数据涉及车辆关键信息,确保数据存储和传输的安全性,防止数据泄露或被篡改。

(10)实验环境控制:在进行数据采集和分析时,保持车辆周围环境的稳定,避免外部干扰因素影响数据的准确性。

三、标准化作业表

1. 新能源汽车驻车制动系统的认知(见表 1-5-7)

表 1-5-7 新能源汽车驻车制动系统的认知

认知项目	认 知 内 容	备 注
认识驻车制动系统	驻车制动器,通常是指车辆安装的手动制动,简称手制动,在车辆停稳后用于稳定车辆,避免车辆在斜坡路面停车时由于溜车造成事故。常见的驻车制动一般置于驾驶人右手下垂位置,便于使用。也有部分自动挡车型在驾驶人左脚外侧设计了功能与驻车制动相同的脚制动,目前广泛采用的是电子驻车制动系统(EPB)	以吉利帝豪 EV450 为例
EPB 系统的组成	电子驻车制动系统(electronic parking brake system,EPB)是由驻车制动控制电机直接控制后轮制动卡钳实现驻车制动的,其主要部件包括驻车制动开关、驻车制动控制单元和驻车制动执行电机三部分。吉利帝豪 EV450 车型驻车制动系统组成如下图所示 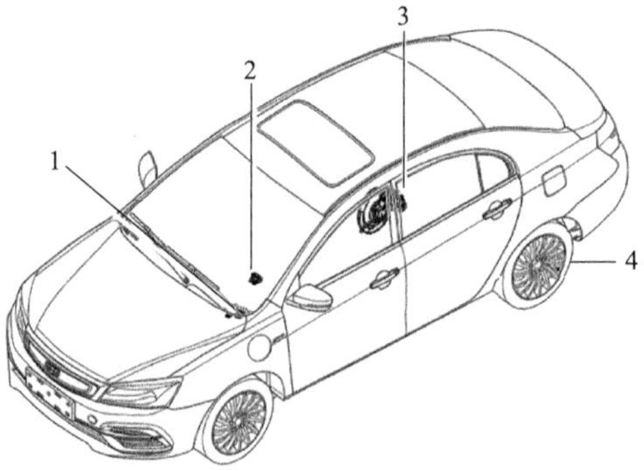 1—EPB 控制单元;2—EPB 开关;3—右后驻车制动电机;4—左后驻车制动电机	
EPB 常见使用场景	(1)挂入 P 挡(适用于自动挡车型)。车辆静止时,从任意挡位切换至 P 挡,车辆将自动驻车,此时自动驻车按钮红色指示灯亮起。 (2)开启车门。当车辆处于静止状态时,打开主驾车门,车辆将自动驻车,此时自动驻车按钮红色指示灯亮起。 (3)停车熄火。当车辆处于静止状态时,通过一键起动开关熄火后,车辆将自动驻车,此时自动驻车按钮红色指示灯亮起。 (4)坡道溜坡。在斜坡上驻车后,EPB 系统会根据坡度的不同,采取不同的力度驻车。如果出现溜坡,EPB 系统将用最大夹紧力再次驻车,防止溜坡	
EPB 系统工作原理	EPB 的驻车功能主要由电子信号的传递实现,通过自带 ECU 发出指令来驱动卡钳进行相关动作。其主要信号交互由以下几方面组成:电子驻车制动控制单元、组合仪表 EPB 相关显示符号、EPB 开关按键、执行机构等	

续表

认知项目	认 知 内 容	备 注
EPB 系统工作原理	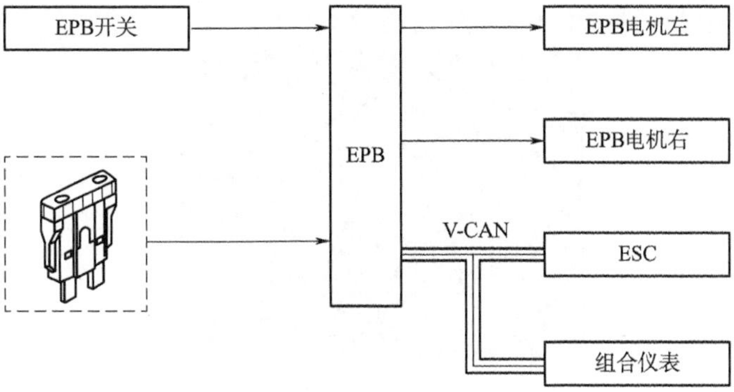	

2. EPB 系统数据测量(见表 1-5-8)

表 1-5-8 EPB 系统数据测量

作业项目	作 业 内 容	备 注
EPB 系统数据采集与分析	踩下制动踏板的同时按下一键起动开关后,驾驶人操作 EPB 按钮,发现 EPB 无法解锁,根据该故障现象采集 EPB 系统相关数据信息,并进行分析	以吉利帝豪 EV-450 为例
故障现象确认	起动车辆,操作 EPB 按钮进行驻车制动和释放,观察车辆是否可以有效驻车,车辆仪表是否显示对应的图标	确认故障症状记录症状现象
数据测量	使用万用表测量辅助蓄电池电压,万用表红黑表笔分别接替电池正负接线柱 	正常情况下应为 11～14 V
	断开辅助蓄电池负极 	将负极可靠包裹

续表

作业项目	作 业 内 容	备 注
数据测量	使用内饰拆卸板拆卸换挡机构装饰面板总成 	注意面板卡扣
	断开 EFB 开关线束插接器,取下换挡机构面板装饰总成 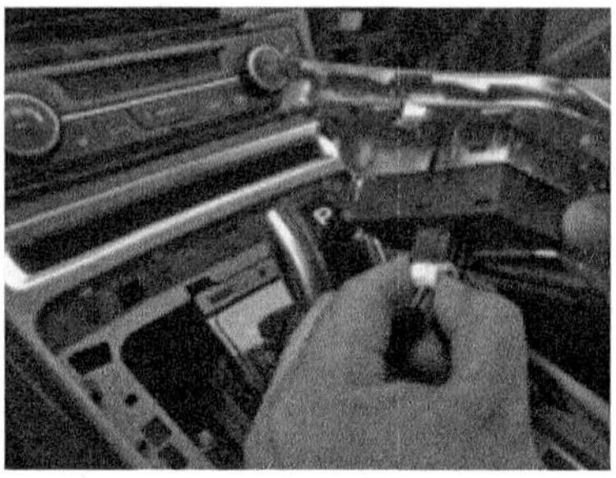	注意面板卡扣
	使用万用表电阻挡测试 EFB 开关插接器 IP64-1、IP64-4 端子间电阻,IP64-2、IP64-3 端子间电阻 	测量标准见表 1
	举升车辆,断开左后卡钳电机插接器 SO81,测量卡钳电机线圈电阻 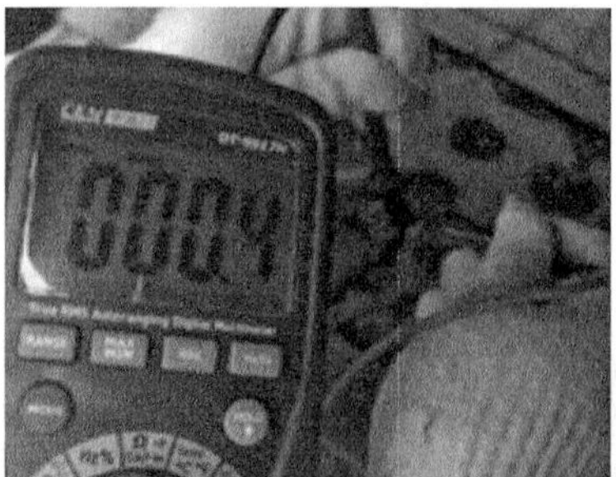	卡钳电机线圈电阻应小于 1 Ω

续表

<table>
<tr><th>作业项目</th><th>作 业 内 容</th><th>备 注</th></tr>
<tr><td rowspan="2">数据测量</td><td>断开右后卡钳电机插接器 SO85,测量卡钳电机线圈电阻
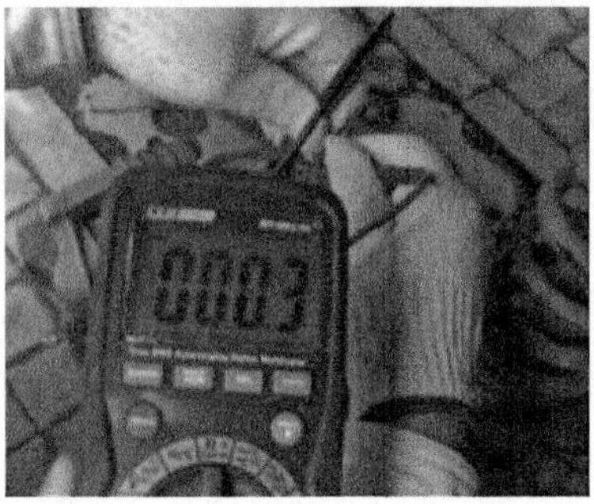</td><td>卡钳电机线圈电阻应小于 1 Ω</td></tr>
<tr><td>表 1 EFB 开关测量标准值
<table>
<tr><th>序号</th><th>检查项目</th><th>检测点</th><th>检测条件</th><th>检测类型</th><th>标准值</th></tr>
<tr><td>1</td><td>EPB 开关</td><td>IP64-1、IP64-4</td><td>不操作</td><td>电阻</td><td>2. 66 MΩ</td></tr>
<tr><td>2</td><td>EPB 开关</td><td>IP64-1、IP64-4</td><td>压下开关</td><td>电阻</td><td><1 Ω</td></tr>
<tr><td>3</td><td>EPB 开关</td><td>IP64-1、IP64-4</td><td>拉起开关</td><td>电阻</td><td>无穷大</td></tr>
<tr><td>4</td><td>EPB 开关</td><td>IP64-2、IP64-3</td><td>不操作</td><td>电阻</td><td>无穷大</td></tr>
<tr><td>5</td><td>EPB 开关</td><td>IP64-2、IP64-3</td><td>拉起开关</td><td>电阻</td><td><1 Ω</td></tr>
<tr><td>6</td><td>EPB 开关</td><td>IP64-2、IP64-3</td><td>压下开关</td><td>电阻</td><td>2. 66 MΩ</td></tr>
</table></td><td></td></tr>
<tr><td>竣工检验</td><td>(1)按照相反顺序安装 EPB 相关线束插接器。
(2)起动车辆,验证 EPB 驻车制动功能。
(3)整理、恢复作业场地</td><td></td></tr>
</table>

子任务五 EPB 系统故障诊断与排除

一、任务内容

一辆吉利帝豪 EV450,踩下制动踏板的同时按下一键起动开关后,驾驶人操作 EPB 按钮,发现仪表盘上驻车制动指示灯不熄灭,经维修技师初步诊断,确定为左后 EPB 电机不工作。请根据该故障现象制订一份 EPB 电机不工作故障检修方案,完成故障诊断与排除。

二、注意事项

在进行 EPB 系统故障诊断与排除时,为确保维修工作的高效开展及维修人员的安全,需注意以下几点:

(1)安全防护措施:维修前,务必确保车辆处于安全状态。关闭车辆电源,将车辆置于平稳地面,拉紧驻车制动,戴好绝缘手套、防护眼镜等个人防护装备,避免维修过程中发生意外。

(2)遵循维修手册和厂商指南:严格按照车辆维修手册、制造商提供的服务手册和指导文件操作。每辆车都有其独特的电气架构和技术规范,不正确的操作可能会导致严重的损坏或安全隐患。

(3)工具与设备校验:使用经过校准的专业工具和设备执行测量和测试任务。包括但不限于万用表、绝缘测试仪和其他特定于电动汽车的诊断设备。确保所有工具处于良好状态且能够提供准确的数据。

(4)团队协作与沟通:在复杂情况下,依靠团队合作可以更有效地解决问题。保持清晰的沟通渠道,确保每位参与维修的成员都清楚了解当前的任务状态和下一步计划。

(5)记录保存:详细记录所有检查结果、发现的问题以及采取的解决措施。这对于后续的维护工作极为重要,同时也为未来可能遇到的类似问题提供了参考依据。

(6)数据采集准确性:在采集 EPB 系统数据时,确保故障诊断仪等设备连接正确,按照规范操作流程进行数据读取,避免因操作失误导致数据不准确。

(7)故障现象再现:在分析数据前,尝试多次再现故障现象,确认故障的稳定性和相关条件,以便更准确地定位问题根源。

(8)系统关联性考虑:EPB 系统与其他车辆系统存在关联,在分析数据时,综合考虑如制动系统等相关数据,以全面评估车辆状态。

(9)数据安全性:采集的数据涉及车辆关键信息,确保数据存储和传输的安全性,防止数据泄露或被篡改。

(10)实验环境控制:在进行数据采集和分析时,保持车辆周围环境的稳定,避免外部干扰因素影响数据的准确性。

三、标准化作业表

1. EPB 系统电路及故障解析(见表 1-5-9)

表 1-5-9　EPB 系统电路及故障解析

认知项目	认　知　内　容	备　注
认识 EPB 系统电路图	吉利帝豪 EV450 车型 EPB 系统电路如下图所示,EPB 控制单元由熔丝 IF23(10 A)提供 IG1 电,接收安装在仪表板中部的 EPB 开关信号后,通过短时间给左后、右后卡钳电机通电(双向电流),由熔丝 SF04(30 A,左卡钳电机正极)和 SF06(30 A,右卡钳电机正极)提供常电,经 G32 接地,卡钳电机工作压紧或释放制动片,从而实现驻车制动或释放驻车制动。 以左后卡钳电机为例,说明电机工作回路,当按下 EPB 操作按钮时,蓄电池—熔丝 SF04(30 A)—EPB 控制单元—插接器 IP27-29 端子—左后卡钳电机—插接器 IP27-14 端子—EPB 控制单元—插接器 IP27-30 端子—G32,左后卡钳电机执行释放操作。当拉起 EPB 操作按钮时,蓄电池—熔丝 SF04(30 A)—EPB 控制单元—插接器 IP27-14 端子—左后卡钳电机—插接器 IP27-29 端子—EPB 控制单元—插接器 IP27-30 端子—G32,左后卡钳电机执行驻车夹紧操作	以吉利帝豪 EV450 为例

续表

认知项目	认 知 内 容	备 注
认识 EPB 系统电路图	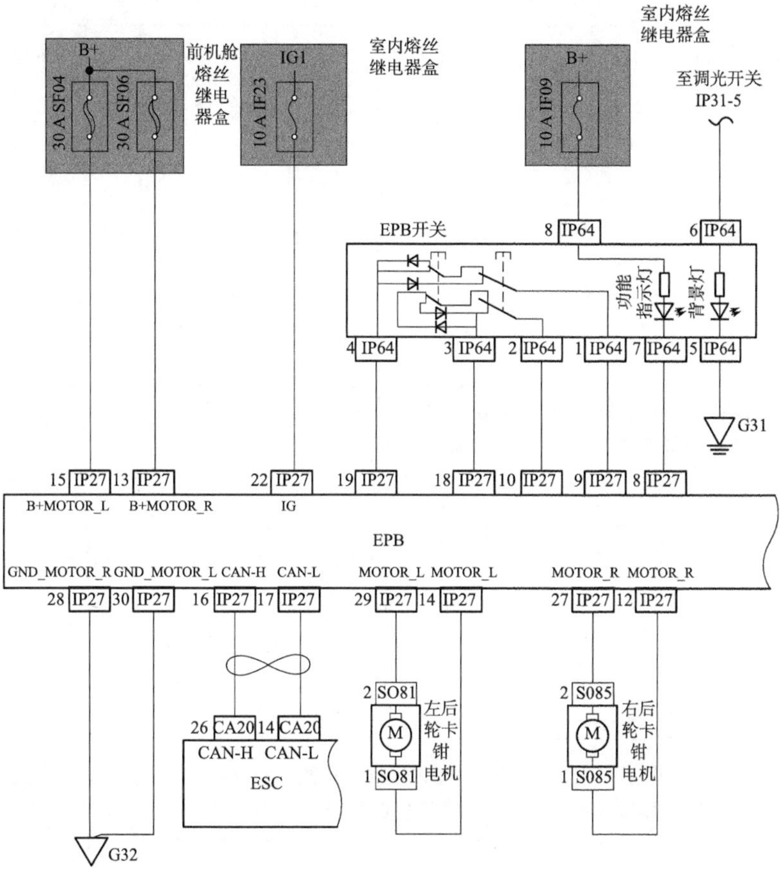 EPB 系统电路图	以吉利帝豪 EV450 为例
EPB 系统各插接器端子位置及含义	1. EPB 开关线束插接器 IP64 端子位置及含义 EPB 开关线束插接器 IP64 端子位置如下图所示。 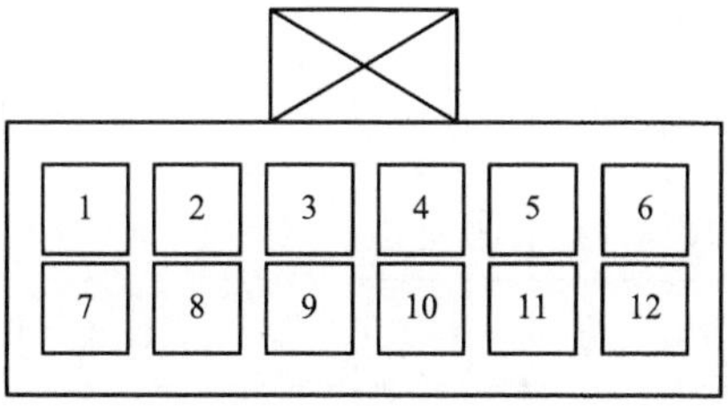 IP64 端口示意图 EPB 开关线束插接器 IP64 端子含义见表 1。	

续表

认知项目	认 知 内 容	备 注
EPB 系统各插接器端子位置及含义		

表 1　EPB 开关线束插接器 IP64 端子含义

端子号	端子定义	线色	端子号	端子定义	线色
1	开关 1	绿/红	6	背光灯信号	灰
2	开关 2	蓝	7	功能指示灯	黑/红
3	开关 3	紫	8	电源	红/黄
4	开关 4	粉	9	ESC OFF 开关	红/黑
5	接地	黑	10	接地	黑

2. EPB 控制器线束插接器 IP27 端子位置及定义

EPB 控制器线束插接器 IP27 端子位置如下图所示。

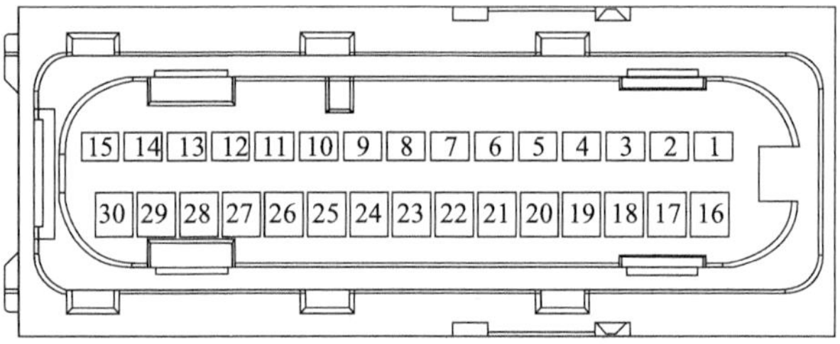

IP27 端口示意图

EPB 控制器线束插接器 IP27 端子含义见表 2。

表 2　EPB 控制器线束插接器 IP27 的端子定义

（1-7、11、20、21、23-26 空）

端子号	端子定义	线色	端子号	端子定义	线色
8	功能指示灯	黑/红	17	CAN-L	蓝/白
9	接 EPB 开关	绿/红	18	接 EPB 开关	紫
10	接 EPB 开关	蓝	19	接 EPB 开关	粉
12	接右卡钳电机正	红/蓝	22	电源	白/绿
13	右卡钳电机电源	红/白	27	接右卡钳电机负	红/黑
14	接左卡钳电机正	红	28	右卡钳电机接地	黑
15	左卡钳电机电源	红/绿	29	接左卡钳电机负	红/黄
16	CAN-H	灰	30	左卡钳电机接地	黑

续表

认知项目	认 知 内 容	备 注
EPB 电机不工作故障检修	EPB 系统电机不工作故障涵盖 EPB 执行器故障,包括: ➢ C110060—执行器电压异常; ➢ C11A477—执行机构故障; ➢ C11A577—执行机构故障-低压; ➢ C11A07C—左执行器故障-运行超时; ➢ C11A37C—右执行器故障-运行超时; ➢ C11A013—左执行器故障-开路; ➢ C11A313—右执行器故障-开路; ➢ C11A011—左执行器故障-控制电路故障; ➢ C11A311—右执行器故障-控制电路故障; ➢ C11A07E—左执行器故障-场效应管故障; ➢ C11A37E—右执行器故障-场效应管故障; ➢ C11A070—左执行器故障-机构损坏; ➢ C11A370—右执行器故障-机构损坏; ➢ C11A015—左执行器故障-短路; ➢ C11A315—右执行器故障-短路; ➢ C11A07D—左执行器故障-继电器故障; ➢ C11A37D—右执行器故障-继电器故障; ➢ C11A063—左执行器故障-晶体管故障; ➢ C11A363—右执行器故障-晶体管故障; ➢ C11A054—左执行器故障-标定错误; ➢ C11A354—右执行器故障-标定错误	

2. EPB 系统故障诊断与排除(见表 1-5-10)

表 1-5-10 EPB 系统故障诊断与排除

作业项目	作 业 内 容	备 注
EPB 系统故障诊断与排除	车辆踩下制动踏板的同时按下一键起动开关后,驾驶人操作 EPB 按钮,发现仪表盘上驻车制动指示灯不熄灭,经维修技师初步诊断,确定为左后 EPB 电机不工作。请根据该故障现象制订一份 EPB 电机不工作故障检修方案,完成故障诊断与排除	以帝豪 EV450 为例
故障现象确认	起动车辆,操作 EPB 按钮,观察车辆是否能正常驻车或释放	确认故障症状记录症状现象
利用故障诊断仪诊断故障	连接故障诊断仪,按下一键起动开关,打开故障诊断仪进入 EPB 模块,读取故障代码和数据流。清除故障代码;再次操作后,使用诊断仪再次读取故障代码并和之前的故障代码进行对比,分析故障代码的性质	

续表

作业项目	作　业　内　容	备　　注
故障检测	使用万用表测量辅助蓄电池电压,万用表红黑表笔分别接触电池正负接线柱  	正常情况下应为11～14 V
	连接诊断仪,操作起动开关至 ON 挡,用诊断仪进行主动测试 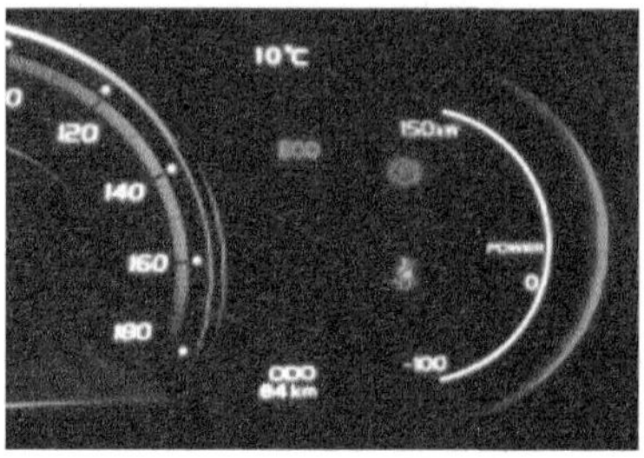 	测试时 EFB 警告灯应亮起或熄灭
	检查 EFB 电机供电熔丝 SF04 技术状况 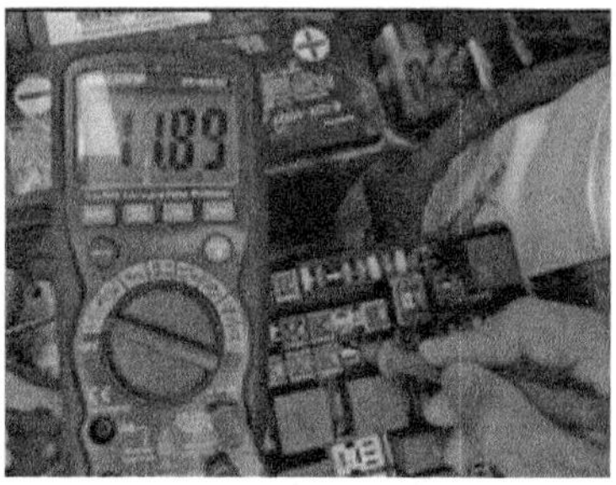 	测量标准见表 1
	检查 EFB 电机供电熔丝 SF06 技术状况 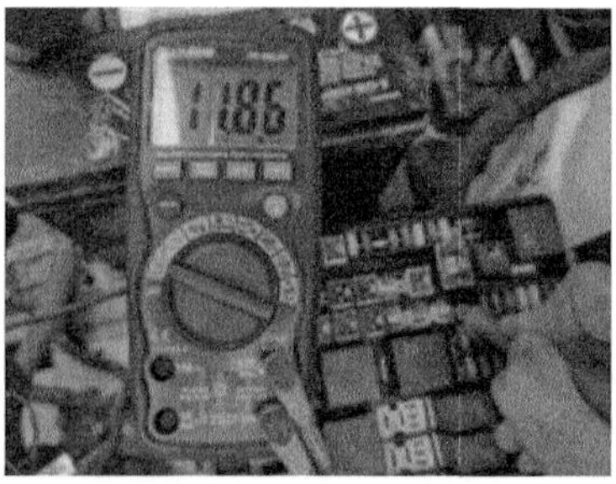 	测量标准见表 1

续表

作业项目	作 业 内 容	备 注
故障检测	检查 EPB 控制单元供电熔丝 IF23 技术状态 	测量标准见表 1
	关闭起动开关,断开 EFB 控制单元插接器 P27 	先解锁卡扣再拔下插接器
	打开起动开关,使用万用表电压挡测量左后 EPB 电机线束插接器 IP27 端子 29 对车身接地的电压 	正常情况下应为 11～14 V
	使用万用表电压挡测量左后 EF 电机线束插接器 IP27 端子 14 对车身接地的电压 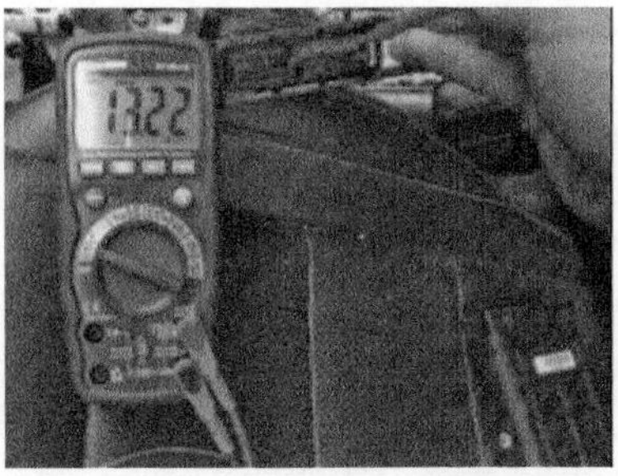	正常情况下应为 11～14 V

续表

<table>
<tr><th>作业项目</th><th>作 业 内 容</th><th>备 注</th></tr>
<tr><td rowspan="4">故障检测</td><td>关闭起动开关,拆卸左后轮,断开左后 EFB 电机线束插接器 SO81
</td><td>先解锁卡扣再拔下插接器</td></tr>
<tr><td>测量 EPB 电机线束插接器 IP27 端子 29 对左后 EFB 电机线束插接器 SO81 端子 2 之间的电阻
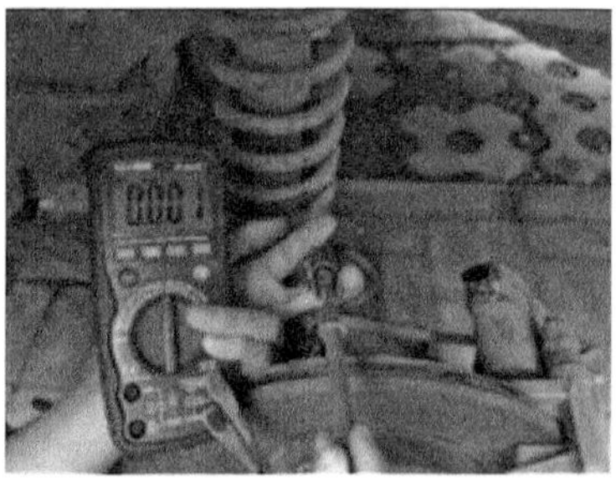</td><td>电阻应小于 1 Ω</td></tr>
<tr><td>测量 EPB 电机线束插接器 IP27 端子 14 对左后 EFB 电机线束插接器 SO81 端子 1 之间的电阻
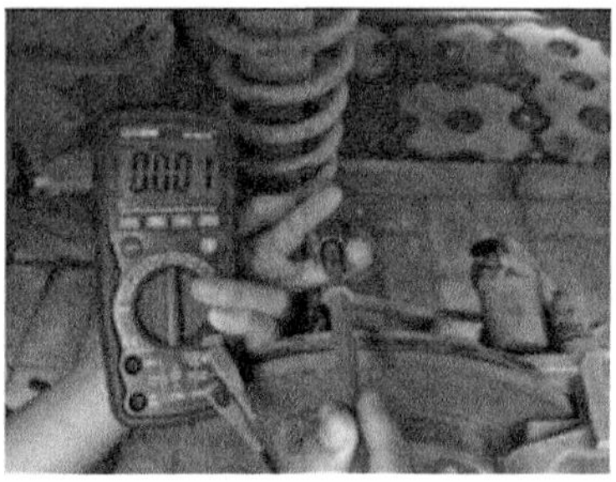</td><td>电阻应小于 1 Ω</td></tr>
<tr><td>使用万用表电阻挡测量 EFB 电机线束插接器 IP27 端子 30 对车身接地之间的电阻
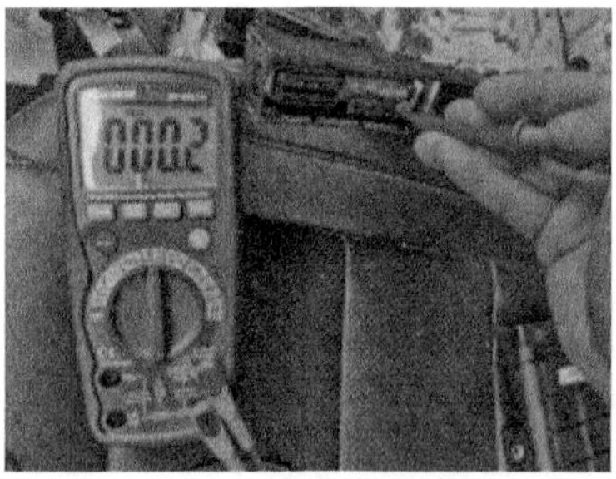</td><td>电阻应小于 1 Ω</td></tr>
</table>

续表

<table>
<tr><th>作业项目</th><th>作 业 内 容</th><th>备 注</th></tr>
<tr><td rowspan="4">故障检测</td><td>断开 EPB 开关线束插接器 IP64、IP27，使用万用表电阻挡测量 IP27 端子 19、18、10、9 与 IP64 端子 4、3、2、1 之间的电阻
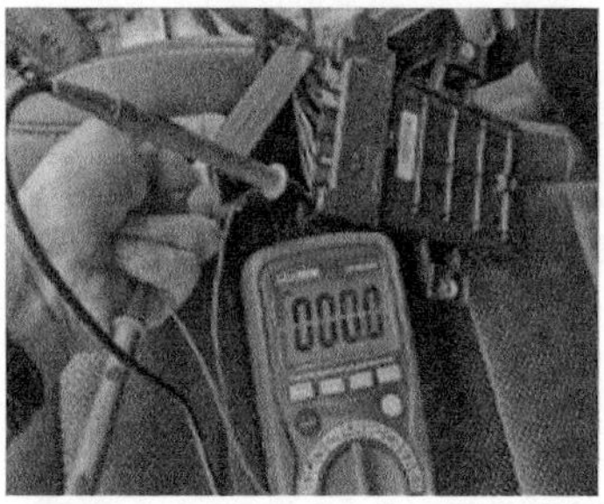</td><td>电阻应小于 1 Ω</td></tr>
<tr><td>测量 EPB 开关侧端子 1-4 间电阻
</td><td>测量标准见表 2</td></tr>
<tr><td>测量 EFB 开关侧端子 2-3 间电阻
</td><td>测量标准见表 2</td></tr>
<tr><td>表 1　电子换挡器供电熔丝检测记录表
<table>
<tr><th>序号</th><th>检查项目</th><th>检测点</th><th>检测条件</th><th>检测类型</th><th>标准值</th></tr>
<tr><td>1</td><td>SF04(30 A)</td><td>上游</td><td>ON 挡或 OFF 挡</td><td>电压</td><td>11～14 V</td></tr>
<tr><td>2</td><td>SF04(30 A)</td><td>下游</td><td>ON 挡或 OFF 挡</td><td>电压</td><td>11～14 V</td></tr>
<tr><td>3</td><td>SF06(30 A)</td><td>上游</td><td>ON 挡或 OFF 挡</td><td>电压</td><td>11～14 V</td></tr>
<tr><td>4</td><td>SF06(30 A)</td><td>下游</td><td>ON 挡或 OFF 挡</td><td>电压</td><td>11～14 V</td></tr>
<tr><td>5</td><td>IF23(10 A)</td><td>上游</td><td>ON 挡</td><td>电压</td><td>11～14 V</td></tr>
<tr><td>6</td><td>IF23(10 A)</td><td>下游</td><td>ON 挡</td><td>电压</td><td>11～14 V</td></tr>
</table></td><td></td></tr>
</table>

续表

<table>
<tr><th>作业项目</th><th>作 业 内 容</th><th>备 注</th></tr>
<tr><td rowspan="2">故障检测</td><td>表 2 EFB 开关测量结果
<table>
<tr><th>序号</th><th>检查项目</th><th>检测点</th><th>检测条件</th><th>检测类型</th><th>标准值</th></tr>
<tr><td>1</td><td>EPB 开关</td><td>1-4</td><td>不操作</td><td>电阻</td><td>2. 66 MΩ</td></tr>
<tr><td>2</td><td>EPB 开关</td><td>1-4</td><td>压下开关</td><td>电阻</td><td><1 Ω</td></tr>
<tr><td>3</td><td>EPB 开关</td><td>1-4</td><td>拉起开关</td><td>电阻</td><td>无穷大</td></tr>
<tr><td>4</td><td>EPB 开关</td><td>2-3</td><td>不操作</td><td>电阻</td><td>无穷大</td></tr>
<tr><td>5</td><td>EPB 开关</td><td>2-3</td><td>拉起开关</td><td>电阻</td><td><1 Ω</td></tr>
<tr><td>6</td><td>EPB 开关</td><td>2-3</td><td>压下开关</td><td>电阻</td><td>2. 66 MΩ</td></tr>
</table></td><td></td></tr>
<tr><td>经测量,EPB 开关 1-4 间电阻在开关按下和拉起均为无穷大,开关损坏,更换 EPB 开关,装复后再次操作,故障排除</td><td></td></tr>
<tr><td>竣工检验</td><td>(1)按照相反顺序安装 EPB 相关线束插接器。
(2)起动车辆,验证 EPB 功能。
(3)整理、恢复作业场地</td><td></td></tr>
</table>

子任务六 制动能量回收系统故障诊断与排除

一、任务内容

一辆吉利帝豪 EV450,踩下制动踏板的同时按下一键起动开关后,驾驶人操作驾驶模式开关按钮,发现仪表盘上制动能量回收等级不显示,驾驶模式也不能显示,经维修技师初步诊断,确定驾驶模式开关相关线路故障。请根据该故障现象制订一份故障检修方案,完成故障诊断与排除。

二、注意事项

在进行制动能量回收系统故障诊断与排除时,为确保维修工作的高效开展及维修人员的安全,需注意以下几点:

(1)安全防护措施:维修前,务必确保车辆处于安全状态。关闭车辆电源,将车辆置于平稳地面,拉紧驻车制动,戴好绝缘手套、防护眼镜等个人防护装备,避免维修过程中发生意外。

(2)遵循维修手册和厂商指南:严格按照车辆维修手册、制造商提供的服务手册和指导文件操作。每辆车都有其独特的电气架构和技术规范,不正确的操作可能会导致严重的损坏或安全隐患。

(3)工具与设备校验:使用经过校准的专业工具和设备执行测量和测试任务。包括但不限于万用表、绝缘测试仪和其他特定于电动汽车的诊断设备。确保所有工具处于良好状态且能够提供准确的数据。

(4)团队协作与沟通:在复杂情况下,依靠团队合作可以更有效地解决问题。保持清晰的沟通渠道,确保每位参与维修的成员都清楚了解当前的任务状态和下一步计划。

(5)记录保存:详细记录所有检查结果、发现的问题以及采取的解决措施。这对于后续的维护工作极为重要，同时也为未来可能遇到的类似问题提供了参考依据。

(6)数据采集准确性：在采集制动能量回收系统数据时，确保故障诊断仪等设备连接正确，按照规范操作流程进行数据读取，避免因操作失误导致数据不准确。

(7)故障现象再现：在分析数据前，尝试多次再现故障现象，确认故障的稳定性和相关条件，以便更准确地定位问题根源。

(8)系统关联性考虑：制动能量回收系统与其他车辆系统存在关联，在分析数据时，综合考虑如电机控制系统、电池管理系统等相关数据，以全面评估车辆状态。

(9)数据安全性：采集的数据涉及车辆关键信息，确保数据存储和传输的安全性，防止数据泄露或被篡改。

(10)实验环境控制：在进行数据采集和分析时，保持车辆周围环境的稳定，避免外部干扰因素影响数据的准确性。

三、标准化作业表

1. 制动能量回收系统的认知(见表 1-5-11)

表 1-5-11　制动能量回收系统的认知

认知项目	认　知　内　容	备　注
制动能量回收控制策略	制动能量回收控制策略是指确保整车制动安全、稳定和舒适性下，根据踏板的开度、车辆行驶速度、蓄电池荷电状态和电机工作特性等参数，同时考虑蓄电池存储能量的能力、电机能量回馈功率以及发电效率等限制条件，控制纯电动汽车的常规制动和电机制动组合，以回收最多制动能量的控制方法。现阶段较常见的能量回馈控制策略有最大制动回馈功率控制、最大制动回馈效率控制以及制动力矩再生制动控制等	以吉利帝豪EV450为例
制动能量回收能力的影响因素	1. 电机 电机对制动能量的回收有着非常大的作用，若其可提供的制动能力强，则调配机械摩擦制动与再生制动时，加大再生制动的份额就能够增加能量的回馈量；若其发电能力强，即电机的电功率高，则能量的回收能力就强；同时电机的机械效率等也同样限制着能量的回收能力。 2. 储能装置 现阶段车载储能装置主要有蓄电池、燃料电池、超级电容以及飞轮等，其中使用较多的是蓄电池。储能装置的 SOC 直接制约着能量回收，是最主要的影响因素，若储能装置电量充足，则制动能量就不能进行回收；若储能装置充电电流超过其允许范围或者电机输出的电功率超过储能装置最大的充电功率，则也无法回收制动能量。 3. 行驶工况 制动频率较高的工况，如城市中车辆需频繁起步与停车，此时回收的制动能量较多；而制动频率较低的工况，如高速公路中车辆很少进行减速制动，故只有较少的能量回收。 4. 控制策略 当电机和储能装置确定后，制动能量的回馈量由其控制策略决定，控制策略确定了机械摩擦制动与电机制动之间的分配关系、确定了储能装置的充电和放电状态，同时也确定了制动过程中能量的回馈量	

续表

认知项目	认 知 内 容	备 注
制动能量回收系统操作开关(驾驶模式开关)电路图	吉利帝豪 EV450 车型驾驶模式开关集成了制动能量回收系统操作开关和驾驶模式选择(驾驶模式有 ECO、NORMAL 和 ECO+三种),制动能量回收等级为三级(弱、中、强),可以通过旋钮进行选择,向左旋转制动能量回收等级减弱,向右旋转制动能量回收等级增强。 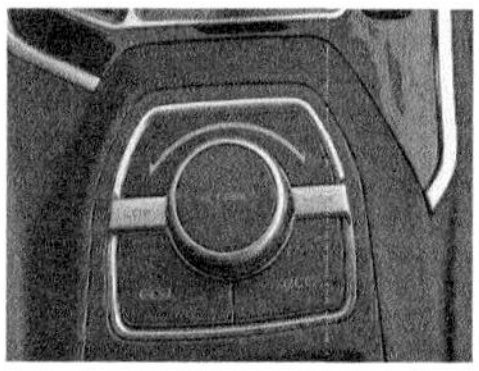 吉利帝豪 EV450 车型制动能量回收系统操作开关电路,通过室内继电器内熔丝 IF06(10 A)和 IF24(7.5 A)对驾驶模式开关提供常电和 IG1 电,通过插接器 IP100 的 2 号和 5 号端子经 G31 搭铁,经插接器 IP100 的 10 号端子至背光亮度调节开关,驾驶模式调整信息和制动能量回收等级调整信息通过插接器 IP100 的 4 号和 3 号端子经 PCAN 与电机控制器、仪表、电池管理系统等控制单元进行通信 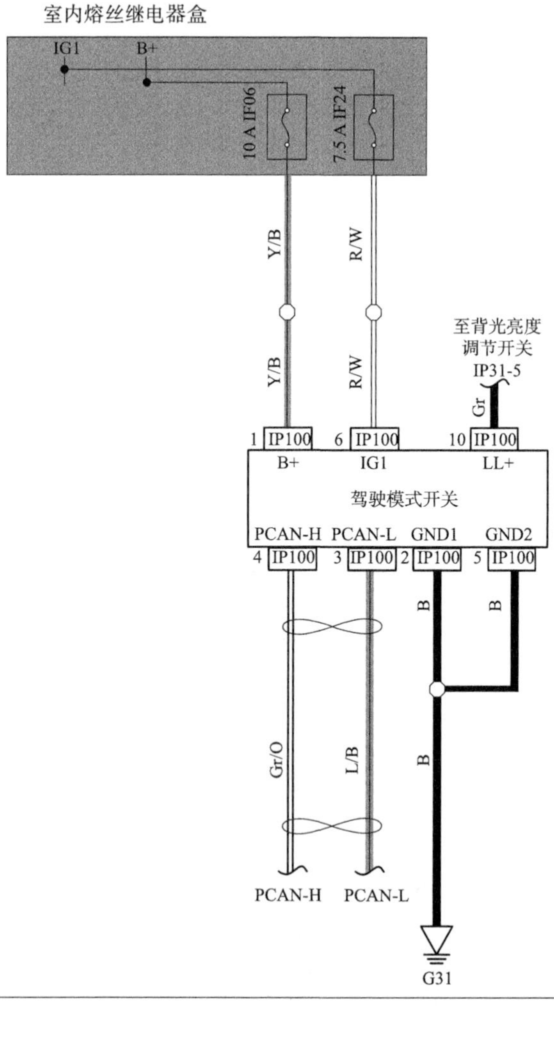	

续表

<table>
<tr><th>认知项目</th><th>认 知 内 容</th><th>备 注</th></tr>
<tr><td>驾驶模式开关插接器端子位置及含义</td><td>
1. 驾驶模式开关端子位置
驾驶模式开关线束插接器 IP100 端子位置如下图所示。
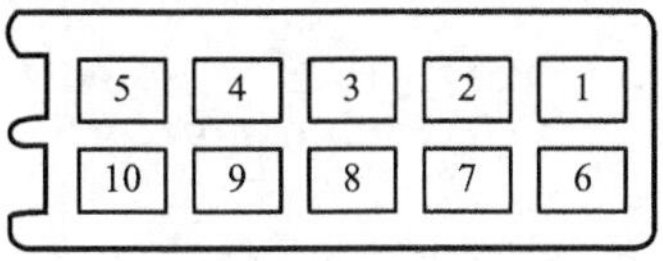

2. 驾驶模式开关端子含义
表 1 驾驶模式开关端子含义
<table>
<tr><th>端子号</th><th>端子定义</th><th>颜色</th><th>端子号</th><th>端子定义</th><th>颜色</th></tr>
<tr><td>1</td><td>常电</td><td>黄/黑</td><td>5</td><td>接地</td><td>红/蓝</td></tr>
<tr><td>2</td><td>接地</td><td>黑/红</td><td>6</td><td>IG1 电</td><td>红/白</td></tr>
<tr><td>3</td><td>PCAN-L</td><td>蓝/黑</td><td>7～9</td><td>空</td><td>—</td></tr>
<tr><td>4</td><td>PCAN-H</td><td>灰/橙</td><td>10</td><td>接背光亮度调节开关</td><td>灰</td></tr>
</table>
</td><td></td></tr>
</table>

2. 制动能量回收系统故障诊断与排除（见表 1-5-12）

表 1-5-12 制动能量回收系统故障诊断与排除

<table>
<tr><th>作业项目</th><th>作 业 内 容</th><th>备 注</th></tr>
<tr><td>制动能量回收系统故障诊断与排除</td><td>踩下制动踏板的同时按下一键起动开关后，驾驶人操作驾驶模式开关按钮，发现仪表盘上制动能量回收等级不显示，驾驶模式也不能显示，经维修技师初步诊断，确定驾驶模式开关相关线路故障</td><td>以吉利帝豪 EV450 为例</td></tr>
<tr><td>故障现象确认</td><td>起动车辆，操作制动能量回收操作按钮，观察车辆仪表是否可以正常显示，观察驾驶模式开关背景灯是否正常点亮</td><td>确认故障症状记录症状现象</td></tr>
<tr><td>故障检测</td><td>使用万用表测量辅助蓄电池电压，万用表红黑表笔分别接触电池正负接线柱

</td><td>正常情况下应为 11～14 V</td></tr>
</table>

续表

作业项目	作　业　内　容	备　　注
故障检测	检查驾驶模式开关供电熔丝 IF06 供电情况 	正常情况下应为 11～14 V
	检查驾驶模式开关供电熔丝 IF24 供电情况 	正常情况下应为 11～14 V
	拆下驾驶模式开关插接器 IP100，使用万用表检测驾驶模式开关插接器 IP100 端子 1 号的对地电压情况 	正常情况下应为 11～14 V
	使用万用表检测驾驶模式开关插接器 IP100 端子 6 号的对地电压情况 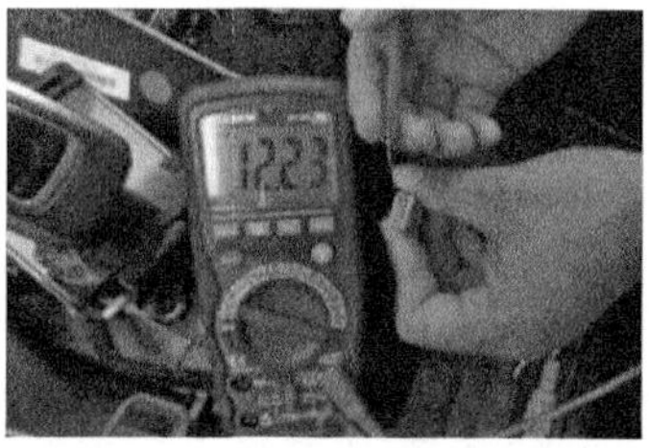	正常情况下应为 11～14 V

续表

作业项目	作 业 内 容	备　注
故障检测	使用万用表检测驾驶模式开关插接器 IP100 端子 3 号(PCAN-L 线)的对地电压情况 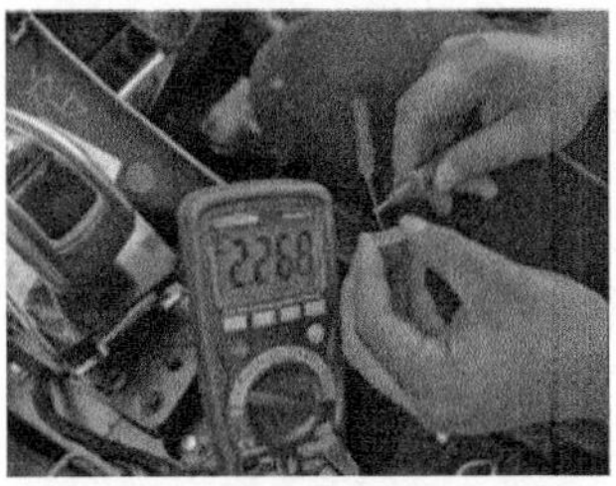	电压值应为 2.3 V 左右
	使用万用表检测驾驶模式开关插接器 IP100 端子 4 号(PCAN-H 线)的对地电压情况 	电压值应为 2.7 V 左右
	使用万用表检测驾驶模式开关插接器 IP100 端子 2 号的对车身电阻情况 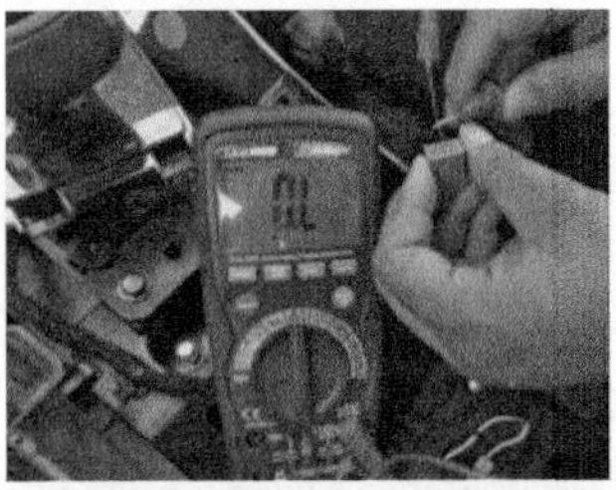	电阻应小于 1 Ω
	使用万用表检测驾驶模式开关插接器 IP100 端子 5 号的对车身电阻情况 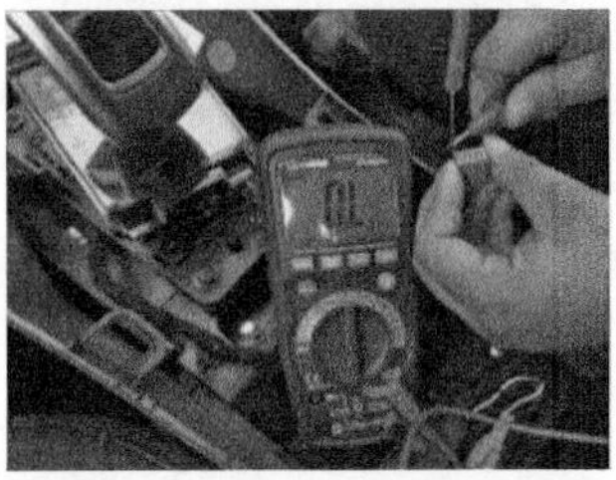 经测量,驾驶模式开关插接器 IP100 端子 2 和 5 均对车身地电阻无穷大,说明负极线路断路故障,进一步查找,发现搭铁点 G31 脱落,恢复 G31 连接,故障排除	电阻应小于 1 Ω
竣工检验	(1)按照相反顺序安装驾驶模式开关相关线束插接器。 (2)起动车辆,验证制动能量回收等级调整功能。 (3)整理、恢复作业场地	

纯电动汽车转向系统的拆装与调整

黄大江

一、任务内容

纯电动汽车的转向系统主要由转向器、转向传动机构、转向柱和相关的连接部件组成。转向器是转向系统的核心部分,负责将驾驶人的转向操作转化为车轮的偏转。转向传动机构则将转向器的运动传递到车轮,实现车辆的转向。转向柱则连接转向器和方向盘,驾驶人通过操作方向盘来控制转向器。本任务主要是完成转向系统转向横拉杆和球头更换、电动助力转向器防尘套更换、电动助力转向器带横拉杆总成更换、转向盘更换、电动助力转向管柱总成更换的操作,通过学习本任务,可提高维修工对转向系统的拆装与调整的基本技能。

二、注意事项

(1)在进行转向系统的拆装与调整过程中,务必确保车辆已经关闭所有电源,并且处于安全状态。

(2)使用合适的工具进行拆装,避免使用不合适的工具导致部件损坏。

(3)在拆装过程中,要仔细观察部件的连接方式和固定方式,避免在装配时出错。

(4)在调整转向系统时,务必按照厂家规定的参数进行调整,避免调整不当导致车辆行驶不稳定。

(5)在完成拆装与调整后,务必进行性能检测,确保转向系统正常工作。

(6)如果发现转向系统存在故障或异常,应及时进行故障诊断和修复,避免故障扩大或影响行车安全。

(7)在进行转向系统的拆装与调整时,务必注意安全,避免发生意外事故。如有需要,可以寻求专业技术人员的帮助。

通过以上步骤和注意事项,可以顺利完成纯电动轿车转向系统的拆装与调整工作。在实际操作过程中,务必认真阅读并遵循每一个步骤和注意事项,确保操作无误。

三、标准化作业表

1. 转向横拉杆和球头的更换(见表 1-6-1)

表 1-6-1 转向横拉杆和球头的更换

<table>
<tr><th>作业项目</th><th>作 业 内 容</th><th>备 注</th></tr>
<tr><td>拆卸程序</td><td>(1)拆卸前胎。
(2)拆卸转向横拉杆和球头。
①拆卸转向横拉杆球头螺母锁止销。
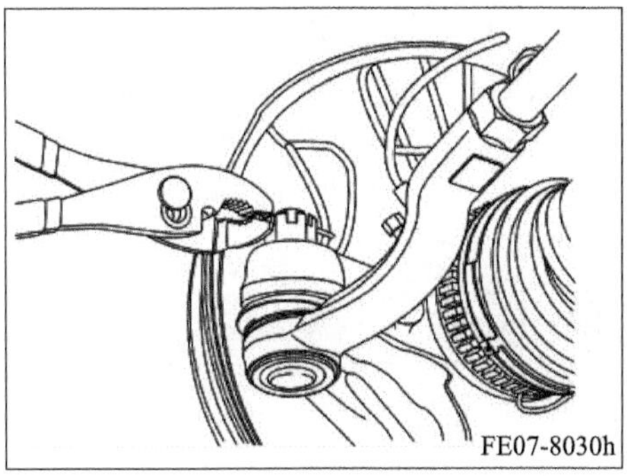
FE07-8030h
②拆卸转向横拉杆球头螺母锁。
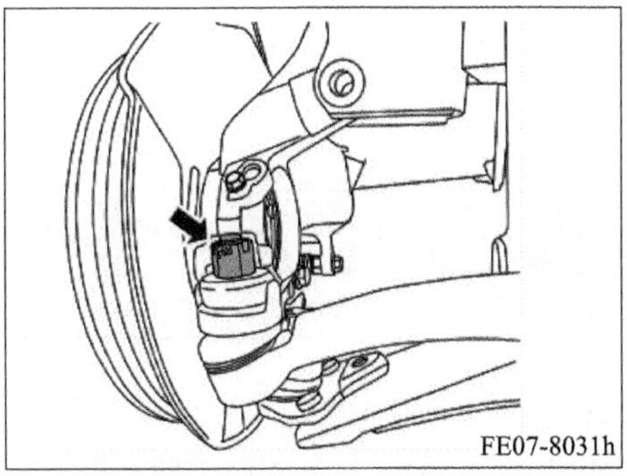
FE07-8031h
③在转向横拉杆上标记螺纹位置,方便重新安装调整螺母。
④松开转向横拉杆调整螺母并旋下转向横拉杆和球头,取下横拉杆和球头
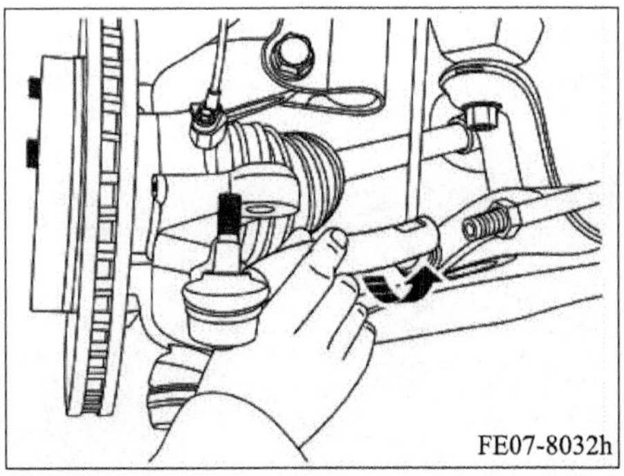
FE07-8032h</td><td>以吉利帝豪EV450为例</td></tr>
</table>

续表

作业项目	作　业　内　容	备　　注
安装程序	(1)安装转向横拉杆和球头。 ①将调整螺母对准转向横拉杆上的标记。 ②将转向横拉杆和球头旋转安装到转向横拉杆上。 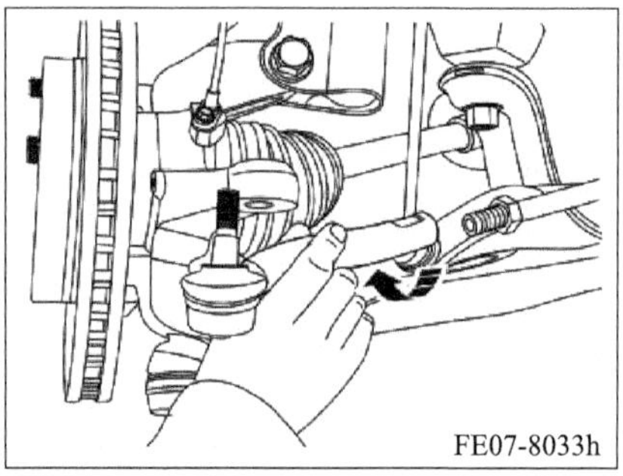 FE07-8033h ③将转向横拉杆和球头安装到转向节上。 ④安装转向横拉杆和六角开槽螺母并紧固。力矩:33 N · m。 ⑤安装转向横拉杆球头螺母锁止销。 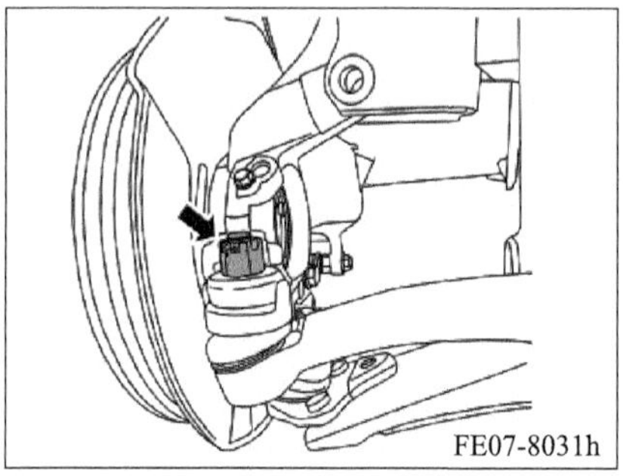 FE07-8031h (2)安装前轮。 (3)调整前轮前束,可参见前轮前束调整的内容。 (4)紧固转向横拉杆和球头调整螺母。力矩:75 N · m	

2. 电动助力转向器防尘套更换(见表 1-6-2)

表 1-6-2　电动助力转向器防尘套更换

作业项目	作　业　内　容	备　　注
拆卸程序	(1)拆卸前胎。 (2)拆卸转向横拉杆和球头,参见表 1-6-1 中转向横拉杆和球头更换的操作流程。 (3)拆卸电动助力转向器防尘套。 ①拆卸动力转向器防尘套外侧固定卡箍。 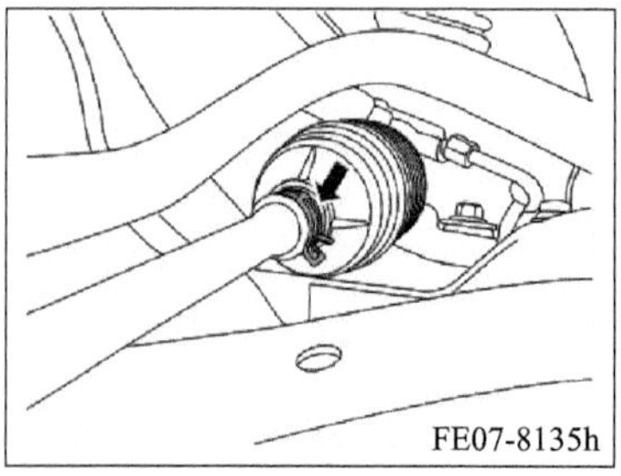 FE07-8135h	以吉利帝豪EV450 为例

续表

作业项目	作 业 内 容	备 注
拆卸程序	②拆卸动力转向器防尘套内侧固定卡箍。 ③拆卸动力转向器防尘套 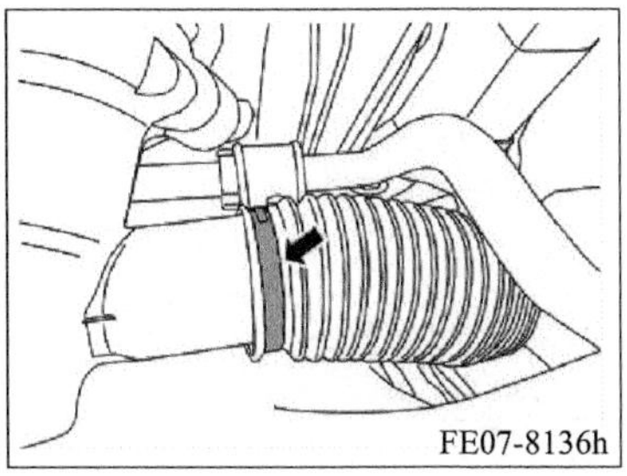 FE07-8136h	以吉利帝豪EV450为例
安装程序	(1)安装转向横拉杆和球头。 ①安装转向器防尘套。 ②安装转向器防尘套内侧固定卡箍。 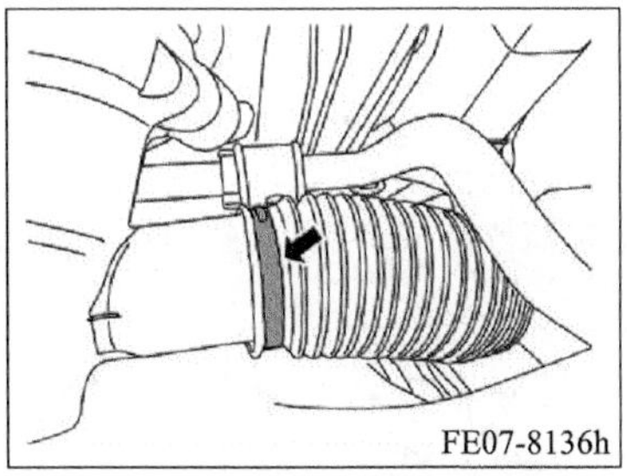 FE07-8136h ③安装转向器防尘套外侧固定卡箍。 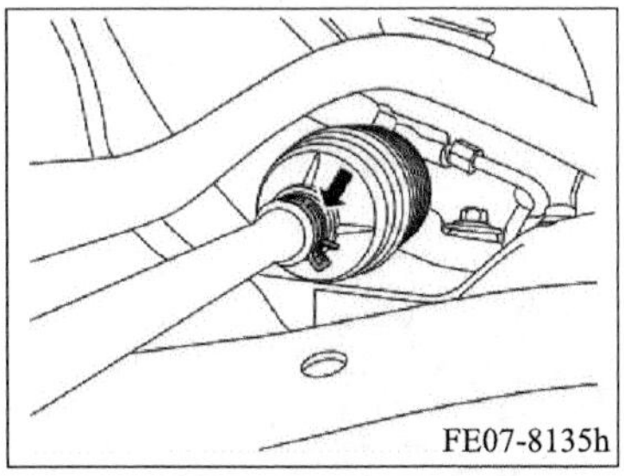 FE07-8135h (2)安装转向横拉杆和球头。 (3)安装前轮。 (4)调整前轮前束。 (5)放下车辆	

3. 电动助力转向器带横拉杆总成更换(见表 1-6-3)

表 1-6-3　电动助力转向器带横拉杆总成更换

作业项目	作　业　内　容	备　　注
拆卸程序	在拆卸之前关闭起动开关。 (1)举升车辆。 (2)断开蓄电池负极电缆。 (3)拆卸前胎。 (4)拆卸副车架总成。 (5)拆卸电动助力转向器带横拉杆总成。 ①拆卸横向稳定杆 4 个固定螺栓,取下横向稳定杆。 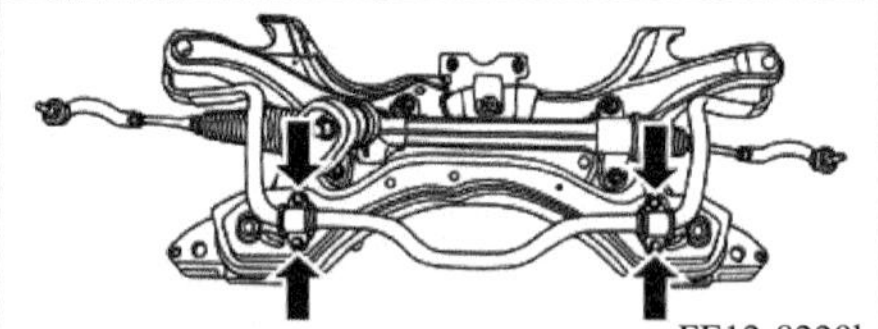 FE12-8229h ②拆卸电动助力转向器带横拉杆总成 4 个固定螺栓,取下转向器带横拉杆总成 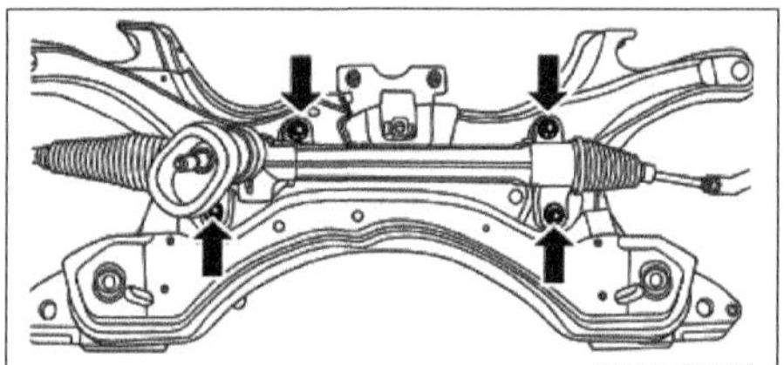 FE12-8230h	以吉利帝豪 EV450 为例
安装程序	安装电动助力转向器带横拉杆总成: (1)安装电动助力转向器带横拉杆总成与副车架的 4 个固定螺栓并紧固。力矩:58 N · m。 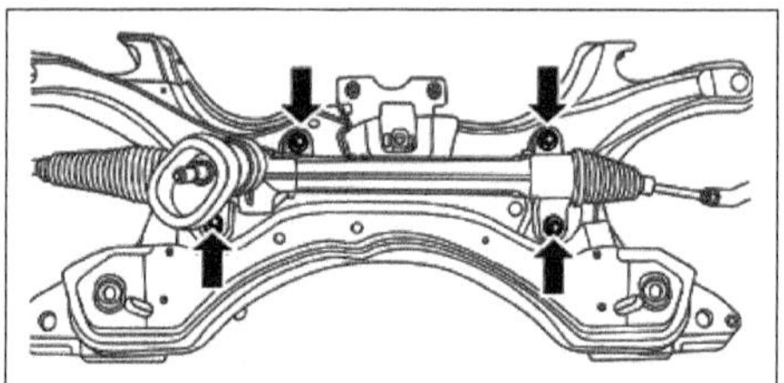 FE12-8230h (2)安装横向稳定杆与副车架的 4 个固定螺栓并紧固。力矩:23 N · m。 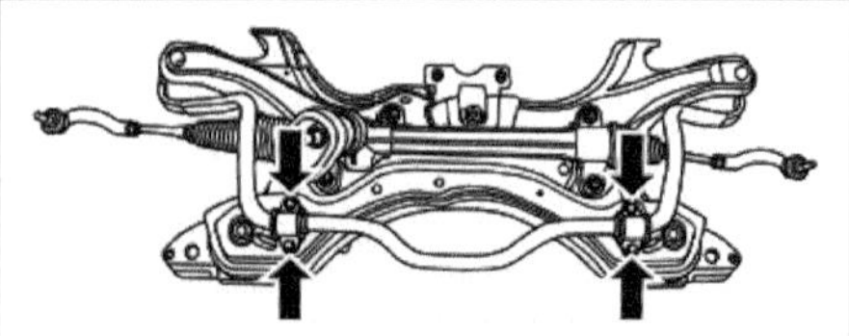 FE12-8229h (3)安装副车架总成。 (4)安装前轮。 (5)放下车辆。 (6)连接蓄电池负极电缆	

4. 转向盘更换(见表 1-6-4)

表 1-6-4　转向盘更换

作业项目	作 业 内 容	备 注
拆卸程序	在操作之前,必须使前轮处于正前方并锁止转向盘。 (1)断开蓄电池负极电缆,注意在蓄电池负极断开 90 s 后再进行拆卸工作。 (2)拆卸驾驶人侧安全气囊。 (3)拆卸转向盘。 ①拆卸转向盘固定螺母。 ②拔出转向盘 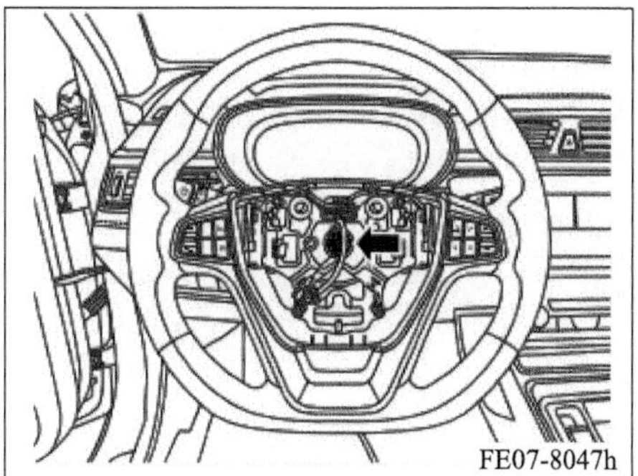 FE07-8047h	以吉利帝豪 EV450 为例
安装程序	(1)安装转向盘。 ①使前轮处于正前方,安装转向盘。 ②紧固转向盘固定螺母。 力矩:45 N · m。 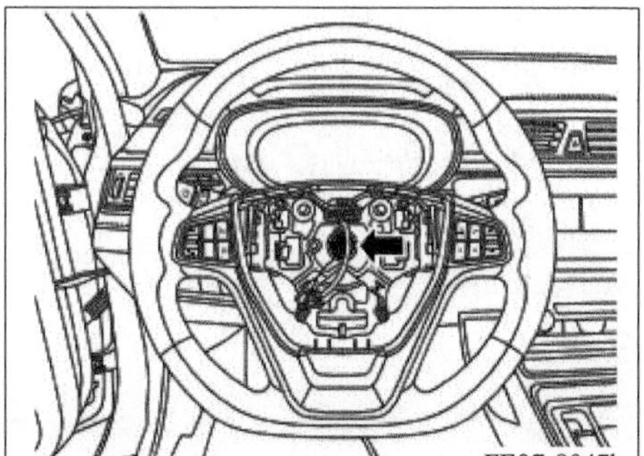 FE07-8047h (2)安装驾驶人侧安全气囊。 (3)连接蓄电池负极电缆	

5. 电动助力转向管柱总成更换(见表 1-6-5)

表 1-6-5 电动助力转向管柱总成更换

<table>
<tr><th>作业项目</th><th>作 业 内 容</th><th>备 注</th></tr>
<tr><td>拆卸程序</td><td>(1)断开蓄电池负极电缆,注意在蓄电池负极断开 90 s 后再进行拆卸工作。
(2)拆卸驾驶人侧气囊。
(3)拆卸转向盘。
(4)拆卸时钟弹簧。
(5)拆卸灯光组合开关。
(6)拆卸刮水器及洗涤器开关。
(7)拆卸仪表板左下护板。
(8)拆卸制动灯开关。
(9)拆卸电动助力转向管柱总成。
①拆卸机械转向管柱总成管支架和横梁的 1 个连接螺栓。
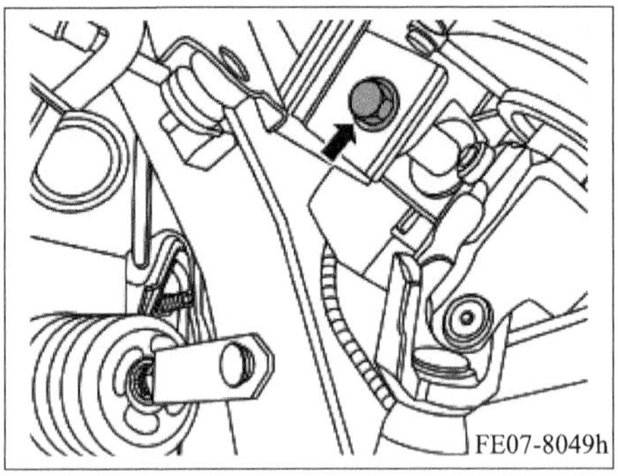
FE07-8049h
②拆卸转向管柱总成管分离支架的 2 个固定螺母。
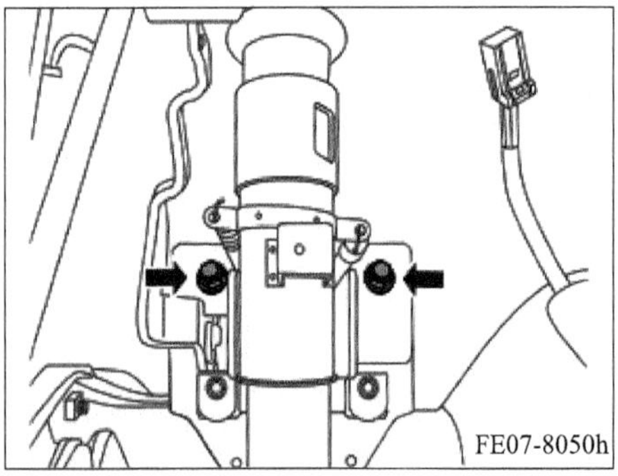
FE07-8050h
③拆卸机械转向管柱总成万向节的螺栓,并从动力转向器带横拉杆总成的输入轴上脱开中间轴总成。
④拆卸带有万向节的机械转向管柱总成。
注意:拆卸万向节固定螺栓时,需要做好记号,确保安装时转向盘位置正确</td><td>以吉利帝豪 EV450 为例</td></tr>
</table>

续表

作业项目	作 业 内 容	备 注
安装程序	(1)安装电动助力转向管柱总成。 ①按照拆卸时做的标记位置,将带有中间轴总成的机械转向管柱总成套入动力转向器带横拉杆总成输入轴花键上,并紧固螺栓。 力矩:60 N·m。 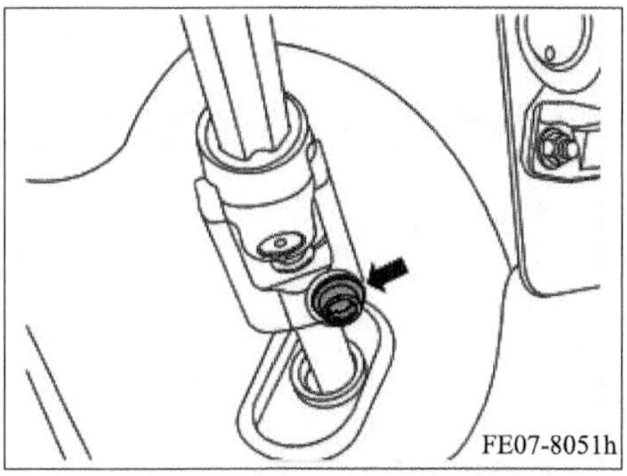 FE07-8051h ②安装机械转向管柱总成支架和横梁的1个连接螺栓,并紧固。 力矩:25 N·m。 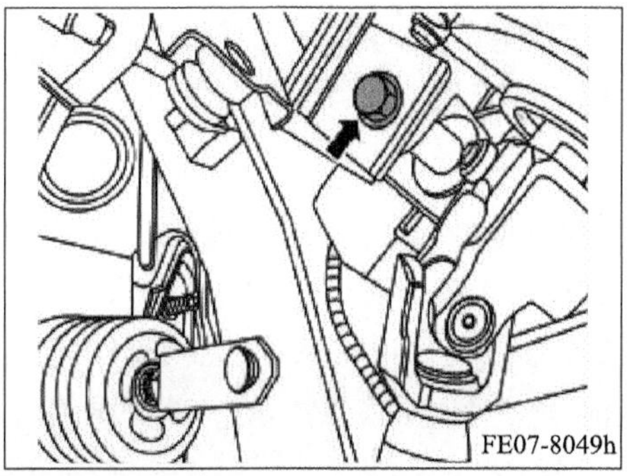 FE07-8049h ③安装机械转向管柱总成管分离支架的2个固定螺母。 力矩:25 N·m。 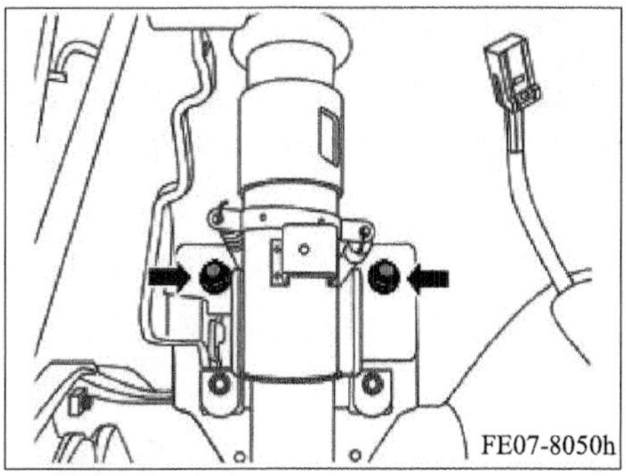 FE07-8050h (2)安装制动灯开关。 (3)安装仪表板左下护板。 (4)安装刮水器及洗涤器开关。 (5)安装灯光组合开关。 (6)安装时钟弹簧。 (7)安装转向盘。 (8)安装驾驶人侧气囊。 (9)连接蓄电池负极电缆	

纯电动汽车电动车窗检修

孟 婕

一、任务内容

纯电动汽车在使用过程中可能会遇到电动车窗无法升降的故障,本任务以吉利帝豪 EV450 汽车电动车窗不同故障为案例进行分析,旨在找出导致纯电动汽车电动车窗出现故障的原因,并提出有效的诊断和排除方法。通过这些案例的学习,可以提升维修人员对纯电动汽车电动车窗故障的诊断能力和解决效率,同时也能为相关技术人员提供参考。

二、注意事项

在进行纯电动汽车电动车窗故障检修时,除了需要关注技术层面的操作,还需要注意以下几个方面,以确保维修工作的顺利进行及人员的安全:

(1)断电操作:由于纯电动汽车涉及高压电路系统,在执行任何检查或维修前,请确保已经正确断开 12 V 低压电池及高压电池,避免触电或短路风险。部分电路可能存有残余电能,需等待一段时间或手动放电。

(2)安全防护措施:穿戴适当的个人防护装备(PPE),如绝缘手套、防护眼镜等。在进行检修的过程中使用绝缘工具,防止短路或触电,确保安全。

(3)遵循维修手册和厂商指南:严格按照车辆维修手册、制造商提供的服务手册和指导文件操作。每款车型都有其独特的电气架构和技术规范,不正确的操作可能会导致严重的损坏或安全隐患。

(4)工具与设备校验:使用经过校准的专业工具和设备执行测量和测试任务。包括但不限于万用表、绝缘测试仪和其他特定于电动汽车的诊断设备。确保所有工具处于良好状态且能够提供准确的数据。

(5)团队协作与沟通:在复杂情况下,依靠团队合作可以更有效地解决问题。保持清晰的沟通渠道,确保每位参与维修的成员都清楚了解当前的任务状态和下一步计划。

(6)记录保存:详细记录所有检查结果、发现的问题以及采取的解决措施。这对于后续的维护工作极为重要,同时也为未来可能遇到的类似问题提供了参考依据。

(7)环境要求:在干燥环境下操作,避免潮湿引发短路。保持工作区域整洁,防止杂物进入车窗机构。

通过严格遵守这些注意事项,不仅可以提高故障诊断的效率和准确性,还能最大程度地保障工作人员的安全,防止意外事故的发生。

三、标准化作业表

1. 驾驶人侧车窗玻璃无法正常升降的故障检修(见表1-7-1)

表1-7-1　驾驶人侧车窗玻璃无法正常升降的故障检修

作业项目	作　业　内　容	备　　注
电动车窗玻璃无法正常升降的故障诊断与排除	驾驶人侧车窗玻璃开关本体损坏导致驾驶人侧车窗玻璃无法正常升降的故障检修	以吉利帝豪EV450为例
故障现象确认	(1)操作驾驶人侧车窗玻璃升降器开关,驾驶人侧电动车窗玻璃无法上升或下降。 (2)操作驾驶人侧车窗玻璃升降器开关控制其他侧车窗玻璃能正常升降	确认故障症状,记录症状现象
故障现象分析	➢ 由故障现象(1)推理可知: 因为操作驾驶人侧车窗玻璃升降器开关无法控制驾驶人侧车窗玻璃上升或下降,则优先观察其他侧车窗玻璃是否能正常工作,以此来判断故障可能出现在控制开关还是电机的供电线路上。若其他侧车窗玻璃均不能正常工作,且操作其他侧车窗玻璃升降器开关也不能控制对应侧车窗玻璃升降,根据电路图分析可知,故障很可能出在电机的供电线路上。若其他侧车窗玻璃均能正常升降,则故障可能出现在驾驶人侧车窗玻璃升降器开关及其线路或者驾驶人侧车窗玻璃电机上。 ➢ 由故障现象(2)推理可知: 根据电路图分析可知,各车窗玻璃升降电机的供电线路相通,若有的电机工作正常,则驾驶人侧车窗玻璃升降电机的供电线路正常,因此故障很可能出现在驾驶人侧车窗玻璃升降器开关及其线路上,或者升降电机本身故障	可能故障范围: (1)驾驶人侧车窗玻璃升降器开关本体有故障; (2)驾驶人侧车窗玻璃升降器开关线路存在故障(短路、断路、虚接); (3)驾驶人侧车窗玻璃升降电机存在故障

续表

作业项目	作　业　内　容	备　注
电路分析及测试	见下	

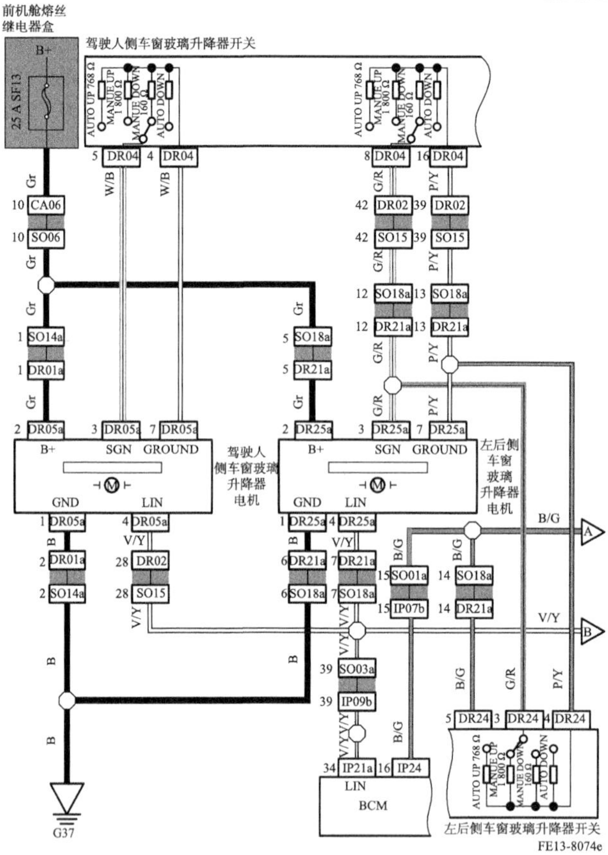

吉利帝豪 EV450 车窗控制系统电路

(1)用万用表检查 DR05a/2 端子电压。

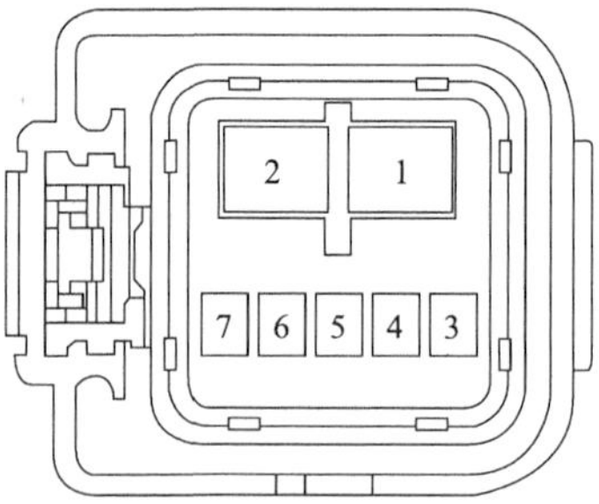

DR05a 驾驶人侧车窗玻璃升降器电机线束连接器

项　　目	数值	单位	判断
测量 DR05a/2 端子电压值	12.8	V	✓

(2)断开蓄电池负极,用万用表测量 DR05a/1 与车身搭铁间电阻。

项　　目	数值	单位	判断
测量 DR05a/1 与车身搭铁间电阻	0.1	Ω	✓

续表

<table>
<tr><th>作业项目</th><th colspan="3">作 业 内 容</th><th>备 注</th></tr>
<tr><td>电路分析及测试</td><td colspan="3">

(3)断开 DR04 插接器,检测 DR04/5 与 DR05a/3 间电阻。

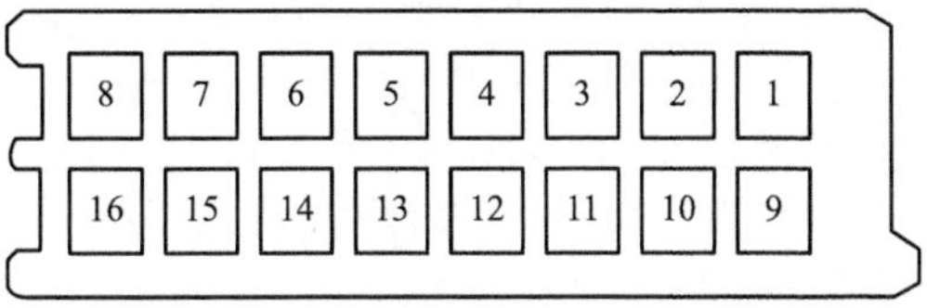

DR04 驾驶人侧车窗玻璃升降器开关线束连接器

<table>
<tr><th>项　目</th><th>数值</th><th>单位</th><th>判断</th></tr>
<tr><td>测量 DR04/5 与 DR05a/3 间电阻</td><td>0.1</td><td>Ω</td><td>✓</td></tr>
</table>

(4)检测 DR04/4 与 DR05a/7 间电阻。

<table>
<tr><th>项　目</th><th>数值</th><th>单位</th><th>判断</th></tr>
<tr><td>测量 DR04/4 与 DR05a/7 间电阻</td><td>0.1</td><td>Ω</td><td>✓</td></tr>
</table>

(5)恢复蓄电池负极,按起动开关,操作驾驶人侧车窗玻璃升降器开关,检测 DR05a/2 针脚电压是否有变化,若无变化,则开关本体损坏,若电压值有变化,则电机损坏

</td><td></td></tr>
<tr><td>确定故障</td><td colspan="3">驾驶人侧车窗玻璃升降器开关故障</td><td></td></tr>
<tr><td rowspan="2">故障部位确认和排除</td><td>故障类型</td><td>确认的故障位置</td><td colspan="2">排除处理说明</td></tr>
<tr><td>部件损坏</td><td>驾驶人侧车窗玻璃升降开关损坏</td><td colspan="2">☑更换　□维修　□调整</td></tr>
<tr><td>故障现象确认</td><td colspan="3">按下一键起动开关,操作驾驶人侧车窗玻璃升降器开关,驾驶人侧车窗玻璃工作正常</td><td>故障排除</td></tr>
</table>

2. 操作驾驶人侧车窗玻璃升降器开关及左后侧车窗玻璃升降器开关,左后侧车窗玻璃均无法正常升降的故障检修(见表 1-7-2)

表 1-7-2　左后侧车窗玻璃升降器电机故障导致左后侧车窗玻璃无法正常升降的故障检修

<table>
<tr><th>作业项目</th><th>作 业 内 容</th><th>备 注</th></tr>
<tr><td>电动车窗玻璃无法正常升降的故障诊断与排除</td><td>左后侧车窗侧玻璃升降器电机故障导致左后侧车窗玻璃无法正常升降的故障检修</td><td>以吉利帝豪 EV450 为例</td></tr>
<tr><td>故障现象确认</td><td>(1)操作驾驶人侧车窗玻璃升降器开关,左后侧车窗玻璃无法上升或下降。
(2)操作驾驶人侧车窗玻璃升降器开关控制其他侧车窗玻璃能正常升降。
(3)操作左后侧车窗玻璃升降器开关,左后侧车窗玻璃无法正常上升或下降</td><td>确认故障症状,记录症状现象</td></tr>
</table>

续表

作业项目	作 业 内 容	备 注
故障现象分析	➢ 由故障现象(1)推理可知: 因为操作驾驶人侧车窗玻璃升降器开关无法控制左后侧车窗玻璃上升或下降,则应进一步测试驾驶人侧车窗玻璃升降器开关是否能控制其他侧车窗玻璃正常工作。若不能,则可能是驾驶人侧车窗玻璃升降器开关故障或电机供电线路故障。 ➢ 由故障现象(2)推理可知: 因为操作驾驶人侧车窗玻璃升降器开关能控制其他侧车窗玻璃正常升降,证明驾驶人侧车窗玻璃升降器开关及电机供电线路熔丝 SF13 无故障。 ➢ 由故障现象(3)推理可知: 因为驾驶人侧车窗玻璃升降器开关及左后侧车窗玻璃升降器开关及其线路同时存在故障的概率很小,所以故障可能出现在左后侧车窗玻璃升降器电机及其线路上	可能故障范围: (1)左后侧车窗玻璃升降器电机存在故障; (2)左后侧车窗玻璃升降器开关及驾驶人侧车窗玻璃升降器开关或相关线路同时损坏
电路分析及测试	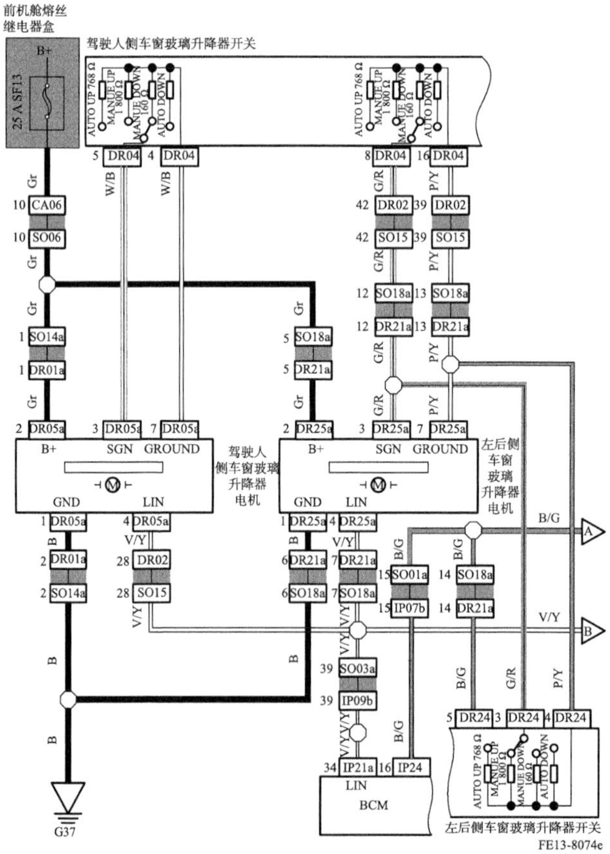 吉利帝豪 EV450 车窗控制系统电路	

续表

<table>
<tr><th>作业项目</th><th colspan="3">作 业 内 容</th><th>备 注</th></tr>
<tr><td>电路分析及测试</td><td colspan="3">

(1)用万用表测量 DR25a/2 针脚电压。

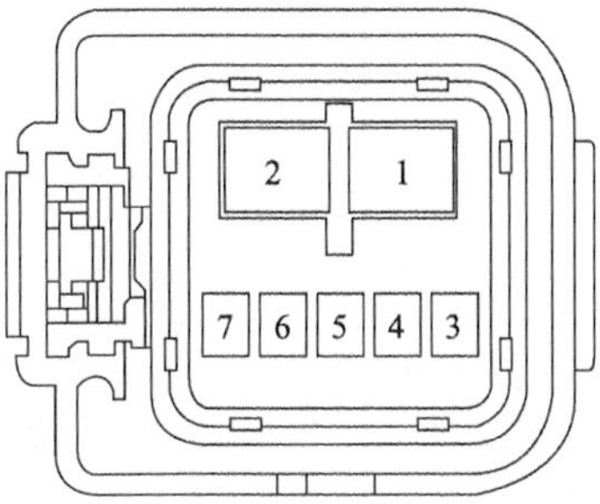

DR25a 驾驶人侧车窗玻璃升降器电机线束连接器

<table>
<tr><th>项 目</th><th>数值</th><th>单位</th><th>判断</th></tr>
<tr><td>测量 DR25a/2 针脚电压值</td><td>12. 8</td><td>V</td><td>✓</td></tr>
</table>

(2)操作驾驶人侧车窗玻璃升降器开关,检测 DR25a/2 针脚电压是否有变化。操作左后侧车窗玻璃升降器开关,检测 DR25a/2 针脚电压变化应与操作驾驶人侧车窗玻璃升降器开关时一致。

(3)断开蓄电池负极,用万用表测量 DR25a/1 与车身搭铁间电阻。

<table>
<tr><th>项 目</th><th>数值</th><th>单位</th><th>判断</th></tr>
<tr><td>测量 DR25a/1 与搭铁间电阻</td><td>0. 1</td><td>Ω</td><td>✓</td></tr>
</table>

(4)拆下左后侧车窗玻璃升降器电机,给正负极通电,观察是否能正常工作,若不能,则为电机故障

</td><td></td></tr>
<tr><td>确定故障</td><td colspan="3">左后侧车窗玻璃升降器电机故障</td><td></td></tr>
<tr><td rowspan="2">故障部位确认和排除</td><td>故障类型</td><td>确认的故障位置</td><td colspan="2">排除处理说明</td></tr>
<tr><td>部件损坏</td><td>左后侧车窗玻璃升降电机损坏</td><td colspan="2">☑更换 □维修 □调整</td></tr>
<tr><td>故障现象确认</td><td colspan="3">按下一键起动开关,操作驾驶人侧车窗玻璃升降器开关,左后侧车窗玻璃工作正常,操作左后侧车窗玻璃升降器开关,左后侧车窗玻璃工作正常</td><td>故障排除</td></tr>
</table>

3. 乘员侧车窗玻璃升降器开关线路故障导致乘员侧车窗玻璃无法正常升降故障检修(见表 1-7-3)

表 1-7-3 乘员侧车窗玻璃升降器开关线路故障导致乘员侧车窗玻璃无法正常升降的故障检修

作业项目	作 业 内 容	备 注
电动车窗玻璃无法正常升降的故障诊断与排除	乘员侧车窗玻璃升降器开关线路故障导致乘员侧车窗玻璃无法正常升降的故障检修	以吉利帝豪 EV450 为例

续表

作业项目	作　业　内　容	备　　注
故障现象确认	(1)操作驾驶人侧车窗玻璃升降器开关,乘员侧车窗玻璃能正常上升或下降。 (2)操作乘员侧车窗玻璃升降器开关,乘员侧车窗玻璃无法正常上升或下降	确认故障症状,记录症状现象
故障现象分析	➢ 由故障现象(1)推理可知: 因为操作驾驶人侧车窗玻璃升降器开关控制乘员侧车窗玻璃能正常上升或下降,则说明乘员侧车窗玻璃升降器电机及其供电线路无故障。 ➢ 由故障现象(2)推理可知: 因为操作乘员侧车窗玻璃升降器开关,乘员侧车窗玻璃不能正常上升或下降,因此故障很可能出现在乘员侧车窗玻璃升降器开关及其线路上	可能故障范围: (1)左后侧车窗玻璃升降器开关存在故障; (2)左后侧车窗玻璃升降器开关相关线路存在故障
电路分析及测试	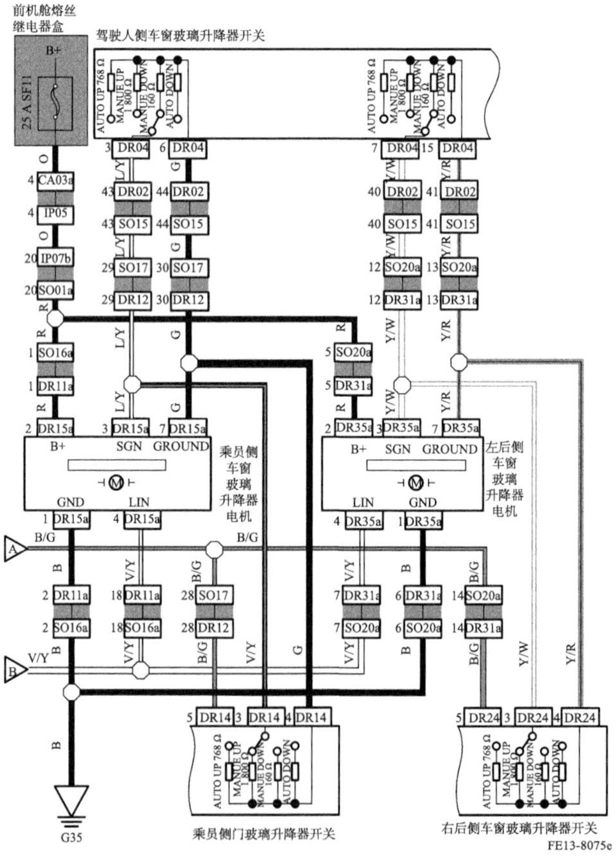 吉利帝豪 EV450 车窗控制系统电路	

续表

<table>
<tr><th>作业项目</th><th colspan="3">作　业　内　容</th><th>备　　注</th></tr>
<tr><td>电路分析及测试</td><td colspan="3">（1）操作乘员侧车窗玻璃升降器开关，用万用表检测 DR15a/3 针脚电压发现无变化。
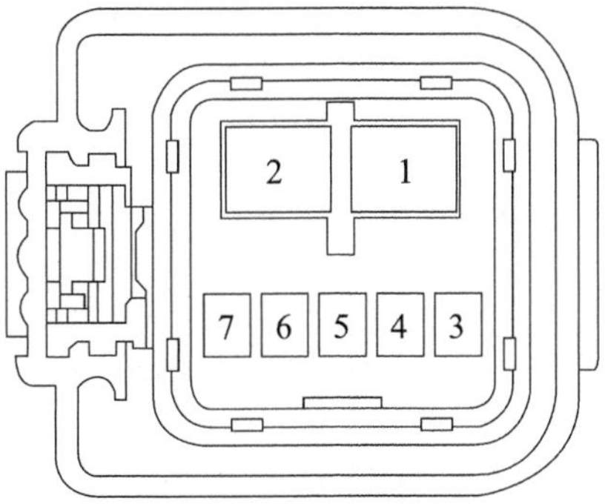

DR15a 乘员侧车窗玻璃升降器电机线束连接器
（2）断开蓄电池负极，用万用表检测 DR15a/3 与 DR14/3 间电阻。
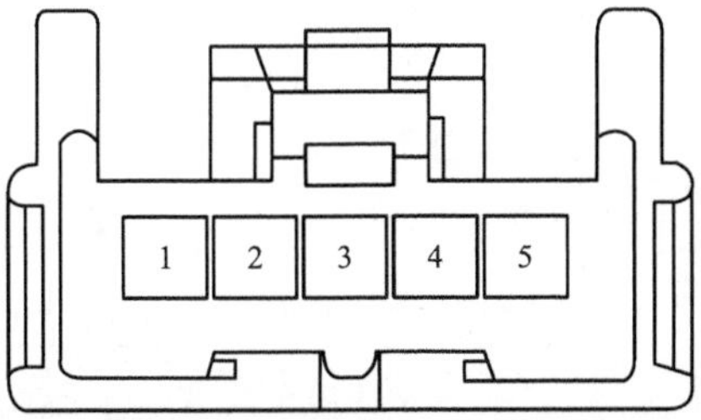

DR14 乘员侧车窗玻璃升降器开关线束连接器
<table><tr><th>项　　目</th><th>数值</th><th>单位</th><th>判断</th></tr><tr><td>测量 DR15a/3 与 DR14/3 间电阻</td><td>∞</td><td>Ω</td><td>×</td></tr></table>导线电阻值应该不大于 1 Ω，因此，可判断该线路断路</td><td></td></tr>
<tr><td>确定故障</td><td colspan="3">DR15a/3 与 DR14/3 间的线路存在断路故障</td><td></td></tr>
<tr><td rowspan="2">故障部位确认和排除</td><td>故障类型</td><td>确认的故障位置</td><td colspan="2">排除处理说明</td></tr>
<tr><td>线路断路</td><td>DR15a/3 与 DR14/3 间的线路</td><td colspan="2">□更换　☑维修　□调整</td></tr>
<tr><td>故障现象确认</td><td colspan="3">按下一键起动开关，操作乘员侧车窗玻璃升降器开关，乘员侧车窗玻璃工作正常</td><td>故障排除</td></tr>
</table>

4. 供电线路故障导致所有车窗玻璃均无法正常升降的故障检修（见表 1-7-4）

表 1-7-4　供电线路故障导致所有车窗玻璃均无法正常升降的故障检修

作业项目	作　业　内　容	备　　注
电动车窗玻璃无法正常升降的故障诊断与排除	供电线路故障导致所有车窗玻璃均无法正常升降的故障检修	以吉利帝豪 EV450 为例

续表

作业项目	作　业　内　容	备　　注
故障现象确认	(1)操作驾驶人侧车窗玻璃升降器开关,所有车窗玻璃均无法上升或下降。 (2)操作各侧车窗玻璃升降器开关,对应侧车窗玻璃无法正常上升或下降	确认故障症状,记录症状现象
故障现象分析	➢ 由故障现象(1)推理可知: 操作驾驶人侧车窗玻璃升降器开关,所有车窗玻璃均无法上升或下降,应观察各侧车窗玻璃升降器开关是否能控制对应侧车窗玻璃正常上升或下降,如果能,则证明车窗玻璃升降器电机及其供电线路无故障。 ➢ 由故障现象(2)推理可知: 因为操作各侧车窗玻璃升降器开关,对应侧车窗玻璃均不能正常上升或下降,因此故障很可能出现在车窗玻璃升降器电机供电线路上	可能故障范围: (1)熔丝 SF13 损坏; (2)电机供电线路存在故障
电路分析及测试	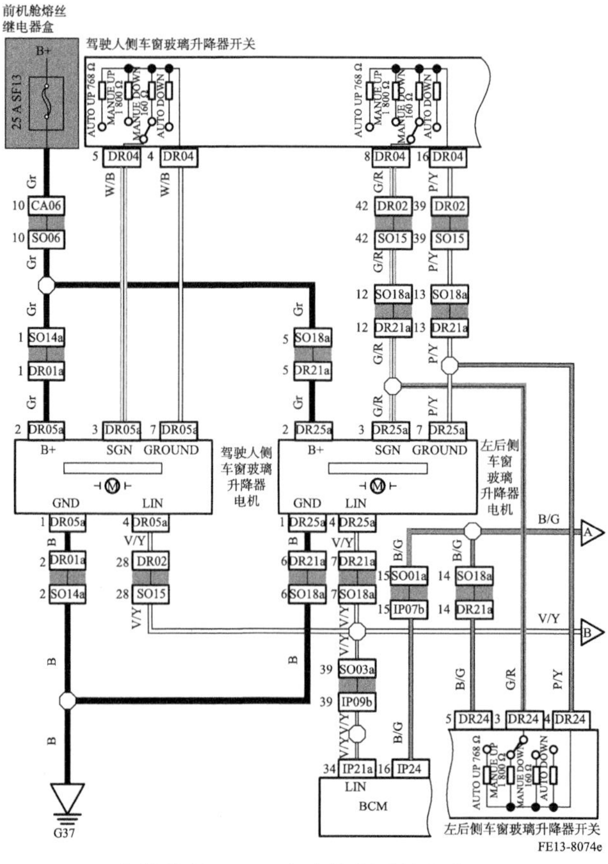 吉利帝豪 EV450 车窗控制系统电路一	

续表

作业项目	作 业 内 容	备 注
电路分析及测试	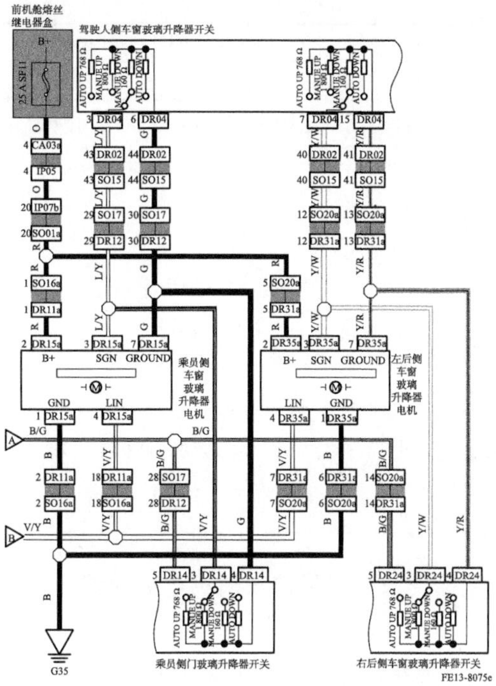 吉利帝豪 EV450 车窗控制系统电路二 拔下前机舱继电器中的熔丝 SF13,用万用表检测两个针脚的电阻值 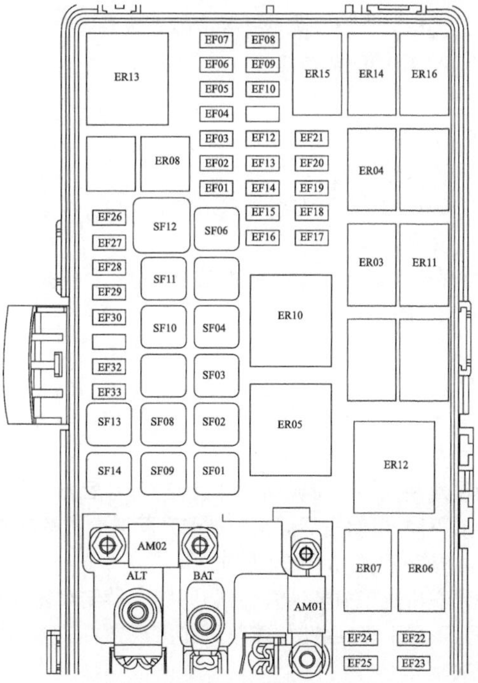 前机舱熔丝、继电器布置图	

续表

<table>
<tr><th>作业项目</th><th colspan="3">作 业 内 容</th><th>备 注</th></tr>
<tr><td>电路分析及测试</td><td colspan="3"><table><tr><th>项 目</th><th>数值</th><th>单位</th><th>判断</th></tr><tr><td>熔丝 SF13 的电阻</td><td>∞</td><td>Ω</td><td>×</td></tr></table>熔丝两个针脚间的电阻值应该不大于 1 Ω，因此，可判断该熔丝断路</td><td></td></tr>
<tr><td>确定故障</td><td colspan="3">熔丝 SF13 损坏</td><td></td></tr>
<tr><td rowspan="2">故障部位确认和排除</td><td>故障类型</td><td>确认的故障位置</td><td colspan="2">排除处理说明</td></tr>
<tr><td>元件损坏</td><td>熔丝 SF13</td><td colspan="2">☑更换 □维修 □调整</td></tr>
<tr><td>故障现象确认</td><td colspan="3">按下一键起动开关，操作乘员侧车窗玻璃升降器开关，各侧车窗玻璃工作正常，操作各侧车窗玻璃升降器开关，对应侧车窗玻璃工作正常</td><td>故障排除</td></tr>
</table>

5. 右后侧车窗玻璃升降器开关故障导致右后侧车窗玻璃只能上升不能下降的故障检修（见表 1-7-5）

表 1-7-5 右后侧车窗玻璃升降器开关故障导致右后侧车窗玻璃只能上升，不能下降的故障检修

<table>
<tr><th>作业项目</th><th>作 业 内 容</th><th>备 注</th></tr>
<tr><td>电动车窗玻璃无法正常升降的故障诊断与排除</td><td>右后侧车窗玻璃升降器开关故障导致右后侧车窗玻璃只能上升，不能下降的故障检修</td><td>以吉利帝豪 EV450 为例</td></tr>
<tr><td>故障现象确认</td><td>（1）操作驾驶人侧车窗玻璃升降器开关，右后侧车窗玻璃能正常上升或下降。
（2）操作右后侧车窗玻璃升降器开关，右后侧车窗玻璃能上升，不能下降</td><td>确认故障症状，记录症状现象</td></tr>
<tr><td>故障现象分析</td><td>➢ 由故障现象（1）推理可知：
操作驾驶人侧车窗玻璃升降器开关，右后侧车窗玻璃能正常上升或下降，证明右后侧车窗玻璃升降器电机及其线路正常。
➢ 由故障现象（2）推理可知：
操作右后侧车窗玻璃升降器开关，右后侧车窗玻璃能正常上升但是不能下降，因此故障很可能出现在右后侧车窗玻璃升降器开关本体上</td><td>可能故障范围：右后侧车窗玻璃升降器开关损坏</td></tr>
</table>

续表

<table>
<tr><th>作业项目</th><th colspan="3">作　业　内　容</th><th>备　　注</th></tr>
<tr><td>电路分析及测试</td><td colspan="3">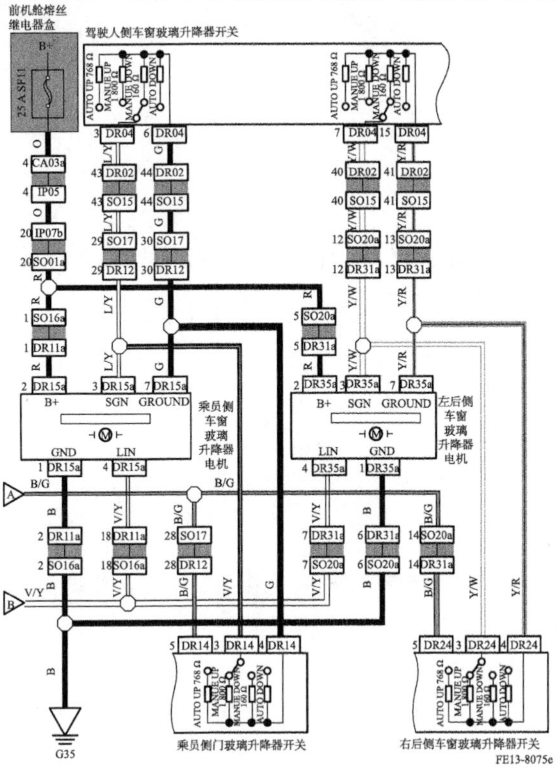

吉利帝豪 EV450 车窗控制系统电路
操作右后侧车窗玻璃升降器开关，检测 DR35a/3 针脚电压值，发现下降时，电压无变化。因此可判断右后侧车窗玻璃升降器开关存在故障
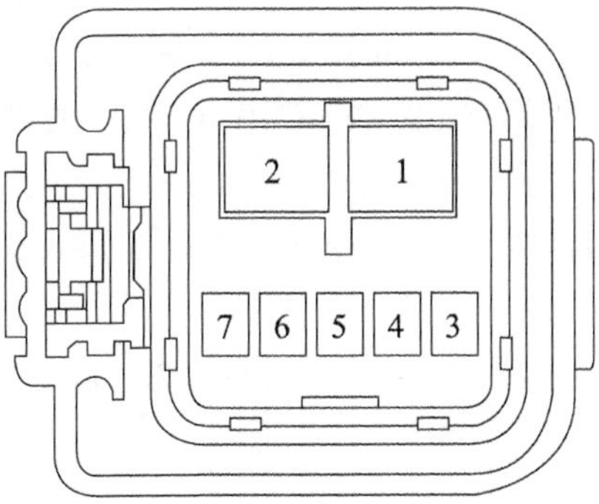

DR35a 右后侧车窗玻璃升降器电机线束连接器</td><td></td></tr>
<tr><td>确定故障</td><td colspan="3">右后侧车窗玻璃升降器开关损坏</td><td></td></tr>
<tr><td rowspan="2">故障部位确认和排除</td><td>故障类型</td><td>确认的故障位置</td><td colspan="2">排除处理说明</td></tr>
<tr><td>元件损坏</td><td>右后侧车窗玻璃升降器开关损坏</td><td colspan="2">☑更换　□维修　□调整</td></tr>
<tr><td>故障现象确认</td><td colspan="3">按下一键起动开关，操作右后侧车窗玻璃升降器开关，右后侧车窗玻璃能正常上升或下降</td><td>故障排除</td></tr>
</table>

纯电动汽车电动后视镜检修

李　超

一、任务内容

控制开关的检测:判断开关的好坏。

控制线路检测:判断电源线、搭铁线及电机连接线(包括电机线圈)的好坏。

对常见故障点进行检测:包括理解连接端子定义、连接电路、检查电动后视镜工作情况、熔丝状态、线路电阻、开关电源电路及接地电路等。

通过操作后视镜调节开关,并使用万用表检测电动后视镜线束连接端子之间的电压,确认是否符合标准值。

二、注意事项

在进行纯电动汽车不能行驶故障的诊断与排除时,除了关注技术层面的操作,还需要特别注意以下几个方面,以确保维修工作的顺利进行及人员的安全:

(1)要求作业人员穿工作服、工作鞋,戴工作帽,不佩戴任何首饰。

(2)涉及高压电路部分,必须佩戴绝缘手套(1 000 V),并使用绝缘工具。

(3)多人协同操作的,注意配合安全。

(4)要求检测过程安全环保(如拉起驻车制动、安装三角木、及时打扫场地卫生等)。

(5)工具和检测设备使用方法正确。

结合具体故障现象和检测结果确定故障部位,在故障排除后,清除故障代码并再次读取,确保故障代码不再出现。

三、标准化作业表

纯电动汽车电动后视镜常见故障点检测(见表 1-8-1)

表 1-8-1　纯电动汽车电动后视镜常见故障点检测

作业项目	作 业 内 容	备　注
纯电动汽车电动后视镜检测	常见故障点检测	以吉利帝豪 EV450 为例

续表

<table>
<tr><th>作业项目</th><th>作 业 内 容</th><th>备 注</th></tr>
<tr><td>DR09 电动后视镜开关线束连接器</td><td>
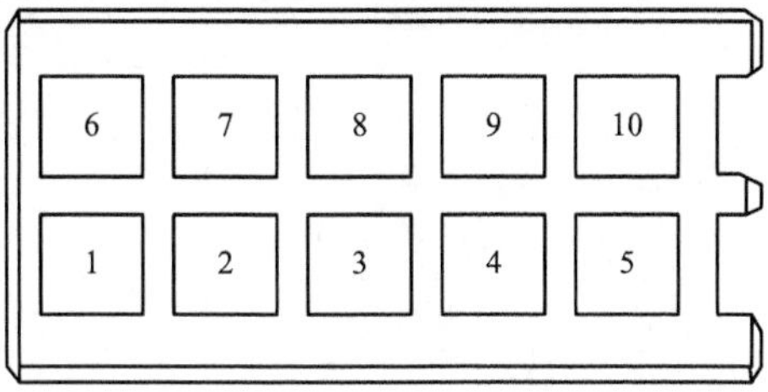

<table>
<tr><th>端子号</th><th>端子定义</th><th>颜色</th><th>端子号</th><th>端子定义</th><th>颜色</th></tr>
<tr><td>1</td><td>背景灯电源(+)</td><td>Gr</td><td>6</td><td>后视镜上调节(-)/后视镜下调节(+)
后视镜左调节(-)/后视镜右调节(+)</td><td>R/Gr</td></tr>
<tr><td>2</td><td>左侧后视镜左调节(+)/左侧后视镜右调节(-)</td><td>R/L</td><td>7</td><td>接地</td><td>B</td></tr>
<tr><td>3</td><td>左后视镜上调节(+)/左后视镜下调节(-)</td><td>O/G</td><td>8</td><td>ACC 电源</td><td>O/B</td></tr>
<tr><td>4</td><td>右侧后视镜左调节(+)/右侧后视镜右调节(-)</td><td>R/B</td><td>9</td><td>空</td><td></td></tr>
<tr><td>5</td><td>右侧后视镜上调节(+)/右侧后视镜下调节(-)</td><td>Gr/W</td><td>10</td><td>空</td><td></td></tr>
</table>
</td><td>理解连接端子定义</td></tr>
<tr><td>DR08 驾驶人侧外后视镜线束连接器</td><td>
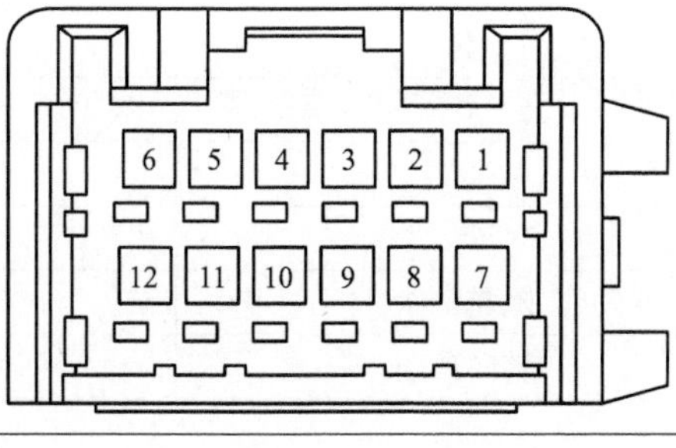

</td><td>理解连接端子定义</td></tr>
</table>

续表

<table>
<tr><th>作业项目</th><th>作 业 内 容</th><th>备 注</th></tr>
<tr><td>DR08 驾驶人侧外后视镜线束连接器</td><td>
<table>
<tr><th>端子号</th><th>端子定义</th><th>颜色</th></tr>
<tr><td>1</td><td>后视镜上(+)/后视镜下(-)</td><td>O/G</td></tr>
<tr><td>2</td><td>后视镜上(-)/后视镜下(+)
后视镜左(-)/后视镜右(+)</td><td>R/Gr</td></tr>
<tr><td>3</td><td>后视镜左(+)/后视镜右(-)</td><td>R/L</td></tr>
<tr><td>4</td><td>记忆(+)</td><td>G/W</td></tr>
<tr><td>5</td><td>记忆(水平)</td><td>W/L</td></tr>
<tr><td>6</td><td>转向(+)</td><td>L/B</td></tr>
<tr><td>7</td><td>折叠(+)</td><td>Y/B</td></tr>
<tr><td>8</td><td>折叠(-)</td><td>Y/W</td></tr>
<tr><td>9</td><td>记忆(垂直)</td><td>W/B</td></tr>
<tr><td>10</td><td>记忆(-)</td><td>G/B</td></tr>
<tr><td>11</td><td>除霜(+)</td><td>Br/R</td></tr>
<tr><td>12</td><td>除霜/转向(-)</td><td>B</td></tr>
</table>
</td><td>理解连接端子定义</td></tr>
<tr><td>DR18 乘员侧外后视镜线束连接器</td><td>
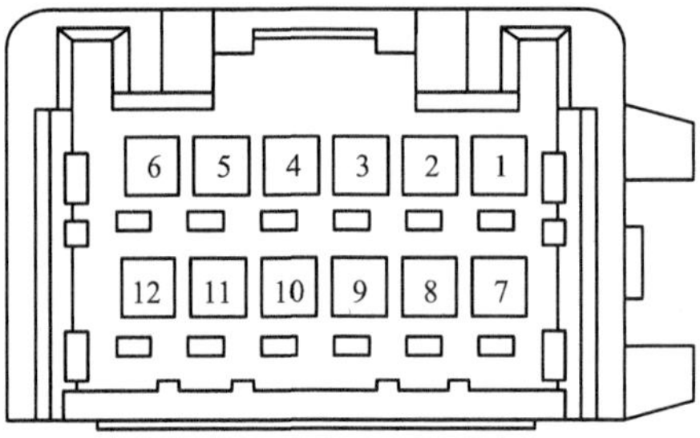

<table>
<tr><th>端子号</th><th>端子定义</th><th>颜色</th></tr>
<tr><td>1</td><td>后视镜上(+)/后视镜下(-)</td><td>Gr/W</td></tr>
<tr><td>2</td><td>后视镜上(-)/后视镜下(+)
后视镜左(-)/后视镜右(+)</td><td>R/Gr</td></tr>
<tr><td>3</td><td>后视镜左(+)/后视镜右(-)</td><td>R/B</td></tr>
<tr><td>4</td><td>空</td><td></td></tr>
<tr><td>5</td><td>除霜(+)</td><td>Br/R</td></tr>
<tr><td>6</td><td>转向(+)</td><td>L/B</td></tr>
<tr><td>7</td><td>空</td><td></td></tr>
<tr><td>8</td><td>空</td><td></td></tr>
<tr><td>9</td><td>空</td><td></td></tr>
<tr><td>10</td><td>空</td><td></td></tr>
<tr><td>11</td><td>除霜(-)</td><td>B</td></tr>
<tr><td>12</td><td>转向(-)</td><td>B</td></tr>
</table>
</td><td>理解连接端子定义</td></tr>
</table>

续表

作业项目	作　业　内　容	备　注
连接电路	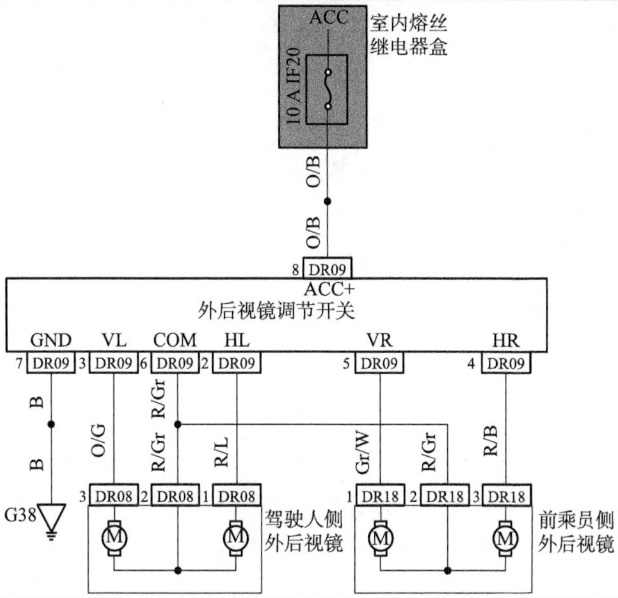	
检测流程	(1)检查左、右两侧电动后视镜工作情况。 ①分别对两侧电动后视镜进行调整。 ②是否两侧电动后视镜都不能正常工作。 (2)检查熔丝 IF20。 ①熔丝 IF20 是否熔断。熔丝的额定电流值:10 A。 ②确认熔丝是否熔断。 (3)检查熔丝 IF20 线路。 ①检查是否有短路。 ②进行线路修理,确认没有线路短路现象。 ③更换额定电流的熔丝。 ④确认电动后视镜是否正常工作。 (4)检查后视镜调节开关电源电路。 ①断开后视镜调节开关线束连接器。 ②检查后视镜调节开关线束连接器 DR09 端子 8 上的电压。电压标准值为:11～14 V。 ③确认电压是否正常。 (5)检查后视镜调节开关接地电路。 ①断开后视镜调节开关线束连接器。 ②检查后视镜调节开关线束连接器 DR09 端子 7 与接地电路之间的电阻。电阻标准值为:小于 1 Ω。 ③确认电阻是否符合标准值。 (6)检查后视镜调节开关。 ①操作后视镜调节开关中的电动后视镜上下调整按钮。 ②同时用万用表检测电动后视镜线束连接 DR08(左侧)或 DR18(右侧)的下列端子之间的电压,见表 1。 ③确认端子间电压是否符合标准值。	如果有故障代码则结合故障代码进行检测

续表

<table>
<tr><th>作业项目</th><th colspan="3">作　业　内　容</th><th>备　注</th></tr>
<tr><td>检测流程</td><td colspan="3">

表 1　电动后视镜线束连接端子之间的电压

测试端子	测试条件	标准值/V
DR08(2)-DR08(3)	左侧,向上	11～14
DR08(2)-DR08(3)	左侧,向下	11～14
DR08(1)-DR08(2)	左侧,向右	11～14
DR08(1)-DR08(2)	左侧,向左	11～14
DR18(2)-DR18(3)	右侧,向上	11～14
DR18(2)-DR18(3)	右侧,向下	11～14
DR18(1)-DR18(2)	右侧,向右	11～14
DR18(1)-DR18(2)	右侧,向左	11～14

(7)检查电动后视镜与后视镜开关之间的线路。
①断开电动后视镜开关线束连接器 DR09,断开后视镜线束连接器 DR08/DR18。
②检测下列端子与端子之间的线路电阻,见表 2。
③确认电动后视镜是否正常工作

表 2　各端子之间的电阻

测试端子	标准值
DR08(1)-DR09(2)	小于 1 Ω
DR08(2)-DR09(6)	小于 1 Ω
DR08(3)-DR09(3)	小于 1 Ω
DR18(1)-DR09(5)	小于 1 Ω
DR18(2)-DR09(6)	小于 1 Ω
DR18(3)-DR09(4)	小于 1 Ω

</td><td>如果有故障代码则结合故障代码进行检测</td></tr>
<tr><td>确认故障</td><td colspan="3">请结合具体故障现象和检测结果确定</td><td></td></tr>
<tr><td rowspan="4">故障部位确认和排除</td><td>故障类型</td><td>确认的故障位置</td><td colspan="2">排除处理说明</td></tr>
<tr><td></td><td></td><td colspan="2">□更换　□维修　□调整</td></tr>
<tr><td></td><td></td><td colspan="2">□更换　□维修　□调整</td></tr>
<tr><td></td><td></td><td colspan="2">□更换　□维修　□调整</td></tr>
<tr><td>清除故障代码后再读取故障代码</td><td colspan="4">检查故障代码是否再次出现,并填写结果
☑无 DTC　□有 DTC</td></tr>
<tr><td>故障现象确认</td><td colspan="3">车辆可以使用</td><td>故障排除</td></tr>
</table>

纯电动汽车刮水器与洗涤系统检修

李海岗

一、任务内容

本任务针对吉利帝豪 EV450 汽车刮水器与洗涤系统出现的故障展开诊断分析，其目的在于寻找排除帝豪 EV450 刮水器与洗涤系统电路故障的有效方法。通过该款新能源汽车刮水器与洗涤系统典型故障案例的学习，能够帮助汽车工程技术人员在排除相似故障时提供有价值的诊断思路。

二、注意事项

(1)刮水器与洗涤系统的故障主要包括刮水器各挡位均不工作、刮水器常工作、刮水器不回位、刮水器某一挡位不工作、前洗涤器不工作等。面对刮水器与洗涤系统可能发生的各类故障，正确的诊断和处理应建立在功能测试与电路图分析的基础上。

(2)在排除刮水器与洗涤系统的故障时，应首先判断是机械故障还是电气故障，然后分析故障是个性问题还是共性问题，依据由易到难的诊断原则，一步一步地去测量和判断分析，最终找出故障点。

(3)蓄电池电压过低会导致刮水器继电器等部分用电设备工作不正常。检测蓄电池供电时应确保蓄电池正负极接线牢靠，无松动脏污的情况。使用万用表检测蓄电池电压，蓄电池电压应在 12 V 以上。如电压过低，应给蓄电池充电或更换蓄电池。

(4)对刮水器与洗涤系统相关线路进行检测时，通过电压降的测量初步确定故障位置，通过电阻的测量确定具体故障点。对刮水器继电器进行检测时，断电后将继电器取出，通过通电测量与断电测量确认继电器是否正常。

(5)导致刮水器与洗涤系统出现故障的原因很多，如控制单元故障、供电部件线路故障、电机本体故障等。为培养规范进行故障诊断排除的能力，在实际检修过程中，需要严格遵守操作规范，以免出现人为制造的故障，造成麻烦。

三、标准化作业表

纯电动汽车吉利帝豪 EV450 刮水器与洗涤系统检修(见表 1-9-1)

表 1-9-1　纯电动汽车吉利帝豪 EV450 刮水器与洗涤系统检修

作业项目	作　业　内　容	备　　注
认识吉利帝豪 EV450 刮水器与洗涤系统	1. 组成 吉利帝豪 EV450 新能源汽车刮水器与洗涤系统由车身控制模块 BCM、刮水器/洗涤器开关、前刮水器电机及连杆装置、前刮水臂、洗涤液储液罐、洗涤液泵和洗涤器喷嘴组成。 2. 挡位 刮水器/洗涤器能够实现高速、低速、间隙、点动四种控制模式,刮水器开关设在转向柱右侧的操纵杆上。吉利帝豪 EV450 汽车的刮水器组合开关共有 6 个挡位:MIST 挡(点动挡)、OFF 挡(关闭挡)、INT 挡(刮水器自动间歇)、LO 挡(刮水器连续低速)、HI 挡(刮水器连续高速)、PULL 挡(洗涤刮水挡)。刮水器 INT 挡是通过刮水器组合开关 INT 旋钮挡增减间歇时间,间歇时间增减共 5 个挡位,通过串联不同规格的电阻来实现。 3. 位置 如下图所示,刮水器系统由永磁电机驱动,刮水电机安装在前围板上,与前刮水器连杆直接相连。前风窗玻璃洗涤液储液罐安装在右前大灯总成下,右前翼子板衬板前部。洗涤液泵固定在洗涤液储液罐上,洗涤液泵使洗涤液通过软管输送至两个喷嘴 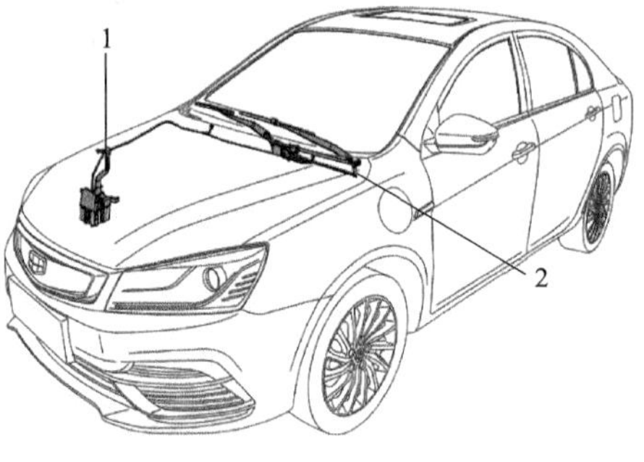 1—洗涤系统;2—刮水器系统。	以吉利帝豪 EV450 为例
分析吉利帝豪 EV450 新能源汽车刮水器与洗涤系统工作电路	1. 系统电路组成 下图所示为吉利帝豪 EV450 汽车刮水器与洗涤系统电路,由电源、熔丝 IF04/15 A、EF28/20 A、EF02/10 A、低速刮水器继电器 ER15、高速刮水器继电器 ER14、车身控制模块 BCM、刮水器组合开关 IP42、前刮水器电机 CA18a 和前洗涤电机 CA38 组成。刮水器与洗涤系统只有在点火开关处于“ON”位置才能使用。	

续表

<table>
<tr><th>作业项目</th><th>作 业 内 容</th><th>备 注</th></tr>
<tr><td>分析吉利帝豪EV450新能源汽车刮水器与洗涤系统工作电路</td><td>

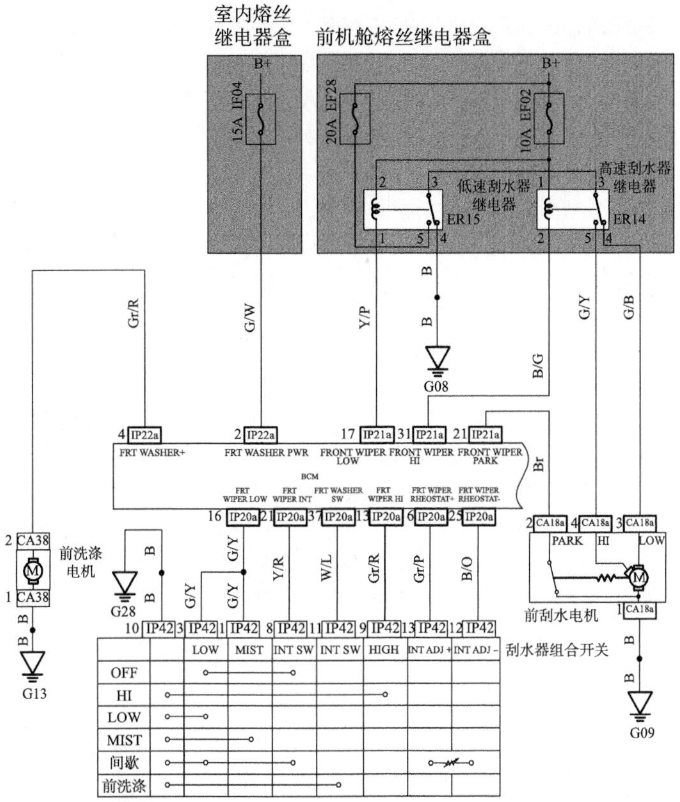

2. 系统工作原理

前刮水器是由刮水器开关提供信号给车身控制模块BCM，BCM接收到刮水器开关接地信号后，驱动前刮水器电机转动；当刮水器开关处于低挡时，电流从电机低速电刷流入电枢线圈，产生大的反电动势，结果是电机以低速旋转；当刮水器开关处于高挡时，电流从电机的高速电刷流入电枢线圈，产生小的反电动势，结果是电机以高速旋转；当起动刮水器洗涤器开关，此时刮水器喷水泵处于工作状态；连续操作洗涤器开关1 s后，刮水器电机也开始起动低挡转动。当关闭刮水器开关后，刮水器电机在电枢的惯性作用下，电机不会立即停止并且继续转一会，同时电枢产生反电动势，对刮水器电机产生电力制动，马达立即停在固定位置。

3. 工作电路分析

根据吉利帝豪EV450汽车刮水器与洗涤系统电路图，具体分析刮水器组合开关位于OFF挡位、HI挡位、Low挡位、MIST挡位、INT间歇挡位、洗涤刮水挡位的工作情况，同时剖析了刮水器电机的复位过程。

(1)刮水器组合开关位于OFF挡位时，前刮水器电机不工作。

(2)刮水器组合开关位于HI挡位时，刮水器组合开关线束连接器IP42/10接地与IP42/9接通，车身控制模块BCM的IP20a/13接收

</td><td></td></tr>
</table>

续表

作业项目	作 业 内 容	备 注
分析吉利帝豪EV450新能源汽车刮水器与洗涤系统工作电路	到接地的低电位信号,此时BCM控制IP21a/17搭铁,使得低速刮水器继电器ER15线圈通电,ER15继电器常开触点闭合;同时BCM控制IP21a/31搭铁,使得高速刮水器继电器ER14线圈通电,ER14继电器常开触点闭合,电流从电机的高速电刷流入电枢线圈,产生小的反电动势,使前刮水器电机高速运转。 (3)刮水器组合开关位于Low挡位时,刮水器组合开关线束连接IP42/10接地与IP42/3接通,BCM的IP20a/16接收到接地的低电位信号,此时BCM控制IP21a/17搭铁,使得低速刮水器继电器ER15线圈通电,ER15继电器常开触点闭合,ER14继电器常闭触点闭合,电流从电机的低速电刷流入电枢线圈,产生大的反电动势,使前刮水器电机低速运转。 (4)刮水器组合开关位于MIST挡位时,刮水器组合开关线束连接器IP42/10接地与IP42/1接通,BCM的IP20a/16接收到接地的低电位信号,此时BCM控制IP21a/17搭铁,使得低速刮水器继电器ER15线圈通电,ER15继电器常开触点闭合,ER14继电器常闭触点闭合,电流从电机的低速电刷流入电枢线圈,产生大的反电动势,使前刮水器电机低速运转。点动挡位是将推杆往上推,刮水器就开始以连续方式工作,当松手后,推杆自动回位,BCM的IP20a/16无法接收到接地的低电位信号,ER15线圈断电,刮水器电机电路断开,刮水器停止工作。 (5)刮水器组合开关位于INT间歇挡位时,刮水器组合开关线束连接器IP42/10接地与IP42/8接通,BCM的IP20a/21接收到接地的低电位信号,此时BCM控制IP21a/17间歇搭铁,使得低速刮水器继电器ER15间歇线圈通电,ER15继电器常开触点间歇闭合和断开,ER14继电器常闭触点闭合,使前刮水器电机间歇低速运转。 (6)刮水器组合开关位于喷水开关时,刮水器组合开关线束连接器IP42/10接地与IP42/11接通,BCM的IP20a/37接收到接地的低电位信号,此时BCM通过IP22a/4输出一个12 V的电压到前洗涤电机的CA38/2端,由于前洗涤电机的CA38/1接负极,此时电机通电运行开始喷水。连续操作洗涤器开关1 s后,刮水器电机也开始起动低挡转动。 (7)刮水器电机的复位过程:前刮水器电路中有一个自停装置,该装置由一个蜗杆齿轮和一个凸轮盘组成,目的是在刮水器/洗涤开关断开后还能短暂保持电路完整,直到刮水器臂完全回到初始位置。当刮水器组合开关至于OFF挡位时,如果刮水器片未处于风挡最下沿,前刮水器电机的2号和4号端子断开,BCM的IP21a/21接收不到低电位信号,此时BCM继续控制IP21a/17搭铁,使得低速刮水器继电器ER15线圈通电,ER15继电器常开触点闭合,ER14继电器常闭触点闭合,使前刮水器电机继续低速运转,直到刮水器片处于风挡最下沿才断开电路。当复位电路断开后,由于电枢的惯性作用,刮水器电机不会立即停止,反而电枢会产生反电动势,对刮水器电机产生电力制动,使刮水器电机迅速停止转动而停在固定位置	

续表

<table>
<tr><th>作业项目</th><th colspan="2">作　业　内　容</th><th>备　注</th></tr>
<tr><td>刮水器与洗涤系统常见的故障</td><td colspan="2">刮水器系统常见的故障有：刮水器在任何挡位下都不工作、刮水器在高速挡不工作、刮水器在低速挡不工作、刮水器在间歇挡不工作、前洗涤器不工作、刮水器刮水不彻底等</td><td></td></tr>
<tr><td>故障现象</td><td colspan="2">一辆 2018 款吉利帝豪新能源 EV450 汽车，将刮水器开关拨至任何挡位下刮水器与洗涤系统都不工作</td><td></td></tr>
<tr><td>故障现象确认</td><td colspan="2">(1)按下一键起动开关至 ON 挡，将刮水器开关置于高速挡位，发现刮水器和洗涤器均不工作；
(2)按下一键起动开关至 ON 挡，将刮水器开关置于低速挡位，发现刮水器和洗涤器均不工作；
(3)按下一键起动开关至 ON 挡，将刮水器开关置于间歇挡位，发现刮水器和洗涤器均不工作；
(4)按下一键起动开关至 ON 挡，将刮水器开关置于点动挡位，发现刮水器和洗涤器均不工作；
(5)按下一键起动开关至 ON 挡，将刮水器开关置于洗涤挡位，发现刮水器和洗涤器均不工作</td><td>确认故障症状
记录症状现象</td></tr>
<tr><td>故障现象分析</td><td colspan="2">为便于排除故障，结合工作电路对故障进行分析：
(1)当刮水器不工作时，可能的故障原因如下：
①刮水器组合开关信号电路故障；
②EF02/10A 熔丝故障、EF28/20A 熔丝故障、低速刮水器继电器 ER15 故障、高速刮水器继电器 ER14 故障；
③车身控制模块 BCM 自身故障；
④前刮水器电机内部电路损坏等。
(2)当洗涤器不工作时，可能的故障原因如下：
①刮水器组合开关信号电路故障；
②车身控制模块 BCM 自身故障；
③洗涤器电机故障等。
(3)当刮水器和洗涤器均不工作时，可能的故障原因如下：
①刮水器组合开关信号电路故障；
②车身控制模块 BCM 自身故障</td><td></td></tr>
<tr><td rowspan="8">部件/电路测试</td><td>部件/线路范围</td><td colspan="2">检查或测试后的判断结果</td></tr>
<tr><td>BCM 的供电熔丝 IF04/15A</td><td>☑正常</td><td>□异常</td></tr>
<tr><td>熔丝 IF04/15A 输出端对地电压</td><td>☑正常</td><td>□异常</td></tr>
<tr><td>刮水器组合开关</td><td>☑正常</td><td>□异常</td></tr>
<tr><td>EF02/10A 熔丝、EF28/20A 熔丝</td><td>☑正常</td><td>□异常</td></tr>
<tr><td>高速刮水器继电器 ER14</td><td>☑正常</td><td>□异常</td></tr>
<tr><td>低速刮水器继电器 ER15</td><td>□正常</td><td>☑异常</td></tr>
<tr><td>刮水器电机线束连接器 CA18a
端子 3 上的电压</td><td>☑正常</td><td>□异常</td></tr>
</table>

续表

作业项目	作 业 内 容		备 注
部件/电路测试	刮水器电机线束连接器 CA18a 端子 4 上的电压	☑正常	□异常
	刮水器电机线束连接器 CA18a 端子 1 与车身接地之间的线路	☑正常	□异常
	刮水器电机线束连接器 CA18a 端子 3 与高速刮水器继电器 ER14 端子 4 之间的电阻	☑正常	□异常
	刮水器电机线束连接器 CA18a 端子 4 与高速刮水器继电器 ER14 端子 5 之间的电阻	☑正常	□异常
	刮水器电机	☑正常	□异常
	刮水器组合开关与车身控制模块 BCM 之间的线路	☑正常	□异常
	车身控制模块 BCM	□正常	☑异常
故障部位确认	故障类型	确认的故障位置	排除处理说明
	刮水器继电器故障	低速刮水器继电器 ER15 线圈断路	☑更换 □维修 □调整
	控制模块故障	车身控制模块 BCM 工作异常	☑更换 □维修 □调整
			□更换 □维修 □调整
			□更换 □维修 □调整
			□更换 □维修 □调整
			□更换 □维修 □调整
故障排除	更换低速刮水器继电器 ER15 和车身控制模块 BCM，刮水器和洗涤功能恢复正常		

纯电动汽车中控门锁检修

郝　魁

一、任务内容

纯电动汽车在正常使用过程中会遇到中控门锁无法使用等故障,本任务通过对吉利帝豪纯电动汽车的中控门锁出现故障的案例进行故障诊断与分析,旨在分析出致使纯电动汽车中控门锁失灵等故障的原因,并提出有效的诊断和排除方法。通过此案例的学习,可以提升维修人员对纯电动汽车车身电控方面的故障诊断能力和解决效率,同时也能为相关技术人员提供参考。

二、注意事项

在进行纯电动汽车中控门锁故障的诊断与排除时,除了关注技术层面的操作,还需要特别注意以下几个方面,以确保维修工作的顺利进行及人员的安全。

1. 安全防护措施

操作人员需要切断高压电源。纯电动汽车的高压电路系统存在潜在危险。在进行中控门锁故障诊断与检修前,必须确保车辆处于关闭状态,并正确切断高压电源。通常需要将车辆钥匙置于 OFF 位置,拔出维修开关(如有维修开关),并等待至少 5 min,以确保高压电容器中的电能完全释放。

操作人员需要穿戴个人防护装备。在检修过程中,始终穿戴适当的个人防护装备,包括绝缘手套、防护眼镜等。这些装备可以有效防止触电事故和电气火花对眼睛的伤害,确保维修人员的人身安全。

2. 遵循维修手册和厂商指南

操作人员需要熟悉待维修车辆的电气架构。每款纯电动汽车的电气架构和技术规范都有所不同,在进行中控门锁故障诊断前,务必仔细阅读车辆维修手册和制造商提供的服务手册,了解该车型中控门锁系统的电路连接、控制逻辑和相关组件位置。

操作人员要严格按照操作流程进行维修作业。维修手册和厂商指南提供了详细的故障诊断步骤和维修方法,要严格按照这些步骤操作,避免盲目拆卸或测试,以免造成不必要的损坏或安全隐患。例如,在检查中控门锁模块时,应遵循手册中的步骤,先检查电源和接地线路,再检查模块本身。

3. 工具与设备校验

操作人员要正确使用校准工具。确保所有用于诊断和检修的工具和设备经过校准且处于良好状态，这些工具包括万用表、绝缘测试仪、专用诊断设备等。校准的工具可以提供准确的数据，帮助快速定位故障点。

操作人员要定期检查设备的状态。在使用前，检查工具和设备的外观和功能是否正常。例如，检查万用表的电池是否充足，绝缘测试仪的绝缘性能是否符合要求。如果发现工具损坏或校准过期，应立即更换或重新校准。

4. 团队协作与沟通

维修团队应该具备明确的分工与职责。在复杂故障的诊断与检修过程中，团队成员应明确各自的分工和职责。例如，一人负责检查线路，另一人负责使用诊断设备读取故障代码，还有一人负责记录和协调。

维修团队成员应该保持彼此沟通的顺畅。团队成员之间应保持清晰的沟通渠道，及时分享检查结果和发现的问题。例如，当发现某个线路存在短路时，应及时告知其他成员，以便快速调整检修策略。良好的沟通可以提高工作效率，避免重复工作或误操作。

5. 记录保存

团队成员要详细记录检查过程。在检修过程中，详细记录每一个检查步骤、发现的问题以及采取的措施。例如，记录中控门锁模块的故障代码、线路的电阻值、更换的零部件等信息。这些记录不仅有助于后续的维修工作，还可以为未来类似问题的解决提供参考。

团队成员要整理归档维修记录。将所有记录整理归档，便于日后查询和分析。维修记录可以采用纸质或电子形式保存，但必须确保其完整性和可追溯性。例如，可以将维修记录存入车辆维修档案，或上传至车辆管理系统。

通过严格遵守以上注意事项，不仅可以提高纯电动汽车中控门锁故障诊断与检修的效率和准确性，还能最大程度地保障维修人员的安全，防止意外事故发生。

三、标准化作业表

纯电动汽车中控门锁检修（见表 1-10-1）

表 1-10-1 纯电动汽车吉利帝豪 EV450 中控门锁检修

作业项目	作业内容	备注
纯电动汽车中控门锁的检修	中控门锁故障，致使中控门锁失灵	以吉利帝豪 EV450 为例
中控门锁的作用	（1）中央控制功能：当驾驶人锁住其身边的车门时，其他车门也同时锁住，驾驶人可通过门锁开关同时打开各个车门，也可单独打开某个车门。 （2）速度控制功能：当行车速度达到一定时，各个车门能自行锁上，防止乘员误操作车门把手而导致车门打开。 （3）单独控制功能：除在驾驶人身边车门以外，还在其他门设置单独的弹簧锁开关，可独立地控制一个车门的打开和锁住	

续表

作业项目	作 业 内 容	备 注
中控门锁组成及工作原理	由电机、微动开关、壳体、拉杆、线路等组成。 门锁原理图如下图所示。 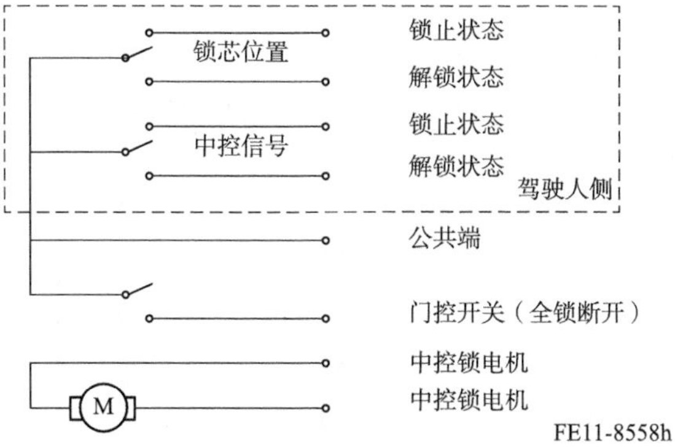	
故障检修思路	(1)电路连接检查：检查中控门锁的电路连接情况，包括线束连接、插头连接等，确保电路连接良好。 (2)电压检测：使用电压表对中控门锁的电源电压进行检测，判断是否存在电源供应问题。 (3)故障代码读取：通过连接车辆的诊断接口，读取车辆的故障代码，以便确定故障的具体原因。 (4)零部件更换：根据故障现象和故障代码的分析结果，对可能故障的零部件进行更换，如中控门锁开关、控制模块等。 (5)功能测试：在故障检修完成后，进行中控门锁的功能测试，确保门锁的开关、遥控等功能正常	
中控门锁电路图	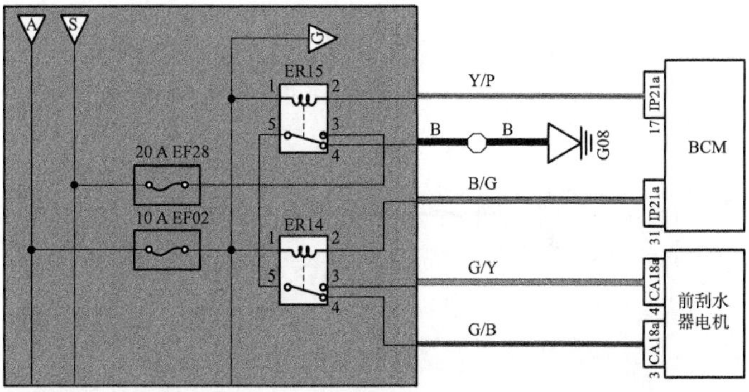	

续表

作业项目	作 业 内 容	备 注
中控门锁电路图	中控门锁1 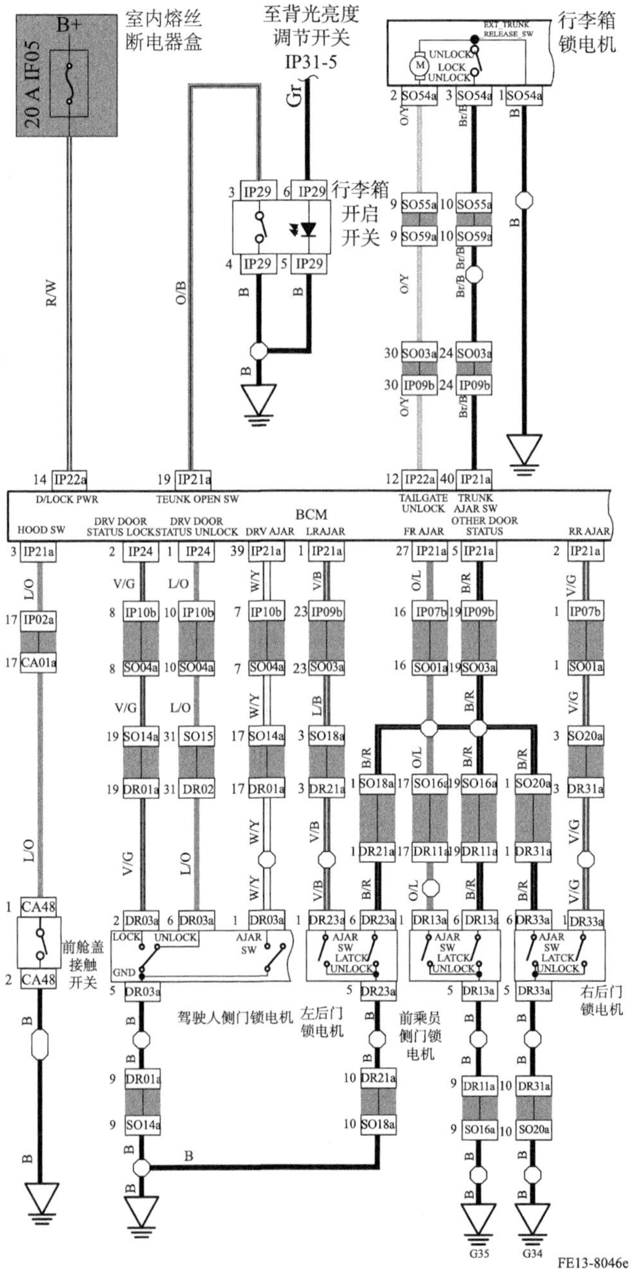	

续表

作业项目	作 业 内 容	备 注
中控门锁电路图	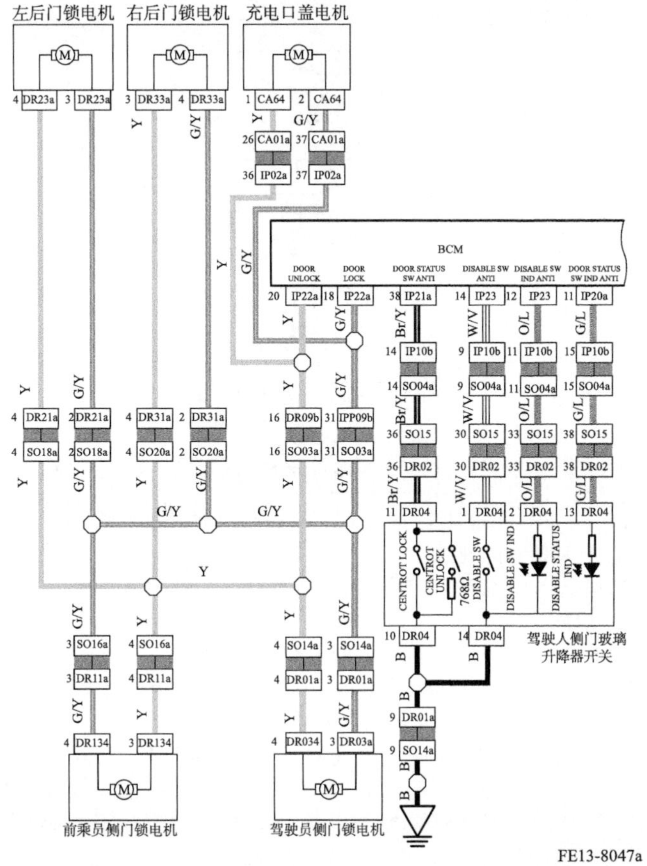	
可能的故障原因分析	结合电路图,以及中控门锁的工作原理,进行故障确定和排除,对可能出现的故障原因进行分析,其故障点可能包括以下几点: (1)蓄电池电压不足或充电系统故障。 (2)BCM 熔丝熔断。 (3)BCM 电源或接地故障。 (4)左前门锁与 BCM 之间的线路故障。 (5)BCM 输出电压异常。 (6)左前门锁故障。 应当根据具体情况进行逐步排查,确定故障原因并进行相应的修理或更换	
故障诊断的流程	结合电路图及中控锁工作原理,确定中控锁故障诊断的基本流程依次如下: (1)打开机舱盖,使用万用表测量蓄电池电压。 (2)检查 BCM 熔丝 IF05 是否熔断。 (3)检查 BCM 电源和接地之间的电压。 (4)检查左前门锁与 BCM 之间的线路。 (5)检查 BCM 输出电压。 (6)如果 BCM 输出电压符合标准,继续检查左前门锁。	

续表

作业项目	作　业　内　容	备　　注
故障诊断的流程	诊断流程如下图所示 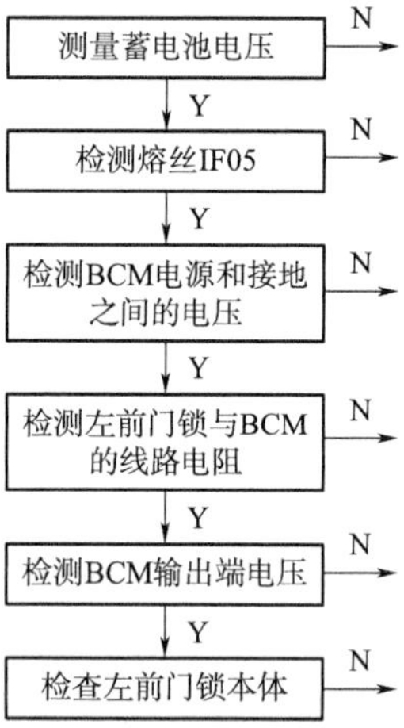 	
故障现象确认	(1)确定车内蓄电池电压:使用万用表测定蓄电池电压,同时观察车内仪表显示信息的**现象** (2)确定 BCM 熔丝 IF05:使用万用表检测熔丝的**通断性**,查看表笔导通的**现象** (3)确定 BCM 电源和接地之间的线路:测定线路的电压,使用万用表测量 BCM 线束连接器 IP22a 端子 14 和 BCM 线束连接器 IP22a 端子 22 之间的电压,查看**电压值**的**现象** (4)确定左前门锁与 BCM 之间的线路:测定线路的电阻,用万用表测量左前门锁线束连接器 DR03a 的 3 号端子与 BCM 线束连接器 IP22a 的 18 号端子之间的电阻,以及 3 号端子与 4 号端子之间的电阻,查看**电阻值**的**现象** (5)确定 BCM 输出电压:检测 BCM 的输出电压是否正常,用万用表测量左前门锁线束连接器 DR03a 的 3 号端子与 4 号端子之间的电压,观察**电压值**的**现象** (6)确定门锁的机械模块:供给中控门锁电压,查看机构是否正常的**现象**	确认故障症状记录症状现象
故障现象分析	➢ 由故障现象(1)推理可知: 使用万用表测定蓄电池电压,万用表显示电压值为 11～14 V,同时观察车内仪表显示信息,显示正常,说明蓄电池电压正常,符合中控锁正常的工作要求。 ➢ 由故障现象(2)推理可知: 检查 BCM 熔丝 IF05 是否熔断。操作启动开关使电源模式至 OFF 状态,然后拔下熔丝 IF05,检查熔丝是否熔断。熔丝额定值为 20 A。如果熔丝熔断,则需要检修熔丝线路并更换额定值熔丝。使用万用表的电阻挡,检查中控门锁供电端的熔 IF05,电阻值为 0～2 Ω,正常。 ➢ 由故障现象(3)推理可知: 检查 BCM 电源和接地之间的电压。操作启动开关使电源模式至 OFF 状态,断开 BCM 线束连接器 IP22a,然后操作启动开关使电源模式至 ON 状态,用万用表测量 BCM 线束连接器 IP22a 端子 14 和 BCM 线束连接器 IP22a 端子 22 之间的电压。电压标准值为 11～14 V。如果测量值不符合标准,则需要修理或更换线束。	➢ 蓄电池电压。 ➢ 熔丝 IF05。 ➢ BCM 电源和接地之间的电压。 ➢ 左前门锁与 BCM 之间的线路。 ➢ BCM 输出电压。 ➢ 本体

续表

<table>
<tr><th>作业项目</th><th>作 业 内 容</th><th>备 注</th></tr>
<tr><td>故障现象分析</td><td>➢ 由故障现象(4)推理可知:
检查左前门锁与 BCM 之间的线路。操作启动开关使电源模式至 OFF 状态,断开左前门锁线束连接器 DR03a 和 BCM 线束连接器 IP22a,用万用表测量左前门锁线束连接器 DR03a 的 3 号端子与 BCM 线束连接器 IP22a 的 18 号端子之间的电阻,以及 3 号端子与 4 号端子之间的电阻。电阻标准值应小于 12 Ω。如果测量值不符合标准,则需要修理或更换线束。
➢ 由故障现象(5)推理可知:
检查 BCM 输出电压。操作启动开关使电源模式至 OFF 状态,断开左前门锁线束连接器 DR03a,然后操作遥控钥匙连续开/关门锁,同时用万用表测量左前门锁线束连接器 DR03a 的 3 号端子与 4 号端子之间的电压。标准电压应为 11～14 V。如果测量值不符合标准,则需要更换 BCM。
➢ 由故障现象(6)推理可知:
如果 BCM 输出电压符合标准,继续检测左前门锁。操作启动开关使电源模式至 OFF 状态,发现中控门锁无动作。之后断开蓄电池负极电缆,然后更换正常的左前门锁,上电可工作。最终确认中控锁机构可以正常工作</td><td>➢ 蓄电池电压。
➢ 熔丝 IF05。
➢ BCM 电源和接地之间的电压。
➢ 左前门锁与 BCM 之间的线路。
➢ BCM 输出电压。
➢ 本体</td></tr>
<tr><td>增加条件 1:
读取故障代码</td><td>DTC 分析:
常见故障代码:
(1)B118171:驾驶人侧调节电机堵转。这些故障代码通常表示车辆在运行过程中出现了特定的硬件或软件问题。例如,B118171 故障代码表示驾驶人侧调节电机堵转,这可能是由于电机故障或电路问题导致的。
(2)U011287:该故障代码表示动力电池系统无法进入,原因是与 BMS(电池管理系统)通信丢失。故障诊断时需要检查 BMS 模块的低压线束连接器(如整车通信 12P-A 和整车通信 12P-B),确保供电、CAN 总线和诊断座连接正常</td><td>如果无故障代码则无须填写</td></tr>
<tr><td>增加条件 2:
诊断座检测</td><td><table><tr><th>项目</th><th>数值</th><th>单位</th><th>判断</th></tr><tr><td></td><td></td><td></td><td></td></tr><tr><td></td><td></td><td></td><td></td></tr><tr><td></td><td></td><td></td><td></td></tr><tr><td></td><td></td><td></td><td></td></tr></table></td><td>不需要</td></tr>
<tr><td>清除故障代码
再读取故障代码</td><td>检查故障代码是否再次出现,并填写结果
□无 DTC　☑有 DTC</td><td></td></tr>
<tr><td>确定故障范围</td><td>➢ 左前门锁与 BCM 之间的线路断路、短路、虚接。
➢ 左前门锁线束连接器 DR03a 的 3 号端子与 4 号端子之间的电压故障。
➢ 左前门电机本体故障</td><td>吉利帝豪 EV-450 模块电路图</td></tr>
</table>

续表

<table>
<tr><th>作业项目</th><th colspan="6">作 业 内 容</th><th>备 注</th></tr>
<tr><td>确定故障范围</td><td colspan="6">中控门锁1
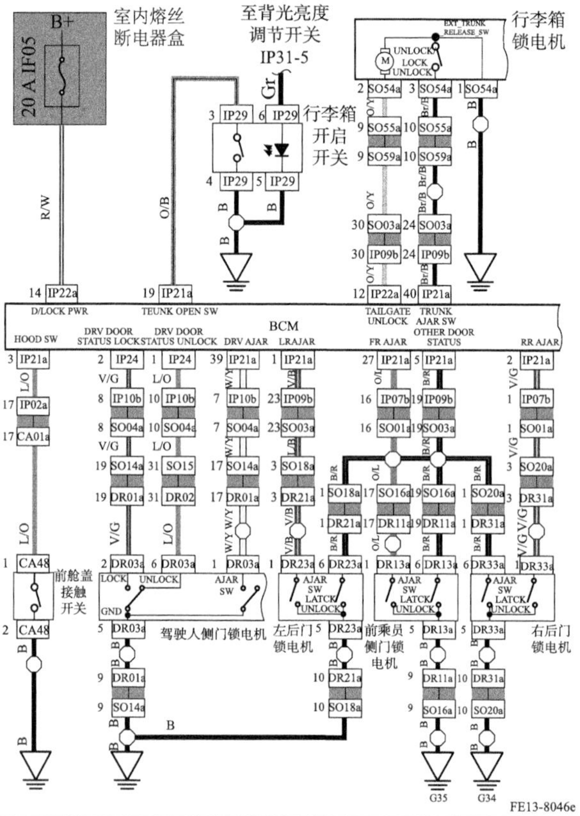
</td><td>吉利帝豪 EV-450 模块电路图</td></tr>
<tr><td rowspan="7">部件/电路测试</td><td colspan="4" rowspan="1">部件/线路范围</td><td colspan="3">检查或测试后的判断结果</td></tr>
<tr><td colspan="4">蓄电池电压:11～14 V</td><td colspan="2">☑正常</td><td>☐异常</td></tr>
<tr><td colspan="4">熔丝 IF05:0～2 Ω</td><td colspan="2">☑正常</td><td>☐异常</td></tr>
<tr><td colspan="4">连接器 IP22a 端子 14 和 BCM 线束连接器 IP22a 端子 22 之间的电压:11～14 V</td><td colspan="2">☑正常</td><td>☐异常</td></tr>
<tr><td colspan="4">连接器 IP22a 的 18 号端子之间的电阻,以及 3 号端子与 4 号端子之间的电阻:≤12 Ω</td><td colspan="2">☑正常</td><td>☐异常</td></tr>
<tr><td colspan="4">左前门锁线束连接器 DR03a 的 3 号端子与 4 号端子之间的电压:11～14 V</td><td colspan="2">☑正常</td><td>☐异常</td></tr>
<tr><td colspan="4">检测左前门锁:检测本体</td><td colspan="2">☐正常</td><td>☑异常</td></tr>
<tr><td rowspan="5">故障部位确认和排除</td><td colspan="2">故障类型</td><td colspan="2">确认的故障位置</td><td colspan="3">排除处理说明</td></tr>
<tr><td colspan="2">部件检测</td><td colspan="2">左前门锁</td><td colspan="3">☑更换 ☐维修 ☐调整</td></tr>
<tr><td colspan="2"></td><td colspan="2"></td><td colspan="3">☐更换 ☐维修 ☐调整</td></tr>
<tr><td colspan="2"></td><td colspan="2"></td><td colspan="3">☐更换 ☐维修 ☐调整</td></tr>
<tr><td colspan="2"></td><td colspan="2"></td><td colspan="3">☐更换 ☐维修 ☐调整</td></tr>
<tr><td>清除故障代码
再读取故障代码</td><td colspan="7">检查故障代码是否再次出现,并填写结果
☑无 DTC ☐有 DTC</td></tr>
<tr><td>故障现象确认</td><td colspan="6">操作中控门锁:通电观察仪表,操作主驾中控门锁,前门锁正常工作</td><td>故障排除</td></tr>
</table>

混合动力汽车空调系统的检修

杨秀芳

一、任务内容

混合动力汽车空调系统在使用过程中会遇到各种不能工作或工作效果不良的故障,本任务以比亚迪 S6DM 空调系统为例,通过对 17 个混合动力汽车空调系统的案例进行分析,旨在找出导致混合动力汽车空调系统不能正常工作的多种原因,并提出有效的诊断和排除方法。通过这些案例的学习,可以提升维修人员对混合动力汽车空调系统故障的诊断能力和解决效率,同时也能为相关技术人员提供参考。

二、注意事项

在进行混合动力汽车空调系统故障诊断与排除时,必须由专业技术人员进行操作。除了关注技术层面的操作外,还需要特别注意以下事项,以确保维修工作的顺利进行及人员的安全。

(1)维修前应使工作区通风,请勿在封闭的空间或接近明火的地方操作制冷剂。维修前应戴好眼罩,保持至维修完毕。

(2)避免液体制冷剂接触眼睛和皮肤。若液体制冷剂接触眼睛和皮肤,应用冷水冲洗,并注意:不要揉眼睛或擦皮肤。在皮肤上涂凡士林软膏。严重的要立刻找医生或医院寻求专业治疗。

(3)制冷系统中如果没有足够的制冷剂,请勿运转压缩机;避免由于系统中无充足的制冷剂并且油润滑不足造成的压缩机可能烧坏的情况。

(4)压缩机运转时不要打开压力表高压阀,只能打开和关闭低压阀。

(5)冷冻油必须使用专用冷冻油。不可乱用其他品牌的润滑油代替,更不能混用(不同牌号)。

(6)空调系统冷媒加注量为 630 g,冷冻油总量为 150 mL,当系统因渗漏导致冷冻油总量低于 120 mL 时,就有可能造成压缩机的过度磨损,因此维修站应视情况补加冷冻油。

(7)空调压力保护方式是通过压力传感器,空调 ECU 检测到压力过高或过低时会保护空调系统。温度保护方式分为蒸发器温度保护(低温保护 0～2 ℃);压缩机温度过高保护[高温保护(130±5)℃]。

(8)维修时应注意,打开管路的 O 形圈必须更换,并装配前在密封圈上涂冷冻油后按要求力矩连接。

(9)维修中严格按技术要求操作(充注量、冷冻油型号、力矩要求等),按照要求检修空调,保证空调系统的正常工作和使用寿命。

(10)因冷冻油具有较强的吸水性,在拆下管路时要立即用堵塞或口盖堵住管口,不要使湿气或灰尘进入制冷系统。

(11)在排放系统中过多的制冷剂时,不要排放过快,以免将系统中的压缩机油也抽出来。

(12)定期清洁空气过滤网,保持良好的空气调节质量。

(13)检查冷凝器散热片表面是否有脏污,不要用蒸汽或高压水枪冲洗,以免损坏冷凝器散热片,应用软毛刷刷洗。

(14)避免制冷剂过量。若制冷剂过量,会导致制冷不良。

三、标准化作业表

1. 空调控制器电源电路故障诊断与排除(见表1-11-1)

表1-11-1　空调控制器电源电路故障诊断与排除

故障诊断与排除步骤	标准数据

故障诊断与排除步骤

1. 检查熔丝(IG2)

查阅空调控制器电源电路图,用万用表检查模块F2/9熔丝是否导通。

(1)用万用表检查模块电源F2/9熔丝是否导通。

(2)熔丝不导通,更换熔丝。

(3)熔丝导通,进入下一步检查。

2. 检查电源信号

(1)拔下空调控制器接插件G91。

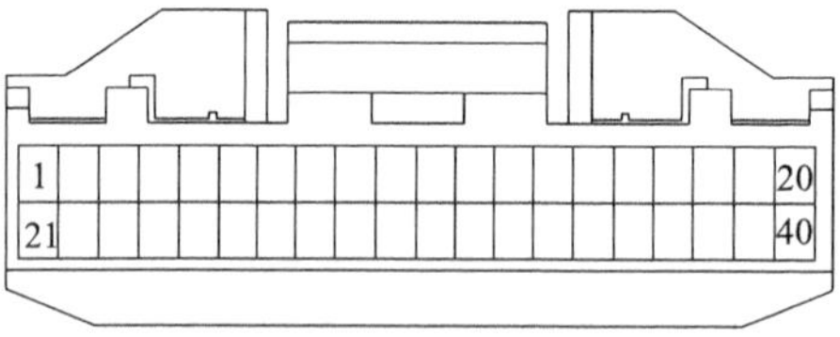

空调控制器G91端子

(2)点火开关置于ON挡。

(3)检查G91-3-车身地的电压。

(4)符合标准值,跳到第4步。

(5)不符合标准值,进行下一步。

3. 检查电源线束

(1)断开空调控制器G91连接器。

(2)断开仪表配电盒G2J。

(3)测量线束阻值,应符合标准值。

(4)不符合标准值,应更换线束或连接器。

(5)符合标准值,进入下一步。

4. 检查搭铁线束

(1)断开空调控制器G91连接器。

(2)断开空调面板G92连接器。

(3)测量线束阻值,应符合标准值。

(4)不符合标准值,应更换线束或连接器

标准数据

1. 空调控制器电源电路图

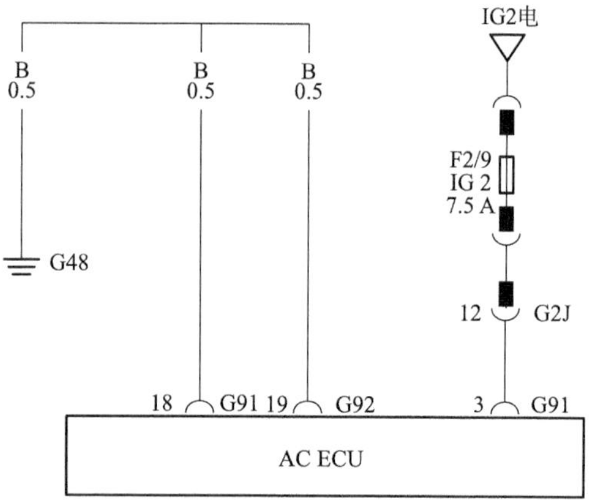

空调控制器电源电路图

2. 空调控制器电源信号标准值

端子	线色	条件	正常值
G91-3-车身地	W/R	ON挡电	11～14 V

3. 空调控制器电源线束测量标准值

端子	线色	正常值
G2J-12-G91-3	W/R	小于1 Ω

4. 空调控制器检查搭铁线束

端子	线色	正常值
G92-12-车身地	B/W	小于1 Ω
G91-11-车身地	B/W	小于1 Ω

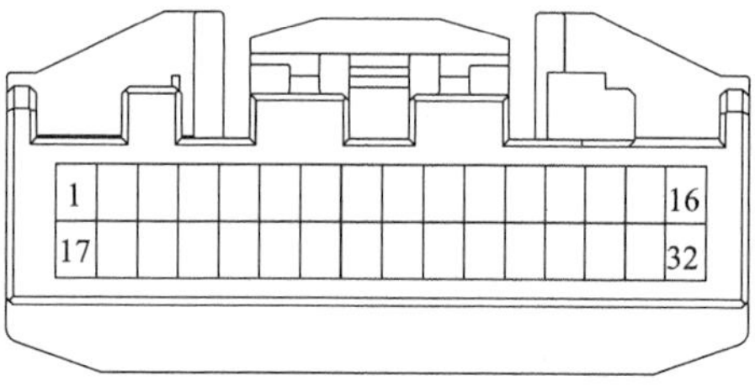

空调控制器G92端子

2. 室外温度传感器回路故障诊断与排除(见表 1-11-2)

表 1-11-2 室外温度传感器回路故障诊断与排除

故障诊断与排除步骤

1. 检查室外温度传感器

(1)拆下室外温度传感器。

(2)测量传感器两端子在不同温度下的电阻。

(3)不符合标准值,更换室外温度传感器。

(4)符合标准值,进入下一步。

注意:

轻微接触温度传感器都会引起电阻值的改变,确保手持传感器的接插件部位。

在测量电阻时,温度传感器的温度必须与环境温度一致。

2. 检查线束(室外温度传感器-空调控制器)

(1)断开室外温度传感器 B105 连接器。

(2)断开空调控制器 G152 连接器。

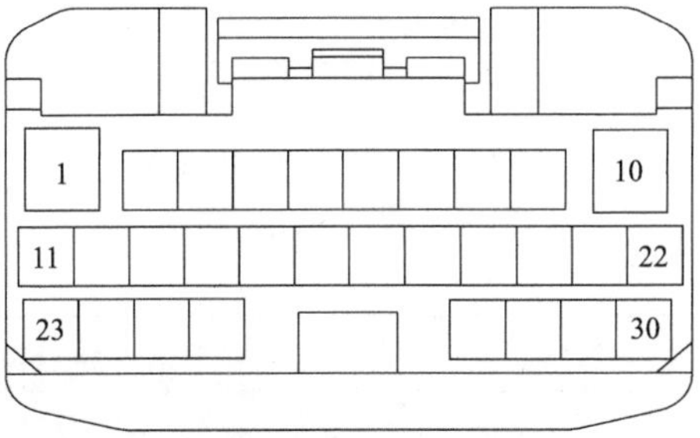

空调控制器 G152 端子

(3)测量线束端连接器各端子间电阻。

(4)不符合标准值,更换线束或连接器。

(5)符合标准值,更换空调控制器

标准数据

1. 室外温度传感器电路图

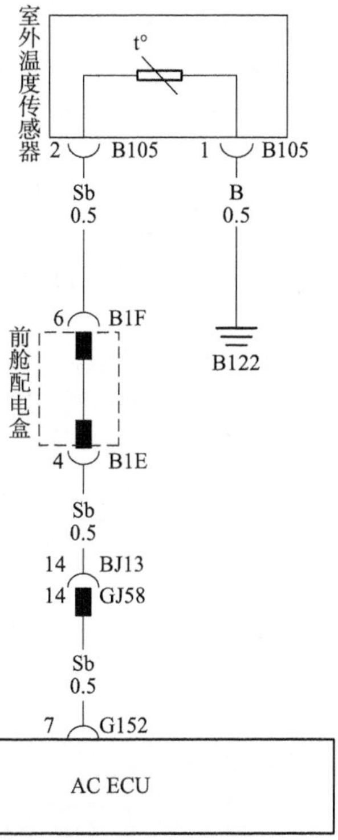

室外温度传感器电路图

2. 室外温度传感器两端子在不同温度下的标准阻值

端子	条件/℃	正常值/kΩ
1-2	0	32. 25～33. 69
1-2	15	15. 77～16. 00
1-2	25	9. 90～10. 10
1-2	35	6. 424～6. 610
1-2	90	0. 881 0～0. 942 9

3. 室外温度传感器线束端连接器各端子间标准电阻

端子	线色	正常值
B105-1-G152-7	Sb	小于 1 Ω
B105-2-车身地	B	小于 1 Ω

3. 蒸发器温度传感器回路故障诊断与排除(见表 1-11-3)

表 1-11-3 蒸发器温度传感器回路故障诊断与排除

故障诊断与排除步骤

1. 检查蒸发器温度传感器

(1)拆下蒸发器温度传感器。

(2)测量传感器两端子在不同温度下的电阻。

(3)不符合标准值,更换蒸发器温度传感器。

(4)符合标准值,进入下一步。

注意:

轻微接触温度传感器都会引起电阻值的改变,确保手持传感器的接插件部位。

在测量电阻时,温度传感器的温度必须与环境温度一致。

2. 检查线束(蒸发器温度传感器-空调控制器)

(1)断开蒸发器温度传感器 GJ67 连接器。

(2)断开空调控制器 G152 连接器。

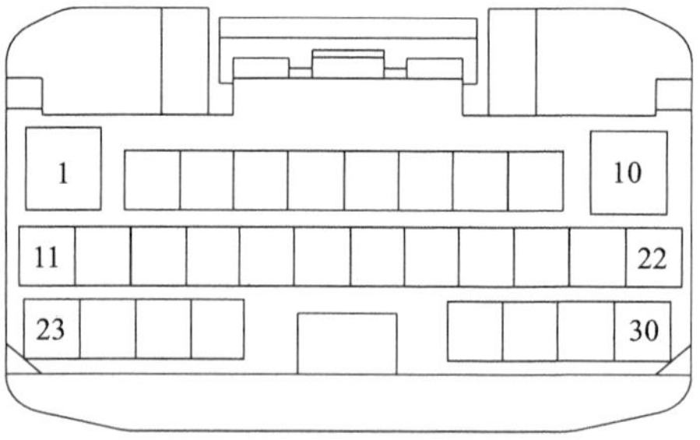

空调控制器 G152 端子

(3)测量线束端连接器各端子间电阻。

(4)不符合标准值,更换线束或连接器。

(5)符合标准值,更换空调控制器

标准数据

1. 蒸发器温度传感器电路图

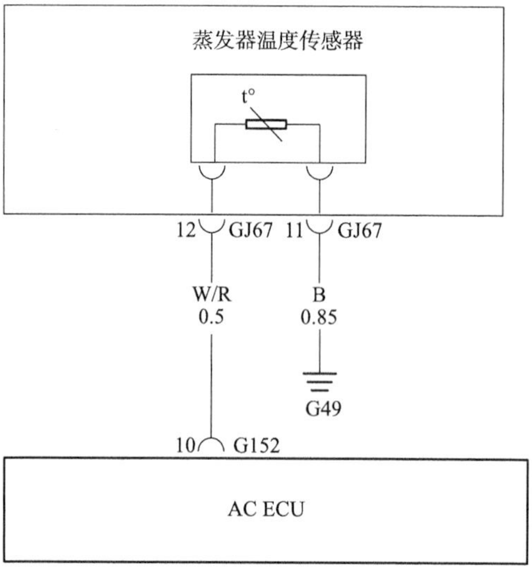

蒸发器温度传感器电路图

2. 蒸发器温度传感器两端子在不同温度下的标准阻值

端子	条件/℃	正常值/kΩ
1-2	0	14. 820～16. 380
1-2	25	1. 581～1. 679
1-2	35	1. 031～1. 095
1-2	80	0. 209～0. 215

3. 蒸发器温度传感器线束端连接器各端子间标准电阻

端子	线色	正常值
G152-10-GJ67-12	W/R	小于 1 Ω
GJ67-11-车身地	B	小于 1 Ω

4. 室内温度传感器回路故障诊断与排除(见表 1-11-4)

表 1-11-4　室内温度传感器回路故障诊断与排除

故障诊断与排除步骤

1. 检查室内温度传感器

(1)拆下室内温度传感器。

(2)测量传感器两端子在不同温度下的电阻。

(3)不符合标准值,更换室内温度传感器。

(4)符合标准值,进入下一步。

注意:

轻微接触温度传感器都会引起电阻值的改变,确保手持传感器的接插件部位。

在测量电阻时,温度传感器的温度必须与环境温度一致。

2. 检查线束(室内温度传感器-空调控制器)

(1)断开室内温度传感器 G08 连接器。

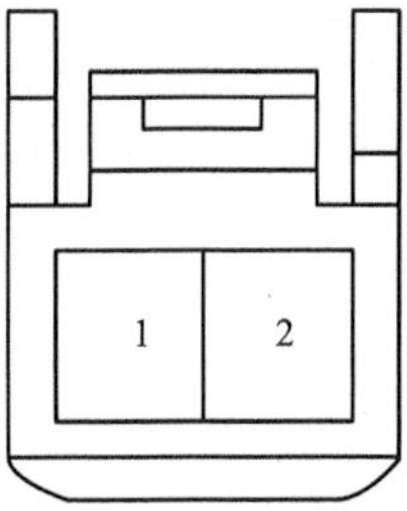

空调控制器 G08 端子

(2)断开空调控制器 G152 连接器。

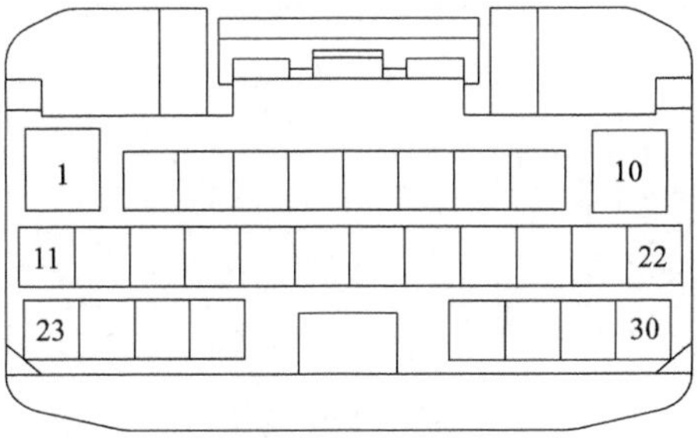

空调控制器 G152 端子

(3)测量线束端连接器各端子间电阻。

(4)不符合标准值,更换线束或连接器。

(5)符合标准值,更换空调控制器

标准数据

1. 室内温度传感器电路图

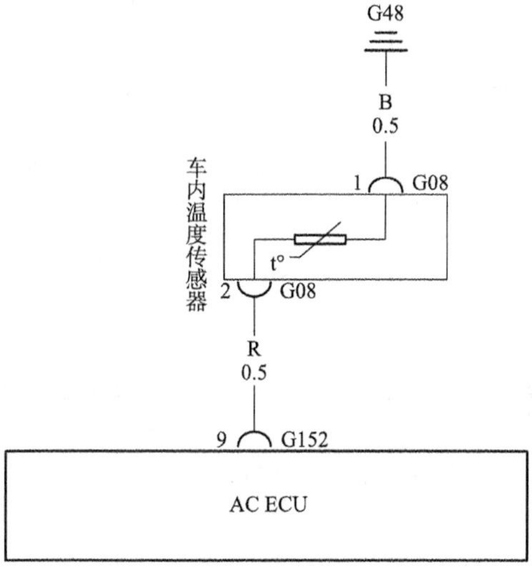

室内温度传感器电路图

2. 室内温度传感器两端子在不同温度下的标准阻值

端子	条件/℃	正常值/kΩ
1-2	0	32. 25～33. 69
1-2	15	13. 8～14. 4
1-2	35	6. 0～6. 3
1-2	90	0. 881 0～0. 942 9

3. 室内温度传感器线束端连接器各端子间标准电阻

端子	线色	正常值
G152-9-G08-2	R	小于 1 Ω
G08-1-车身地	R	小于 1 Ω

5. 出风模式电机回路故障诊断与排除(见表 1-11-5)

表 1-11-5　出风模式电机回路故障诊断与排除

故障诊断与排除步骤

1. 检查出风模式风门电机

(1)断开出风模式风门电机 GJ67 连接器。

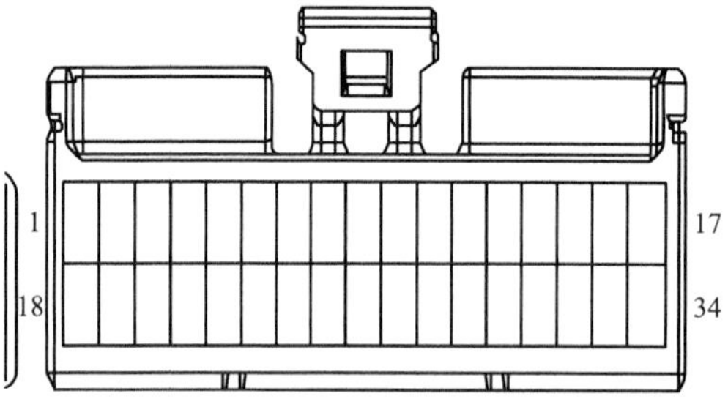

空调控制器 GJ67 端子

(2)给电机 GJ67-17、GJ67-20 两端通蓄电池电压,观察电机运行情况。

(3)电机运行不符合正常情况,更换出风模式风门电机。

(4)符合正常情况,进入下一步。

2. 检查空调控制器

(1)从空调控制器 G91、G92 连接器后端引线。

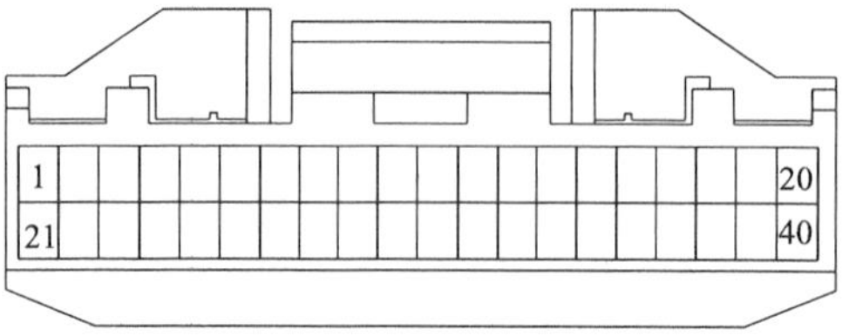

空调控制器 G91 端子

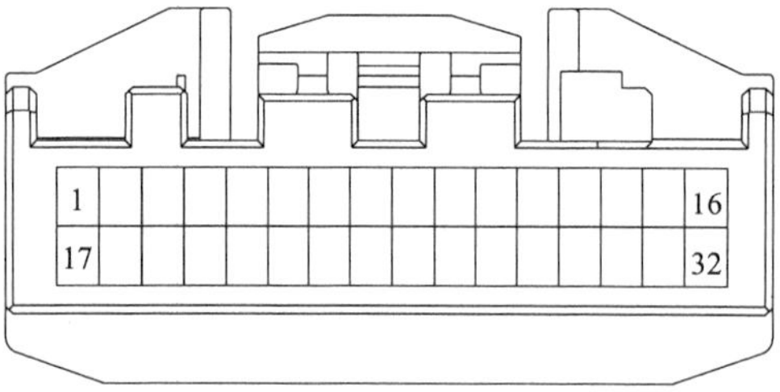

空调控制器 G92 端子

(2)检查空调控制器 G91、G92 连接器各端子电压。

(3)连接器各端子电压不符合标准值,更换空调控制器。

(4)各端子电压符合标准值,进入下一步。

标准数据

1. 出风模式电机电路图

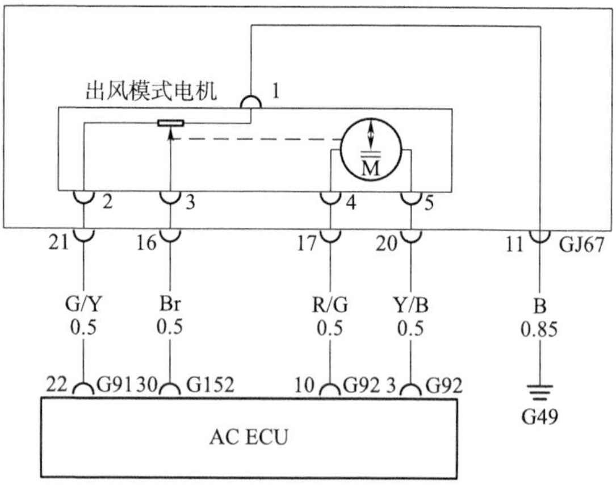

出风模式电机电路图

2. 出风模式风门电机运行正常(标准)情况

端　　子	正常情况
GJ67-20-蓄电池(+) GJ67-17-蓄电池(-)	电机正转
GJ67-17-蓄电池(+) GJ67-20-蓄电池(-)	电机反转

3. 空调控制器 G91、G92 连接器各端子电压标准值

端　　子	条　　件	正常值
G91-22-车身地	开空调	约 5 V
G92-10-车身地	开空调、调节温度(降低)	11～14 V
G92-3-车身地	开空调、调节温度(降低)	小于 1 V
G92-3-车身地	开空调、调节温度(升高)	11～14 V
G92-10-车身地	开空调、调节温度(升高)	小于 1 V

续表

故障诊断与排除步骤

3. 检查线束

(1)断开空调控制器 G91、G152、G92 连接器,空气混合控制电机 GJ67 连接器。

(2)空调控制器 G91、G152、G92 连接器线束端到空气混合控制电机 GJ67 连接器线束端各端子电阻。

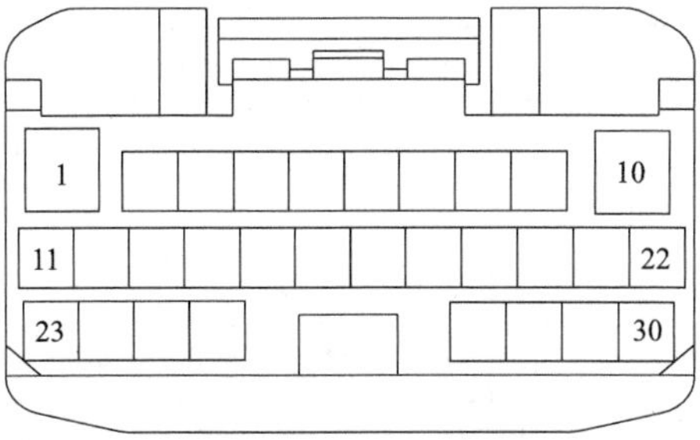

空调控制器 G152 端子

(3)不符合标准值,更换线束或连接器。

(4)符合标准值,进入下一步。

4. 检查出风模式风门电机位置反馈信号

(1)从后端引线测出风模式风门电机位置反馈信号。

(2)不符合标准值,更换出风模式风门电机

标准数据

4. 空调控制器 G91、G152、G92 连接器线束端到空气混合控制电机 GJ67 连接器线束端各端子电阻标准值

端　子	线　色	正常值
G92-10-GJ67-20	Y/B	小于 1 Ω
G92-3-GJ67-17	R/G	小于 1 Ω
G152-30-GJ67-16	Br	小于 1 Ω
G91-22-GJ67-21	G/Y	小于 1 Ω
GJ67-11-车身地	B	小于 1 Ω

5. 出风模式风门电机位置反馈信号标准值

端　子	条　件	正常值
G152-30-车身地	开空调,调节温度	电压信号

6. 主驾侧空气混合电机回路故障诊断与排除(见表 1-11-6)

表 1-11-6　主驾侧空气混合电机回路故障诊断与排除

故障诊断与排除步骤

1. 检查主驾侧空气混合控制电机

(1)断开主驾侧空气混合控制电机 GJ67 连接器。

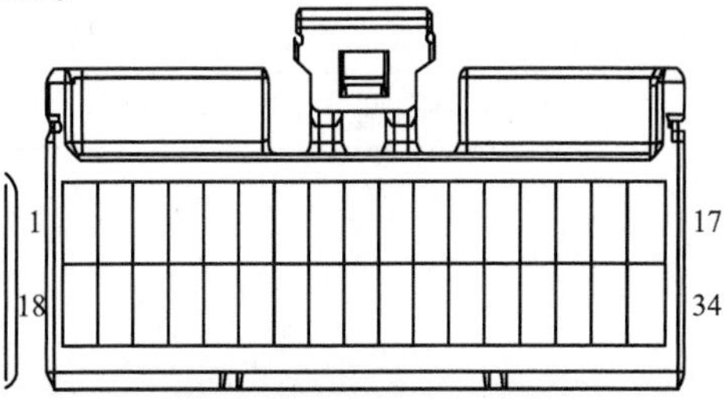

空调控制器 GJ67 端子

(2)给电机 GJ67-14、GJ67-15 两端通蓄电池电压,观察电机运行情况。

(3)电机运行不符合正常情况,更换主驾侧空气混合控制电机。

(4)符合正常情况,进入下一步。

标准数据

1. 主驾侧空气混合电机电路图

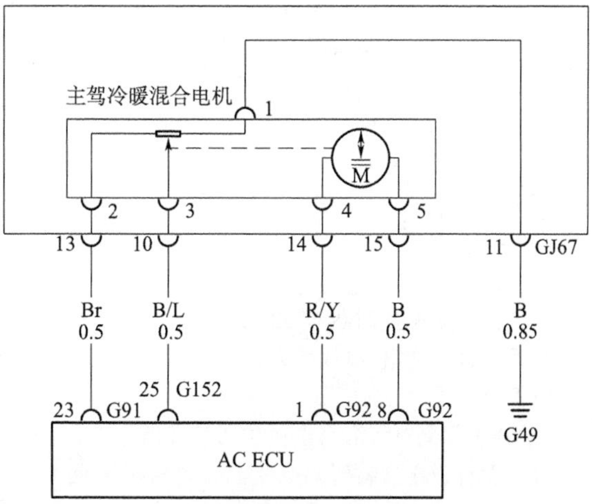

主驾侧空气混合电机电路图

续表

故障诊断与排除步骤

2. 检查空调控制器

(1)从空调控制器 G91、G92 连接器后端引线。

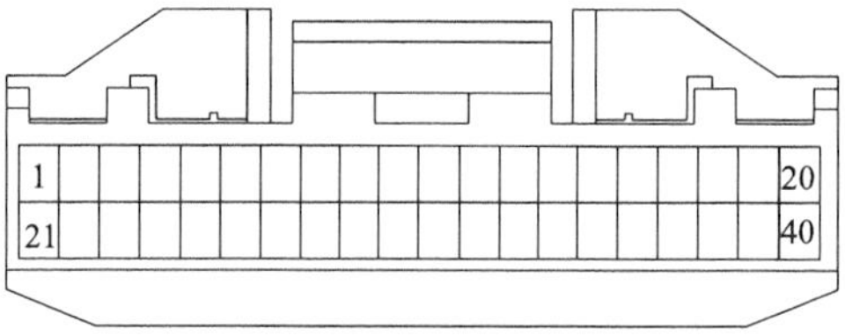

空调控制器 G91 端子

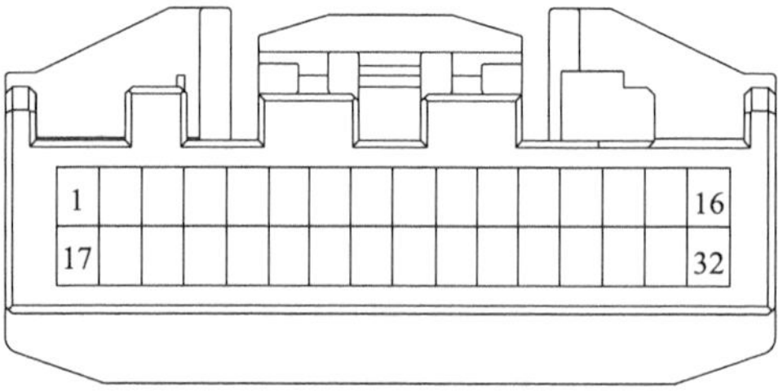

空调控制器 G92 端子

(2)检查空调控制器 G91、G92 连接器各端子电压。

(3)连接器各端子电压不符合标准值，更换空调控制器。

(4)各端子电压符合标准值，进入下一步。

3. 检查线束

(1)断开空调控制器 G91、G152、G92 连接器，空气混合控制电机 GJ67 连接器。

(2)空调控制器 G91、G152、G92 连接器线束端到主驾侧空气混合控制电机 GJ67 连接器线束端各端子电阻。

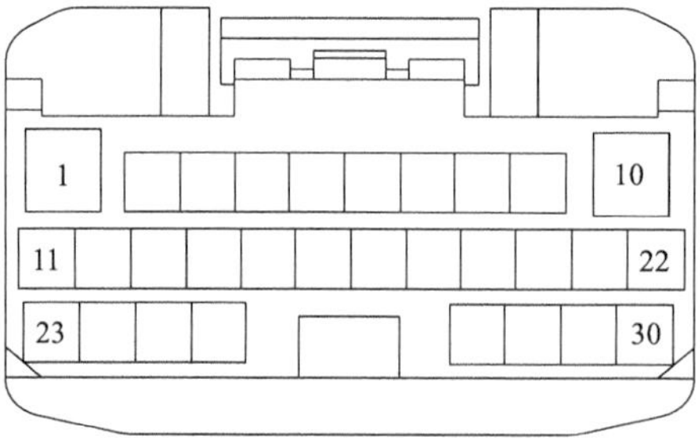

空调控制器 G152 端子

(3)不符合标准值，更换线束或连接器。

(4)符合标准值，进入下一步。

4. 检查主驾侧空气混合电机位置反馈信号

(1)从后端引线测主驾侧空气混合电机位置反馈信号。

(2)不符合标准值，更换主驾侧空气混合电机

标准数据

2. 主驾侧空气混合控制电机运行正常(标准)情况

端　　子	正常情况
GJ67-15-蓄电池(+) GJ67-14-蓄电池(-)	电机正转
GJ67-14-蓄电池(+) GJ67-15-蓄电池(-)	电机反转

3. 空调控制器 G91、G92 连接器各端子电压标准值

端子	条　　件	正常值
G91-23-车身地	开空调	约 5 V
G92-1-车身地	开空调、调节温度(降低)	11～14 V
G92-8-车身地	开空调、调节温度(降低)	小于 1 V
G92-8-车身地	开空调、调节温度(升高)	11～14 V
G92-1-车身地	开空调、调节温度(升高)	小于 1 V

4. 空调控制器 G91、G152、G92 连接器线束端到主驾侧空气混合控制电机 GJ67 连接器线束端各端子电阻标准值

端　　子	线　　色	正常值
G92-1-GJ67-15	B	小于 1 Ω
G92-8-GJ67-14	R/Y	小于 1 Ω
G152-15-GJ67-10	B/L	小于 1 Ω
G91-23-GJ67-13	Br	小于 1 Ω
GJ67-11-车身地	B	小于 1 Ω

5. 主驾侧空气混合控制电机位置反馈信号标准值

端　　子	条　　件	正常值
G152-30-车身地	开空调，调节温度	电压信号

7. 副驾侧空气混合电机回路故障诊断与排除(见表 1-11-7)

表 1-11-7　副驾侧空气混合电机回路故障诊断与排除

故障诊断与排除步骤

1. 检查副驾侧空气混合控制电机

(1)断开副驾侧空气混合控制电机 GJ67 连接器。

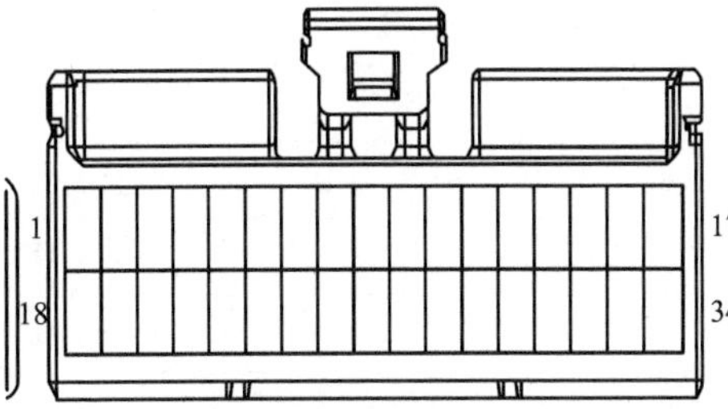

空调控制器 GJ67 端子

(2)给电机 GJ67-6、GJ67-5 两端通蓄电池电压,观察电机运行情况。

(3)电机运行不符合正常情况,更换副驾侧空气混合控制电机。

(4)符合正常情况,进入下一步。

2. 检查空调控制器

(1)从空调控制器 G91、G92 连接器后端引线。

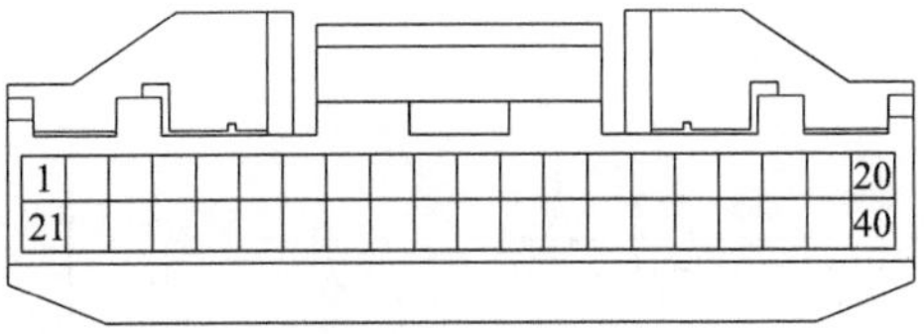

空调控制器 G91 端子

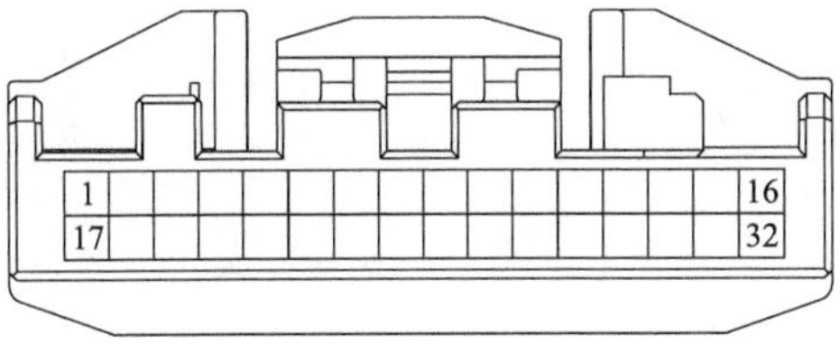

空调控制器 G92 端子

(2)检查空调控制器 G91、G92 连接器各端子电压。

(3)不符合标准值,更换空调控制器。

(4)符合标准值,进入下一步。

3. 检查线束

(1)断开空调控制器 G91、G152、G92 连接器,副驾侧空气混合控制电机 GJ67 连接器。

(2)空调控制器 G91、G152、G92 连接器线束端到副驾侧空气混合控制电机 GJ67 连接器线束端各端子电阻。

标准数据

1. 副驾侧空气混合电机电路图

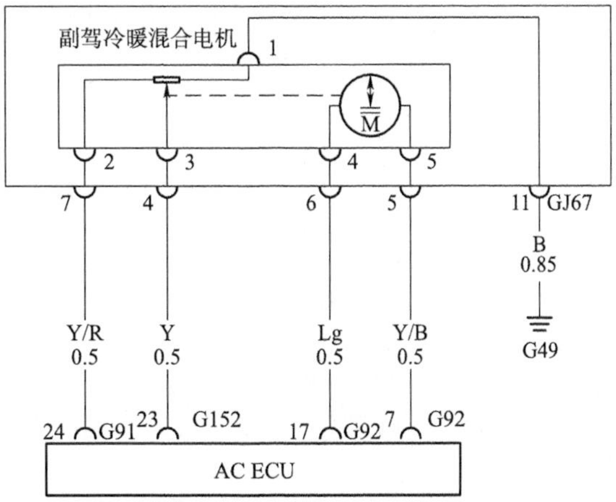

副驾侧空气混合电机电路图

2. 副驾侧空气混合控制电机运行正常(标准)情况

端　　子	正常情况
GJ67-5-蓄电池(+) GJ67-6-蓄电池(-)	电机正转
GJ67-6-蓄电池(+) GJ67-5-蓄电池(-)	电机反转

3. 空调控制器 G91、G92 连接器各端子电压标准值

端　　子	条　　件	正常值
G91-24-车身地	开空调	约 5 V
G92-7-车身地	开空调、调节温度(降低)	11～14 V
G92-17-车身地	开空调、调节温度(降低)	小于 1 V
G92-17-车身地	开空调、调节温度(升高)	11～14 V
G92-7-车身地	开空调、调节温度(升高)	小于 1 V

续表

故障诊断与排除步骤

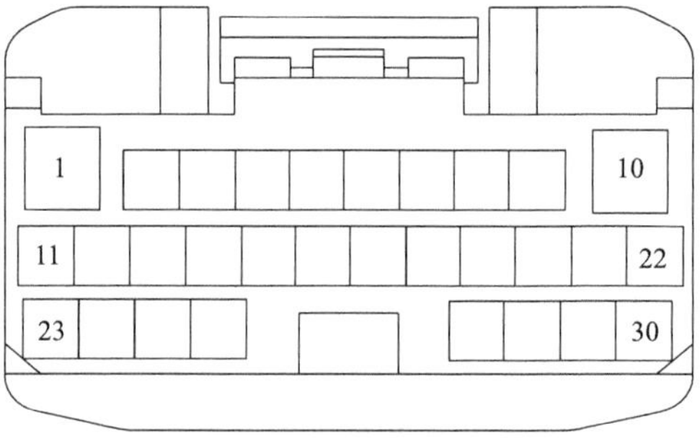

空调控制器 G152 端子

(3)不符合标准值,更换线束或连接器。

(4)符合标准值,进入下一步。

4. 检查副驾侧空气混合电机位置反馈信号

(1)从后端引线测副驾侧空气混合电机位置反馈信号。

(2)不符合标准值,更换副驾侧空气混合电机

标准数据

4. 空调控制器 G91、G152、G92 连接器线束端到副驾驶侧空气混合控制电机 GJ67 连接器线束端各端子电阻标准值

端　　子	线　　色	正常值
G92-1-GJ67-15	B	小于 1 Ω
G92-8-GJ67-14	R/Y	小于 1 Ω
G152-15-GJ67-10	B/L	小于 1 Ω
G91-23-GJ67-13	Br	小于 1 Ω
GJ67-11-车身地	B	小于 1 Ω

5. 副驾侧空气混合控制电机位置反馈信号标准值

端　　子	条　　件	正常值
G152-30-车身地	开空调,调节温度	电压信号

8. 小风门循环电机回路故障诊断与排除(见表 1-11-8)

表 1-11-8　小风门循环电机回路故障诊断与排除

故障诊断与排除步骤

1. 检查小风门循环电机

(1)断开小风门循环电机 GJ67 连接器。

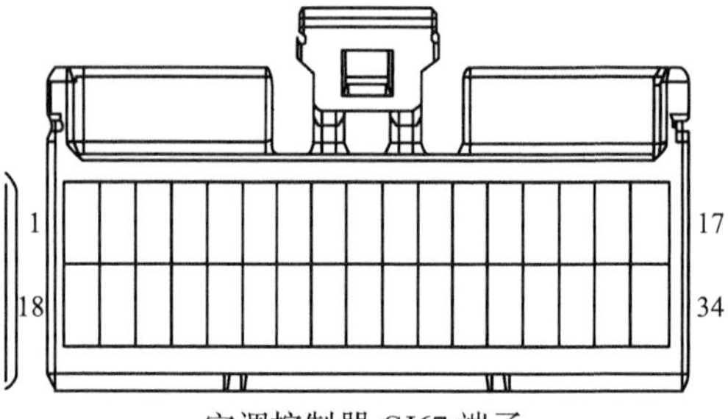

空调控制器 GJ67 端子

(2)给电机 GJ67-27、GJ67-28 两端通蓄电池电压,观察电机运行情况。

(3)电机运行不符合正常情况,更换小风门循环电机。

(4)符合正常情况,进入下一步。

2. 检查线束

(1)断开空调控制器 G91、G152、G92 连接器,小风门循环电机 GJ67 连接器。

(2)空调控制器 G91、G152、G92 连接器线束端到小风门循环电机 GJ67 连接器线束端各端子电阻。

标准数据

1. 小风门循环电机电路图

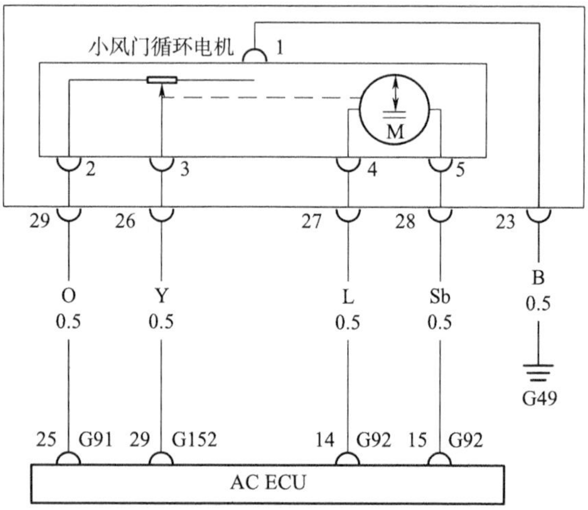

小风门循环电机电路图

2. 小风门循环电机运行正常(标准)情况

端　　子	正常情况
GJ67-27-蓄电池(+) GJ67-28-蓄电池(−)	电机正转
GJ67-28-蓄电池(+) GJ67-27-蓄电池(−)	电机反转

续表

故障诊断与排除步骤

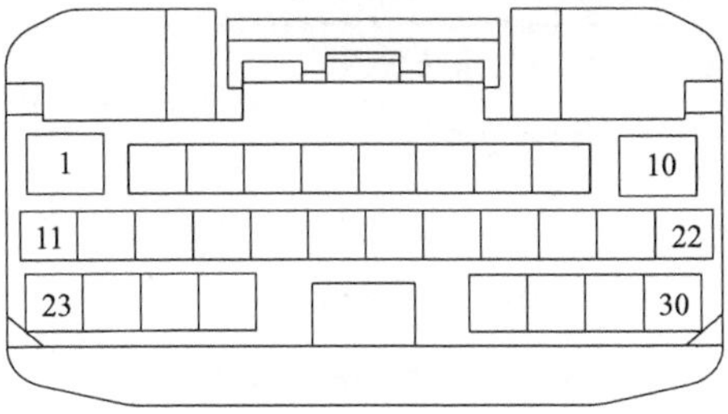

空调控制器 G152 端子

(3)不符合标准值,更换线束或连接器。

(4)符合标准值,进入下一步。

3. 检查小风门循环电机位置反馈信号

(1)从后端引线测小风门循环电机位置反馈信号。

(2)不符合标准值,更换小风门循环电机

标准数据

3. 空调控制器 G91、G152、G92 连接器线束端到小风门循环电机 GJ67 连接器线束端各端子电阻标准值

端　　子	线　　色	正常值
G91-25-GJ67-29	O	小于 1 Ω
G152-29-GJ67-26	Y	小于 1 Ω
G92-14-GJ67-27	L	小于 1 Ω
G92-15-GJ67-28	Sb	小于 1 Ω
GJ67-23-车身地	B	小于 1 Ω

4. 小风门循环电机位置反馈信号标准值

端　　子	条　　件	正常值
G152-260-车身地	开空调,调节温度	电压信号

9. 主、副驾驶通道传感器故障诊断与排除(见表 1-11-9)

表 1-11-9　主、副驾驶通道传感器故障诊断与排除

故障诊断与排除步骤

1. 检查传感器

(1)拆下通道温度传感器。

(2)测量传感器两端子在不同温度下的电阻。

注意:

轻微接触温度传感器都会引起电阻值的改变,确保手持传感器的接插件部位。

在测量电阻时,温度传感器的温度必须与环境温度一致。

(3)不符合标准值,更换通道温度传感器。

(4)符合标准值,进入下一步。

2. 检查线束(通道温度传感器-空调控制器)

(1)断开通道温度传感器 GJ67 连接器。

(2)断开空调控制器 G152 连接器。

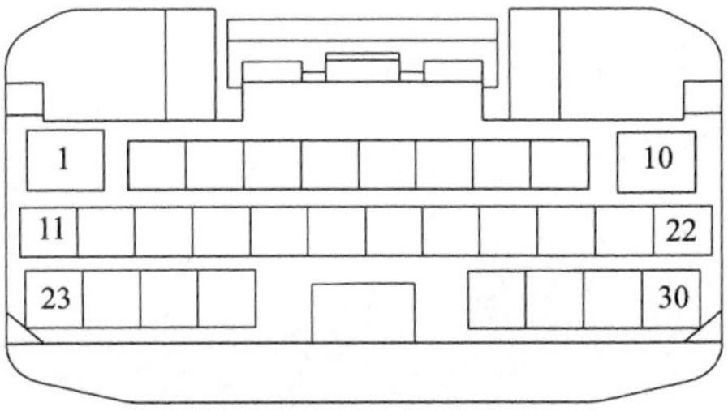

空调控制器 G152 端子

(3)测量线束端连接器各端子间电阻。

(4)不符合标准值,更换线束或连接器。

(5)符合标准值,更换空调控制器

标准数据

1. 主、副驾驶通道传感器电路图

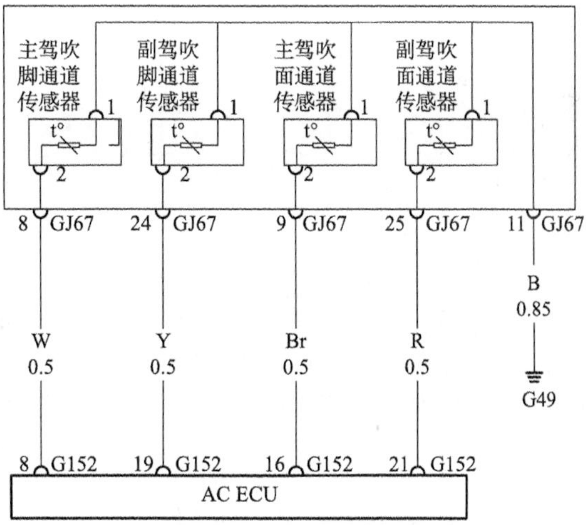

主、副驾驶通道传感器电路图

2. 传感器两端子在不同温度下的标准电阻

端　　子	条件/℃	正常值/kΩ
1-2	0	27.085～28.254
1-2	25	9.999～10.201
1-2	35	6.906～7.105
1-2	80	1.631～1.727

10. 空调压力传感器电路故障诊断与排除(见表 1-11-10)

表 1-11-10　空调压力传感器电路故障诊断与排除

故障诊断与排除步骤	标准数据

故障诊断与排除步骤

1. 检查压力传感器

(1)用压力表进行检测。

(2)高、低压均应符合标准压力值。

(3)压力符合标准值,说明压力传感器正常。

(4)压力不符合标准值,进入下一步检查。

2. 检查线束

(1)断开空调压力传感器 B45 连接器。

(2)断开空调控制器 G91、G152 连接器。

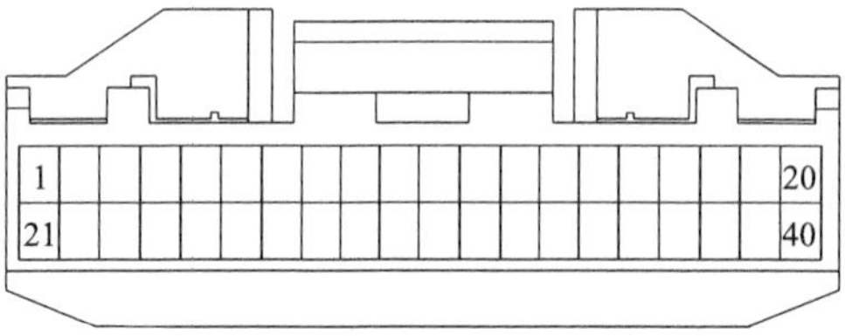

空调控制器 G91 端子

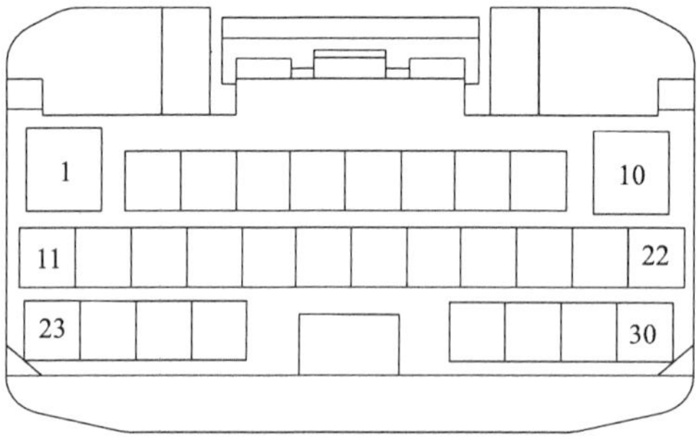

空调控制器 G152 端子

(3)测量线束端连接器各端子间电阻。

(4)不符合标准值,更换线束或连接器。

(5)符合标准值,更换压力传感器或空调 ECU

标准数据

1. 空调压力传感器电路图

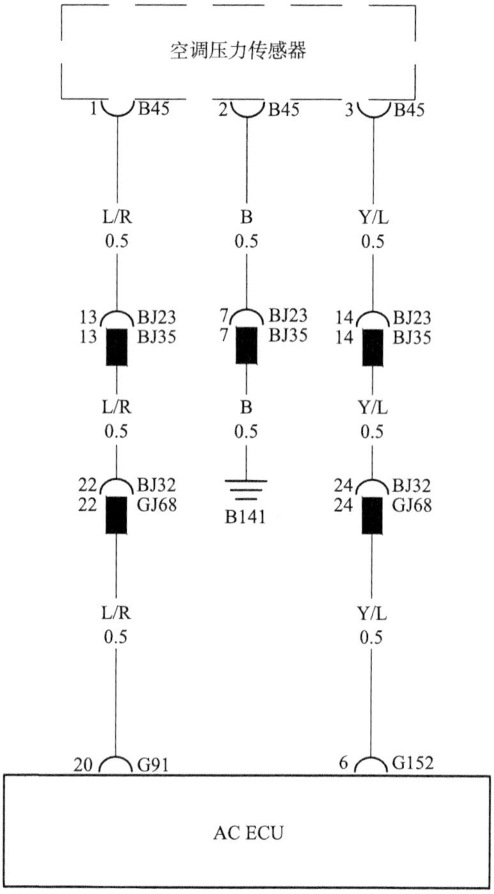

空调压力传感器电路图

2. 压力传感器标准压力值

类　　型	标准值/MPa
低压侧	0. 15～0. 25
高压侧	1. 47～1. 67

3. 压力传感器标准压力值

端　　子	线　　色	正常值
B45-3-G156-6	Y/L	小于 1 Ω
B45-1-G91-20	L/R	小于 1 Ω
B45-2-车身地	B	小于 1 Ω

11. 内外循环电机电路故障诊断与排除(见表 1-11-11)

表 1-11-11　内外循环电机电路故障诊断与排除

故障诊断与排除步骤

1. 检查内外循环电机

(1)断开循环控制电机 GJ67 连接器。

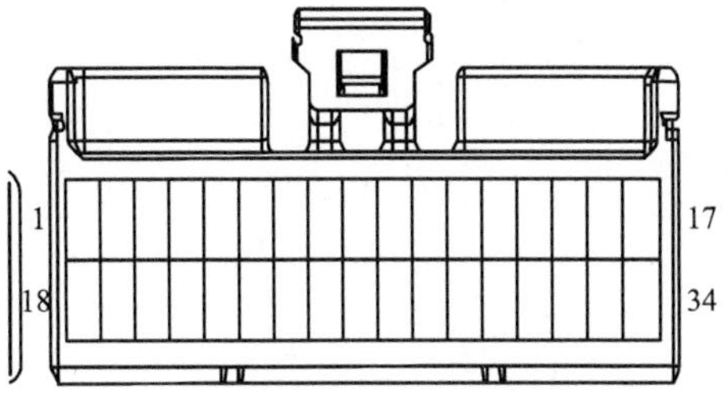

空调控制器 GJ67 端子

(2)给电机 GJ67-2、GJ67-3 两端通蓄电池电压，观察电机运行情况。

(3)电机运行不符合正常情况，更换循环控制电机。

(4)符合正常情况，进入下一步。

2. 检查线束

(1)断开循环控制电机 GJ67 连接器。

(2)断开空调控制器、G152、G92 连接器。

(3)检测空调控制器、G152、G92 连接器线束端到循环控制电机 GJ67 连接器线束端各端子电阻。

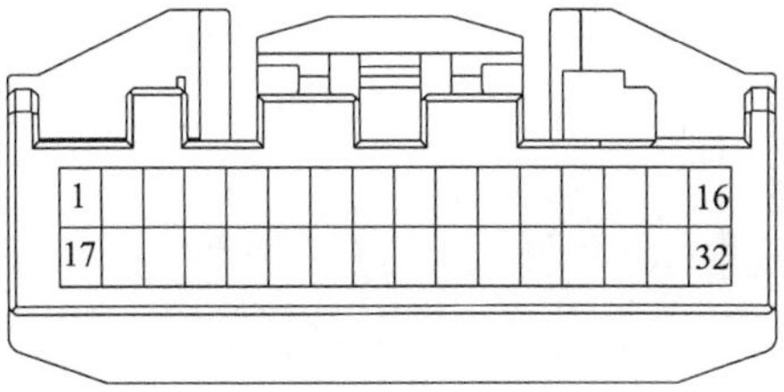

空调控制器 G91 端

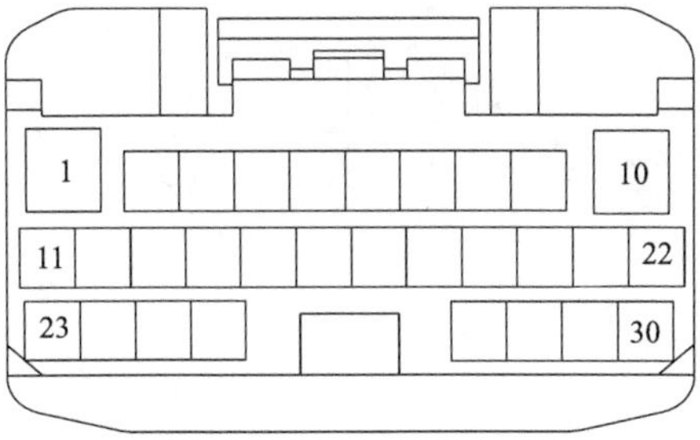

空调控制器 G152 端子

(4)不符合标准值，更换线束或连接器。

(5)符合标准值，进入下一步。

3. 检查内外循环电机位置反馈信号

(1)从后端引线测内外循环电机位置反馈信号。

(2)不符合标准值，更换循环控制电机。

(3)符合标准值，更换空调控制器

标准数据

1. 内外循环电机电路图

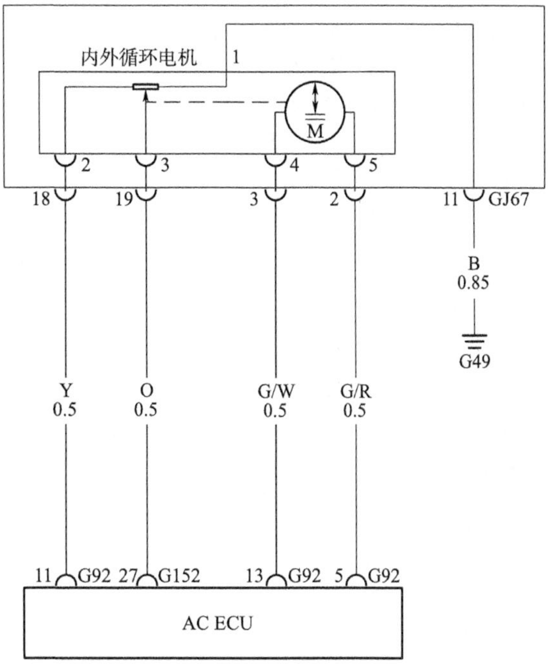

内外循环电机电路图

2. 循环控制电机运行正常(标准)情况

端　　子	正常情况
GJ67-3-蓄电池(+) GJ67-2-蓄电池(-)	电机正转
GJ67-2-蓄电池(+) GJ67-3-蓄电池(-)	电机反转

3. 空调控制器、G152、G92 连接器线束端到循环控制电机 GJ67 连接器线束端各端子电阻标准值

端　　子	线　　色	正常值
G92-5-GJ67-2	G/R	小于 1 Ω
G92-13-GJ67-3	G/W	小于 1 Ω
G152-27-GJ67-19	O	小于 1 Ω
G92-11-GJ67-18	Y	小于 1 Ω

4. 副驾侧空气混合控制电机位置反馈信号标准值

端　　子	条　　件	正常值
G1522-27-车身地	开空调，调节内外循环	电压信号

12. 鼓风机电路故障诊断与排除(见表 1-11-12)

表 1-11-12　鼓风机电路故障诊断与排除

故障诊断与排除步骤	标准数据
1. 检查熔丝 (1)用万用表检查鼓风机电源 F1/21、F2/9 熔丝是否导通。 (2)熔丝不导通,更换熔丝。 (3)熔丝导通,进入下一步检查。 2. 检查鼓风机供电电压 (1)断开鼓风机连接器 G34。 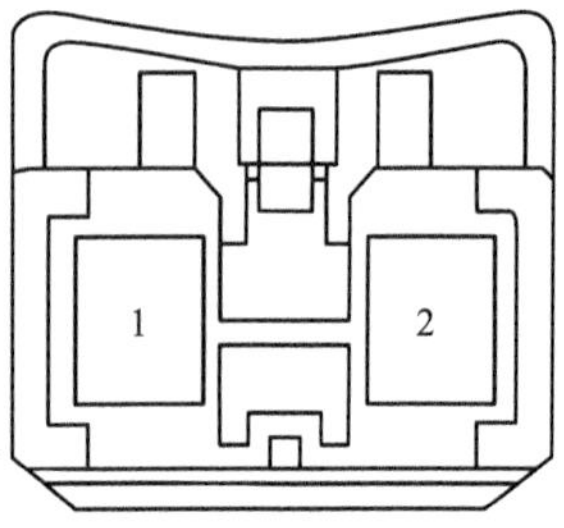 鼓风机连接器 G34 端子 (2)点火开关置于 ON 挡,按下 A/C 开关。 (3)检查线束电压。 (4)符合标准值,跳到第 5 步。 (5)不符合标准值,进行下一步。 3. 检查前舱配电盒电源输出 (1)断开前舱配电盒 BID 连接器。 (2)从后端引线测继电器 88 脚电压。 (3)不符合标准值,更换仪表板配电盒。 (4)符合标准值,进入下一步。 4. 检查鼓风机继电器 (1)拔下鼓风机继电器。 (2)检查在 1、2 脚通电和不通电的情况下,3、5 脚间电阻。 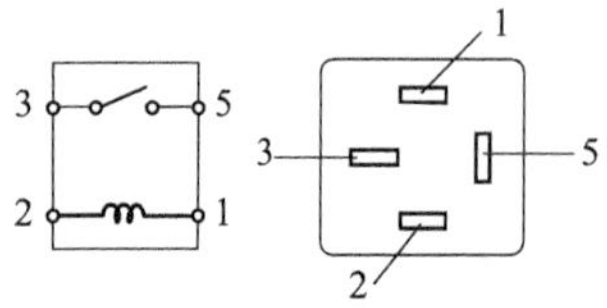 鼓风机继电器端子 (3)不符合标准值,更换鼓风机继电器。 (4)符合标准值,进入下一步。	1. 鼓风机电路图 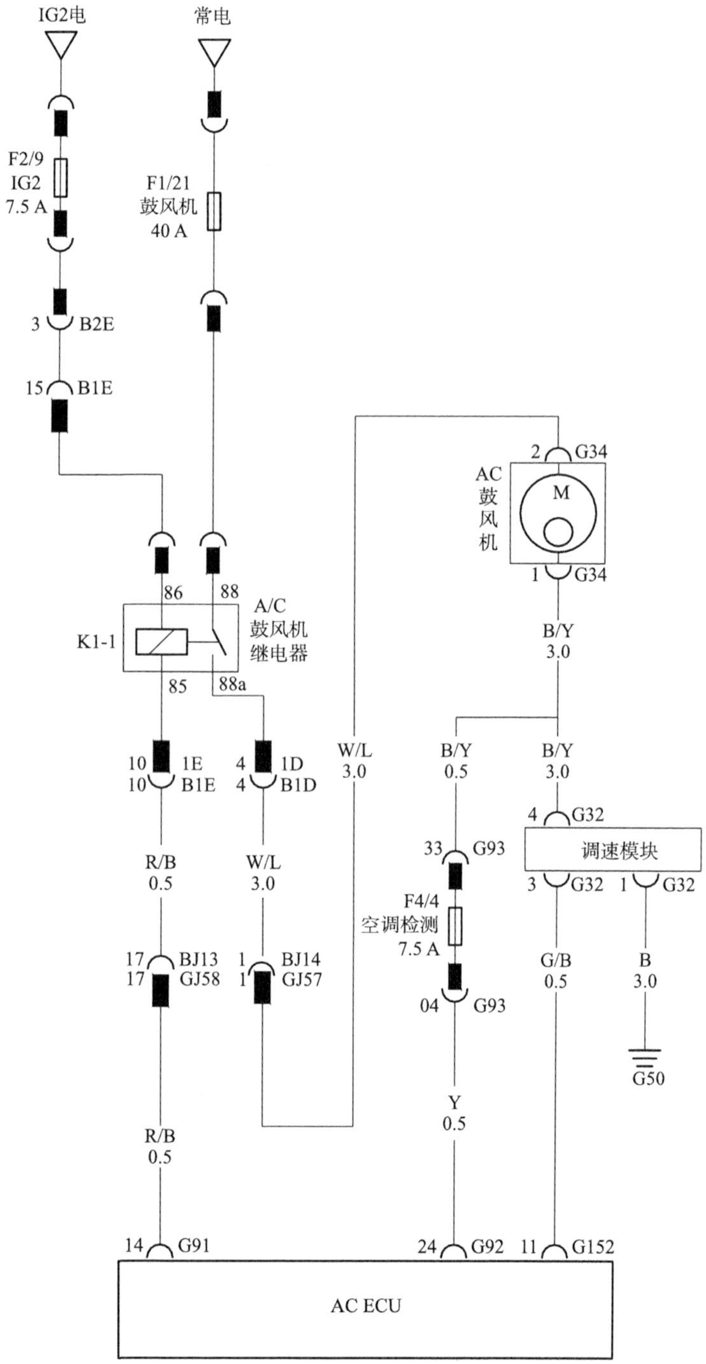 鼓风机电路图

续表

<table>
<tr><th>故障诊断与排除步骤</th><th>标准数据</th></tr>
<tr><td>
5. 检查鼓风机
(1)断开鼓风机 G34 连接器。
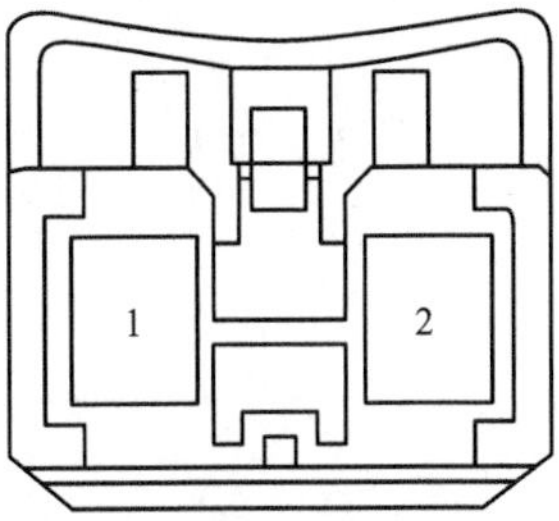

鼓风机连接器 G34 端子
(2)给鼓风机两端子通蓄电池电压,检查鼓风机是否运转正常。
(3)鼓风机运行不符合正常情况,更换鼓风机。
(4)符合正常情况,进入下一步。
6. 检查线束
(1)断开 B1D,断开鼓风机 G34 连接器,断开鼓风机调速模块 G32 连接器。
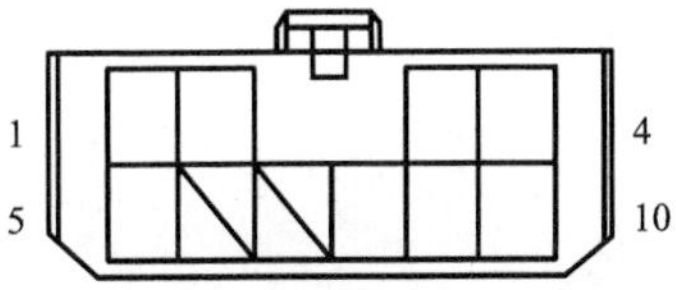

B1D 端子
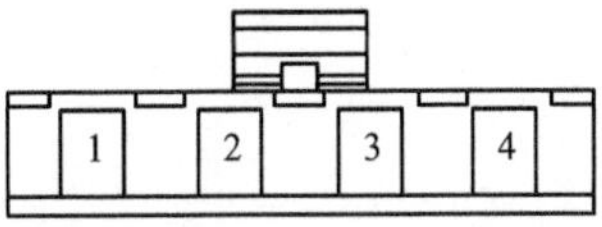

鼓风机调速模块 G32 连接器端子
(2)检查线束端连接器各端子。
(3)不符合标准值,应更换线束或连接器。
(4)符合标准值,进入下一步。
7. 检查空调控制器
(1)从空调控制器 G152-11 端子后端引线,检查该端子电压。
(2)不符合标准值,更换空调控制器。
(3)符合标准值,进入下一步。
8. 检查鼓风机调速伺服器
(1)从鼓风机调速伺服器 G32-4 端子后端引线,检查该端子电压。
(2)不符合标准值,更换鼓风机调速伺服器
</td><td>
2. 鼓风机供电电压标准值
<table>
<tr><th>端　子</th><th>条　件</th><th>正常值</th></tr>
<tr><td>G34-2-车身地</td><td>ON 挡电,
按下 A/C 开关</td><td>11～14 V</td></tr>
</table>
3. 前舱配电盒电源输出标准值
<table>
<tr><th>端　子</th><th>条　件</th><th>正常值</th></tr>
<tr><td>B1D-4-车身地</td><td>ON 挡电,
按下 A/C 开关</td><td>11～14 V</td></tr>
<tr><td>继电器 88 脚-车身地</td><td>始终</td><td>11～14 V</td></tr>
</table>
4. 查鼓风机继电器标准值
<table>
<tr><th>端　子</th><th>条　件</th><th>正常值</th></tr>
<tr><td>3-5</td><td>1、2 脚加
蓄电池电压</td><td>小于 1 Ω</td></tr>
<tr><td>3-5</td><td>1、2 脚悬空</td><td>大于 10 kΩ</td></tr>
</table>
5. 鼓风机运行正常(标准)情况
<table>
<tr><th>端　子</th><th>正常情况</th></tr>
<tr><td>G34-1-蓄电池(+)
G34-2-蓄电池(-)</td><td>鼓风机高速运转</td></tr>
</table>
6. 线束端连接器各端子电阻的标准值
<table>
<tr><th>端　子</th><th>线　色</th><th>正常值</th></tr>
<tr><td>B1D-4-G34-2</td><td>W/L</td><td>小于 1 Ω</td></tr>
<tr><td>G34-1-G32-4</td><td>B/Y</td><td>小于 1 Ω</td></tr>
<tr><td>G34-1-G93-33</td><td>B/Y</td><td>小于 1 Ω</td></tr>
<tr><td>G93-04-G92-24</td><td>Y</td><td>小于 1 Ω</td></tr>
<tr><td>G32-3-G152-11</td><td>G/B</td><td>小于 1 Ω</td></tr>
<tr><td>G32-1-车身地</td><td>B</td><td>小于 1 Ω</td></tr>
</table>
7. 空调控制器 G152-11 端子电压标准值
<table>
<tr><th>端　子</th><th>条　件</th><th>正常值</th></tr>
<tr><td>G152-11-车身地</td><td>开鼓风机</td><td>模拟信号</td></tr>
</table>
8. 鼓风机调速伺服器 G32-4 端子电压标准值
<table>
<tr><th>端　子</th><th>条　件</th><th>正常值</th></tr>
<tr><td>G32-4-车身地</td><td>开鼓风机</td><td>模拟信号</td></tr>
</table>
</td></tr>
</table>

13. 空调制冷系统不工作故障诊断与排除(见表 1-11-13)

表 1-11-13　空调制冷系统不工作故障诊断与排除

故障诊断与排除步骤

1. 车上检查

(1)整车上电 ON 挡。

(2)打开鼓风机。

(3)手动打开 A/C,检查是否制冷。

(4)能制冷,系统正常。

(5)不制冷,进入下一步。

2. 检查空调压力

(1)整车上电 ON 挡。

(2)用诊断仪读取系统故障。

(3)检查是否有压力故障(B2A2F)。

(4)异常,有 B2A2F 故障。

(5)正常,进入下一步。

3. 检查蒸发器温度

(1)将车辆静置一段时间(1 h 左右),避免蒸发器因结冰导致无法启动空调。

(2)打开空调制冷。

(3)异常,蒸发器温度过低。

(4)正常,进入下一步。

4. 检查熔丝

(1)用万用表检查 F2/13 熔丝是否导通。

(2)熔丝不导通,更换熔丝。

(3)熔丝导通,进入下一步检查。

5. 检查线束

(1)断开接插件 A56、B2E。

(2)测线束阻值。

(3)不符合标准值,更换线束或连接器。

(4)符合标准值,更换空调控制器

标准数据

1. 空调制冷系统电路

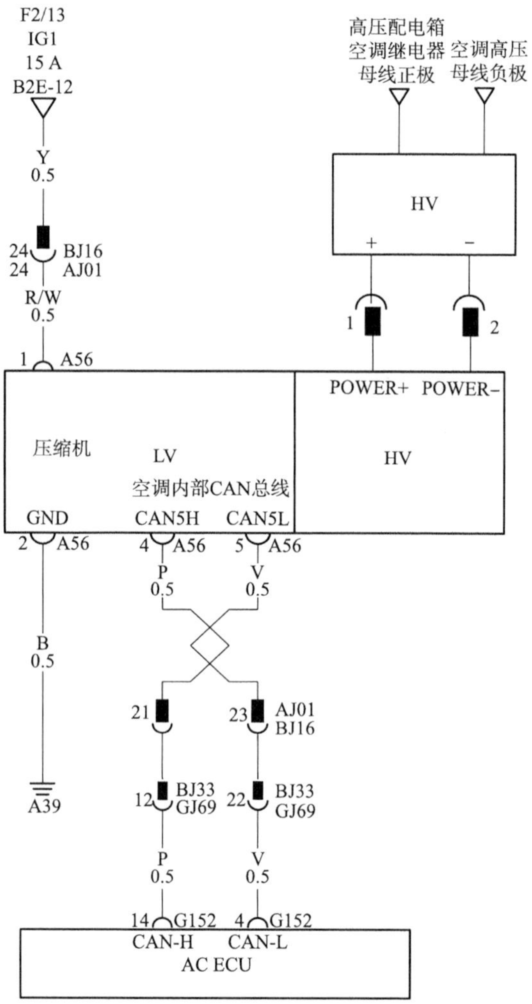

空调制冷系统电路图

2. 空调标准压力值

类　　型	标准值/MPa
低压侧	0. 15～0. 25
高压侧	1. 47～1. 67

3. 线束电阻标准值

端　　子	线色	条件	正常情况
A56-1-B2E-12	Y	始终	小于 1 Ω
A56-2-车身地	B	始终	小于 1 Ω

14. 后除霜加热电路故障诊断与排除(见表 1-11-14)

表 1-11-14　后除霜加热电路故障诊断与排除

故障诊断与排除步骤	标准数据

故障诊断与排除步骤

1. 检查熔丝

(1)用万用表检查后除霜熔丝 F1/15 是否导通。

(2)熔丝不导通,更换熔丝。

(3)熔丝导通,进入下一步检查。

2. 检查后除霜电加热丝供电信号

(1)拔下后除霜接插件 Y04、Y17,测线束端电压。

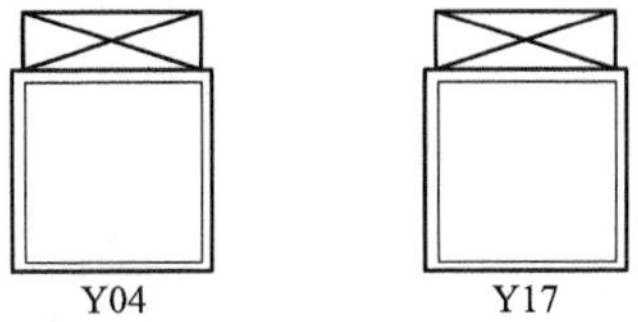

后除霜接插件 Y04、Y17 端子

(2)符合标准值,跳到第 5 步。

(3)不符合标准值,进行下一步。

3. 检查后除霜继电器

(1)拔下后除霜继电器。

(2)检查在 1、2 脚通电和不通电的情况下,3、5 脚间电阻。

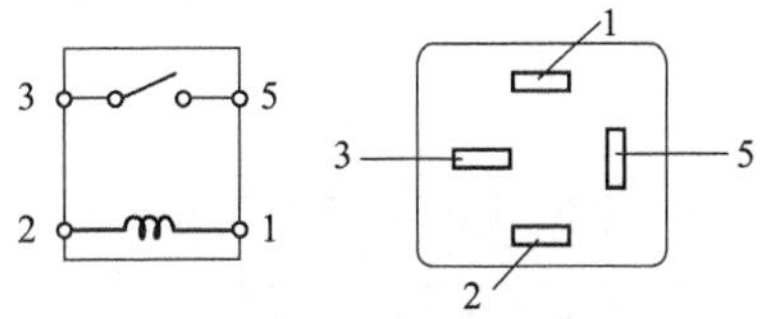

后除霜继电器端子

(3)不符合标准值,更换后除霜继电器。

(4)符合标准值,进入下一步。

4. 检查线束

(1)断开 B1D,断开鼓风机 G34 连接器,断开后除霜电加热丝 Y04 连接器。

(2)检查线束端连接器各端子。

(3)不符合标准值,应更换线束或连接器。

(4)符合标准值,进入下一步。

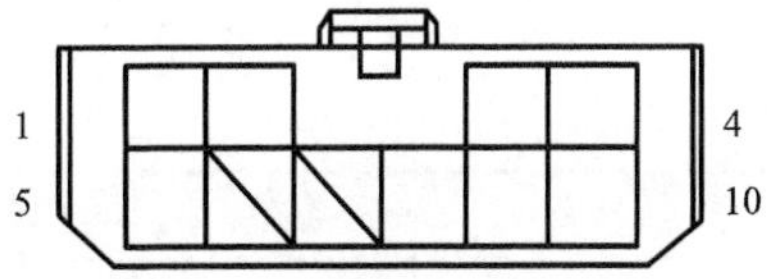

B1D 端子

5. 检查后除霜电加热丝

(1)断开后除霜电加热丝连接器 Y04、Y17。

(2)用万用表检查电加热丝电阻。

(3)不符合标准值,维修后除霜电加热丝

标准数据

1. 后除霜加热电路图

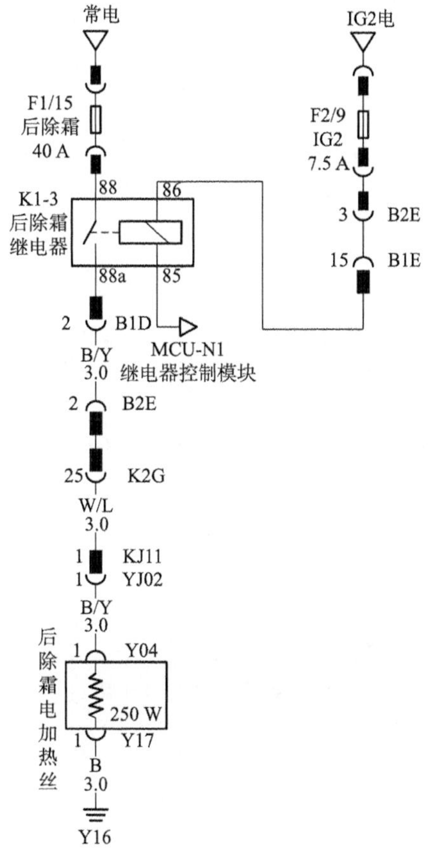

后除霜加热电路图

2. 后除霜接插件 Y04、Y17 线束端电压标准值

端　子	条　件	正常值
Y04-1-车身地	按下后除霜开关	11～14 V
Y17-1-车身地	始终	小于 1 V

3. 查后除霜继电器标准值

端　子	条　件	正常值
3-5	1、2 脚加蓄电池电压	小于 1 Ω
3-5	1、2 脚悬空	大于 10 kΩ

4. 线束端连接器各端子电阻的标准值

端　子	线　色	正常值
B1D-2-Y04-1	B/Y	小于 1 Ω

5. 空调控制器 G152-11 端子电压标准值

端　子	正常值
Y04-1-Y17-1	约 0.8 Ω

15. PTC 制热系统故障诊断与排除(见表 1-11-15)

表 1-11-15　PTC 制热系统故障诊断与排除

故障诊断与排除步骤

1. 检查熔丝

(1)用万用表检查熔丝 F1/12、F2/13、F2/9 是否导通。

(2)熔丝不导通,更换熔丝。

(3)熔丝导通,进入下一步检查。

2. 检查 PTC 水泵

(1)断开 PTC 水泵的连接器 B65。

(2)给 PTC 水泵两端子通蓄电池电压,检查 PTC 水泵是否运转正常。

(3)PTC 水泵运行不符合正常情况,更换 PTC 水泵。

(4)符合正常情况,进入下一步。

3. 检查后除霜继电器

(1)拔下 PTC 继电器。

(2)检查在 1、2 脚通电和不通电的情况下,3、5 脚间电阻。

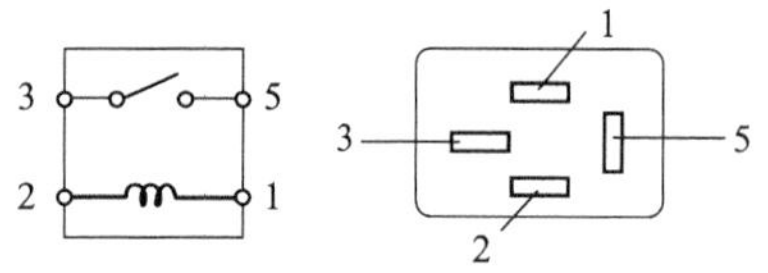

后除霜继电器端子

(3)不符合标准值,更换后除霜继电器。

(4)符合标准值,进入下一步。

4. 检查 PTC 继电器线束

(1)断开仪表板配电盒 B1E、B1F 连接器,断开空调 ECU 连接器 G91,断开 PTC 水泵连接器 B65。

(2)检查线束端连接器各端子。

(3)不符合标准值,应更换线束或连接器。

(4)符合标准值,进入下一步。

5. 检查 PTC 电路

(1)断开 PTC 连接器 BJ57,断开仪表配电盒连接器 B2E。

(2)断开空调 ECU 连接器 G152。

(3)用万用表检查线束端电阻。

(4)不符合标准值,更换线束或连接器。

(5)符合标准值,进入下一步。

6. 读取 PTC 故障代码

(1)利用诊断工具读取 PTC 故障代码。

(2)有故障代码,参考故障代码表维修。

(3)无故障代码,更换 PTC 总成

标准数据

1. PTC 制热系统电路图

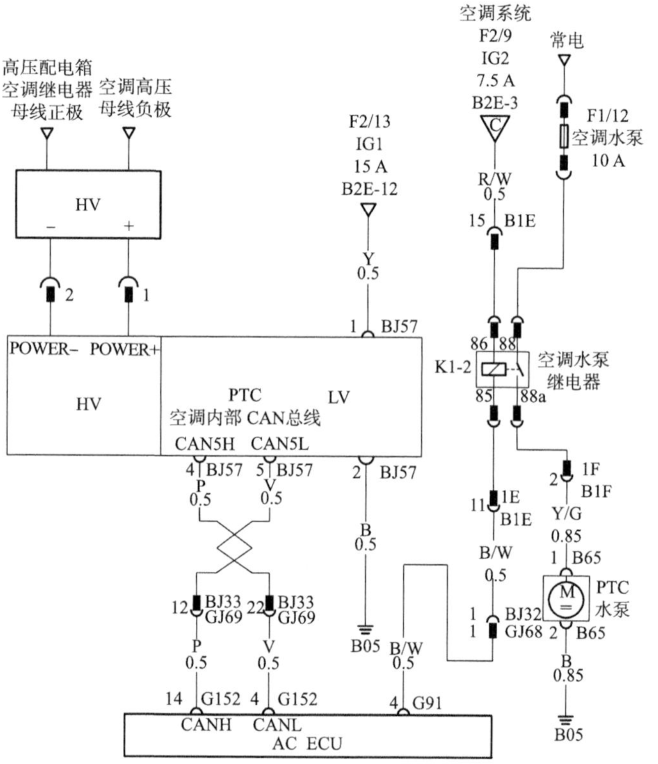

PTC 制热系统电路图

2. PTC 水泵运行正常(标准)情况

端　　子	正常情况
B56-1-蓄电池+ B56-2-蓄电池−	水泵正常运转

3. 查后除霜继电器标准值

端子	条　　件	正常值
3-5	1、2 脚加蓄电池电压	小于 1 Ω
3-5	1、2 脚悬空	大于 10 kΩ

4. 线束端连接器各端子电阻的标准值

端　　子	线色	正常值
B2E-12-BJ57-1	Y	小于 1 Ω
BJ57-1-车身地	B	小于 1 Ω
BJ57-4-G152-14	P	小于 1 Ω
BJ57-5-G152-4	V	小于 1 Ω

16. PM$_{2.5}$ 速测仪 CAN 信号故障诊断与排除(见表 1-11-16)

表 1-11-16　PM$_{2.5}$ 速测仪 CAN 信号故障诊断与排除

<table>
<tr><th>故障诊断与排除步骤</th><th>标准数据</th></tr>
<tr><td>
1. 检查 CAN 线电压
(1)断开 PM$_{2.5}$ 速测仪连接件 G97。
(2)用万用表测量线束端的电压。
(3)异常,参照维修手册维修 CAN 网络。
(4)正常,进入下一步检查。
2. 检查 CAN 线电阻
(1)断开 PM$_{2.5}$ 速测仪连接件 G97。
(2)断开蓄电池负极。
(3)用万用表测量 CAN 线间的电阻。
(4)异常,参照维修手册维修 CAN 网络。
(5)符合正常情况,更换 PM$_{2.5}$ 速测仪
</td><td>
1. PM$_{2.5}$ 速测仪 CAN 信号电路图
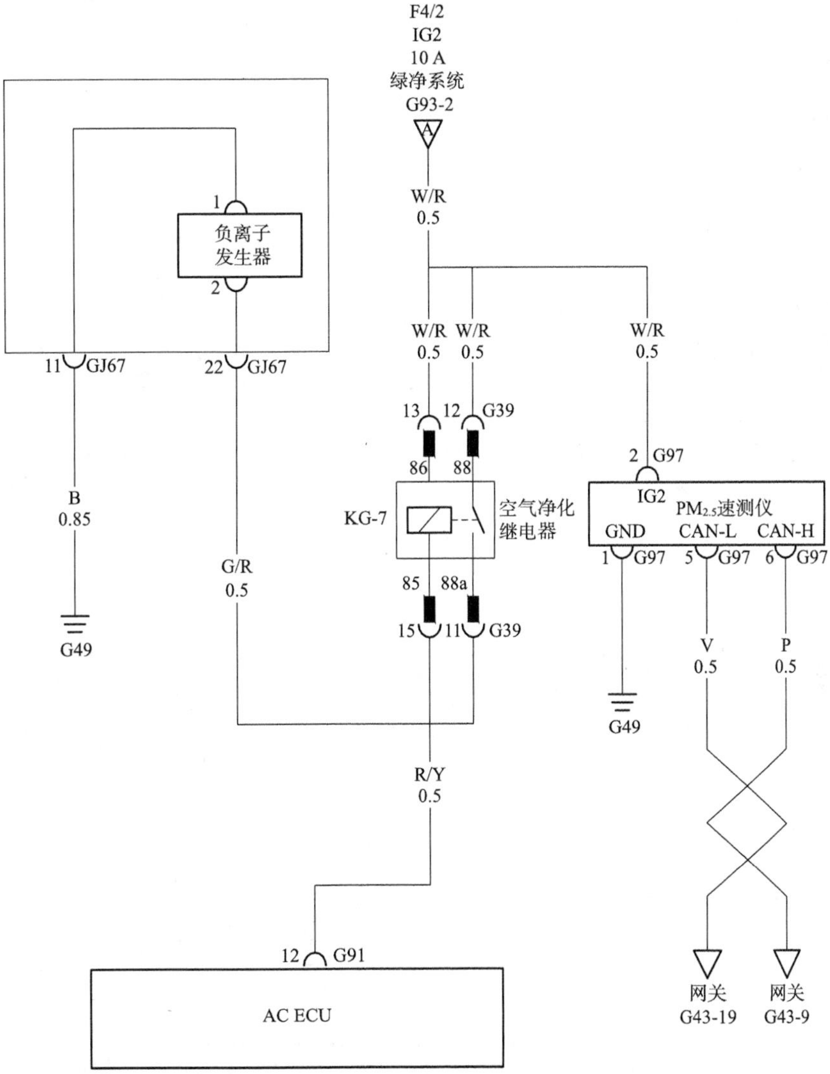

PM$_{2.5}$ 速测仪 CAN 信号电路图
2. CAN 信号电压标准值
<table>
<tr><th>端　子</th><th>条　件</th><th>正常情况</th></tr>
<tr><td>G97-6-车身地</td><td>始终</td><td>2. 5～3. 5 V</td></tr>
<tr><td>G97-5-车身地</td><td>始终</td><td>1. 5～2. 5 V</td></tr>
</table>
3. CAN 线电阻标准值
<table>
<tr><th>端　子</th><th>条　件</th><th>正常情况</th></tr>
<tr><td>G97-6-G97-5</td><td>始终</td><td>60 Ω 左右</td></tr>
</table>
</td></tr>
</table>

17. $PM_{2.5}$ 速测仪电源电路故障诊断与排除（见表 1-11-17）

表 1-11-17 $PM_{2.5}$ 速测仪电源电路故障诊断与排除

故障诊断与排除步骤	标准数据
1. 检查熔丝 (1)用万用表检查熔丝 F4/2 是否导通。 (2)熔丝不导通，更换熔丝。 (3)熔丝导通，进入下一步检查。 2. 检查线束 (1)断开 $PM_{2.5}$ 速测仪连接器 G97。 (2)用万用表测量线束端 G97-2-车身地的电压、G97-1-车身地的电阻。 (3)不符合标准值，应更换线束或连接器	见下

1. $PM_{2.5}$ 速测仪电源检查熔丝电路

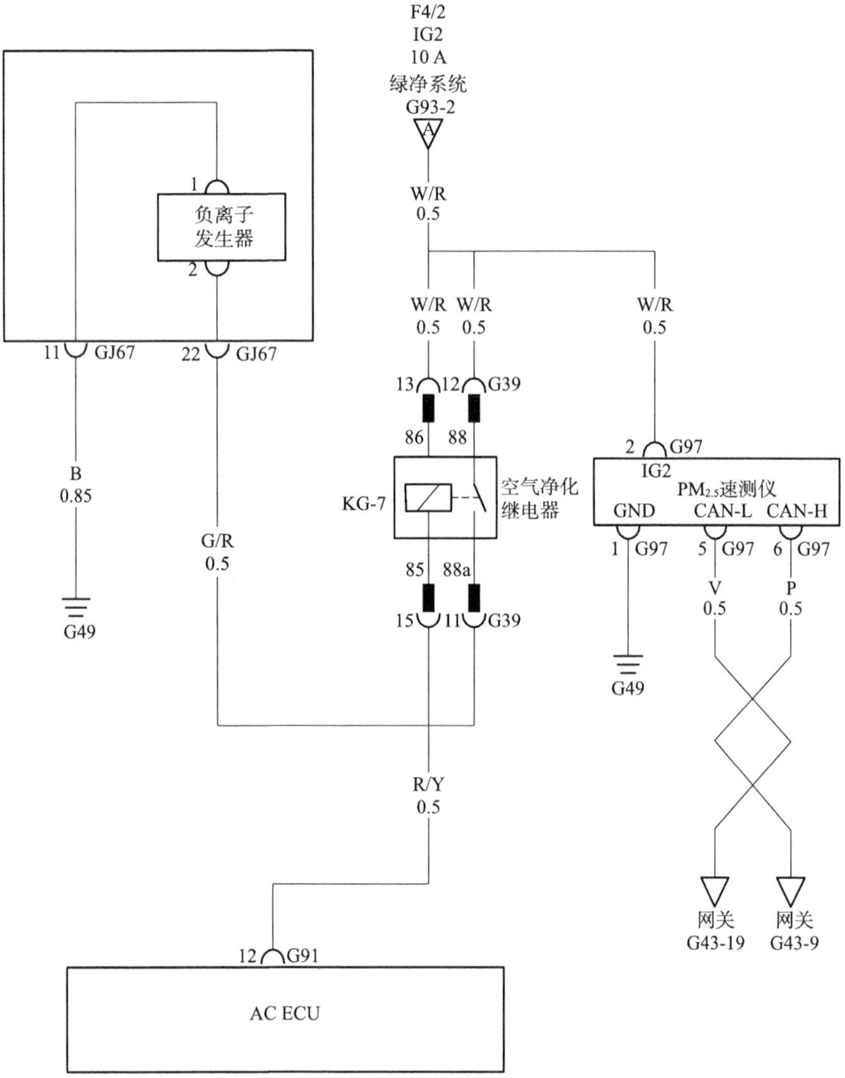

$PM_{2.5}$ 速测仪电源电路图

2. 线束端电压的标准值

端　　子	条　　件	正常情况
G97-2-车身地	始终	11～14 V

3. 线束端电阻的标准值

端　　子	条　　件	正常情况
G97-1-车身地	始终	<1 Ω

纯电动汽车灯光与信号系统检修

于淑霞

一、任务内容

汽车灯光与信号系统故障是汽车使用过程中遇到的常见故障,本任务通过对近光灯不工作故障、远光灯不工作故障、大灯自动开启不工作故障等案例进行分析,旨在找出导致车辆灯光与信号系统无法正常工作的多种原因,并提出有效的诊断和排除方法。通过这些案例的学习,可以提升维修人员对汽车故障的诊断能力和解决效率,同时也能为相关技术人员提供参考。

二、注意事项

在进行纯电动汽车灯光与信号系统检修时,除了关注技术层面的操作,还需要特别注意以下几个方面,以确保维修工作的顺利进行及人员的安全:

(1)遵循维修手册和厂商指南:严格按照车辆维修手册和制造商提供的服务手册和指导文件操作。每款车型都有其独特的电气架构和技术规范,不正确的操作可能会导致严重的损坏或安全隐患。

(2)工具与设备校验:使用经过校准的专业工具和设备来执行测量和测试任务,确保所有工具处于良好状态且能够提供准确的数据。

(3)定期检查车灯的灯泡状况,一旦发现损坏应立即更换。更换灯泡时,应选择与车辆型号相匹配的灯泡,以确保其正常工作和兼容性。避免使用劣质灯泡,因为它们不仅寿命短暂,还可能影响行车安全。

(4)提醒车辆使用者定期清洁车灯,使用湿润的布匹配合清洁剂清除尘埃与污物,以提升照明效果。检查灯罩是否密封,防止水分渗入造成电路短路。

(5)团队协作与沟通:在复杂情况下,依靠团队合作可以更有效地解决问题。保持清晰的沟通渠道,确保每位参与维修的成员都清楚了解当前的任务状态和下一步计划。

(6)记录保存:详细记录所有检查结果、发现的问题以及采取的解决措施。这对于后续的维护工作极为重要,同时也为未来可能遇到的类似问题提供了参考依据。通过严格遵守这些注意事项,不仅可以提高故障诊断的效率和准确性,还能最大限度保障工作人员的安全,防止意外事故的发生。

三、标准化作业表

1. 灯光系统检修

(1)灯光系统的工作过程(见表 1-12-1)

表 1-12-1　灯光系统的工作过程

部件	功　能　描　述
灯光系统组成	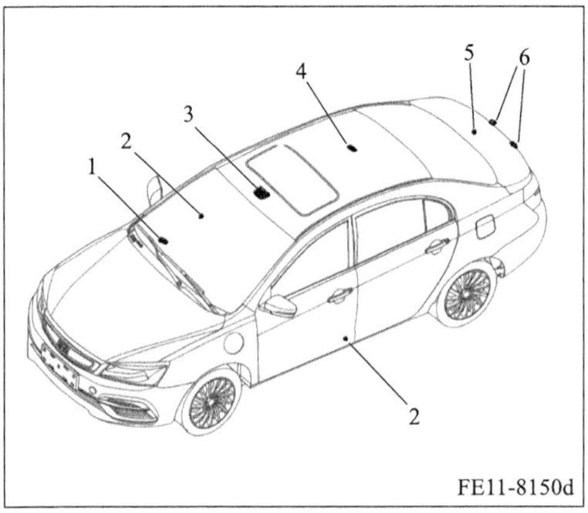 1—杂物箱灯;2—车门灯;3—前排阅读灯;4—后排阅读灯;5—行李箱灯;6—牌照灯。 内部照明灯 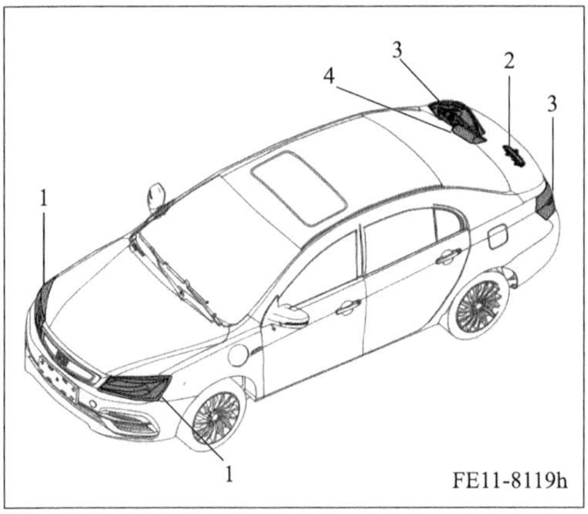 1—前组合灯总成;2—后雾灯总成;3—后组合灯总成;4—高位制动灯总成。 外部照明灯
灯光系统工作过程	下图所示为灯光系统电气原理框图。以前照灯为例,当灯光组合开关打到“前照灯”挡时,工作电压由组合开关线束连接器输出来驱动前照灯继电器吸合,点亮前照灯。前照灯供电电压被传送到前照灯光轴调节开关和左、右前照灯光轴调节电机,此时上下拨动调节开关能改变调节电机的信号电压,从而实现前照灯的高度调节功能。

续表

部件	功 能 描 述
灯光系统工作过程	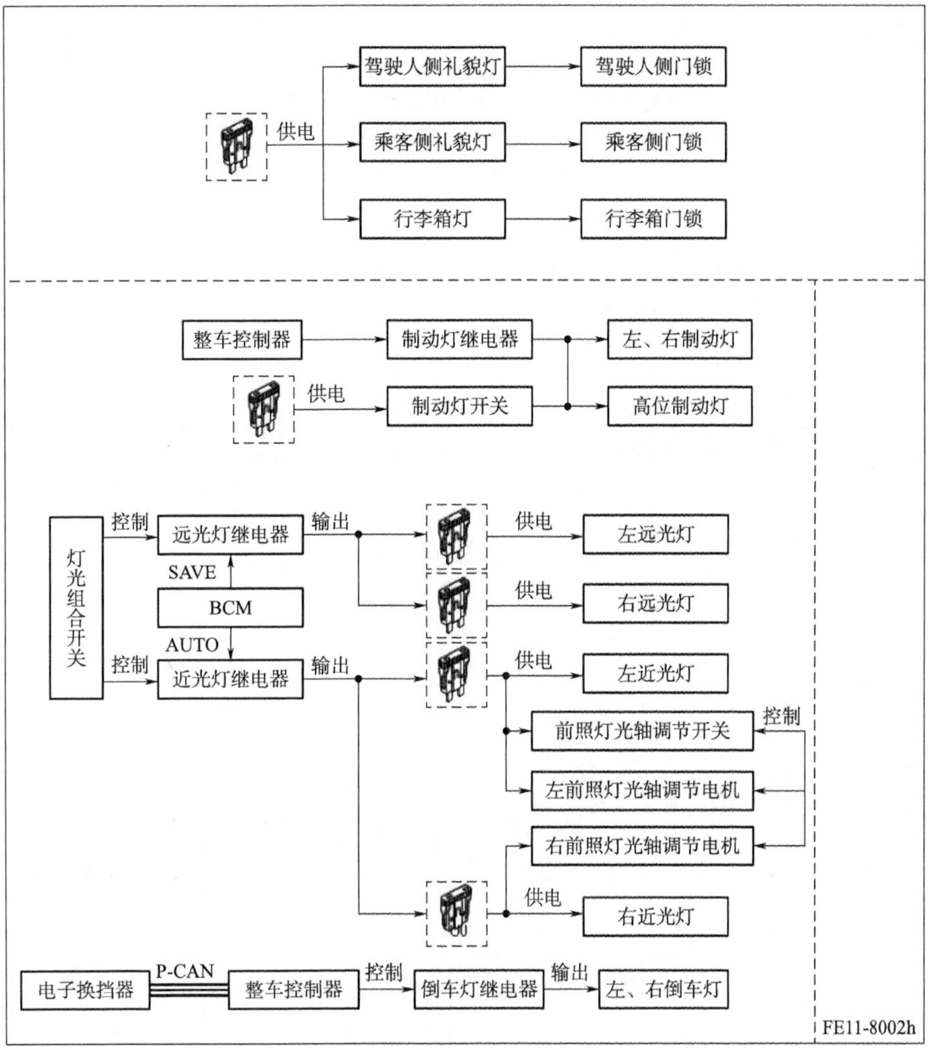 灯光系统电气原理框图 当BCM(中央集控器)监测到灯光组合开关线束连接器有电压,则说明开关处在AUTO(自动灯),此时BCM会监测来自环境光线传感器的信号,如果环境光照不强,BCM会通过线束连接器输出电压驱动前照灯继电器吸合,自动点亮前照灯;当环境光照增强时,BCM会切断线束连接器的电压输出,从而实现前照灯自动关闭。当灯光组合开关切换到远光位置时,通过线束连接器控制接地来驱动远光灯继电器吸合点亮远光灯,同时远光灯供电电压被传送到仪表,点亮仪表内的远光指示灯

在照明灯中,前照灯工作最具代表性,所以本部分内容以前照灯检修进行介绍。

(2)近光灯不工作诊断流程(见表1-12-2)

表 1-12-2 近光灯不工作诊断流程

作 业 内 容

故障现象确认：

故障现象 1：一侧近光灯不工作。

故障现象 2：两侧近光灯均不工作。

分析：查阅吉利帝豪 EV450 灯光系统电路，如下图所示，当灯光组合开关打到“前照灯”挡时，电源常火端为近光灯继电器线圈供电，组合开关线束连接器为近光灯继电器线圈工作提供搭铁回路，继电器线圈工作，使其常开触点吸合，从而接通近光灯的工作回路。两侧近光灯由电源常火经同一继电器触点供电，但搭铁位置不同。

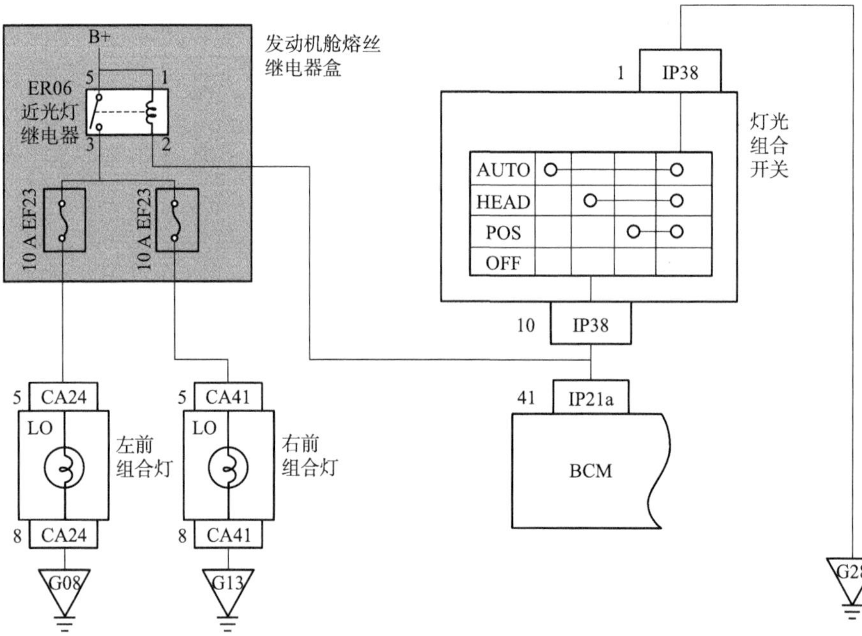

吉利帝豪 EV450 近光灯电路简图

故障现象 1 判断：一侧近光灯不工作，可以排除灯光开关及其所在的线路故障，电源供电故障、近光继电器故障。应重点检查不工作一侧近光灯单独线路和用电设备。

故障现象 2 判断：两侧近光灯均不工作，则应重点考虑两侧近光灯的公用线路和设备，如近光继电器

作业内容	标准数据
1. 近光灯检查。 (1)拆卸左、右近光灯灯泡。 (2)确认灯泡灯丝是否熔断。 (3)如果近光灯灯泡有故障，进入下一步；近光灯灯泡无故障，进入步骤 3。 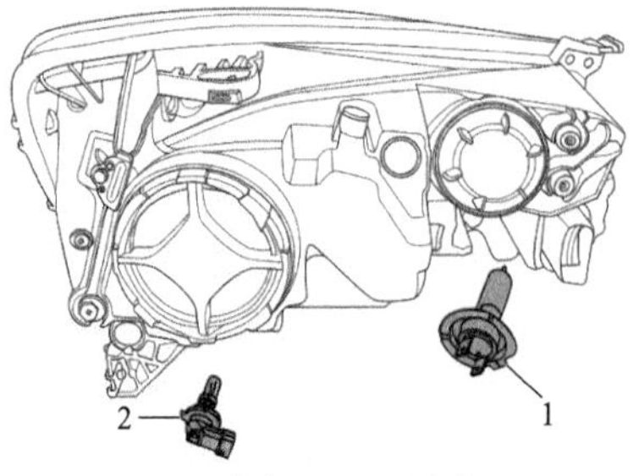 1—远光灯；2—近光灯。 前照灯总成	

续表

作业内容

2. 更换近光灯。

(1)更换有故障的近光灯。

(2)确认近光灯是否工作正常。

(3)打开近光灯开关,近光灯工作正常,故障排除;近光灯仍无法工作,进入步骤3。

3. 检查熔丝EF22、EF23。

(1)拔下熔丝EF22、EF23,观察熔丝是否有断裂,熔丝外形是否正常;用万用表电阻挡检测熔丝电阻。

(2)熔丝熔断,进入步骤4;熔丝无故障,进入步骤5。

4. 检修熔丝EF22、EF23线路是否存在短路故障。

(1)检查熔丝EF22、EF23线路是否有短路故障。

(2)线路存在短路故障,修理线路后更换额定电流的熔丝,确认近光灯是否正常工作;线路无短路故障,更换额定电流的熔丝,确认近光灯是否正常工作。

(3)近光灯工作正常,系统正常,故障排除;近光灯仍然无法工作,进入步骤5。

5. 检测前照灯线束连接器CA24/CA41的电源电压。

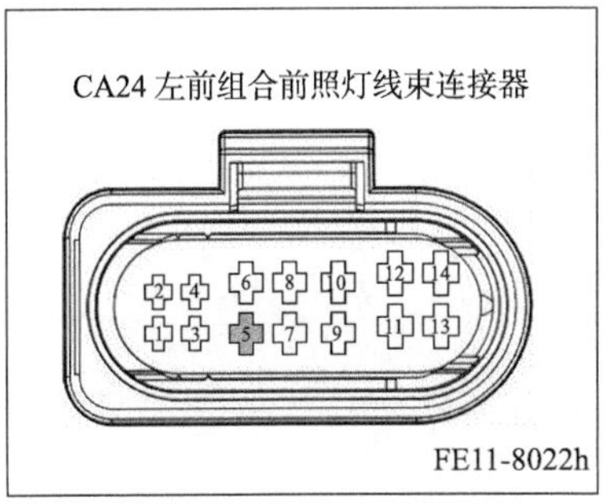

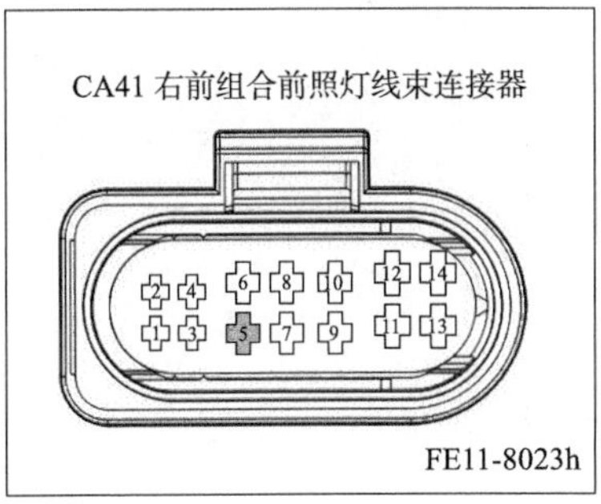

CA24/CA41组合前照灯线束连接器(端子5)

(1)开启近光灯,测量线束连接器CA24/CA41端子5与车身接地之间的电压。电压标准值为11～14 V。

(2)确认电压是否符合标准值。

(3)电压不符合标准值,进入步骤6;电压符合标准值,进入步骤8。

标准数据

1. EF22、EF23熔丝电阻标准值

熔丝	电阻
EF22	<1 Ω
EF23	<1 Ω

2. EF22、EF23熔丝额定电流

熔丝	额定电流
EF22	10 A
EF23	10 A

3. 线束连接器CA24/CA41电源电压标准值

端子	条件	标准值
CA24-5-车身地	开启近光	11～14 V
CA41-5-车身地	开启近光	11～14 V

4. 熔丝EF22、EF23到线束连接器CA24/CA41之间电阻标准值

端子	电阻
EF22-CA24的5端子	<1 Ω
EF23-CA41的5端子	<1 Ω

5. CA24/CA41电源电压标准值

端子	条件	标准值
CA24-5-车身地	开启近光	11～14 V
CA41-5-车身地	开启近光	11～14 V

续表

作业内容

6. 检查近光灯熔丝 EF22/EF23 与近光灯线束连接器 CA24/CA41 端子 5 之间线路。

（1）测量近光灯熔丝 EF22/EF23 与前照灯线束连接器 CA24/CA41 端子 5 之间的电阻。

（2）确认电阻是否符合标准值。

（3）电阻不符合标准值，进入步骤 7；电阻符合标准值，进入步骤 8。

7. 检修近光灯熔丝 EF22/EF23 与前照灯线束连接器 CA24/CA41 端子 5 之间线路断路故障。

（1）检修近光灯熔丝 EF22/EF23 与前照灯线束连接器 CA24/CA41 端子 5 之间线路断路故障，修复完成。

（2）开启近光灯，测量前照灯线束连接器 CA24/CA41 端子 5 与车身接地之间的电压。

（3）确认电压是否符合标准值。

（4）确认近光灯是否正常工作。

（5）近光灯不工作，进入步骤 8；近光灯工作正常，系统正常，故障排除。

8. 检测近光灯线束连接器 CA24/CA41 端子 8 和车身接地之间的电阻。

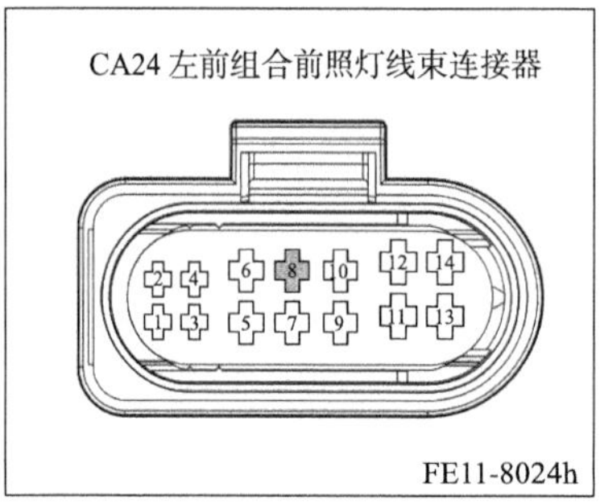

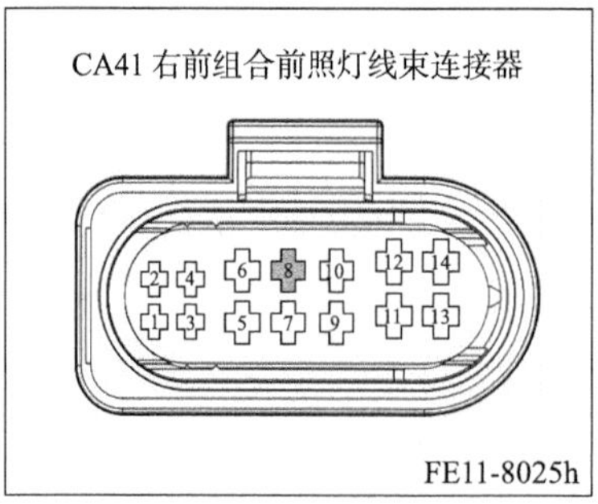

CA24/CA41 组合前照灯线束连接器（端子 8）

（1）断开近光灯线束连接器 CA24/CA41。

（2）测量近光灯线束连接器 CA24/CA41 端子 8 和车身接地之间的电阻。

标准数据

6. 线束连接器 CA24/CA41 的 8 端子到车身接地之间的电阻标准值

端子	电阻
CA24-8-车身地	<1 Ω
CA41-8-车身地	<1 Ω

7. 线束连接器 CA24/CA41 到车身接地之间的电阻标准值

端子	电阻
CA24-8-车身地	<1 Ω
CA41-8-车身地	<1 Ω

续表

作业内容	标准数据

(3)确认电阻是否符合标准值。

(4)电阻不符合标准值,进入步骤 9;电阻符合标准值,进入步骤 10。

9. 检修近光灯线束连接器 CA24/CA41 端子 8 和车身接地之间的断路故障。

(1)检修近光灯线束连接器 CA24/CA41 端子 8 和车身接地之间的断路故障,修复完成。

(2)确认电阻值是否符合标准值。

(3)确认近光灯是否正常工作。

(4)近光灯不工作,进入步骤 10;近光灯工作正常,系统正常,故障排除。

10. 更换近光继电器。

(1)将远光灯继电器更换到近光灯继电器位置。

(2)确认近光灯是否正常工作。

(3)近光灯工作正常,安装新的近光灯继电器,故障排除;近光灯工作不正常,转至步骤 11。

11. 检测灯光组合开关线束连接器 IP38 端子 1 与车身之间的电阻。

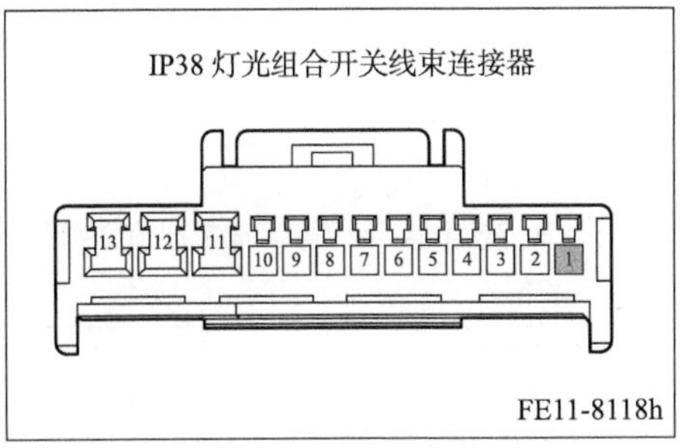

IP38 灯光组合开关线束连接器(端子 1)

(1)断开灯光组合开关线束连接器 IP38。

(2)测量灯光组合开关线束连接器 IP38 端子 1 与车身接地之间的电阻。

(3)确认电阻是否符合标准值。

(4)电阻不符合标准值,进入步骤 12;电阻符合标准值,进入步骤 13。

12. 检修灯光组合开关线束连接器 IP38 端子 1 与车身接地之间的断路故障。

(1)检修灯光组合开关线束连接器 IP38 端子 1 与车身接地之间的断路故障,修复完成。

(2)确认电阻值是否符合标准值。

(3)确认近光灯是否正常工作。

(4)近光灯不工作,进入步骤 13;近光灯工作正常,系统正常,故障排除。

8. 线束连接器 IP38 端子 1 与车身接地的电阻标准值

端子	电阻
IP38-1-车身地	<1 Ω

9. 线束连接器 IP38 端子 1 与车身接地的电阻标准值

端子	电阻
IP38-1-车身地	<1 Ω

续表

<table>
<tr><th>作业内容</th><th>标准数据</th></tr>
<tr><td>
13. 测量灯光组合开关线束连接器 IP38 端子 10 的电压。
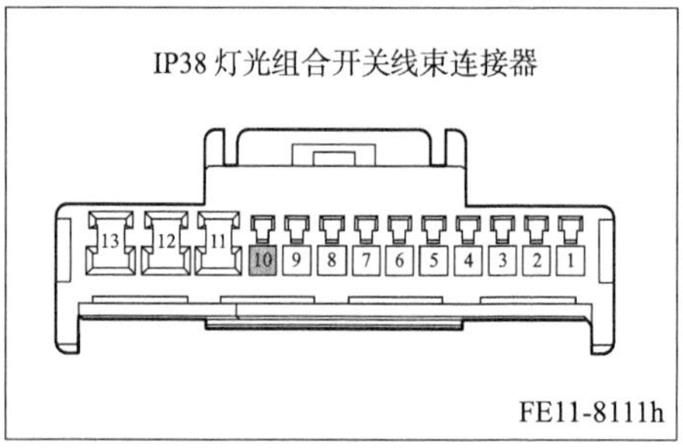

IP38 灯光组合开关线束连接器(端子 10)
(1)测量灯光组合开关线束连接器 IP38 端子 10 的电压。
(2)确认电压是否符合标准值。
(3)电压不符合标准值,进入步骤 14;电压符合标准值,进入步骤 15。
14. 修理灯光组合开关线束连接器 IP38 端子 10 与近光灯继电器 ER06 端子 2 之间的开路故障。
(1)维修灯光组合开关线束连接器 IP38 端子 10 与近光灯继电器 ER06 端子 2 之间的开路故障,修复完成。
(2)确认电压是否符合标准值。
(3)确认近光灯是否正常工作。
(4)近光灯不工作,进入步骤 15;近光灯工作正常,系统正常,故障排除。
15. 更换组合开关。
(1)更换组合开关。
(2)确认修理完成。
16. 系统正常
</td><td>
10. 灯光组合开关线束连接器 IP38 端子 10 电压标准值
<table>
<tr><th>端子</th><th>条件</th><th>标准值</th></tr>
<tr><td>IP38-10-车身地</td><td>无</td><td>11～14 V</td></tr>
</table>
11. 灯光组合开关线束连接器 IP38 端子 10 电压标准值
<table>
<tr><th>端子</th><th>条件</th><th>标准值</th></tr>
<tr><td>IP38-10-车身地</td><td>无</td><td>11～14 V</td></tr>
</table>
</td></tr>
</table>

(3)远光灯不工作诊断流程(见表 1-12-3)

表 1-12-3 远光灯不工作诊断流程

作 业 内 容
故障现象确认: **故障现象 1:**一侧远光灯不工作。 **故障现象 2:**两侧远光灯均不工作。 分析:查阅吉利帝豪 EV450 灯光系统电路,如下图所示,当灯光组合开关打到“前照灯”“远光”挡时,电源常火端为远光灯继电器线圈供电,BCM 为远光灯继电器线圈工作提供搭铁回路,继电器线圈工作,使其常开触点吸合,从而接通远光灯的工作回路。两侧远光灯由电源常火经同一继电器触点供电,但搭铁位置不同。

续表

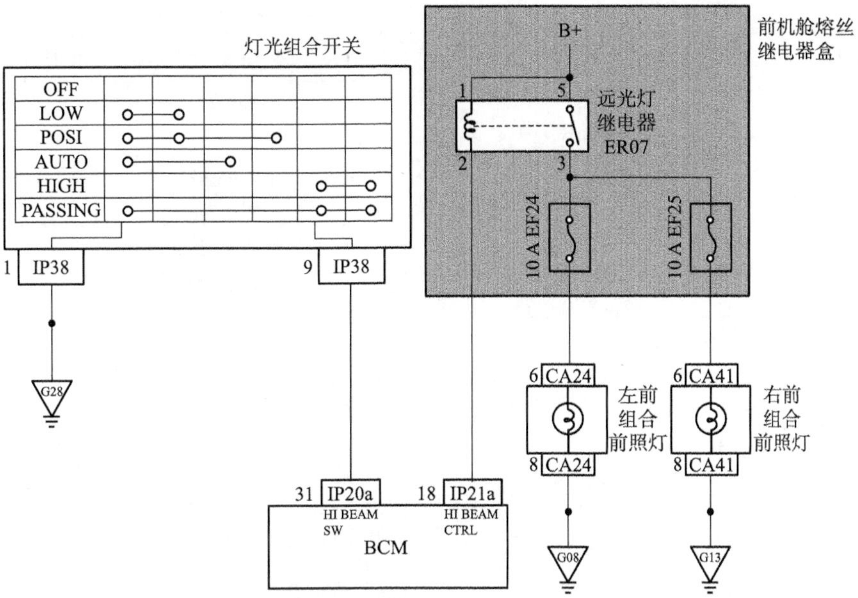

吉利帝豪 EV450 远光灯电路简图

故障现象 1 判断:一侧远光灯不工作,可以排除灯光开关及其所在的线路故障、电源供电故障、远光继电器故障。应重点检查不工作一侧远光灯单独线路和用电设备。

故障现象 2 判断:两侧远光灯均不工作,则应重点考虑两侧远光灯的公用线路和设备,如远光继电器

作业内容	标准数据
1. 检查左、右远光灯灯泡。 (1)拆卸左、右远光灯灯泡。 (2)确认灯泡灯丝是否熔断。 (3)如果远光灯灯泡有故障,进入下一步;远光灯灯泡无故障,进入步骤 3。 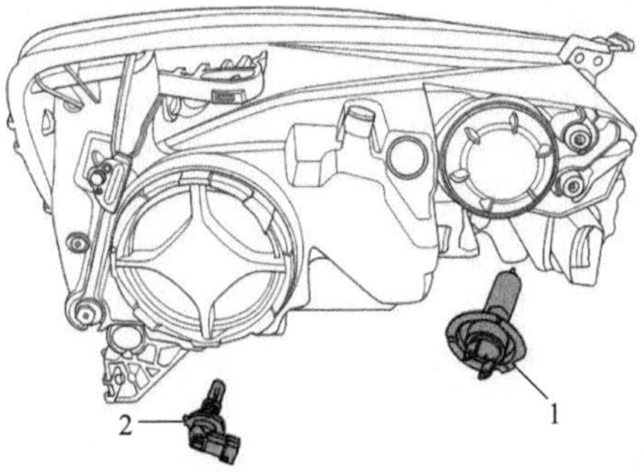 1—远光灯;2—近光灯。 前照灯总成 2. 更换远光灯。 (1)更换有故障的远光灯。 (2)确认远光灯是否工作正常。 (3)打开远光灯开关,远光灯工作正常,故障排除;远光灯仍无法工作,进入步骤 3。	

续表

作业内容

3. 检查熔丝 EF24、EF25。

(1)拔下熔丝 EF24、EF25,观察熔丝是否有断裂,熔丝外形是否正常;用万用表电阻挡检测熔丝电阻。

(2)熔丝熔断,进入步骤 4;熔丝无故障,进入步骤 5。

4. 检修熔丝 EF24、EF25 线路是否存在短路故障。

(1)检查熔丝 EF24、EF25 线路是否有短路故障。

(2)线路存在短路故障,修理线路后更换额定电流的熔丝,确认远光灯是否正常工作;线路无短路故障,更换额定电流的熔丝,确认远光灯是否正常工作。

(3)远光灯工作正常,系统正常,故障排除;远光灯仍然无法工作,进入步骤 5。

5. 检测前照灯线束连接器 CA24/CA41 的电源电压。

(1)开启远光灯,测量线束连接器 CA24/CA41 端子 6 与车身接地之间的电压。

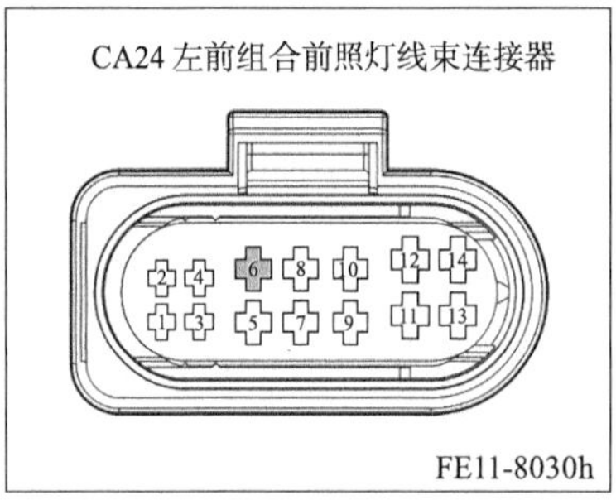

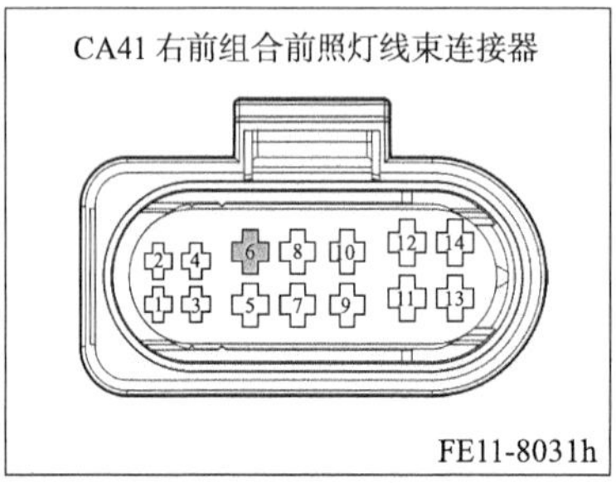

CA24/CA41 组合前照灯线束连接器(端子 6)

(2)确认电压是否符合标准值。

(3)电压不符合标准值,进入步骤 6;电压符合标准值,进入步骤 8。

6. 检查远光灯熔丝 EF24/EF25 与前照灯线束连接器 CA24/CA41 端子 6 之间线路。

(1)测量远光灯熔丝 EF24/EF25 与前照灯线束连接器 CA24/CA41 端子 6 之间的电阻。

(2)确认电阻是否符合标准值。

(3)电阻不符合标准值,进入步骤 7;电阻符合标准值,进入步骤 8。

标准数据

1. EF24、EF25 熔丝电阻标准值

熔丝	电阻
EF24	<1 Ω
EF25	<1 Ω

2. EF22、EF23 熔丝额定电流

熔丝	额定电流
EF24	10 A
EF25	10 A

3. 线束连接器 CA24/CA41 电源电压标准值

端子	条件	标准值
CA24-6-车身地	开启近光	11～14 V
CA41-6-车身地	开启近光	11～14 V

4. 熔丝 EF24、EF25 与线束插接器 CA24/CA41 端子 6 之间电阻标准值

端子	电阻
EF24-CA24 的 6 端子	<1 Ω
EF25-CA41 的 6 端子	<1 Ω

续表

作业内容

7. 检修近光灯熔丝 EF24/EF25 与前照灯线束连接器 CA24/CA41 端子 6 之间线路断路故障。

(1)检修近光灯熔丝 EF24/EF25 与前照灯线束连接器 CA24/CA41 端子 6 之间线路断路故障,修复完成。

(2)开启近光灯,测量前照灯线束连接器 CA24/CA41 端子 6 与车身接地之间的电压。

(3)确认电压是否符合标准值。

(4)确认近光灯是否正常工作。

(5)远光灯不工作,进入步骤 8;远光灯工作正常,系统正常,故障排除。

8. 检测近光灯线束连接器 CA24/CA41 端子 8 与车身接地之间的电阻。

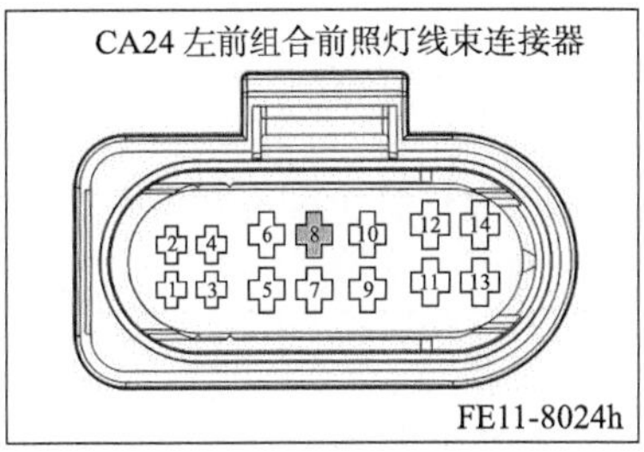

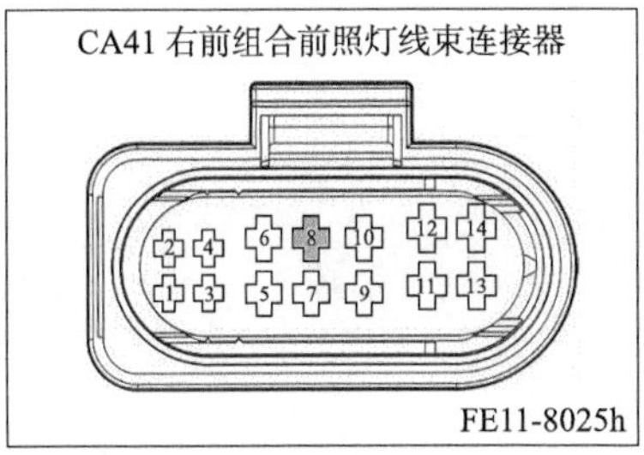

CA24/CA41 组合前照灯线束连接器(端子 8)

(1)断开近光灯线束连接器 CA24/CA41。

(2)测量近光灯线束连接器 CA24/CA41 端子 8 与车身接地之间的电阻。

(3)确认电阻是否符合标准值。

(4)电阻不符合标准值,进入步骤 9;电阻符合标准值,进入步骤 10。

9. 检修灯光线束连接器 CA24/CA41 端子 8 与车身接地之间的断路故障。

(1)检修灯光线束连接器 CA24/CA41 端子 8 与车身接地之间的断路故障,修复完成。

(2)确认电阻值是否符合标准值。

(3)确认远光灯是否正常工作。

(4)远光灯不工作,进入步骤 10;近光灯工作正常,系统正常,故障排除。

10. 更换远光继电器。

标准数据

5. CA24/CA41 电源电压标准值

端子	条件	标准值
CA24-6-车身地	开启近光	11～14 V
CA41-6-车身地	开启近光	11～14 V

6. 线束连接器 CA24/CA41 端子 8 与到车身接地之间的电阻标准值

端子	电阻
CA24-8-车身地	<1 Ω
CA41-8-车身地	<1 Ω

7. 线束连接器 CA24/CA41 与车身接地之间的电阻标准值

端子	电阻
CA24-8-车身地	<1 Ω
CA41-8-车身地	<1 Ω

续表

<table>
<tr><th>作业内容</th><th>标准数据</th></tr>
<tr><td>
(1)将近光灯继电器更换到远光灯继电器位置。
(2)确认远光灯是否正常工作。
(3)远光灯工作正常,安装新的远光灯继电器,故障排除;远光灯工作不正常,转至步骤 11。
11. 检测灯光组合开关线束连接器 IP38 端子 1 与车身之间的电阻。
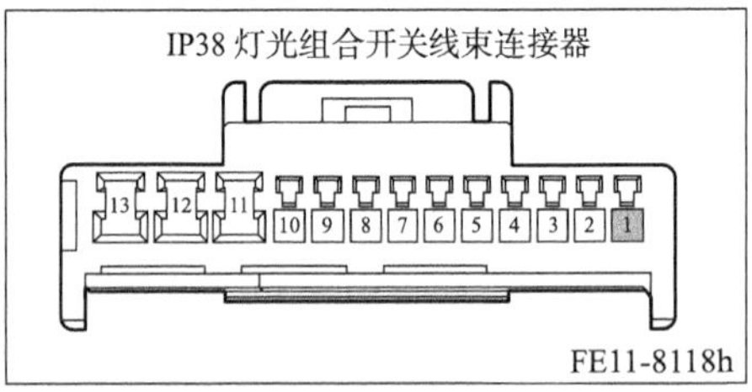

IP38 灯光组合开关线束连接器(端子 1)
(1)断开灯光组合开关线束连接器 IP38。
(2)测量灯光组合开关线束连接器 IP38 端子 1 与车身接地之间的电阻。
(3)确认电阻是否符合标准值。
(4)电阻不符合标准值,进入步骤 12;电阻符合标准值,进入步骤 13。
</td><td>
8. 线束连接器 IP38 端子 1 与车身接地之间的电阻标准值
<table>
<tr><th>端　子</th><th>电　阻</th></tr>
<tr><td>IP38-1-车身地</td><td><1 Ω</td></tr>
</table>
</td></tr>
<tr><td>
12. 检修灯光组合开关线束连接器 IP38 端子 1 与车身接地之间的断路故障。
(1)检修灯光组合开关线束连接器 IP38 端子 1 与车身接地之间的断路故障,修复完成。
(2)确认电阻值是否符合标准值。
(3)确认远光灯是否正常工作。
(4)远光灯不工作,进入步骤 13;远光灯工作正常,系统正常,故障排除。
</td><td>
9. 线束连接器 IP38 端子 1 与车身接地之间的电阻标准值
<table>
<tr><th>端　子</th><th>电　阻</th></tr>
<tr><td>IP38-1-车身地</td><td><1 Ω</td></tr>
</table>
</td></tr>
<tr><td>
13. 测量 BCM 线束连接器 IP21a 端子 18 的电压。
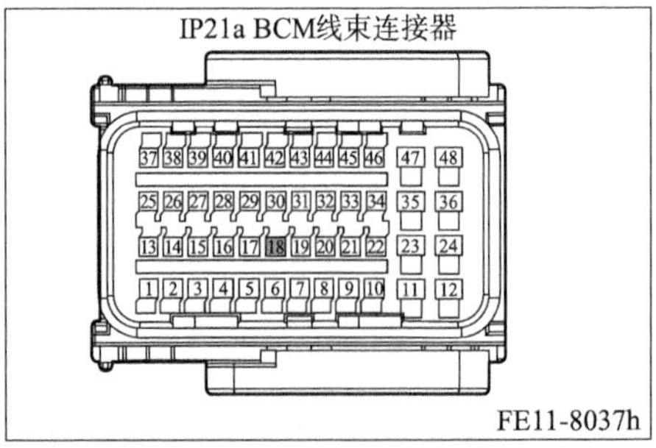

IP21a BCM 线束连接器(端子 18)
(1)拔下 BCM 线束连接器,测量 BCM 线束连接器 IP21a 端子 18 的电压。
(2)确认电压是否符合标准值。
(3)否,转至步骤 14;是,转至步骤 15。
</td><td>
10. BCM 线束连接器 IP21a 端子 18 电压标准值
<table>
<tr><th>端　子</th><th>标 准 值</th></tr>
<tr><td>IP21a-18-车身地</td><td>11～14 V</td></tr>
</table>
</td></tr>
</table>

续表

<table>
<tr><th>作业内容</th><th>标准数据</th></tr>
<tr><td>
14. 检修 BCM 线束连接器 IP21a 端子 18 与继电器之间的断路故障。
(1)确认灯光组合开关线束连接器 IP21a 端子 18 与继电器 ER07 针脚 2 之间线路断路故障修复完成。
(2)确认远光灯是否正常工作。
(3)否,转至步骤 15;是,系统正常。
15. 测量灯光组合开关线束连接器 IP38 端子 9 与 BCM 线束连接器 IP20a 端 31 之间是否导通。
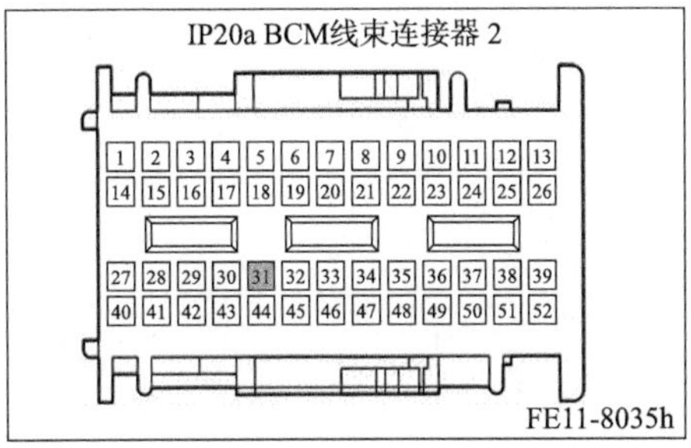

IP21a BCM 线束连接器 2(端子 31)
(1)测量灯光组合开关线束连接器 IP38 端子 9 与 BCM 线束连接器 IP20a 端子 31 之间的电阻。
(2)确认电阻是否符合标准值。
(3)否,转至步骤 16;是,系统正常。
16. 更换组合开关。
(1)更换组合开关。
(2)确认远光灯是否正常工作。
(3)否,转至步骤 17;是,系统正常。
17. 更换 BCM。
(1)更换 BCM 总成。
(2)确认修理完成。
18. 系统正常
</td><td>
11. 灯光组合开关 IP38 端子 9 与 BCM 线束连接器 IP20a-31 电阻标准值
<table>
<tr><th>端　　子</th><th>电　　阻</th></tr>
<tr><td>IP38-9-IP20a-31</td><td><1 Ω</td></tr>
</table>
</td></tr>
</table>

(4)自动开启不工作诊断流程(见表 1-12-4)

表 1-12-4　自动开启不工作诊断流程

作　业　内　容
故障现象确认: **故障现象:**自动开启不工作。 分析:前照灯操作启动开关使电源模式至 ON 状态,车灯开关手柄中的前照灯旋钮处于 AUTO 挡时,如果 BCM 控制单元接收到的环境光度传感器的信息为接通状态(光线较暗),则 BCM 接通位置灯和前照灯继电器,并点亮位置灯或前照灯。 操作启动开关使电源模式至 ON 状态,车灯开关手柄中的前照灯旋钮处于 AUTO 挡时,如果 BCM 控制单元接收到的环境光度传感器的信息为断开状态(光线较强),则 BCM 断开位置灯和前照灯继电器,并熄灭位置灯或前照灯(如先前自动点灯功能是有效的,则 BCM 延时 2 s 后断开位置灯和前照灯继电器,并熄灭位置灯或前照灯)。自动前照灯电路如下图所示。

续表

作 业 内 容

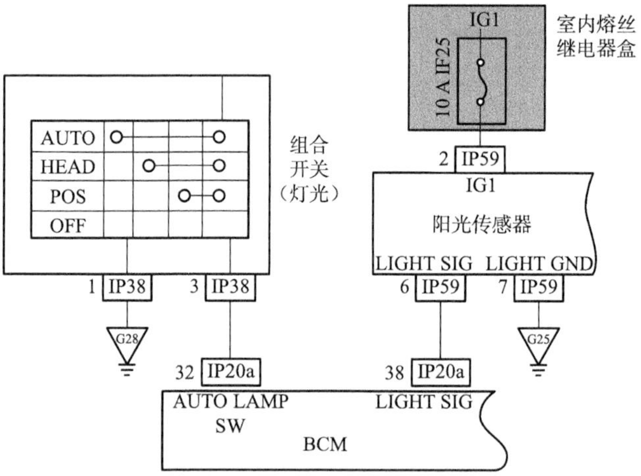

吉利帝豪 EV450 自动前照灯工作电路简图

故障现象判断:自动灯开启不工作,首先应检查前照灯在开关处于其他挡位时的工作情况,如在其他挡位前照灯工作正常,则说明自动开关或其线路、传感器存在故障

作业内容	标准数据
1. 检查近光灯和位置灯是否工作。 2. 检查熔丝 IF25。 (1)检查熔丝 IF25 是否熔断。 (2)否,转至步骤 4;是,转至步骤 3。 3. 检修熔丝 IF25 线路。 (1)检查熔丝 IF25 线路是否有短路故障。 (2)进行线路修理,确认没有线路短路现象。 (3)更换额定电流的熔丝。熔丝的额定值为 10 A。 (4)确认远光灯是否正常工作。 (5)是,系统正常;否,转至步骤 4。 4. 测量阳光传感器线束连接器 IP59 端子 2 的电压。 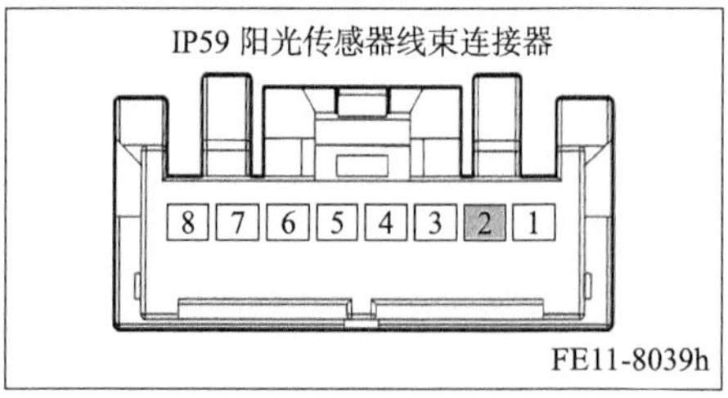 阳光传感器线束连接器 IP59(端子 2) (1)操作启动开关使电源模式至 ON 状态。 (2)测量阳光传感器线束连接器 IP59 端子 2 电压。 (3)操作启动开关使电源模式至 OFF 状态。 (4)确认电压是否符合标准值。 (5)否,转至步骤 5;是,转至步骤 6。	1. 阳光传感器线束连接器 IP59 端子 2 电压标准值 端子 | 条件 | 标准值 IP59-2-车身地 | 点火开关 ON | 11～14 V

续表

<table>
<tr><th>作业内容</th><th>标准数据</th></tr>
<tr><td>
5. 检修阳光传感器线束连接器 IP59 端子 2 与熔丝 IF25 的线路断路故障。
(1)确认熔丝 IF25 与阳光传感器线束连接器 IP59 端子 2 之间的线路断路故障修复完成。
(2)确认前照灯自动开启是否正常工作。
(3)否,转至步骤 6;是,系统正常。
6. 检查阳光传感器线束连接器 IP59 端子 7 与车身接地之间的线路。
(1)测量阳光传感器线束连接器 IP59 端子 7 与车身接地之间的电阻。
(2)确认电阻是否符合标准值
(3)否,转至步骤 7;是,转至步骤 8。
7. 检修阳光传感器线束连接器 IP59 端子 7 与车身接地之间断路故障。
(1)确认阳光传感器线束连接器 IP59 端子 7 与车身接地之间的断路故障修复完成。
(2)确认前照灯自动开启是否正常。
(3)否,转至步骤 8;是,系统正常。
</td><td>
2. 阳光传感器线束连接器 IP59 端子 7 与车身接地之间的电阻
<table>
<tr><th>端子</th><th>电阻</th></tr>
<tr><td>IP59-7-搭铁</td><td><1 Ω</td></tr>
</table>
</td></tr>
<tr><td>
8. 测量 BCM 线束连接器 IP20a 端子 38 的电压。
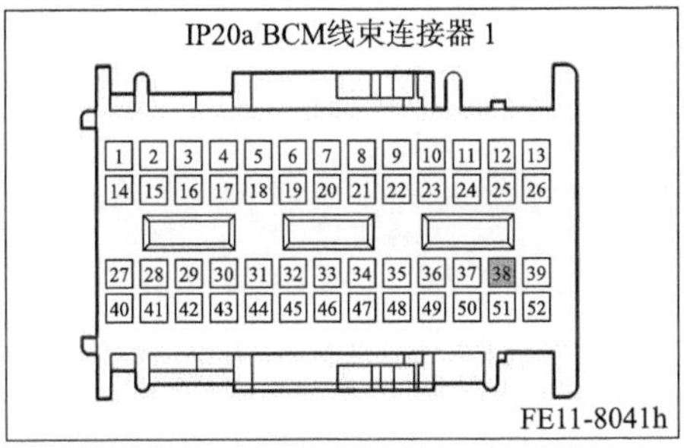

BCM 线束连接器 IP20a(端子 38)
(1)改变周围环境光的亮度。
(2)测量 BCM 线束连接器 IP20a 端子 38 的电压是否在 0~14 V 范围内变化。
(3)确认电压是否符合标准值。
(4)否,转至步骤 9;是,转至步骤 11。
</td><td>
3. BCM 线束连接器 IP20a 端子 38 的电压标准值
<table>
<tr><th>端子</th><th>条件</th><th>标准值</th></tr>
<tr><td>IP20a-38-车身地</td><td>环境亮度改变</td><td>0~14 V</td></tr>
</table>
</td></tr>
<tr><td>
9. 检查 BCM 线束连接器 IP20a 端子 38 与阳光传感器线束连接器 IP59 端子 6 之间的线路。
(1)测量 BCM 线束连接器 IP20a 端子 38 与阳光传感器线束连接器 IP59 端子 6 之间的电阻。电阻标准值:小于 1 Ω。
(2)测量 BCM 线束连接器 IP20a 端子 38 与车身接地之间的电阻。电阻标准值:10 kΩ 或更高。
(3)确认电阻是否符合标准值。
10. 检修 BCM 线束连接器 IP20a 端子 38 与阳光传感器线束连接器 IP59 端子 6 之间断路或短路故障。
</td><td>
4. IP20a 端子 38 与 IP59 端子 6 电阻标准值
<table>
<tr><th colspan="2">端子</th><th>电阻</th></tr>
<tr><td colspan="2">IP20a-38-IP59-6</td><td><1 Ω</td></tr>
<tr><td>CA41-6-车身地</td><td>开启近光</td><td>11~14 V</td></tr>
</table>
</td></tr>
</table>

续表

<table>
<tr><th>作业内容</th><th>标准数据</th></tr>
<tr><td>
(1)断开灯光组合开关线束连接器 IP38。
(2)确认 BCM 线束连接器 IP20a 端子 38 与阳光传感器线束连接器 IP59 端子 6 之间的线路故障修复完成。
(3)确认前照灯自动开启是否正常工作。
(4)否,转至步骤 11;是,系统正常。
11. 检测灯光组合开关线束连接器 IP38 端子 1 与车身之间的电阻。
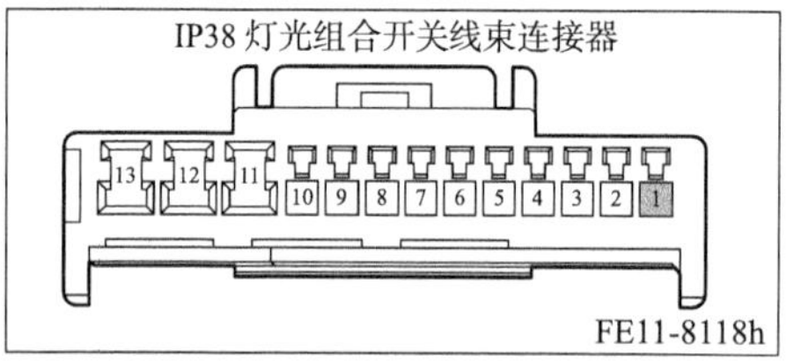

IP38 灯光组合开关线束连接器(端子 1)
(1)断开灯光组合开关线束连接器 IP38。
(2)测量灯光组合开关线束连接器 IP38 端子 1 与车身接地之间的电阻。
(3)确认电阻是否符合标准值。
(4)否,转至步骤 12;是,转至步骤 13。
12. 检修灯光组合开关线束连接器 IP38 端子 1 与车身接地之间的断路故障。
(1)确认灯光组合开关线束连接器 IP38 端子 1 与车身接地之间的断路故障修复完成。
(2)确认近光灯是否正常工作。
(3)否,转至步骤 13;是,系统正常。
</td><td>
5. 线束连接器 IP38 端子 1 与车身接地之间的电阻标准值
<table>
<tr><th>端子</th><th>电阻</th></tr>
<tr><td>IP38-1-车身地</td><td><1 Ω</td></tr>
</table>
</td></tr>
<tr><td>
13. 检查灯光组合开关线束连接器 IP38 端子 3 与 BCM 线束连接器 IP20a 端子 32 之间的线路。
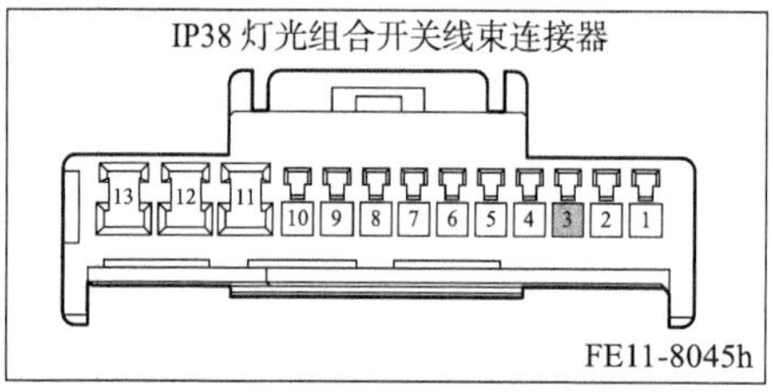

IP38 灯光组合开关线束连接器(端子 3)
(1)测量灯光组合开关线束连接器 IP38 端子 3 与 BCM 线束连接器 IP20a 端子 32 之间的电阻。
(2)测量灯光组合开关线束连接器 IP38 端子 3 与车身接地之间的电阻。
(3)测量 BCM 线束连接器 IP20a 端子 32 与车身接地之间的电阻。电阻标准值:10 kΩ 或更高。
(4)确认电阻是否符合标准值。
(5)否,转至步骤 14;是,转至步骤 15。
14. 检修灯光组合开关线束连接器 IP38 端子 3 与 BCM 线束连接器 IP20a 端子 32 之间断路或短路故障。
</td><td>
6. 线束连接器 IP38 端子 3 与 BCM 线束连接器 IP20a 端子 32 之间的电阻标准值
<table>
<tr><th>端　子</th><th>电　阻</th></tr>
<tr><td>IP38-3-IP20a-32</td><td><1 Ω</td></tr>
</table>
</td></tr>
</table>

续表

作业内容	标准数据
(1)确认灯光组合开关线束连接器IP38端子3与BCM线束连接器IP20a端子32之间的线路故障修复完成。 (2)确认前照灯自动开启是否正常工作。 (3)否,转至步骤15;是,系统正常。 15. 更换组合开关。 (1)更换组合开关。 (2)确认前照灯自动开启是否正常工作。 (3)否,转至步骤16;是,系统正常。 16. 更换BCM。 (1)更换BCM总成。 (2)确认修理完成。 17. 系统正常	

(5)前照灯高度调节不工作诊断流程(见表1-12-5)

表1-12-5 前照灯高度调节不工作诊断流程

作 业 内 容
故障现象确认: **故障现象1:**一侧前照灯高度调节不工作。 **故障现象2:**两侧前照灯高度调节均不工作。 分析:当灯光组合开关打到“前照灯”挡时,工作电压由组合开关线束连接器输出驱动前照灯继电器吸合,前照灯工作。前照灯供电电压同时被传送到前照灯光轴调节开关和左、右前照灯光轴调节电机上,此时上下拨动调节开关能改变调节电机的信号电压,从而实现前照灯的高度调节功能。吉利帝豪EV450前照灯高度调节电路简图如下图所示。

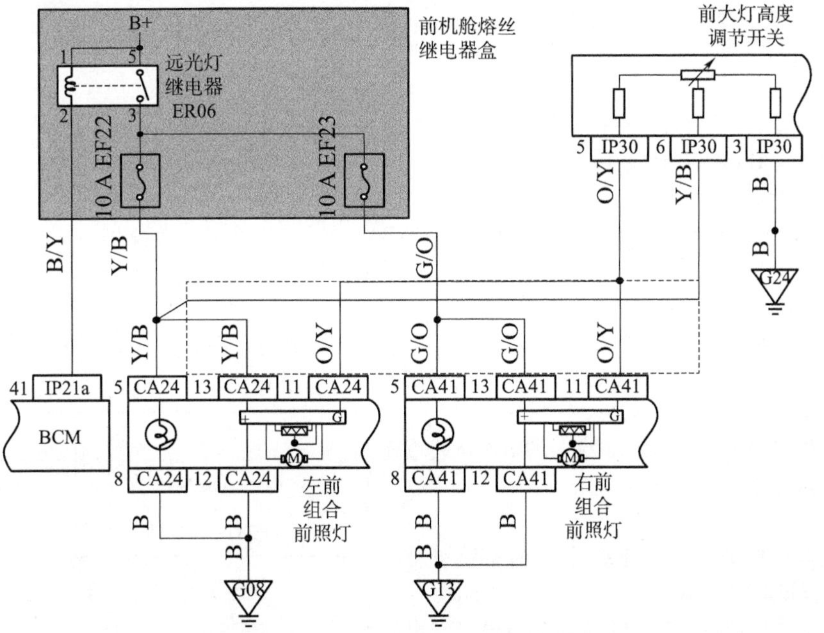

吉利帝豪EV450前照灯高度调节电路简图

续表

故障现象 1 判断:一侧前照灯高度调节不工作,可以排除调节开关及其所在的线路故障,应重点检查不工作一侧远光灯单独线路和用电设备。

故障现象 2 判断:两侧前照灯高度调节均不工作,则应重点考虑两侧灯光高度调节的公用线路和设备,如高度调节开关

<table>
<tr><th>作业内容</th><th>标准数据</th></tr>
<tr><td>

1. 检查近光灯是否工作。

(1)检查两侧近光灯。

(2)否,检查近光灯工作状况;是,转至步骤 2。

2. 检测调节电机线束连接器 CA24/CA41 电源端子的电压。

CA24 左前组合前照灯线束连接器

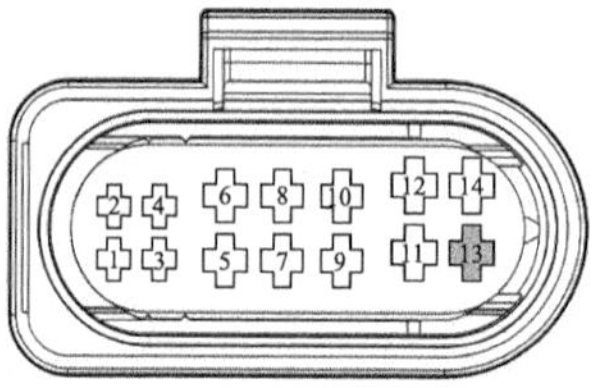

FE11-8049h

CA41 右前组合前照灯线束连接器

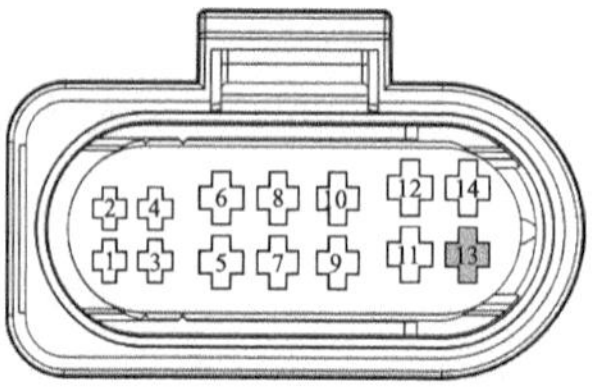

FE11-8050h

CA24/CA41 调节电机线束连接器
(端子 13)

(1)测量调节电机线束连接器 CA24/CA41 端子 13 与车身接地之间的电压。

(2)确认是否符合标准值。

(3)否,转至步骤 4;是,转至步骤 3。

3. 检查调节电机熔丝 EF22/EF23 与调节电机线束连接器 CA24/CA41 端子 13 之间线路。

(1)测量调节电机熔丝 EF22/EF23 与调节电机线束连接器 CA24/CA41 端子 13 之间的电阻。

(2)确认电压是否符合标准值。

(3)是,检修机舱熔丝继电器盒,必要时更换机舱线束;否,转至步骤 4。

4. 检修调节电机熔丝 EF22/EF23 与调节电机线束连接器 CA24/CA41 端子 13 之间线路断路故障。

</td><td>

1. CA24/CA41 电源端子电压标准值

<table>
<tr><th>端子</th><th>条件</th><th>标准值</th></tr>
<tr><td>CA24/CA41-13-车身地</td><td>点火开关 ON、前照灯开关开启</td><td>11～14 V</td></tr>
</table>

2. 熔丝 EF22/EF23 与调节电机线束连接器 CA24/CA41 端子 13 间电阻标准值

<table>
<tr><th>端子</th><th>电阻</th></tr>
<tr><td>EF22-CA24-13</td><td><1 Ω</td></tr>
<tr><td>EF23-CA41-13</td><td><1 Ω</td></tr>
</table>

</td></tr>
</table>

续表

作业内容	标准数据

(1)确认调节电机熔丝 EF22/EF23 与调节电机线束连接器 CA24/CA41 端子 13 之间线路断路故障修复完成。

(2)确认调节电机是否正常工作。

(3)否,系统正常;是,转至步骤 5。

5. 检查调节电机线束连接器 CA24/CA41 端子 12 与车身接地之间线路。

CA24 左前组合前照灯线束连接器

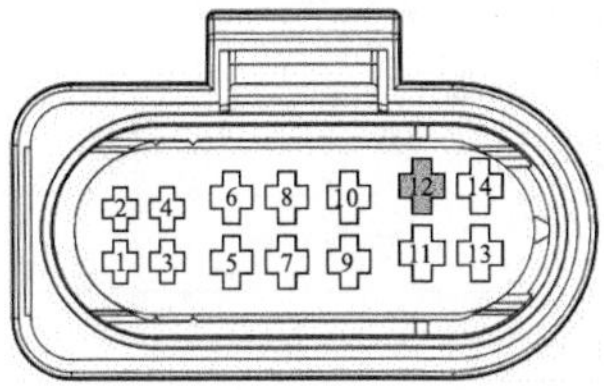

FE11-8053h

CA41 右前组合前照灯线束连接器

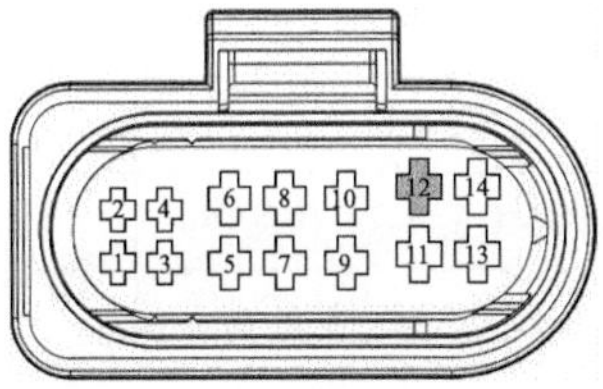

FE11-8054h

CA24/CA41 调节电机线束连接器
(端子 12)

(1)断开调节电机线束连接器 CA24/CA41。

(2)测量调节电机线束连接器 CA24/CA41 端子 12 与车身接地之间的电阻。

(3)确认电阻是否符合标准值

(4)否,转至步骤 6;是,转至步骤 7。

6. 检修调节电机线束连接器 CA24/CA41 端子 12 与车身接地之间的断路故障。

(1)确认调节电机线束连接器 CA24/CA41 端子 12 与车身接地之间的断路故障修复完成。

(2)确认调节电机是否正常工作。

(3)否,转至步骤 7;是,修理或更换线束。

3. 线束连接器 CA24/CA41 端子 12 与车身接地之间线路电阻标准值

端子	电阻
CA24/CA41-12-搭铁	<1 Ω

续表

作业内容

7. 检测调节电机线束连接器 CA24/CA41 端子 11 的信号电压。

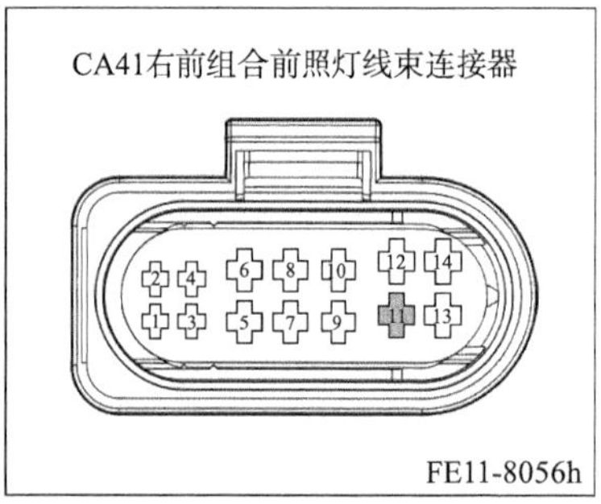

CA41 调节电机线束连接器(端子 11)

(1)测量调节电机线束连接器 CA24/CA41 端子 11 的信号电压。

(2)确认电压是否符合标准值。

(3)否,转至步骤 8;是,转至步骤 10。

8. 检查调节电机线束连接器 CA24/CA41 端子 11 与调节开关线束连接器 IP30 端子 5 之间线路。

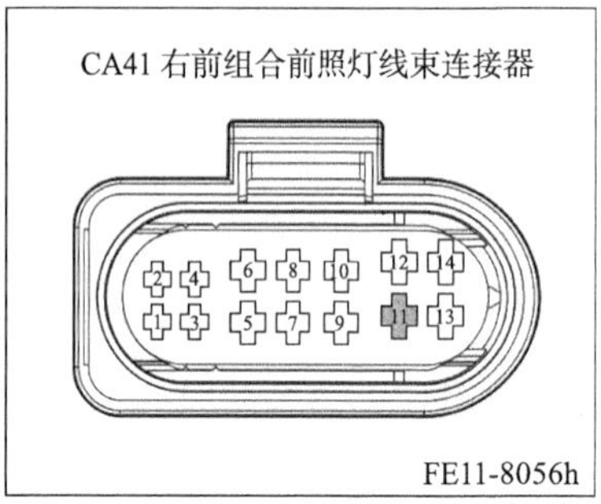

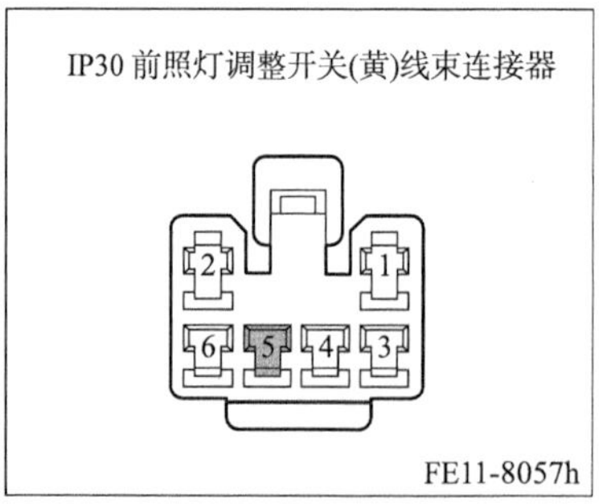

CA41 与 IP30 线束连接器

(1)测量调节电机线束连接器 CA24/CA41 端子 11 与调节开关线束连接器 IP30 端子 5 之间的电阻。

(2)测量调节电机线束连接器 CA24/CA41 端子 11 与车身接地之间的电阻。

标准数据

4. 线束连接器 CA24/CA41 端子 11 电压标准值

挡位	挡位信号电压/V
0 挡	8.5
1 挡	7.0
2 挡	5.5
3 挡	4.0

5. CA24/CA41 端子 11 与 IP30 端子 5 之间线路电阻

端子	电阻
CA24/CA41-11-IP30-5	<1 Ω
CA24/CA41-11-搭铁	≥10 kΩ

续表

<table>
<tr><th>作业内容</th><th>标准数据</th></tr>
<tr><td>
(3)确认电阻是否符合标准值。
(4)否,转至步骤 9;是,转至步骤 10。
9. 检修调节电机线束连接器 CA24/CA41 端子 11 与调节开关线束连接器 IP30 端子 5 之间线路。
(1)确认调节电机线束连接器 CA24/CA41 端子 11 与调节开关线束连接器 IP30 端子 5 之间的线路故障修复完成。
(2)确认前照灯自动开启是否正常工作。
(3)否,转至步骤 10;是,系统正常。
10. 检测调节开关线束连接器 IP30 端子 6 的电压。
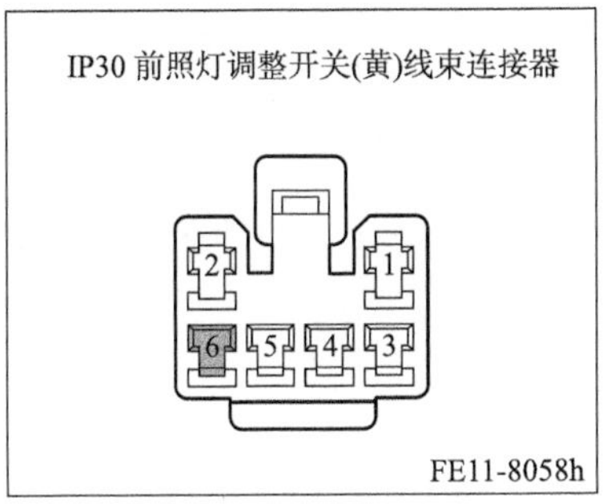

IP30 调节开关线束连接器
(1)测量调节开关线束连接器 IP30 端子 6 的电压。
(2)确认电压是否符合标准值。电压标准值:11～14 V。
(3)否,转至步骤 11;是,转至步骤 12。
11. 检查调节开关线束连接器 IP30 端子 6 与调节电机熔丝 EF22 之间线路。
(1)测量调节开关线束连接器 IP30 端子 6 与调节电机熔丝 EF22 之间的电阻。
(2)确认电阻是否符合标准值,电阻标准值小于 1 Ω。
(3)否,转至步骤 12;是,检修机舱熔丝继电器盒,必要时更换机舱线束。
12. 检修调节开关线束连接器 IP30 端子 6 与调节电机熔丝 EF22 之间线路断路。
(1)确认调节开关线束连接器 IP30 端子 6 与调节电机熔丝 EF22 之间线路断路故障修复完成。
(2)确认电机是否正常工作。
(3)否,转至步骤 13;是,系统正常。
</td><td>
6. 调节开关线束连接器 IP30 端子 6 电压标准值
<table>
<tr><th>端子</th><th>标准值</th></tr>
<tr><td>IP306-6-搭铁</td><td>11～14 V</td></tr>
</table>
</td></tr>
</table>

续表

作业内容	标准数据
13. 检查调节开关线束连接器 IP30 端子 3 和车身接地之间线路。 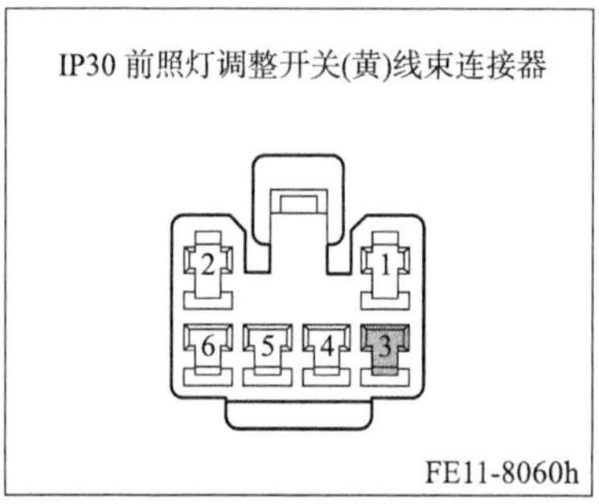 IP30 调整开关线束连接器 (1)断开调节开关线束连接器 IP30。 (2)测量调节开关线束连接器 IP30 端子 3 与车身接地之间的电阻。 (3)确认电阻是否符合标准值,电阻标准值小于 1 Ω。 (4)否,转至步骤 14;是,维修调节开关线束连接器和接地点。 14. 检修调节开关线束连接器 IP30 端子 3 和车身接地之间的断路故障。 (1)确认调节电机线束连接器 IP30 端子 3 和车身接地之间的断路故障修复完成。 (2)确认调节电机是否正常工作。 (3)否,转至步骤 15;是,系统正常。 15. 更换调节开关。 (1)更换调节开关。 (2)确认修理完成 (3)确认调节电机是否正常工作。 (4)否,转至步骤 16;是,系统正常。 16. 更换高度调节电机。 (1)更换高度调节电机。 (2)确认修理完成。 17. 系统正常	

2. 信号系统检修

左前转向灯不工作诊断流程(见表 1-12-6)。

表 1-12-6 左前转向灯不工作诊断流程

作 业 内 容
故障现象确认: **故障现象 1:**一侧转向灯不工作。 **故障现象 2:**两侧转向灯均不工作,危险报警灯工作正常。

续表

分析:汽车信号系统由转向信号、倒车信号、制动信号和喇叭信号灯组成。在信号系统中,转向灯工作最具代表性,所以本部分内容以转向灯工作原理和检修进行介绍。

下图所示为吉利帝豪 EV450 转向灯电路简图,多功能操纵杆控制灯光组合开关线束连接器端子的接地电路,此接地信号传送至 BCM,BCM 通过线束连接器输出电压分别点亮左、右转向灯。

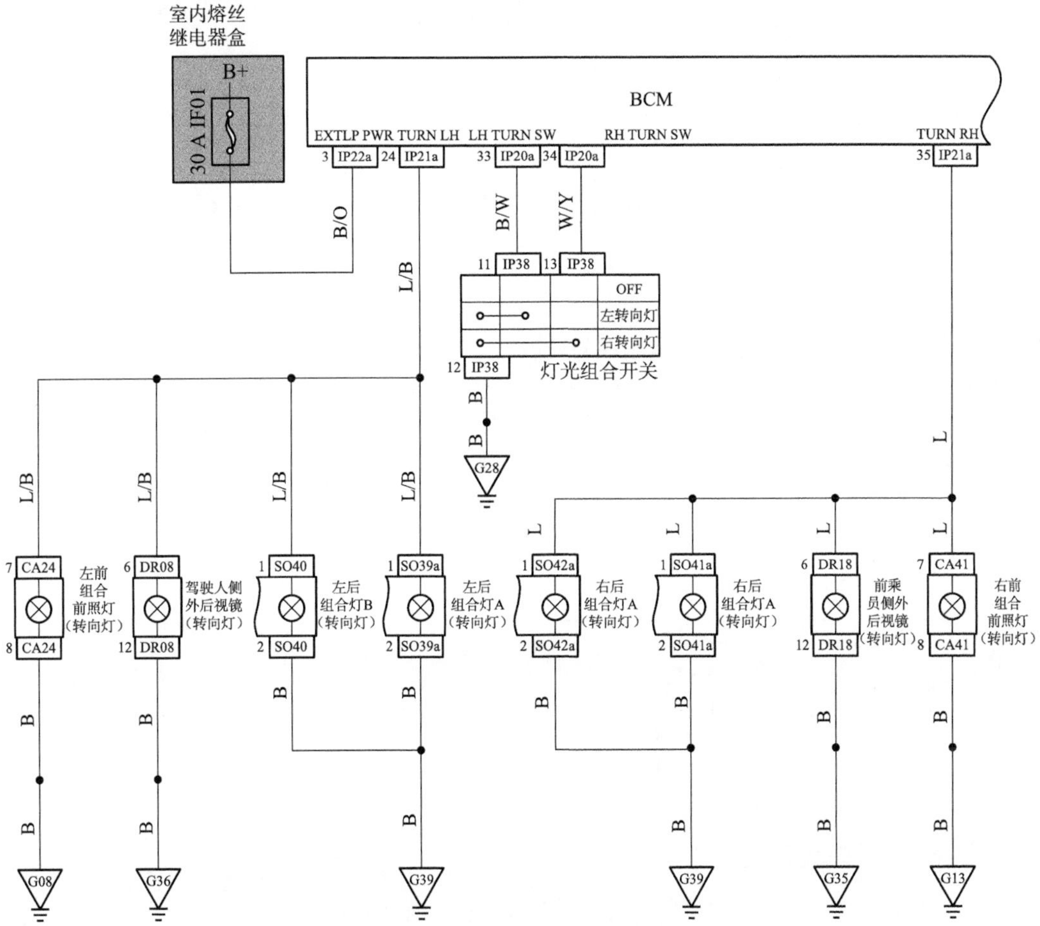

吉利帝豪 EV450 转向灯电路简图

故障现象判断:自动灯开启不工作,首先应检查前照灯在开关处于其他挡位时的工作情况,如在其他挡位前照灯工作正常,则说明自动开关或其线路、传感器存在故障

作业内容	标准数据
1. 检查转向灯。 (1)打开危险警报灯开关,观察其他转向灯。 (2)确认其他转向灯是否正常点亮。 (3)是,转至步骤 2;否,转至步骤 7。	

续表

作业内容

2. 检查左前转向灯线束连接器 CA24 端子 7 的电压。

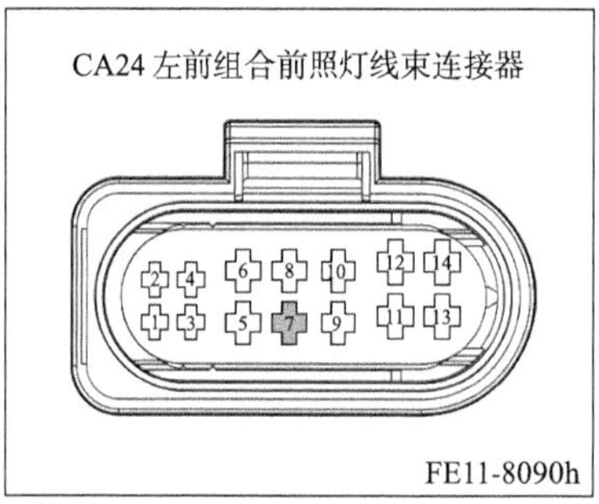

CA24 左前组合前照灯线束连接器
（端子 7）

（1）打开点火开关，打开左转向开关，检测左前转向灯线束连接器 CA24 端子 7 的电压。电压标准值为 11～14 V。

（2）确认电压是否符合标准值。

（3）否，转至步骤 3；是，转至步骤 5。

3. 检查左前转向灯线束连接器 CA24 端子 7 与 BCM 线束连接器 IP21a 端子 24 之间线路。

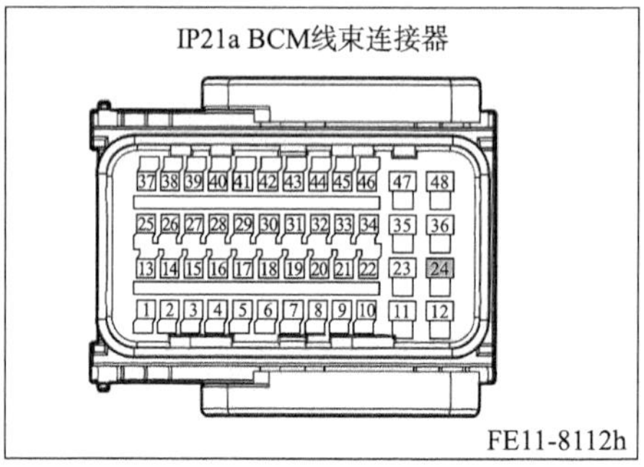

IP21a BCM 线束连接器（端子 24）

（1）检测左前转向灯线束连接器 CA24 端子 7 与 BCM 线束连接器 IP21a 端子 24 之间的电阻。

（2）确认电阻值是否符合标准值。

（3）是，系统正常；否，转至步骤 4。

4. 检查左前转向灯线束连接器 CA24 端子 7 与 BCM 线束连接器 IP21a 端子 24 之间断路或短路故障。

（1）确认左前转向灯线束连接器 CA24 端子 7 与 BCM 线束连接器 IP21a 端子 24 之间的线路故障修复完成。

（2）确认转向灯是否正常工作。

（3）否，转至步骤 5；是，系统正常。

标准数据

1. 线束连接器 CA24 电源电压标准值

端子	条件	标准值
CA24-7-车身地	点火开关 ON/ 打开左转向开关	11～14 V

2. 左前转向灯线束连接器 CA24 端子 7 与 BCM 线束连接器 IP21a 端子 24 之间的电阻标准值

端子	电阻
CA24-7-IP21a-24	<1 Ω

续表

作业内容	标准数据

5. 检测近光灯线束连接器 CA24 端子 8 与车身接地之间的电阻。

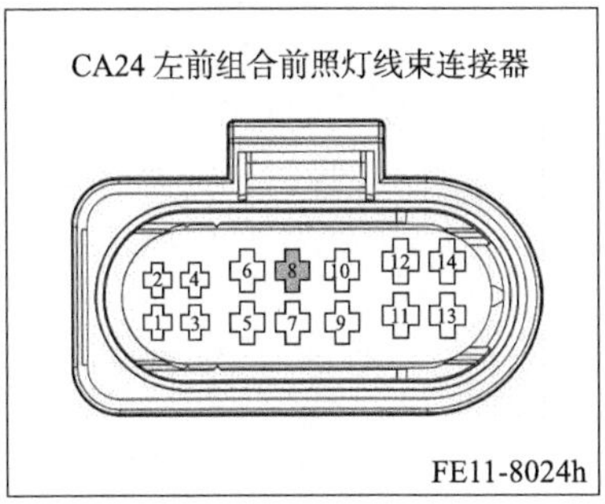

CA24 组合前照灯线束连接器(端子 8)

(1)断开近光灯线束连接器 CA24。

(2)测量近光灯线束连接器 CA24 端子 8 与车身接地之间的电阻。

(3)确认电阻是否符合标准值。

(4)否,转至步骤 6;是,转至步骤 7。

6. 检修近光灯线束连接器 CA24 端子 8 与车身接地之间的断路故障。

(1)确认近光灯线束连接器 CA24 端子 8 与车身接地之间的断路故障修复完成。

(2)确认近光灯是否正常工作。

(3)否,转至步骤 7;是,系统正常。

7. 检测灯光组合开关线束连接器 IP38 端子 12 与车身之间的电阻。

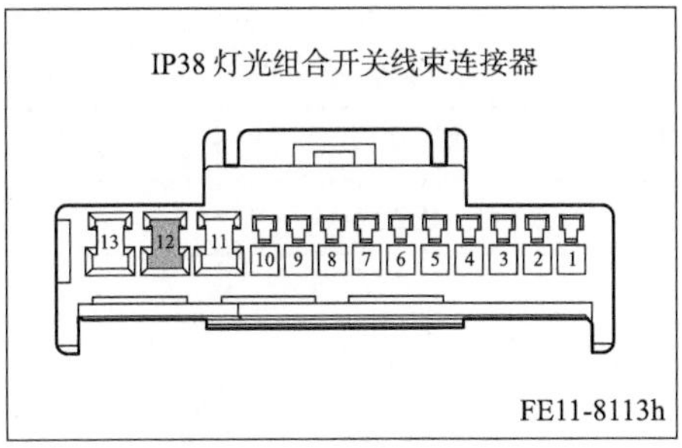

IP38 灯光组合开关线束连接器(端子 12)

(1)断开灯光组合开关线束连接器 IP38。

(2)测量灯光组合开关线束连接器 IP38 端子 12 与车身接地之间的电阻。

(3)确认电阻是否符合标准值。

(4)否,转至步骤 8;是,转至步骤 13。

3. CA24 端子 8 与车身接地电阻标准值

端子	电阻
CA24-8-车身地	<1 Ω

4. 线束插接器 IP38 端子 12 到车身接地之间的电阻标准值

端子	电阻
IP38-12-车身地	<1 Ω

续表

<table>
<tr><th>作业内容</th><th>标准数据</th></tr>
<tr><td>
8. 检修灯光组合开关线束连接器 IP38 端子 12 与车身接地之间的断路故障。
(1)确认灯光组合开关线束连接器 IP38 端子 12 与车身接地之间的断路故障修复完成。
(2)确认近光灯是否正常工作。
(3)否,转至步骤 9;是,系统正常。
9. 测量灯光组合开关线束连接器 IP38 端子 11 与 BCM 线束连接器 IP20a 端子 33 之间是否导通。
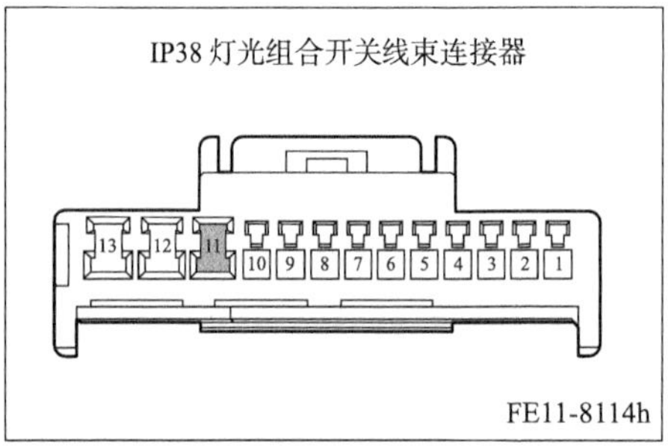

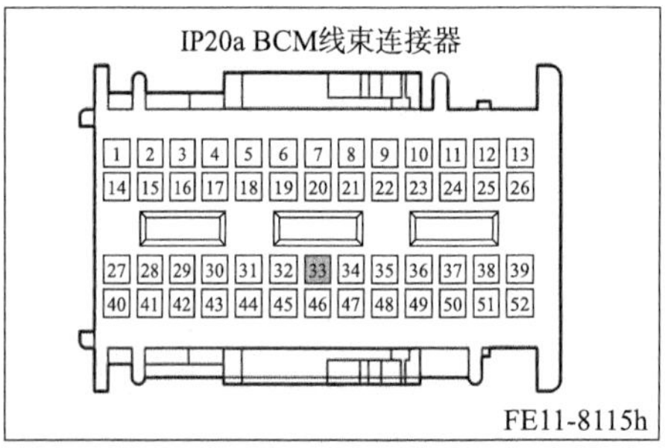

灯光组合开关线束连接器 IP38(端子 11)与
BCM 线束连接器 IP20a(端子 33)
(1)测量灯光组合开关线束连接器 IP38 端子 11 与 BCM 线束连接器 IP20a 端子 33 之间的电阻。
(2)确认电阻是否符合标准值。
(3)否,转至步骤 10;是,系统正常。
10. 更换灯光组合开关。
(1)更换灯光组合开关。
(2)确认转向灯是否正常工作。
(3)否,转至步骤 11;是,系统正常。
11. 更换组合开关。
(1)更换组合开关。
(2)确认转向灯是否正常工作。
12. 更换 BCM。
(1)更换 BCM。
(2)确认修理完成。
13. 系统正常
</td><td>
5. 线束插接器 IP38 的端子 11 到 BCM 线束连接器 IP20a 的端子 33 之间的电阻标准值
<table>
<tr><th>端子</th><th>电阻</th></tr>
<tr><td>IP38-1-IP20a-33</td><td><1 Ω</td></tr>
</table>
</td></tr>
</table>

职业技能提高篇

纯电动汽车高压不上电故障诊断与排除

郑春伟

一、任务内容

在实际维修岗位上,纯电动汽车高压不上电故障是较为常见的问题之一。随着新能源汽车的广泛应用,其高压系统的复杂性和高电压特性使得在使用过程中容易受到多种因素的影响,从而导致高压系统无法正常上电。通过案例学习,可以提升维修人员对纯电动汽车故障诊断的能力,同时为相关技术人员提供参考。

本次任务针对吉利帝豪 EV450 在起动中出现的高压系统无法正常上电的问题,通过系统化的检查流程,快速定位故障原因,并采取有效措施进行修复。任务内容包括:首先确认车辆的基本信息和故障现象,检查车辆的高压互锁回路、绝缘监测系统、电池管理系统(BMS)以及相关高压部件的状态;其次,利用专业诊断工具读取故障代码,分析系统通信和控制逻辑是否正常;然后,对关键部件如高压配电盒、驱动电机控制器、DC/DC 变换器等进行功能测试和线路检查;根据诊断结果,制定针对性的维修方案,修复或更换故障部件,并进行系统复位和功能验证;最后,总结故障原因。

二、注意事项

1. 安全注意事项

(1)维修人员必须具备新能源汽车高压系统维修资质,熟悉高压系统的操作流程和安全规范。在接触高压部件前,必须佩戴绝缘手套、绝缘鞋等防护装备,使用绝缘工具进行操作。确保车辆处于断电状态(关闭点火开关,拔出钥匙,断开 12 V 低压电源,并等待至少 5 min,以确保高压电容放电完成)。

(2)在维修过程中,确保车辆周围设置高压警示标识,避免非专业人员接触高压部件。维修场地应保持干燥、通风,避免在潮湿或易燃环境下操作。

(3)在检查高压部件时,避免直接触摸高压线束和端子,防止触电。若需拆卸高压部件,必须按照维修手册的步骤进行,确保安全操作。

2. 诊断注意事项

(1)使用专用诊断仪或兼容的诊断工具,并确保工具已更新至最新版本。在连接诊断仪前,确认车辆的 OBD 接口和诊断仪连接稳定,避免因接触不良导致误判。

(2)读取故障代码后,结合车辆的实际状态和维修手册进行综合分析,避免仅凭代码盲目维修。注意区分故障代码是当前故障还是历史故障,避免误判。

(3)检查高压互锁回路是否完整,确保所有高压部件的连接插头已正确安装,无松动或损坏。

使用万用表检查高压互锁回路的导通性，确认是否存在断路或短路。

(4)检查车辆的绝缘监测系统是否报警，使用绝缘测试仪测量高压系统的绝缘电阻，确保其符合标准（通常≥500 Ω/V）。若绝缘电阻过低，需进一步检查高压线束、电池包等部件是否存在破损或漏电。

3. 维修注意事项

(1)维修人员必须具备新能源汽车高压系统维修资质，严格按照维修手册和安全规范进行操作。若需更换高压部件，必须使用原厂或认证的配件，并确保安装正确。

(2)更换高压部件后，需进行系统自检，确保所有故障代码清除，并恢复车辆的正常功能。在维修过程中，避免对高压系统进行不必要的拆卸和操作，以免引入新的故障。

(3)维修完成后，清除故障代码并进行系统复位，确保车辆的高压系统能够正常上电。进行多次功能测试（如起动车辆、检查仪表显示、测试空调和充电功能等），验证故障是否彻底排除。

4. 测试与验证注意事项

(1)在测试过程中，确保车辆处于安全的测试环境中，避免在公共道路上进行测试。确保测试场地无其他干扰因素，如电磁干扰或机械障碍。

(2)在测试过程中，全程监控车辆的高压系统状态，包括电压、电流、绝缘电阻等参数，确保测试过程安全可靠。若测试过程中发现异常，立即停止测试并重新检查系统。

通过严格遵守以上注意事项，可以有效保障维修过程的安全性、准确性和高效性，同时提升用户的满意度和车辆的可靠性。

三、标准化作业表

吉利帝豪 EV450 高压不上电故障的诊断与排除（见表 2-1-1）

表 2-1-1 吉利帝豪 EV450 高压不上电故障的诊断与排除

作业项目	作业内容	备注
起动关键功能故障	高压不上电	以吉利帝豪 EV450 为例
故障现象确认	踩制动踏板数次并保持，打开点火开关后，仪表点亮正常，但可运行指示 READY 灯无法正常点亮，辅助蓄电池指示灯、整车系统故障灯点亮，此时右侧故障提醒告警灯、EPB 故障告警灯、ESC 故障告警灯也点亮。同时未能听见动力电池主正、主负继电器“咔嗒”吸合声，制动踏板高度没有降低，高压不上电。此时挡位只能从 P 切换至 N，或者从 N 切换至 P，而驱动挡 D 挡和 R 挡无法切换	确认故障症状 记录症状现象
故障现象分析	由现象推理可知： ➢ 整车系统故障灯点亮说明：整车控制器 VCU、驱动电机控制器 MCU、ABS 系统、高压互锁、高压绝缘等整车系统检测和控制范畴的一个或多个存在故障。 ➢ 故障提醒告警灯、EPB 故障告警灯、ESC 故障告警灯点亮说明：驱动系统存在故障。 ➢ 辅助蓄电池指示灯点亮、动力电池主正、主负继电器不能工作说明：整车控制器 VCU 检测到系统存在严重故障从而导致电池管理器 BMS 禁止上高压电，DC-DC 禁止起动，同时仪表上蓄电池指示灯点亮。	可能故障范围： ➢ 驱动电机控制器电源线路故障。 ➢ 驱动电机控制器 P-CAN 故障。 ➢ 驱动电机控制器自身硬件故障。 ➢ 驱动电机控制器自身软件故障

续表

<table>
<tr><th>作业项目</th><th>作 业 内 容</th><th>备 注</th></tr>
<tr><td>故障现象分析</td><td>➢ 动力电池故障指示灯未点亮说明:动力电池管理器 BMS 电源、通信、内部自检正常</td><td>可能故障范围:
➢ 驱动电机控制器电源线路故障。
➢ 驱动电机控制器 P-CAN 故障。
➢ 驱动电机控制器自身硬件故障。
➢ 驱动电机控制器自身软件故障</td></tr>
<tr><td>增加条件1:读取故障代码</td><td>DTC 分析:
➢ 诊断仪与电机控制器 MCU 无法通信,但和整车控制器 VCU 通信正常,且读到 U011087(与电机控制器通信丢失)故障代码</td><td>如果无故障代码则无须填写</td></tr>
<tr><td>增加条件2:诊断座检测</td><td><table><tr><th>项目</th><th>数值</th><th>单位</th><th>判断</th></tr><tr><td></td><td></td><td></td><td></td></tr><tr><td></td><td></td><td></td><td></td></tr><tr><td></td><td></td><td></td><td></td></tr><tr><td></td><td></td><td></td><td></td></tr></table></td><td>不需要</td></tr>
<tr><td>清除故障代码再读取故障代码</td><td>检查故障代码是否再次出现,并填写结果
☐无 DTC ☑有 DTC</td><td></td></tr>
<tr><td>确定故障范围</td><td>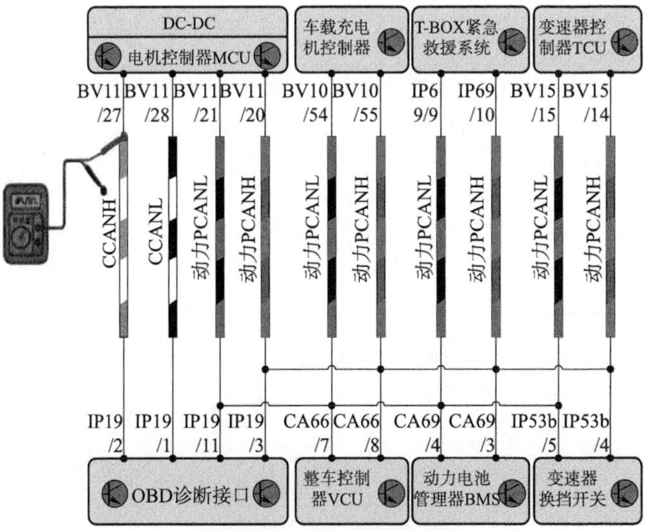

吉利帝豪 EV450 模块电路图一</td><td></td></tr>
</table>

续表

<table>
<tr><th>作业项目</th><th colspan="4">作 业 内 容</th><th>备 注</th></tr>
<tr><td>确定故障范围</td><td colspan="4">➢ 电机控制器 MCU 的+B 供电(断路、短路、虚接)故障。
➢ 电机控制器 MCU 的接地(断路、虚接)故障。
➢ 电机控制器 MCU 的 P-CAN 总线(断路、短路、虚接)故障。
➢ 电机控制器 MCU 的自身故障</td><td></td></tr>
<tr><td rowspan="7">部件/电路测试</td><td colspan="2">部件/线路范围</td><td colspan="3">检查或测试后的判断结果</td></tr>
<tr><td colspan="2">EF32-BV11/26</td><td colspan="2">☐正常</td><td>☑异常</td></tr>
<tr><td colspan="2">接地-BV11/11</td><td colspan="2">☑正常</td><td>☐异常</td></tr>
<tr><td colspan="2">IP19/11-BV11/21</td><td colspan="2">☐正常</td><td>☑异常</td></tr>
<tr><td colspan="2">IP19/3-BV11/20</td><td colspan="2">☐正常</td><td>☑异常</td></tr>
<tr><td colspan="2"></td><td colspan="2">☐正常</td><td>☐异常</td></tr>
<tr><td colspan="2"></td><td colspan="2">☐正常</td><td>☐异常</td></tr>
<tr><td rowspan="6">故障部位确认和排除</td><td>故障类型</td><td>确认的故障位置</td><td colspan="3">排除处理说明</td></tr>
<tr><td>断路</td><td>EF32-BV11/26</td><td colspan="3">☐更换 ☑维修 ☐调整</td></tr>
<tr><td>断路</td><td>IP19/11-BV11/21</td><td colspan="3">☐更换 ☑维修 ☐调整</td></tr>
<tr><td>断路</td><td>IP19/3-BV11/20</td><td colspan="3">☐更换 ☑维修 ☐调整</td></tr>
<tr><td></td><td></td><td colspan="3">☐更换 ☐维修 ☐调整</td></tr>
<tr><td></td><td></td><td colspan="3">☐更换 ☐维修 ☐调整</td></tr>
<tr><td>清除故障代码再读取故障代码</td><td colspan="4">检查故障代码是否再次出现,并填写结果
☐无 DTC　　☑有 DTC</td><td>清除故障代码再读取故障代码</td></tr>
<tr><td>故障现象再确认</td><td colspan="4">踩制动踏板数次并保持,打开点火开关后,仪表点亮正常,但可运行指示 READY 灯无法正常点亮,辅助蓄电池指示灯、整车系统故障灯点亮,此时右侧驻车灯正常点亮,车辆驱动模式指示灯 ECO 正常点亮,再无其他信息。同时未能听见动力电池主正、主负继电器“咔嗒”吸合声,制动踏板高度反应正常,挡位无法切换至 D 挡或 R 挡</td><td>确认故障症状
记录症状现象</td></tr>
<tr><td>增加条件3:诊断座检测</td><td colspan="4"><table><tr><th>项目</th><th>数值</th><th>单位</th><th>判断</th></tr><tr><td>VCU 高压互锁信号</td><td>未连接</td><td></td><td>×</td></tr><tr><td></td><td></td><td></td><td></td></tr><tr><td></td><td></td><td></td><td></td></tr><tr><td></td><td></td><td></td><td></td></tr></table></td><td></td></tr>
</table>

续表

作业项目	作 业 内 容	备 注
确定故障范围	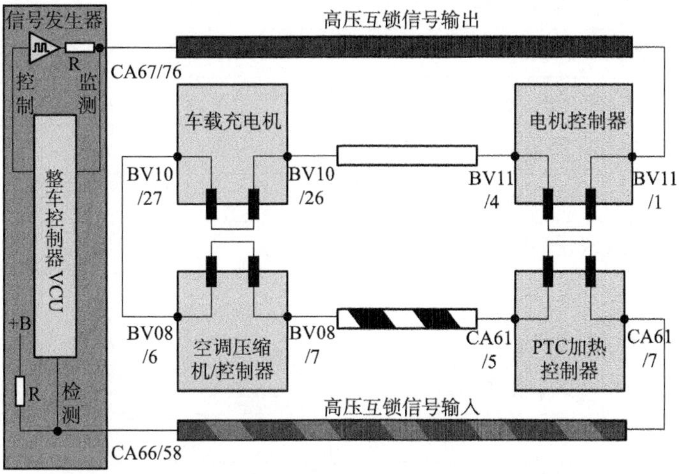 吉利帝豪 EV450 模块电路图二 ➤ 整车控制器 VCU 至电机控制器 MCU 之间高压互锁连接线存在断路、短路、虚接故障。 ➤ 电机控制器 MCU 低压、高压线束接插件存在退针(断路)、虚接故障。 ➤ 电机控制器 MCU 至车载充电机 OBC 之间高压互锁连接线存在断路、短路、虚接故障。 ➤ 车载充电机低压、高压线束接插件存在退针(断路)、虚接故障。 ➤ 车载充电机 OBC 至空调压缩机控制器之间高压互锁连接线存在断路、短路、虚接故障。 ➤ 空调压缩机控制器低压、高压线束接插件存在退针(断路)、虚接故障。 ➤ 空调压缩机控制器至 PTC 加热器控制器之间高压互锁连接线存在断路、短路、虚接故障。 ➤ PTC 加热器控制器低压、高压线束接插件存在退针(断路)、虚接故障。 ➤ PTC 加热器控制器至整车控制器 VCU 之间高压互锁连接线存在断路、短路、虚接故障。 ➤ 整车控制器 VCU 低压、高压线束接插件存在退针(断路)、虚接故障。 ➤ 整车控制器主继电器供电及对 VCU 的输出供电线路存在断路、短路、虚接故障。 ➤ 整车控制器 VCU 自身硬件或软件存在故障	

续表

作业项目	作业内容		备注
部件/电路测试	部件/线路范围	测试后的结果	
	CA67/76-(采集波形)	3.3 V 方波	
	CA66/58(采集波形)		12 V 直线
	BV11/1(采集波形)	3.3 V 方波	
	BV11/4(采集波形)	3.3 V 方波	
	BV10/26(采集波形)		12 V 直线
	BV10/27(采集波形)		12 V 直线
	BV08/5(采集波形)		12 V 直线
	BV08/7(采集波形)		12 V 直线
	CA61/5(采集波形)		12 V 直线
	CA61/7(采集波形)		12 V 直线
故障部位确认和排除	故障类型	确认的故障位置	排除处理说明
	断路	BV11/4-BV10/26	□更换 ☑维修 □调整
			□更换 □维修 □调整
			□更换 □维修 □调整
			□更换 □维修 □调整
			□更换 □维修 □调整
清除故障代码再读取故障代码	检查故障代码是否再次出现,并填写结果 ☑无 DTC □有 DTC		清除故障代码再读取故障代码
故障现象再确认	踩制动踏板数次并保持,打开点火开关后,仪表点亮正常,可运行指示 READY 灯正常点亮,无其他故障指示灯点亮,挡位可以切换		故障排除

纯电动汽车不能行驶故障诊断与排除

吕　凯

一、任务内容

纯电动汽车在使用过程中经常会遇到不能行驶的故障,本任务通过对纯电动汽车不能行驶的案例进行分析,旨在找出导致纯电动汽车无法正常行驶的多种原因,并提出有效的诊断和排除方法。通过这些案例的学习,可以提升维修人员对纯电动汽车故障的诊断能力和解决效率,同时也能为相关技术人员提供参考。

二、注意事项

在进行纯电动汽车不能行驶故障的诊断与排除时,除了关注技术层面的操作,还需要特别注意以下几个方面,以确保维修工作的顺利进行及人员的安全:

(1)安全防护措施:始终将安全放在首位。由于纯电动汽车涉及高压电路系统,在执行任何检查或维修前,请确保已经正确切断高压电源,并穿戴适当的个人防护装备(PPE),如绝缘手套、防护眼镜等。

(2)遵循维修手册和厂商指南:严格按照车辆维修手册和制造商提供的服务手册和指导文件操作。每款车型都有其独特的电气架构和技术规范,不正确的操作可能会导致严重的损坏或安全隐患。

(3)工具与设备校验:使用经过校准的专业工具和设备来执行测量和测试任务。包括但不限于万用表、绝缘测试仪和其他特定于电动汽车的诊断设备。确保所有工具处于良好状态且能够提供准确的数据。

(4)团队协作与沟通:在复杂情况下,依靠团队合作可以更有效地解决问题。保持清晰的沟通渠道,确保每位参与维修的成员都清楚了解当前的任务状态和下一步计划。

(5)记录保存:详细记录所有检查结果、发现的问题以及采取的解决措施。这对于后续的维护工作极为重要,同时也为未来可能遇到的类似问题提供了参考依据。

通过严格遵守这些注意事项,不仅可以提高故障诊断的效率和准确性,还能最大程度地保障工作人员的安全,防止意外事故的发生。

三、标准化作业表

1. 低压不上电导致汽车无法行驶故障(见表 2-2-1)

表 2-2-1 低压不上电导致汽车无法行驶故障

作业项目	作 业 内 容	备 注
纯电动汽车不能行驶故障诊断与排除	IG1 继电器(IR02)至 BCM(IP20a-8)线路故障导致低压不上电故障案例	以吉利帝豪 EV450 为例
结构原理	EV450 的电气系统主要由高压系统和低压系统组成: 高压配电系统:主要由动力蓄电池、电池管理系统、高压线束以及高压配电箱等为核心,向高压系统提供高压电,负责高压电能的分配和高压电路的过载、短路保护,将动力电池的电能分配给电机控制器、电动空调压缩机和 PTC 加热器等,并实现整车的快充和慢充电功能。 低压系统由 12 V 铅酸蓄电池、电机控制器、车载充电机(分线盒)和动力电池等部件组成。高压上电前,低压电路系统依赖 12 V 铅酸蓄电池供电,并由相应的控制模块对高压进行控制,当高压上电后,电机控制器将动力电池的高压直流电转换成低压直流电为 12 V 铅酸蓄电池充电。 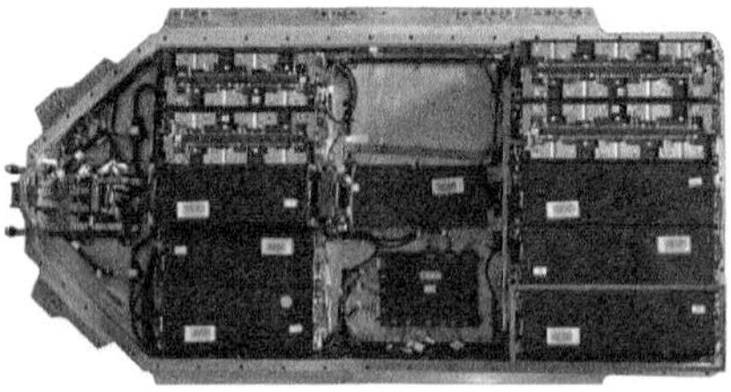 动力蓄电池 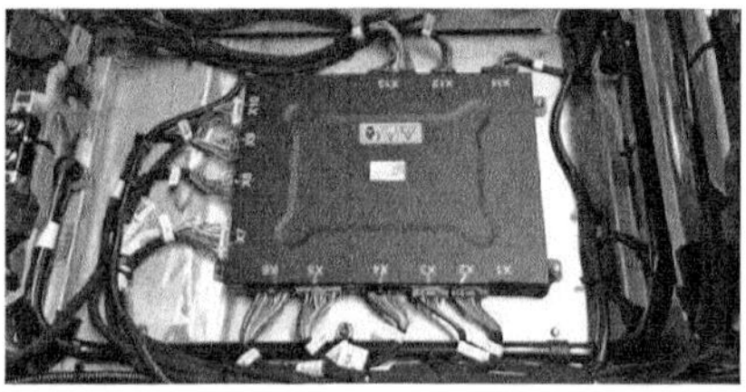 电池管理系统 BMS  高压线束及线束插头	

续表

<table>
<tr><th>作业项目</th><th>作 业 内 容</th><th>备 注</th></tr>
<tr><td>结构原理</td><td>
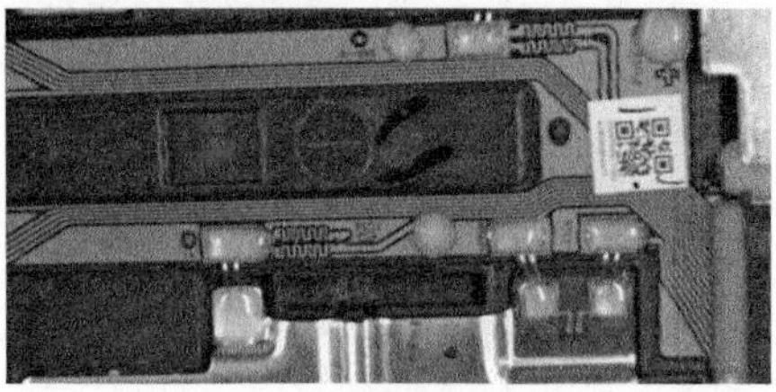

信号采集线束

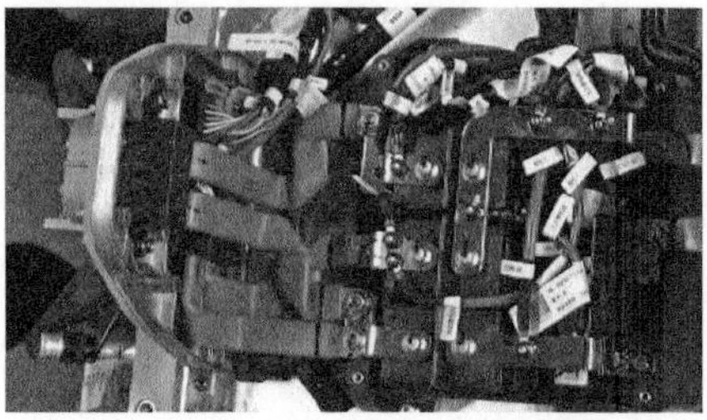

高压继电控制

高压熔断器

以下为 EV450 控制模式：

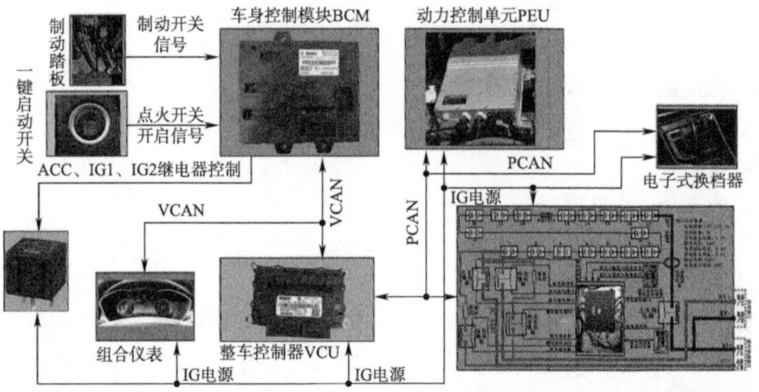

当按下起动开关，起动命令发送至车身控制模块 BCM，车身控制模块 BCM 接收到命令后，通过 V-CAN 总线给整车控制器 VCU 及仪表，VCU 接收到命令，通过 P-CAN 唤醒动力电池管理系统 BMS、DC-DC 和驱动电机控制器 MCU，车载充电机控制单元。

组合仪表上电，仪表点亮。VCU 上电，同时查看制动踏板信息，与电池管理系统 BMS 进行通信。BMS 上电开始通信，BMS 上电自检是否异常，
</td><td></td></tr>
</table>

续表

作业项目	作 业 内 容	备 注
结构原理	若异常,则上电失败,正常则继续执行控制。接着主负继电器吸合,预充继电器吸合,BMS 判断预充成功,则吸合主正继电器,断开预充继电器,从而 READY 灯点亮,上电成功。 需要注意的是: (1)防盗解除后,打开车门,踩下制动踏板,VCU 接收制动开关信号后,判断车辆是否处于静止安全状态,如果制动线路或开关损坏,VCU 将不能判别车辆状态,车辆不能上高压电。 (2)打开点火开关至起动挡,BCM 控制接通 ACC、IG1、IG2 继电器,BCM 通过专用导线将点火信号传输给 VCU,同时通过 V-CAN 总线将信号传输给整车控制器 VCU,通过 P-CAN 总线将信号传输给仪表,VCU 接收到命令后,通过 P-CAN 唤醒动力电池 BMS、DC-DC 及 MCU、车载充电机 OBC 及高压分线盒,组合仪表上电且得到报文后,仪表点亮。 (3)DC-DC 变换器/MCU、车载充电机 OBC、空调压缩机控制器、PTC 加热器被唤醒后进行内部低压自检,各自读取系统故障代码,检测各自高压互锁是否完整。如果此时低压自检、某单元内部出现严重故障代码、高压互锁等有一项异常,将停止上电流程,且系统生成并存储故障代码,同时将故障信号通过 CAN 总线发送至组合仪表,组合仪表显示故障信号或点亮相应故障指示灯。 (4)BMS 得电且收到报文后进行自检,若出现严重欠压、严重过压、严重漏电、严重过温、接触器烧结、高压互锁等故障,BMS 将不会控制上电。 (5)吉利 EV450 轿车高压互锁 HVIL 系统的作用是用来确认整个高压系统的完整性,当系统检测到高压系统回路断路或是完整性受到破坏时,动力电池系统主控制主正、主负继电器不闭合,致使高压系统不上电,保护乘客及整车系统安全	
故障现象确认	(1)按下一键起动开关无法起动车辆 **操作** 无法起动车辆 **现象**。 (2)观察仪表 **操作** 仪表不点亮、黑屏 **现象**	确认故障症状,记录症状现象
故障现象分析	➢ 由故障现象(1)推理可知: 车辆无法起动,存在上电问题,判断故障点在低压还是高压故障须结合其他故障现象。 ➢ 由故障现象(2)推理可知: 仪表黑屏,不点亮,首先考虑低压上电的原因。 综合分析: 纯电动汽车无法起动行驶,主要表现在无法上电的问题上,通常分为两种情况:一种是低压无法上电,导致整车低压系统没有电,从而无法起动车辆,主要表现为整车仪表不亮,各低压模块无法通信;另一种情况是高压无法上电,按下一键起动开关可以进行低压上电,但是至起动挡时,电池包无法给整车高压系统供高 压电,主要表现:仪表上 READY 灯无法点亮,整车故障指示灯点亮,同时也会伴随一些其他故障灯点亮,整车无法起动。 结合故障现象和分析判断,吉利帝豪 EV450 纯电动汽车当前故障主要在低压系统上	可能故障范围: ➢ 低压电源故障,蓄电池电压过低或损坏。 ➢ 低压供电线路故障,包括低压供电熔丝及相关继电器。 ➢ 低压系统控制单元计算机故障。 最有可能的是:低压供电线路、熔丝及继电器存在故障(断路、虚接、短路)

续表

作业项目	作　业　内　容	备　　注
读取故障代码及电路分析	DTC 分析： ➢ B128329 车身控制模块（BCM），IG1 继电器控制输出无效。 ➢ 整车控制器（VCU）模块不通信。 ➢ 车身电子稳定控制系统（ESC）模块不通信。 ➢ 电子助力转向系统（EPS）模块不通信。 为了保障故障信息识读准确，清除故障代码后再次读取故障代码，仍然显示 B128329，基本可以锁定故障信息判断准确，根据故障代码信息并结合吉利帝豪 EV450 低压供电电路进行分析： EV450 低压上电逻辑为：蓄电池 12 V 电通过熔丝 IF05 输送至 BCM 端子 IP22a/14 至 BCM 内部。BCM 利用 12 V 电通过端子 IP23/15 给继电器 IG1（IR02）线圈 86 端供电，IG1 触点 30 和 87 端吸合，低压蓄电池 12 V 电通过熔丝 IF28 至 BCM 端子 IP20a/8 至 BCM 内部，可见，IG1 继电器由 BCM 控制，且是整车低压上电的关键，IG1 吸合仪表即可点亮，常规用电模块就开始工作。结合故障代码 B128329，可以先检查 IG1 控制电路、工作电路和 BCM 相关电路等。 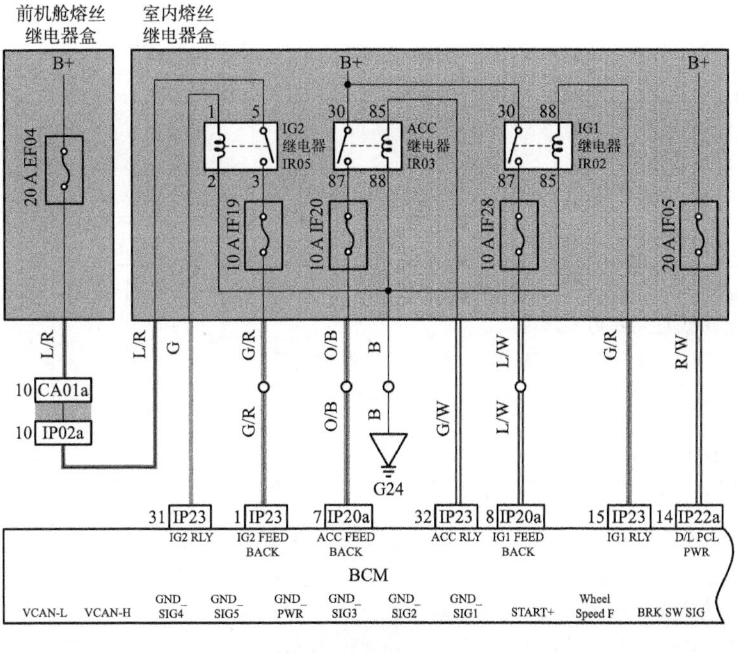 此外，IG1 还有一路供电通过熔丝 IF26 至熔丝 EF19 至 VCU 端子 CA66/50 至 VCU 内部，VCU 被唤醒，也需要着重考虑	如果无故障代码则无须填写

续表

<table>
<tr><th>作业项目</th><th>作 业 内 容</th><th>备 注</th></tr>
<tr><td>读取故障代码及电路分析</td><td>
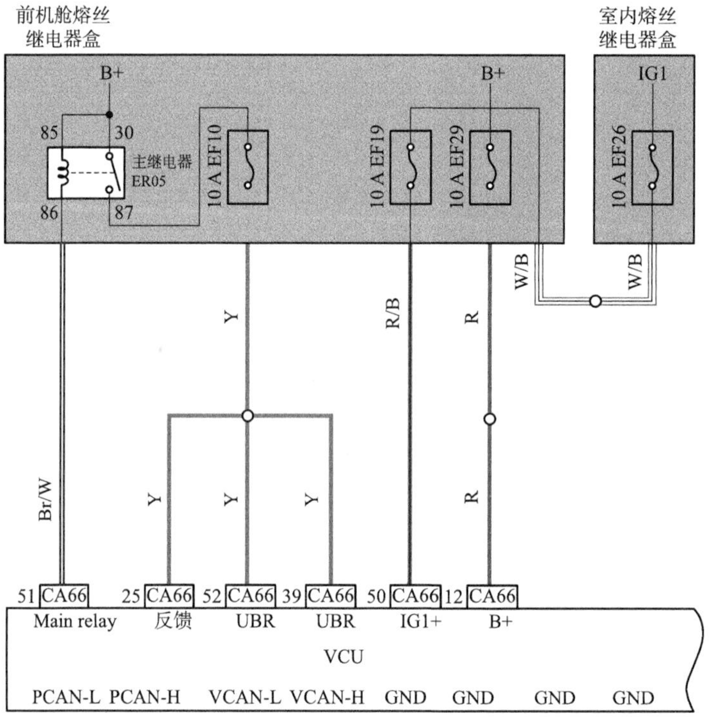

</td><td>如果无故障代码则无须填写</td></tr>
<tr><td>部件/电路测试</td><td>
(1)使用万用表测量蓄电池正负极电压：
<table>
<tr><th>项　目</th><th>数　值</th><th>单　位</th><th>判　断</th></tr>
<tr><td>蓄电池电压</td><td>12.8</td><td>V</td><td>√</td></tr>
</table>
测量结果 12.8 V 正常，蓄电池电压应达到 B+>12 V。若 B+较低，则会影响起动或致无法起动车辆。
(2)使用万用表测量 BCM 端子 IP22a/14 的电压：
<table>
<tr><th>项　目</th><th>数　值</th><th>单　位</th><th>判　断</th></tr>
<tr><td>IP22a/14</td><td>12.75</td><td>V</td><td>√</td></tr>
</table>
测量结果 12.75 V 正常，说明端子 IP22a/14 上游电路完好，BCM 供电正常，考虑端子 IP22a/14 下游、BCM 或其他线路故障。若检测结果是 0 V 左右，则说明端子 IP22a/14 上游电路有问题，需要对上游熔丝 IF05 及相关线路进行检查，以确定故障范围。
(3)使用万用表或继电器检测仪测量 IG1 继电器：
<table>
<tr><th>项　目</th><th>数　值</th><th>单　位</th><th>判　断</th></tr>
<tr><td>IG1 继电器 30/87</td><td>0.12</td><td>Ω</td><td>√</td></tr>
<tr><td>IG1 继电器 85/86</td><td>80</td><td>Ω</td><td>√</td></tr>
</table>
</td><td>根据维修手册和电路图进行测量，并填写相关测量数据</td></tr>
</table>

续表

<table>
<tr><th>作业项目</th><th>作 业 内 容</th><th>备 注</th></tr>
<tr><td>部件/电路测试</td><td>
使用万用表测量 IG1 继电器的线圈电阻,标准值约 80 Ω,测量结果正常。使用万用表或继电器检测仪,给 IG1 的 85 和 86 端子通电,检测 30 和 87 端子的导通性,阻值符合范围,导通,说明 IG1 继电器正常。
(4)使用万用表测量 IG1 继电器 86 端子的供电电压:
<table>
<tr><th>项 目</th><th>数 值</th><th>单 位</th><th>判 断</th></tr>
<tr><td>IG1/86</td><td>12.60</td><td>V</td><td>√</td></tr>
</table>
关闭点火开关,拔下 IG1 继电器 IR02,测量 86 端子底座电压为 12.6 V,说明 BCM 应该没有问题,考虑其下游及其他线路故障;如果是 0 V 左右,说明 BCM 内部故障,进行更换并试车验证后再考虑其他故障。86 端子电压正常,进行下一步测量。
(5)使用万用表测量 IG1 继电器 85 端子的搭铁情况:
<table>
<tr><th>项 目</th><th>数 值</th><th>单 位</th><th>判 断</th></tr>
<tr><td>IG1/85</td><td>0.1</td><td>Ω</td><td>√</td></tr>
</table>
使用万用表测量 IG185 端子底座与车身搭铁之间的电阻,导通,说明 IG1/85 搭铁正常。根据以上测量结果,可知 IG1 继电器及 IG1 继电器线圈供电线路均正常,结合故障代码,考虑故障范围可能在 BCM 端子 IP20a/8 及其上游电路,进行下一步测量。
(6)使用万用表测量 BCM 端子 IP20a/8 电压:
<table>
<tr><th>项 目</th><th>数 值</th><th>单 位</th><th>判 断</th></tr>
<tr><td>BCM(IP20a/8)</td><td>0</td><td>V</td><td>×</td></tr>
</table>
恢复电路,重新安装 IG1 继电器,接通点火开关,使用万用表测量 IP20a/8 电压,显示为 0 V,断开点火开关,检查熔丝 IF28 情况良好,车身搭铁点 G24 良好,检测 IF28 至端子 IP20A/8,发现线路电阻无穷大,锁定故障
</td><td>根据维修手册和电路图进行测量,并填写相关测量数据</td></tr>
<tr><td>确定故障</td><td>
IG1 下游电路熔丝 IF28 至端子 IP20a/8 线路断路
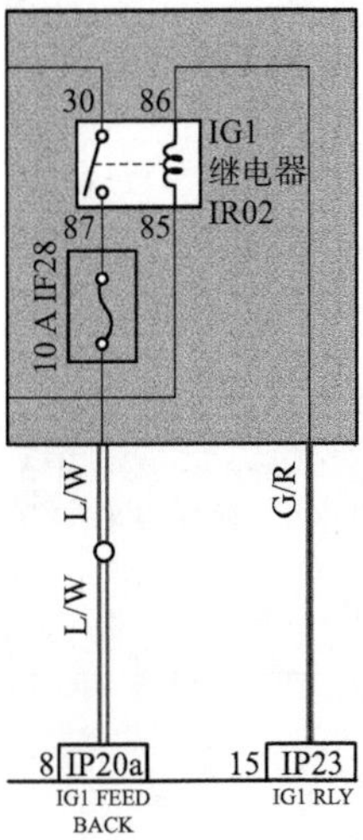

</td><td>吉利帝豪 EV450 模块电路图</td></tr>
</table>

续表

作业项目	作业内容			备注
故障部位确认和排除	故障类型	确认的故障位置	排除处理说明	
	线路断路	IF28-IP20A/8	□更换 ☑维修 □调整	
			□更换 □维修 □调整	
			□更换 □维修 □调整	
清除故障代码再读取故障代码	检查故障代码是否再次出现,并填写结果 ☑无 DTC　□有 DTC			
故障现象确认	按下一键起动开关,车辆起动,仪表正常点亮,READY 灯点亮,车辆可以正常行驶			故障排除

2. 高压不上电导致汽车无法行驶故障(见表 2-2-2)

表 2-2-2　高压不上电导致汽车无法行驶故障

作业项目	作业内容	备注
纯电动汽车不能行驶故障诊断与排除	主继电器 ER05 至熔丝 EF10 线路故障导致高压不上电	以吉利帝豪 EV450 为例
故障现象确认	(1)按下一键起动开关无法起动车辆　**操作**　仪表点亮,但仪表的 READY 灯无法点亮　**现象** (2)观察仪表　**操作**　整车故障指示灯点亮　**现象** (3)观察仪表　**操作**　动力电池故障指示灯点亮　**现象** (4)整车高压不上电	确认故障症状 记录症状现象
故障现象分析	由故障现象(1)、(2)、(3)推理可知: 仪表点亮,READY 灯无法点亮,高压不上电,结合整车故障指示灯点亮、动力电池故障指示灯点亮,可以围绕高压的主要控制电路进行排查	可能故障范围:供电线路、熔丝及继电器存在故障(断路、虚接、短路)

续表

<table>
<tr><th>作业项目</th><th>作 业 内 容</th><th>备 注</th></tr>
<tr><td>读取故障代码及电路分析</td><td>
DTC 分析：
➤ P1C0852 整车控制器(VCU)模块报出故障代码,主继电器故障
为了保障故障信息识读准确,清除故障代码后再次读取故障代码,仍然显示 P1C0852,基本可以锁定故障信息判断准确,根据故障代码信息并结合吉利帝豪 EV450 主继电器供电电路进行分析：
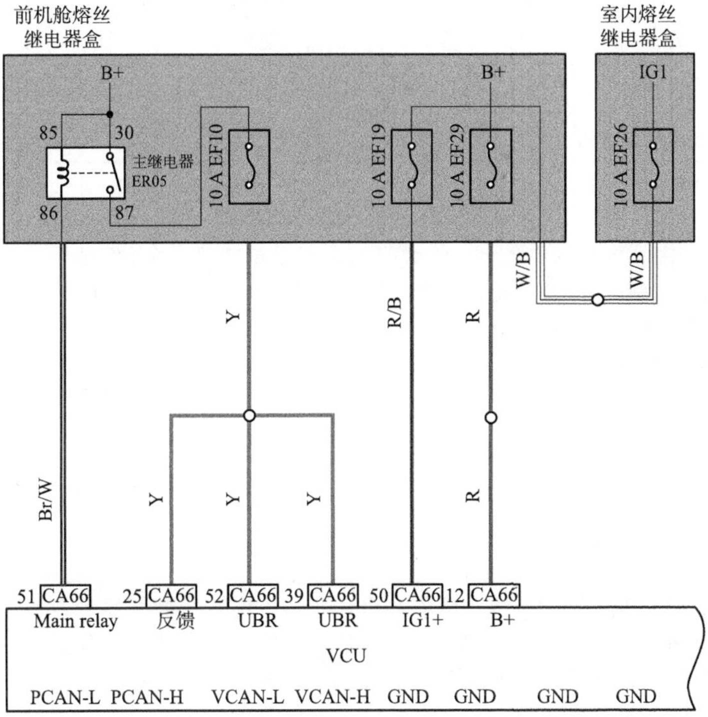

VCU 被 IG1 通过熔丝 IF26 和 EF19 供电唤醒后,通过端子 CA66/51 给主继电器(ER05)86 端内部搭铁,主继电器 85 和 86 端线圈通电控制 30 和 87 端触点吸合,低压蓄电池把 12 V 电通过 ER05 的 30 和 87 端子、熔丝 EF10 送至 VCU 内部,主继电器开始工作。可知主继电器由 VCU 控制, 而主继电器也影响着高压上电。由此结合故障代码,判断应该检查主继电器控制电路、工作电路和 VCU 相关电路
</td><td>如果无故障代码则无须填写</td></tr>
<tr><td>部件/电路测试</td><td>
(1)使用万用表或继电器检测仪测量 ER05 主继电器：
<table>
<tr><th>项 目</th><th>数 值</th><th>单 位</th><th>判 断</th></tr>
<tr><td>ER05 继电器 30/87</td><td>0.12</td><td>Ω</td><td>√</td></tr>
<tr><td>ER05 继电器 85/86</td><td>80</td><td>Ω</td><td>√</td></tr>
</table>
关闭点火开关,拔下主继电器 ER05,使用万用表测量 ER05 主继电器的线圈电阻,标准值约 80 Ω,测量结果正常。使用万用表或继电器检测仪,给 ER05 的 85 和 86 端子通电,检测 30 和 87 端子的导通性,阻值符合范围,导通,说明 ER05 继电器正常。
</td><td>根据维修手册和电路图进行测量,并填写相关测量数据</td></tr>
</table>

续表

<table>
<tr><th>作业项目</th><th>作　业　内　容</th><th>备　注</th></tr>
<tr><td>部件/电路测试</td><td>
若线圈阻值大于 80 Ω 说明线圈内部存在虚接或断路,应更换新的继电器。用万用表电阻挡测量 30 和 87 端子间的电阻值,应小于 1 Ω,否则为触点接触不良,更换继电器。通过检测发现主继电器(ER05)完好,进行下一步。
(2)使用万用表测量 VCU 端子 CA66/50 的供电电压:
<table>
<tr><th>项　目</th><th>数　值</th><th>单　位</th><th>判　断</th></tr>
<tr><td>EF19</td><td>12. 72</td><td>V</td><td>√</td></tr>
<tr><td>CA66/50</td><td>12. 72</td><td>V</td><td>√</td></tr>
</table>
查看 VCU 供电是否正常,先测量熔丝 EF19 处的电压,结果是 12. 75 V,说明蓄电池正极经 IG1、IF26 至 EF19 处的供电线路正常,在测量 CA66/50 处的搭铁电压,结果是 12. 75 V,说明 VCU 处供电正常。若检测结果是 0 V 左右,则应该对 CA66/50 上游电路进行检查,包括熔丝 IF26、EF19 和相应的线路,以确定故障范围。结果正常,进行下一步。
(3)使用万用表检测熔丝 EF10 处的供电电压:
<table>
<tr><th>项　目</th><th>数　值</th><th>单　位</th><th>判　断</th></tr>
<tr><td>EF10</td><td>0</td><td>V</td><td>×</td></tr>
<tr><td>EF10 电压标准值</td><td>B+</td><td>V</td><td>√</td></tr>
<tr><td>EF10 部件检测</td><td>0</td><td>Ω</td><td>√</td></tr>
</table>
打开点火开关,使用万用表测量熔丝 EF10 处的供电电压,测量结果为 0 V,出现异常,标准值是蓄电池电压。检查熔丝 EF10 部件本体的导通性,测量结果为 0 Ω,导通,测量结果正常。说明故障应该在熔丝 EF10 上游。进行下一步检测。
(4)使用万用表测量 ER05 主继电器 85 和 30 端子的供电电压:
<table>
<tr><th>项　目</th><th>数　值</th><th>单　位</th><th>判　断</th></tr>
<tr><td>ER05/85</td><td>12. 74</td><td>V</td><td>√</td></tr>
<tr><td>ER05/30</td><td>12. 75</td><td>V</td><td>√</td></tr>
</table>
关闭点火开关,拔下 ER05 继电器,测量 85 端子底座电压为 12. 74 V,结果正常,测量 30 端子底座电压为 12. 75 V,结果正常,说明 ER05 主继电器两路供电没有问题,考虑其下游及其他线路故障;如果是 0 V 左右,说明蓄电池 B+至 ER05 继电器 85 或 30 端子线路有故障,应进行维修。进行下一步测量。
(5)使用万用表测量 ER05 继电器 86 端子底座与 VCU 的 CA66/51 的导通情况:
<table>
<tr><th>项　目</th><th>数　值</th><th>单　位</th><th>判　断</th></tr>
<tr><td>ER05/86-VCU(CA66/51)</td><td>0. 12</td><td>Ω</td><td>√</td></tr>
</table>
</td><td>根据维修手册和电路图进行测量,并填写相关测量数据</td></tr>
</table>

续表

<table>
<tr><th>作业项目</th><th colspan="3">作 业 内 容</th><th>备 注</th></tr>
<tr><td>部件/电路测试</td><td colspan="3">关闭点火开关,拔下 ER05 主继电器,使用万用表测量 ER05 继电器 86 端子至 VCU 的 CA66/51 端子之间的电阻,导通,说明 ER05 继电器线圈搭铁线路正常。如果电阻大于 0 Ω 较大或无穷大,则说明该线路存在虚接或断路,应进行维修。进行下一步测量。
(6)使用万用表测量 ER05 继电器 87 端子底座与熔丝 EF10 上游的导通情况:
<table><tr><th>项 目</th><th>数 值</th><th>单 位</th><th>判 断</th></tr><tr><td>ER05/87-EF10 上游</td><td>∞</td><td>Ω</td><td>×</td></tr><tr><td>标准值</td><td>0</td><td>Ω</td><td>√</td></tr></table>关闭点火开关,拔下 ER05 主继电器,测量 ER05 继电器 87 端子至 EF10 上游的导通性,数值为∞,说明该段线路存在断路故障,锁定故障</td><td>根据维修手册和电路图进行测量,并填写相关测量数据</td></tr>
<tr><td>确定故障</td><td colspan="3">ER05 继电器 87 端子至 EF10 上游的线路断路
前机舱熔丝继电器盒
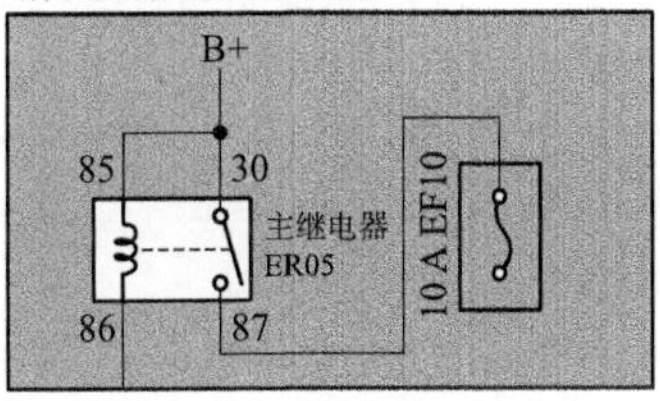
</td><td>吉利帝豪 EV450 模块电路图</td></tr>
<tr><td rowspan="4">故障部位确认和排除</td><td>故障类型</td><td>确认的故障位置</td><td colspan="2">排除处理说明</td></tr>
<tr><td>线路断路</td><td>ER05/87-EF10 上游</td><td colspan="2">□更换 ☑维修 □调整</td></tr>
<tr><td></td><td></td><td colspan="2">□更换 □维修 □调整</td></tr>
<tr><td></td><td></td><td colspan="2">□更换 □维修 □调整</td></tr>
<tr><td>清除故障代码再读取故障代码</td><td colspan="4">检查故障代码是否再次出现,并填写结果
☑无 DTC □有 DTC</td></tr>
<tr><td>故障现象确认</td><td colspan="3">按下一键起动开关,车辆起动,仪表正常点亮,READY 灯点亮,车辆可以正常行驶</td><td>故障排除</td></tr>
</table>

3. 高压互锁故障导致高压不上电汽车无法行驶故障(见表 2-2-3)

表 2-2-3　高压互锁故障导致高压不上电汽车无法行驶故障

作业项目	作　业　内　容	备　　注
纯电动汽车不能行驶故障诊断与排除	整车控制器 VCU 与电机控制器 MCU 间的高压互锁线路故障导致高压不上电汽车无法行驶	以吉利帝豪 EV450 为例
故障现象确认	(1)成功解锁车辆,踩制动踏板并保持不动,打开点火开关　**操作**　仪表可正常点亮,车辆动力电池主正、主负继电器不动作,未有吸合发出声音,READY 灯不点亮,整车高压不上电　**现象** (2)观察仪表　**操作**　整车故障指示灯点亮　**现象** (3)观察仪表　**操作**　动力电池故障指示灯点亮　**现象** (4)观察仪表　**操作**　仪表上左右侧驻车指示灯、车辆驱动模式指示灯 ECO 能够正常点亮　**现象** (5)踩制动踏板　**操作**　制动灯能够正常点亮　**现象** (6)切换挡位　**操作**　无法从 N 挡切换至 D 挡或 R 挡　**现象**	确认故障症状 记录症状现象
故障现象分析	➢ 由故障现象(1)推理可知: 仪表盘正常点亮,说明部分低压电气系统工作正常,但高压系统未能启动。动力电池主正、主负继电器无动作可能意味着电池管理系统(BMS)检测到异常情况,导致它阻止了高压系统的上电过程。 ➢ 由故障现象(2)推理可知: 整车故障指示灯点亮通常表示车辆存在一个或多个严重问题,需要进一步诊断来确定具体原因。 ➢ 由故障现象(3)推理可知: 动力电池故障指示灯点亮直接指向动力电池或与其关联的管理系统存在问题。需要结合现象(1)进行进一步判断。 ➢ 由故障现象(4)和(5)推理可知: 说明部分低压电气系统工作正常,特别是与显示和信号相关的组件。 ➢ 由故障现象(6)推理可知: 该问题可能与高压系统不上电有关,因为许多电动汽车要求高压系统处于就绪状态才能允许换挡操作。也有可能是换挡机构本身的问题	可能故障范围:高压供电和高压控制相关电路故障
读取故障代码及电路分析	DTC 分析: ➢ P1C8E04 高压互锁 PWM 输出信号开路。 ➢ P1C4096 高压互锁故障。 为了保障故障信息识读准确,清除故障代码后再次读取故障代码,仍然显示 P1C8E04、P1C4096,基本可以锁定故障信息判断准确,根据故障代码信息并结合吉利帝豪 EV450 电路进行分析: P1C8E04:高压互锁 PWM 输出信号开路机理分析 整车控制器 VCU 输出 10.8 V 的 PWM 信号→电机控制器 MCU→车载充电机 OBC→空调压缩机控制器→PTC 加热器→整车控制器 VCU,整车控制器 VCU 通过上拉信号电路将 10.8 V 电压拉至 12 V,如整车控制器	如果无故障代码则无须填写

续表

作业项目	作 业 内 容	备 注
读取故障代码及电路分析	VCU 检测到的信号电压仍为 10.8 V，则高压互锁线路出现断路，由此生成该故障代码。 P1C4096：高压互锁故障机理分析 整车控制器 VCU 检测到 PWM 信号异常，则可说明高压互锁线路出现故障，造成信号波形幅值异常，进而存储该故障代码。 通过读取故障代码，可确定由于高压互锁故障造成 EV450 高压不上电，但不能确定范围，需读取数据流	如果无故障代码则无须填写
读相关数据流	发现 VCU 的高压互锁信号出现故障	如果无相关数据则无须填写
电路分析	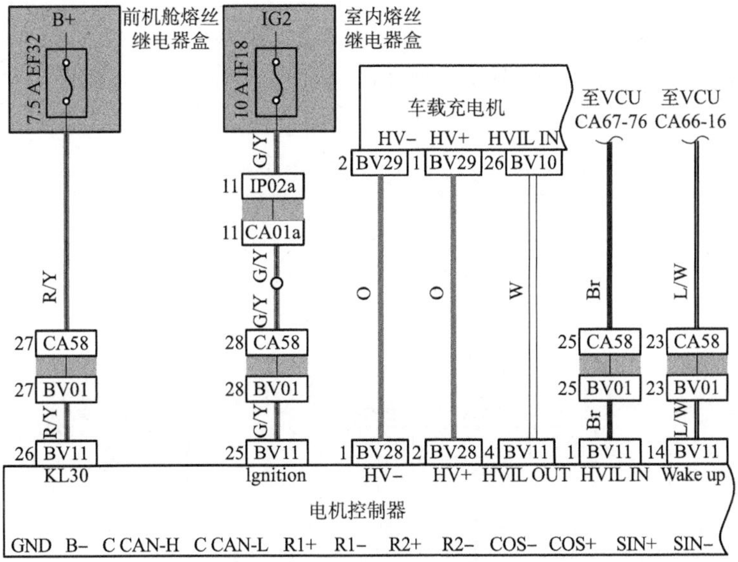 如上图所示，整车控制器 VCU 的 CA67-76 针脚与电机控制器 MCU 的 BV11-1 针脚相连，CA67-76 针脚为高压互锁的 HVIL-OUT 信号，BV11-1 针脚为高压互锁的 HVIL-IN 信号，电机控制器 MCU 的 BV11-4 针脚与车载充电机 OBC 的 BV10-26 针脚相连，BV11-4 针脚为高压互锁的 HVIL-OUT 信号，BV10-26 针脚为高压互锁的 HVIL-IN 信号	如果无相关数据则无须填写
部件/电路测试	(1) 使用示波器测量 MCU 的 BV11-4 针脚和 OBC 的 BV10-26 针脚波形： 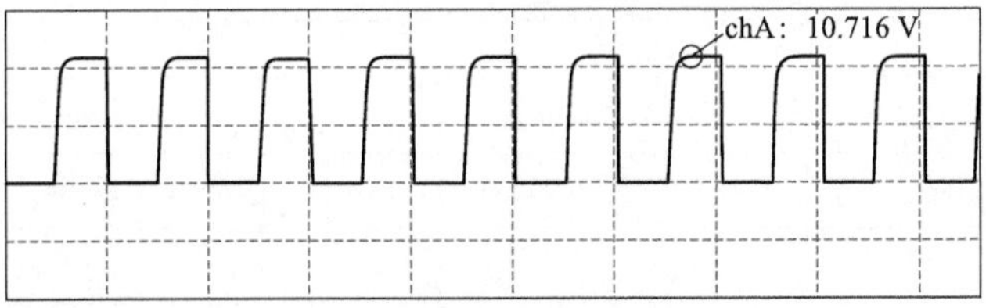	根据维修手册和电路图进行测量，并填写相关测量数据

续表

<table>
<tr><th>作业项目</th><th colspan="3">作　业　内　容</th><th>备　　注</th></tr>
<tr><td>部件/电路测试</td><td colspan="3">波形正确，说明该线路信号正常，进行下一步。
(2)使用示波器测量 VCU 的 CA67-76 针脚和 MCU 的 BV11-1 针脚波形：
发现车载充电机 MCU 的 BV11-1 针脚波形电压异常，为 0 V，结合故障代码、信号波形，初步判断该线路断路。
(3)使用万用表检测 OBC 的 BV10-26 针脚和 MCU 的 BV11-4 针脚的电阻值：
<table><tr><th>项　　目</th><th>数　值</th><th>单　位</th><th>判　断</th></tr><tr><td>CA67-76 至 BV11-1</td><td>∞</td><td>Ω</td><td>×</td></tr><tr><td>标准值</td><td>0</td><td>Ω</td><td>√</td></tr></table>关闭点火开关，断开蓄电池负极，拔下线束插头，测量整车控制器 VCU 的 CA67-76 针脚和电机控制器 MCU 的 BV11-1 针脚的电阻值，结果为无穷大，标准值为 0 Ω，实测应小于 0.5 Ω。说明该段线路存在断路，锁定故障</td><td>根据维修手册和电路图进行测量，并填写相关测量数据</td></tr>
<tr><td>确定故障</td><td colspan="3">整车控制器 VCU 的 CA67-76 针脚和电机控制器 MCU 的 BV11-1 针脚之间的线路断路
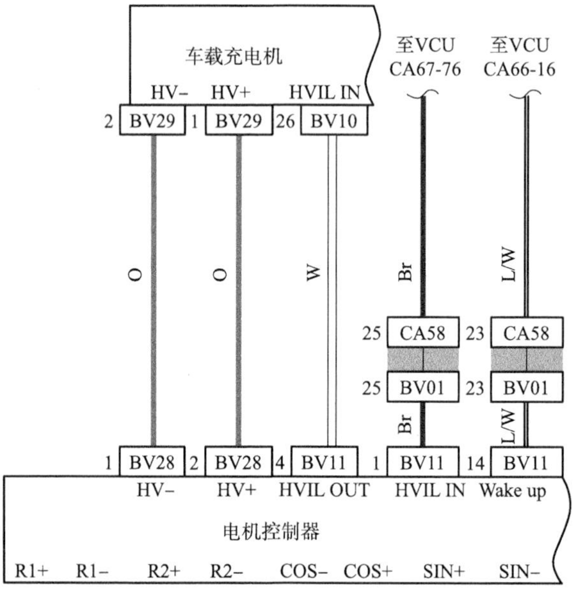
</td><td>吉利帝豪 EV450 模块电路图</td></tr>
<tr><td rowspan="4">故障部位确认和排除</td><td>故障类型</td><td>确认的故障位置</td><td colspan="2">排除处理说明</td></tr>
<tr><td>线路断路</td><td>CA67-76 至 BV11-1</td><td colspan="2">□更换　☑维修　□调整</td></tr>
<tr><td></td><td></td><td colspan="2">□更换　□维修　□调整</td></tr>
<tr><td></td><td></td><td colspan="2">□更换　□维修　□调整</td></tr>
</table>

续表

<table>
<tr><th>作业项目</th><th>作　业　内　容</th><th>备　　注</th></tr>
<tr><td>清除故障代码再读取故障代码</td><td>检查故障代码是否再次出现，并填写结果
☑无 DTC　　□有 DTC</td><td></td></tr>
<tr><td>故障现象确认</td><td>按下一键起动开关，车辆起动，仪表正常点亮，READY 灯点亮，车辆可以正常行驶</td><td>故障排除</td></tr>
<tr><td>高压互锁故障造成吉利帝豪 EV450 轿车高压不上电故障小结</td><td>

吉利帝豪 EV450 轿车高压互锁线路在高压接插件内部增加低压检测线路，线束端接插件为两个内部短路的针脚。若高压线束接插件连接正常，则模块端两个插孔被线束端两个针脚短接，只要检测模块端线路电压或其波形状态正常，即可确认接插件连接状态，即为高压线路连接正常。

高压互锁故障是造成吉利帝豪 EV450 轿车高压不上电的故障原因之一，为锁定故障，需结合故障现象，读取故障代码，数据流分析进行综合故障诊断。

线路故障是造成高压互锁故障的主要原因，一般为插接器插接不良或插接器线束氧化腐蚀，同时高压部件故障、传感器故障、控制模块等也是造成其不上高压电的故障原因，具体原因如下图所示。

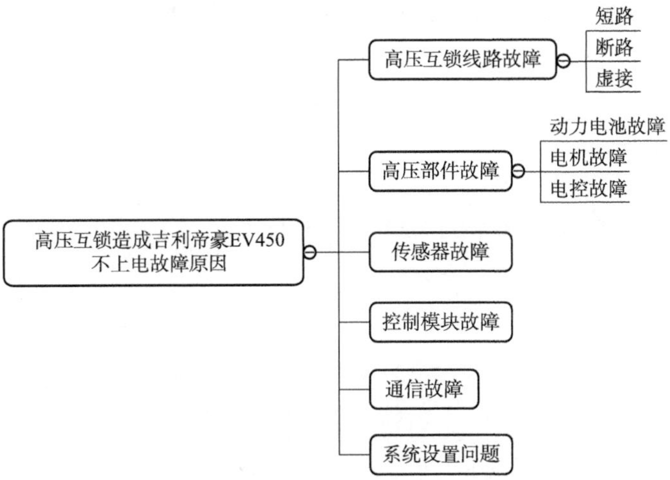

高压互锁故障原因

(1)高压互锁线路故障：若线路中有断路、短路或接触不良等问题，造成信号不能进行传输或传输错误。

(2)高压系统部件故障：如动力电池、电机、电控系统等出现故障，则导致高压互锁系统触发，造成不上高压电。

(3)传感器故障：若用于检测高压互锁状态的传感器出现故障，则无法传递高压互锁信息，造成高压不上电。

(4)控制模块故障：用于检测高压互锁系统的控制模块，若出现故障则无法判断处理高压互锁信号，造成高压不上电。

(5)通信故障：模块之间的高压互锁系统通信出现故障，则无法传递或接收正确高压互锁信息，造成高压不上电。

(6)系统设置问题：若高压互锁系统的设置不正确或被误操作，导致系统无法正常工作。

</td><td></td></tr>
</table>

续表

作业项目	作 业 内 容	备 注
高压互锁故障造成吉利帝豪 EV-450 轿车高压不上电故障小结	高压互锁线路故障部位总结如下： (1)VCU 至 MCU 间高压互锁连接线路断路、虚接、短路故障。 (2)MCU 低压、高压线束插接器退针(断路)、虚接故障。 (3)MCU 至 OBC 间高压互锁连接线路断路、虚接、短路故障。 (4)OBC 低压、高压线束插接器退针(断路)、虚接。 (5)OBC 至空调压缩机控制器间高压互锁连接线路断路、虚接、短路故障。 (6)空调压缩机控制器低压、高压线束插接器退针(断路)、虚接。 (7)空调压缩机控制器至 PTC 加热器间高压互锁连接线路断路、虚接、短路故障。 (8)PTC 加热器低压、高压线束插接器退针(断路)、虚接。 (9)VCU 至 PTC 加热器间高压互锁连接线路断路、虚接、短路故障。 (10)VCU 主继电器供电及对 VCU 的输出供电线路断路、虚接、短路故障	

4. 制动开关线路故障导致高压不上电汽车无法行驶故障(见表 2-2-4)

表 2-2-4 制动开关线路故障导致高压不上电汽车无法行驶故障

作业项目	作 业 内 容	备 注
纯电动汽车不能行驶故障诊断与排除	制动开关线路故障导致高压不上电汽车无法行驶	以吉利帝豪 EV450 为例
故障现象确认	解锁车辆后,打开点火开关,踩下制动踏板 **操作** 仪表能正常点亮,车辆动力电池主正、主负继电器不动作,没有吸合并发出声音,高压不上电,整车系统故障指示灯闪烁,蓄电池充电指示灯点亮;可运行指示 READY 灯未点亮,仪表底部挡位指示灯指示在 P 挡并不断闪烁;仪表右侧驻车灯、车辆驱动模式指示灯 ECO 能够正常点亮,举升车辆,挡位无法从 N 挡切换至 D 挡或 R 挡;松开制动踏板后,系统故障指示灯熄灭,仪表底部挡位指示灯指示在 P 挡,车辆动力电池主正、主负继电器能够动作并发出声音,高压上电,举升车辆后挂挡,无法挂挡,踩下制动踏板后,系统故障指示灯又重新亮起并闪烁,仪表底部挡位指示灯指示在 P 挡并不断闪烁 **现象**	确认故障症状记录症状现象
读取故障代码及电路分析	DTC 分析： 通过故障诊断仪读取故障代码,显示整车控制系统、电机控制器、电池管理系统、组合仪表控制单元、车身控制系统、安全气囊系统等均有故障,且绝大多数故障代码显示为网络总线故障代码。	如果无故障代码则无须填写

续表

<table>
<tr><th>作业项目</th><th>作 业 内 容</th><th>备 注</th></tr>
<tr><td>读取故障代码及电路分析</td><td>
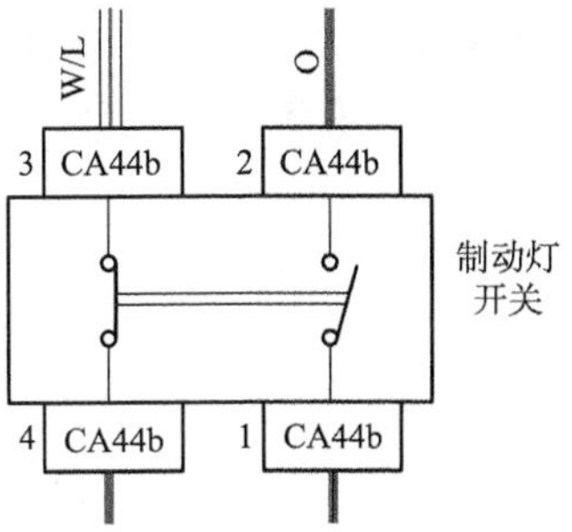

通过查询电路图,制动灯开关共4个端子,CA44b-3与CA44b-4为常闭端,CA44b-3由熔丝EF18供电,为IG1火,CA44b-4与VCU的CA67-86端子相连;CA44b-2与CA44b-1为常开端,CA44b-2由熔丝EF02供电,为常火,CA44b-1与VCU的CA67-96端子相连,同时与BCM的IP21a-13端子相连,踩下制动踏板后,通过该导线将制动信 号传输给BCM,BCM控制左后、右后、高位制动灯。通过分析现象,故障出在制动信号与CAN总线信号上

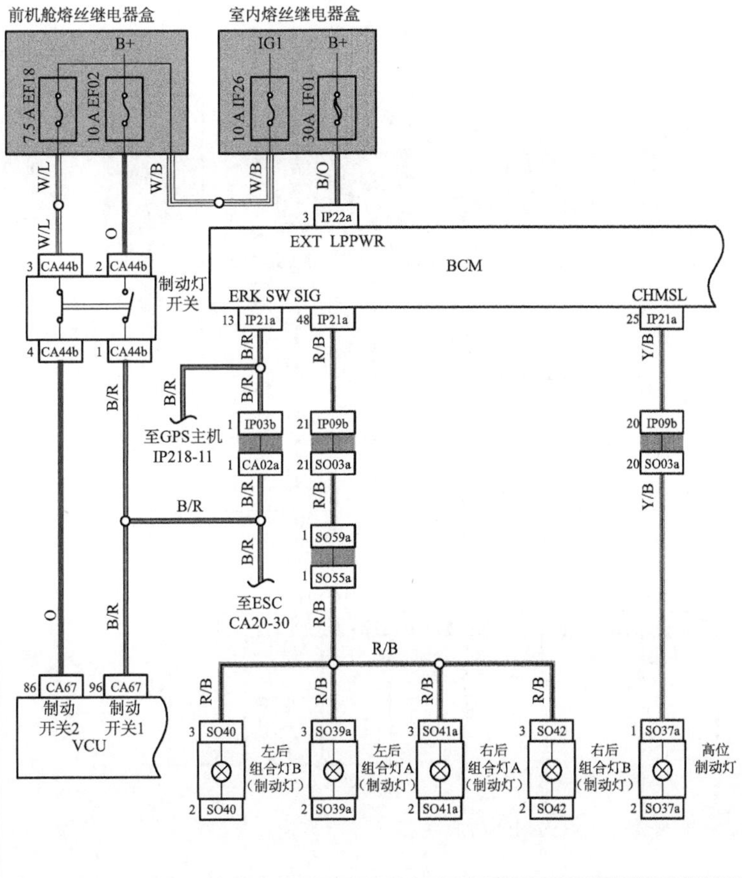

</td><td>如果无故障代码则无须填写</td></tr>
</table>

续表

<table>
<tr><th>作业项目</th><th>作 业 内 容</th><th>备 注</th></tr>
<tr><td>部件/电路测试</td><td>

使用示波器进行故障查找,通过测量可得如下图所示波形,上波形测量点为 VCU 的 CA66-23 端子,为 VCU 的 CAN-H 点波形,下波形的测量点为 VCU 的 CA67-96 端子,为制动踏板给 VCU 的信号波形。

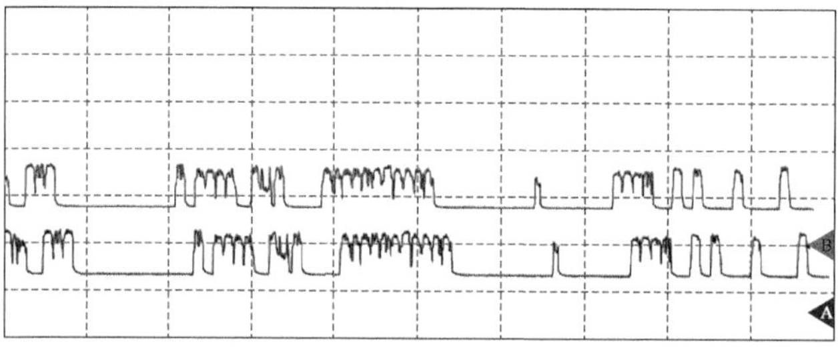

波形

从所测波形看,下波形为故障波形,其在正常状态下为 0 V,在踩下制动踏板后,其波形为一条 12 V 直线。

为精确锁定故障,踩下制动踏板后重新测量波形,上述两测量点波形变成 12 V 直线,通过分析波形可知,VCU 的 CA67-96 端子与 CA66-23 端子之间存在短路或虚接故障,通过万用表测量,两点之间电阻为 0.2 Ω,实际应为无穷大,故两点存在短路

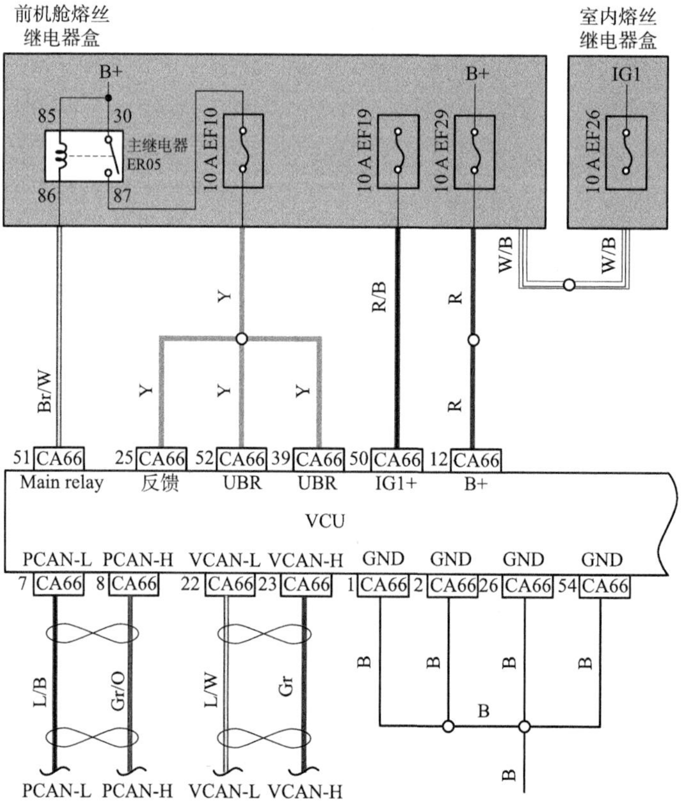

</td><td>根据维修手册和电路图进行测量,并填写相关测量数据</td></tr>
</table>

续表

<table>
<tr><th>作业项目</th><th colspan="3">作 业 内 容</th><th>备 注</th></tr>
<tr><td>确定故障</td><td colspan="3">VCU 的 CA67-96 端子与 CA66-23 端子之间存在短路
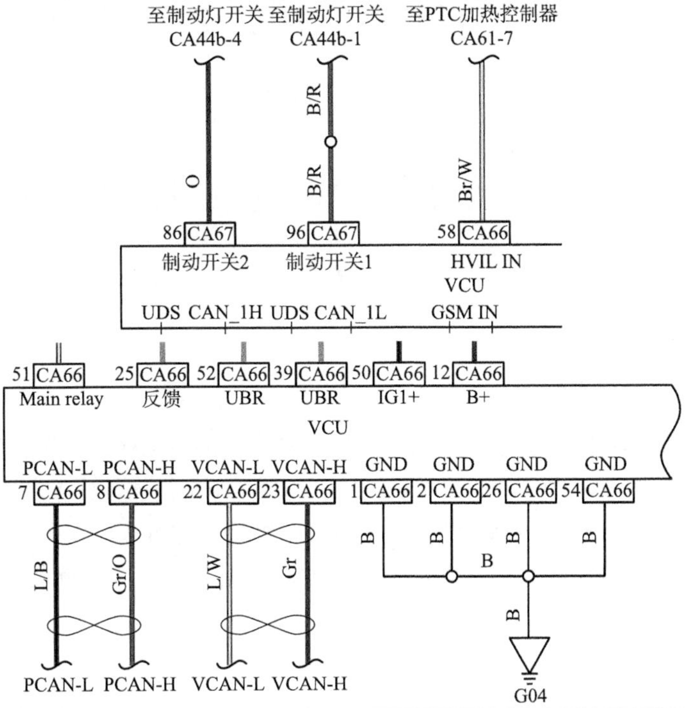
</td><td>吉利帝豪 EV-450 模块电路图</td></tr>
<tr><td rowspan="3">故障部位确认和排除</td><td>故障类型</td><td>确认的故障位置</td><td colspan="2">排除处理说明</td></tr>
<tr><td>线路短路</td><td>CA67-96 与 CA66-23</td><td colspan="2">□更换 ☑维修 □调整</td></tr>
<tr><td></td><td></td><td colspan="2">□更换 □维修 □调整</td></tr>
<tr><td>清除故障代码再读取故障代码</td><td colspan="3">检查故障代码是否再次出现,并填写结果
☑无 DTC　　□有 DTC</td><td></td></tr>
<tr><td>故障现象确认</td><td colspan="3">按下一键起动开关,车辆起动,仪表正常点亮,READY 灯点亮,车辆可以正常行驶</td><td>故障排除</td></tr>
<tr><td>制动开关故障造成吉利帝豪 EV-450 不上电故障小结</td><td colspan="3">制动开关有两个制动信号,制动信号 1 为主信号,信号 2 为辅助信号,整车控制器 VCU 根据制动信号 1 判断车辆是否处于安全静止状态,在车辆行驶过程中,若驾驶人踩下制动踏板,MCU 根据此信号控制驱动电机输出电流以及能量回收功能,若制动信号 1 出现问题,整车不上高压电。
整车控制器根据制动信号 1 和信号 2 进行比对,进而判断车辆是否符合运行状态,若信号 2 出现故障,VCU 无法判断制动踏板是否完全松开,制动力没有完全释放,整车控制器 VCU 将此信号输送给 MCU,驱动电机无电流输出,整车将不能行驶
制动开关故障列表
<table>
<tr><th>序号</th><th>故障部位</th><th>故障性质</th></tr>
<tr><td>1</td><td>熔丝 EF18 供电线路</td><td>断路、虚接</td></tr>
<tr><td>2</td><td>熔丝 EF18 自身</td><td>熔断、电阻过大</td></tr>
<tr><td>3</td><td>熔丝 EF18 与制动开关之间线路</td><td>断路、虚接、短路</td></tr>
<tr><td>4</td><td>制动信号 2 线路</td><td>断路、虚接、短路</td></tr>
<tr><td>5</td><td>制动信号 1 和 2 线路</td><td>互短</td></tr>
<tr><td>6</td><td>制动开关</td><td>损坏</td></tr>
</table></td><td></td></tr>
</table>

新能源汽车驱动电机控制系统故障诊断与维修

朱　颖

一、任务内容

纯电动汽车在使用过程中经常会出现驱动电机系统不能正常工作的故障，致使车辆不能行驶，本任务通过对6个纯电动汽车驱动电机系统无法工作的故障案例进行分析，旨在找出导致纯电动汽车驱动电机系统无法正常工作的故障原因，并提出有效的诊断和排除方法。通过这些案例的学习，可以增强维修人员对纯电动汽车故障的诊断和排除能力，提高问题的解决效率，同时也能为相关技术人员提供参考和借鉴。

二、注意事项

在进行纯电动汽车驱动电机系统故障的诊断与排除时，除了关注技术层面的操作，还需要特别注意以下几个方面，以确保维修工作的顺利进行及人员的安全：

（1）安全防护措施：始终将安全放在首位。由于纯电动汽车驱动电机系统涉及高压电路系统，在执行任何检查或维修前，请确保已经正确切断高压电源，并穿戴适当的个人防护装备（PPE），如绝缘手套、防护眼镜等。

（2）遵循维修手册和厂商指南：严格按照车辆维修手册、制造商提供的服务手册和指导文件操作。每款车型都有其独特的电气架构和技术规范，不正确的操作可能会导致严重的损坏或安全隐患。

（3）工具与设备校验：使用经过校准的专业工具和设备来执行测量和测试任务。包括但不限于万用表、绝缘测试仪和其他特定于电动汽车的诊断设备。确保所有工具处于良好状态且能够提供准确的数据。

（4）团队协作与沟通：在复杂情况下，依靠团队合作可以更有效地解决问题。保持清晰的沟通渠道，确保每位参与维修的成员都清楚了解当前的任务状态和下一步计划。

（5）记录保存：详细记录所有的检查结果、发现的问题以及采取的解决措施。这对于后续的维护工作极为重要，同时也为未来可能遇到的类似问题提供了参考依据。

通过严格遵守这些注意事项，不仅可以提高故障诊断的效率和准确性，还能最大程度地保障工作人员的安全，防止意外事故的发生。

三、标准化作业表

1. 北汽新能源汽车 EV160 旋转变压器的线束端子 E 与车身搭铁短路导致新能源汽车驱动电机故障(见表 2-3-1)

表 2-3-1　北汽新能源汽车 EV160 旋转变压器的线束端子 E 与车身搭铁短路导致新能源汽车驱动电机故障

作业项目	作　业　内　容	备　　注
驱动电机故障	旋转变压器的线束端子 E 与车身搭铁短路	以北汽 EV160 为例
故障现象确认	一辆北汽生产的 EV160 新能源纯电动汽车，整车型号为：BJ7000B3D5-BEV，电机型号为：TZ20S02，电池型号为：29/135/220-80Ah，电池工作电压为 320 V。该车行驶里程为 0.56 万 km，出现无法行驶且仪表报警灯长亮、报警音鸣叫的故障；故障发生时电机有沉闷的“咔、咔”声	确认故障症状、记录症状现象
故障现象分析	驱动电机系统由驱动电动机(DM)、驱动电机控制器(MCU)构成，通过高低压线束与整车其他系统作电气连接。驱动电机系统是纯电动汽车三大核心部件之一，是车辆行驶的主要执行机构，其特性决定了车辆的主要性能指标，直接影响车辆动力性、经济性和用户驾乘感受。 1. 驱动电机系统工作原理 在驱动电机系统中，驱动电机的输出动作主要是执行控制单元给出的命令，即控制器输出命令。如下图所示，控制器主要是将输入的直流电逆变成电压、频率可调的三相交流电，供给配套的三相交流永磁同步电机使用。 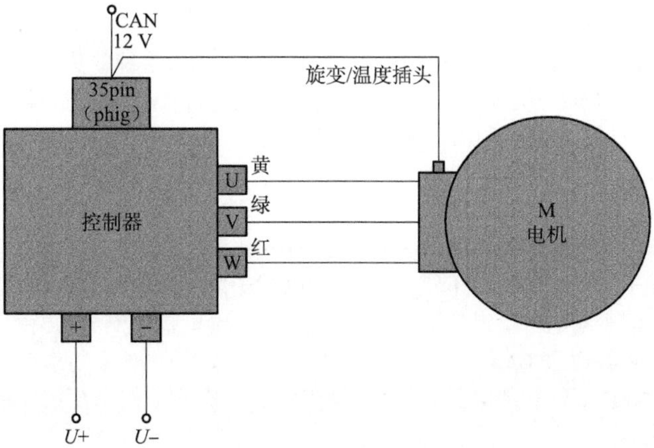	可能故障范围：驱动电机传感器、内部供电线路、熔丝及继电器存在故障(断路、虚接、短路)

续表

作业项目	作　业　内　容	备　　注
故障现象分析	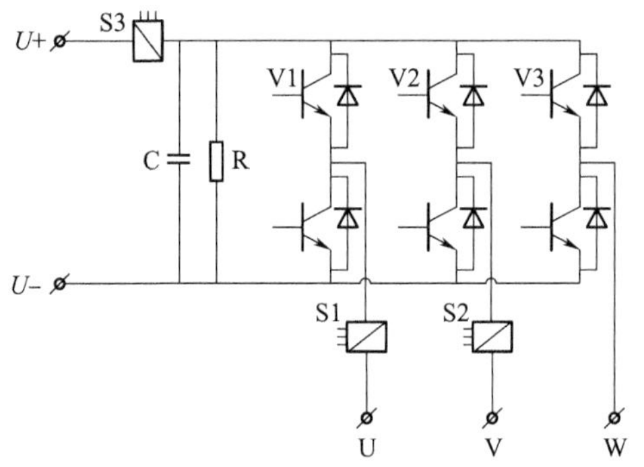 整车控制器(VCU)根据驾驶人意图发出各种指令,电机控制器响应并反馈,实时调整驱动电机输出,以实现整车的怠速、前行、倒车、停车、能量回收以及驻坡等功能。电机控制器另一个重要功能是通信和保护,实时进行状态和故障检测,保护驱动电机系统和整车安全可靠运行。 电机控制器(MCU)由逆变器和控制器两部分组成。驱动电机控制器采用三相两电平电压源型逆变器。逆变器负责将动力电池输送的直流电电能逆变成三相交流电给汽车驱动电机提供电源;控制器接收驱动电机和其他部件的信号反馈到仪表,当发生制动或者加速行为时,它能控制变频器频率的升降,从而达到加速或减速的目的。 电机控制器是依靠内置旋转变压器、温度传感器、电流传感器、电压传感器等来提供电机的工作状态信息,并将驱动电机运行状态信息实时发送给 VCU。驱动电机系统的控制中心,又称智能功率模块,以绝缘栅双极型晶体管模块(IGBT)为核心,辅以驱动集成电路、主控集成电路,对所有输入信号进行处理,并将驱动电机控制系统运行状态的信息通过 CAN 2.0 网络发送给整车控制器,同时也会存储故障代码和数据。 2. 驱动电机关键部件结构及其工作原理 驱动电动机采用永磁同步电机(PMSM),是动力系统的重要执行机构,是电能与机械能转化的部件,且自身的运行状态等信息可以被采集到驱动电机控制器。驱动电动机主要零件由油封、前端盖及吊环、定子组件、转子组件、后端盖、接线盒组件、接线盒盖、旋变盖板、悬置支架等部件组成。 驱动电机内部安装了一些传感器,这些传感器包括:用以检测电机转子位置的旋转变压器;解码后可以获知电机转速的控制器;用以检测驱动电机绕组的温度,并将信息提供给电机控制器,再由电机控制器通过 CAN 线传给整车控制器(VCU),进而控制水泵工作、水路循环、冷却电子扇工作,调节驱动电机的工作温度的温度传感器。	可能故障范围:驱动电机传感器、内部供电线路、熔丝及继电器存在故障(断路、虚接、短路)

续表

<table>
<tr><th>作业项目</th><th>作 业 内 容</th><th>备 注</th></tr>
<tr><td>故障现象分析</td><td>

3. 旋转变压器工作原理

旋转变压器又称解析器，安装在驱动电机上，用来测量旋转物体的转轴角位移和角速度，能够检测电机的位置、转速和方向，通过脉冲磁场计数可以获知电机转子转速，从而控制车速。旋转变压器的传感器线圈由励磁、正弦和余弦三组线圈组成，输入、输出信号及其波形如下图所示

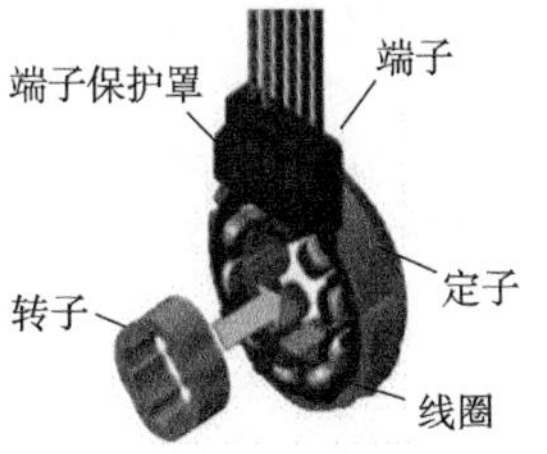

(a) 实物图

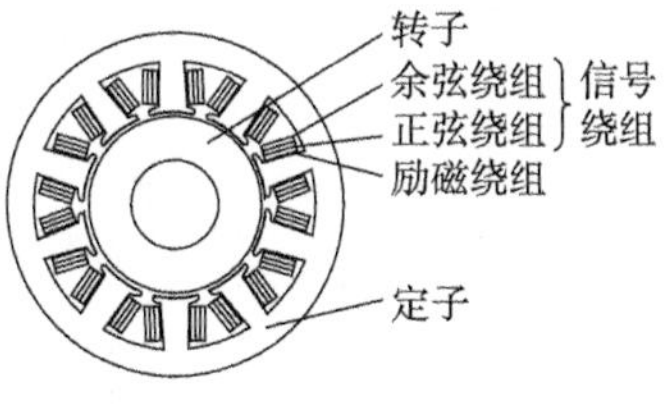

(b) 原理图

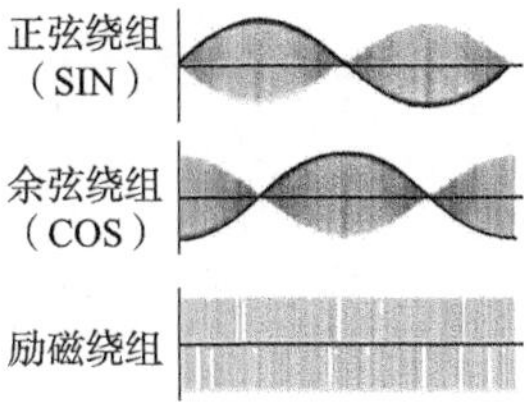

(c) 波形图

</td><td>可能故障范围：驱动电机传感器、内部供电线路、熔丝及继电器存在故障（断路、虚接、短路）</td></tr>
<tr><td>增加条件 1：读取故障代码</td><td>

使用故障诊断仪读取故障代码（DTC），驱动电机控制器可能存在的故障代码（DTC）见下表。

<table>
<tr><th>故障名称</th><th>故障代码</th><th>原 因</th></tr>
<tr><td>MCU IGBT 驱动电路过流故障（U/V/W）</td><td>P116016/
P116116/
P116216</td><td>（1）驱动电源欠压。
（2）电机短路引起的电流畸变。
（3）转子位置信号异常引起电流畸变。
（4）相电流信号异常引起的电流畸变。
（5）软件失控引起电流畸变</td></tr>
<tr><td>MCU 相电流过流故障</td><td>P113519</td><td>（1）电机短路引起的电流畸变。
（2）转子位置信号异常引起电流畸变。
（3）相电流信号异常引起的电流畸变。
（4）负载突然变化引起电流畸变。
（5）线束短路引起电流畸变</td></tr>
</table>

</td><td>如果无故障代码则无须填写</td></tr>
</table>

续表

<table>
<tr><th>作业项目</th><th>作 业 内 容</th><th>备 注</th></tr>
<tr><td>增加条件 1：读取故障代码</td><td>
<table>
<tr><th>故障名称</th><th>故障代码</th><th>原 因</th></tr>
<tr><td>电机超速故障</td><td>P0A4400</td><td>(1)整车负载突然降低(如冰面打滑)。
(2)电机转矩控制失效</td></tr>
<tr><td>MCU 直流母线过压故障</td><td>P114017</td><td>(1)电机系统突然大功率充电。
(2)发电状态下高压回路非正常断开</td></tr>
<tr><td>MCU 直流母线欠压故障</td><td>P114016</td><td>(1)电机系统突然大功率放电。
(2)电池 SOC 低。
(3)电动状态下高压回路非正常断开</td></tr>
<tr><td>MCU IGBT 过温故障</td><td>P117098/
P117198/
P117298</td><td>(1)MCU 长期大负载运行。
(2)冷却系统故障</td></tr>
<tr><td>电机过温故障</td><td>P0A2F98</td><td>(1)电机长期大负载运行。
(2)冷却系统故障</td></tr>
<tr><td>MCU 位置信号检测回路故障</td><td>P0A3F00</td><td>(1)旋变线束损坏。
(2)旋变解码硬件电路损坏</td></tr>
<tr><td>MCU IGBT 温度检测回路故障</td><td>P11801C/
P11811C/
P11821C</td><td>(1)MCU 内部硬件电路故障或线束损坏。
(2)MCU 软件与硬件版本不匹配</td></tr>
<tr><td>电机温度检测回路故障</td><td>P0A001C</td><td>(1)MCU 内部硬件电路故障或线束损坏。
(2)MCU 软件与硬件版本不匹配</td></tr>
<tr><td>MCU 反馈转矩与转矩命令校验错误故障</td><td>P113064</td><td>(1)MCU 动态响应速度慢。
(2)电机转矩标定精度不高。
(3)MCU 软件失控。
(4)电机电磁特性一致性较差。
(5)MCU 软件版本与硬件版本及电机零件号不匹配</td></tr>
<tr><td>转矩命令超限故障</td><td>U010186</td><td>(1)VCU 发送指令错误。
(2)VCU 软、硬件版本与车型不匹配</td></tr>
</table>
</td><td>如果无故障代码则无须填写</td></tr>
</table>

续表

<table>
<tr><th>作业项目</th><th>作 业 内 容</th><th>备 注</th></tr>
<tr><td>增加条件 1：读取故障代码</td><td>
<table>
<tr><th>故障名称</th><th>故障代码</th><th>原 因</th></tr>
<tr><td>与 VCU 通信丢失故障</td><td>U010087</td><td>(1)VCU 发送报文失败。
(2)线束问题。
(3)低压插接件接触不良。
(4)CAN 网络受干扰严重</td></tr>
<tr><td>MCU 低压电源过压故障</td><td>U300317</td><td>(1)低压蓄电池过度充电。
(2)MCU 软件与硬件不匹配</td></tr>
<tr><td>MCU 低压电源欠压故障</td><td>U300316</td><td>(1)低压蓄电池亏电。
(2)低压供电线路故障。
(3)MCU 软件与硬件版本不匹配</td></tr>
<tr><td>MCU 相电流传感器零漂故障(U/V/W)</td><td>P118A28/
P118B28/
P118C28</td><td>(1)MCU 电源模块硬件损坏。
(2)MCU 软件与硬件版本不匹配</td></tr>
</table>
故障代码 DTC 分析：
➤ P116016，MCU IGBT 驱动电路过流故障(A 相/U 相)。
连接解码仪，读取到 MCU IGBT 驱动电路过流故障(A 相/U 相)。诊断仪器没有明确的故障点或故障原因的指引，现需进一步检修以确认故障原因
</td><td>如果无故障代码则无须填写</td></tr>
<tr><td>增加条件 2：读相关数据流</td><td>
<table>
<tr><th>项目</th><th>数 值</th><th>单位</th><th>判断</th></tr>
<tr><td>电机转速</td><td>0～12 000
(随车速变化)</td><td>r/min</td><td>□正常
□异常</td></tr>
<tr><td>电机实际扭矩</td><td>-200～+200
(负值为能量回收)</td><td>N · m</td><td>□正常
□异常</td></tr>
<tr><td>电机定子温度</td><td><90
(高温可能触发降功率)</td><td>℃</td><td>□正常
□异常</td></tr>
<tr><td>电机控制器温度(IGBT)</td><td><85</td><td>℃</td><td>□正常
□异常</td></tr>
<tr><td>高压母线电压</td><td>280～360
(SOC 影响)</td><td>V</td><td>□正常
□异常</td></tr>
<tr><td>电机相电流(U/V/W)</td><td>实时动态值，
空载时接近 0 A</td><td>A</td><td>□正常
□异常</td></tr>
<tr><td>电机控制器输入电压</td><td>与母线电压一致</td><td>V</td><td>□正常
□异常</td></tr>
<tr><td>加速踏板开度</td><td>0%～100%
(与踏板踩下深度对应)</td><td>—</td><td>□正常
□异常</td></tr>
<tr><td>制动踏板状态</td><td>0/1
(区分能量回收与机械制动)</td><td>—</td><td>□正常
□异常</td></tr>
</table>
</td><td>如果无相关数据则无须填写</td></tr>
</table>

续表

<table>
<tr><th>作业项目</th><th>作 业 内 容</th><th>备 注</th></tr>
<tr><td>增加条件 3：诊断座检测</td><td>
<table>
<tr><th>针脚号</th><th>项 目</th><th>数值</th><th>单位</th><th>判断</th></tr>
<tr><td>4</td><td>车身接地
（GND）</td><td>对地电阻≤0.5</td><td>Ω</td><td>□正常
□异常</td></tr>
<tr><td>5</td><td>信号接地
（SGND）</td><td>与针脚 4 导通</td><td>—</td><td>□正常
□异常</td></tr>
<tr><td>6</td><td>CAN-H
（高速 CAN 总线）</td><td>电压 2.5～3.5
（动态波动）</td><td>V</td><td>□正常
□异常</td></tr>
<tr><td>14</td><td>CAN-L
（高速 CAN 总线）</td><td>电压 1.5～2.5
（动态波动）</td><td>V</td><td>□正常
□异常</td></tr>
<tr><td>16</td><td>常电
（+12 V 蓄电池电源）</td><td>电压 11～14
（点火开关关闭时）</td><td>V</td><td>□正常
□异常</td></tr>
</table>
</td><td>不需要</td></tr>
<tr><td>清除故障代码
再读取故障代码</td><td>检查故障代码是否再次出现，并填写结果
□无 DTC　　☑有 DTC</td><td></td></tr>
<tr><td>部件/电路测试</td><td>
1. 检测高压系统
断掉蓄电池负极并用电工胶布将其金属部分缠绕，避免接触车身。然后切断设置在车内手套箱位置的高压熔丝。过 5 min 后，拆卸连接动力电池到高压盒之间的高压电缆，使用万用表测量高压电池来电情况，测量结果显示为 0.1 V，高压系统成功下电。
2. 检测电机控制器
在高压系统断电后，使用万用表、兆欧表对电机控制器 MCU 进行测量并将结果填写在下表中。通过与标准值对比，结果正常。
北汽 EV160 电机控制器诊断表
<table>
<tr><td rowspan="8">IGBT 测量
（二极管挡位）</td><td colspan="2" rowspan="2">数值</td><td colspan="5">黑 表 笔</td></tr>
<tr><td>T+</td><td>T−</td><td>U</td><td>V</td><td>W</td></tr>
<tr><td rowspan="5">红表笔</td><td>T+</td><td></td><td>∞</td><td>∞</td><td>∞</td><td>∞</td></tr>
<tr><td>T−</td><td>0.612</td><td></td><td>0.341</td><td>0.265</td><td>0.278</td></tr>
<tr><td>U</td><td>0.341</td><td>∞</td><td colspan="3" rowspan="3">T+与 T−之间有 2 个二极管；T+与 T−与 UVW 之间为 1 个二极管</td></tr>
<tr><td>V</td><td>0.265</td><td>∞</td></tr>
<tr><td>W</td><td>0.278</td><td>∞</td></tr>
<tr><td colspan="7">结果：所测数据均符合要求，正常</td></tr>
</table>
</td><td>根据维修手册和电路图进行测量，并填写相关测量数据</td></tr>
</table>

续表

<table>
<tr><th>作业项目</th><th>作 业 内 容</th><th>备 注</th></tr>
<tr><td>部件/电路测试</td><td>
<table>
<tr><td rowspan="4">IGBT 测量（二极管挡位）</td><td colspan="2" rowspan="2">数值</td><td colspan="5">红表笔</td></tr>
<tr><td>T+</td><td>T-</td><td>U</td><td>V</td><td>W</td></tr>
<tr><td rowspan="2">黑表笔</td><td rowspan="2">搭铁（-）</td><td>19.23</td><td>17.05</td><td>16.64</td><td>18.51</td><td>18.67</td></tr>
<tr><td colspan="5">测量时需断开高压线束，冷态时绝缘阻值需大于 2.5 MΩ</td></tr>
<tr><td colspan="7">结果：所测数据均符合要求，正常</td></tr>
</table>

3. 测量 MCU 电源熔丝 FB10

汽车前舱部分找出熔丝与继电器盒，检查 MCU 电源熔丝 FB10，测量熔丝电阻值，正常值小于 1 Ω，测量值为 0.2 Ω，测量结果正常。

4. 检测电源继电器

测量 MCU 电源继电器线圈端子 2 个插脚之间的电阻值，正常值为 133 Ω 左右，测量值为 92 Ω，测量结果正常。测量电源继电器开关端子的导通性，将电源继电器线圈端子 2 个插脚分别接蓄电池正负极，万用表调节到 200 Ω 电阻挡，测量继电器 2 个开关端子是否导通，测量值为 0.1 Ω，正常值为小于 1 Ω，测量结果正常。

5. 测量 MCU 低压控制插头 1 号脚电压

用探针插入 MCU 低压插件 T3（如下图所示）的 1 号端子，测量 1 号端子电压，正常值为 12 V 左右。测量值为 12.4 V，测量结果正常。

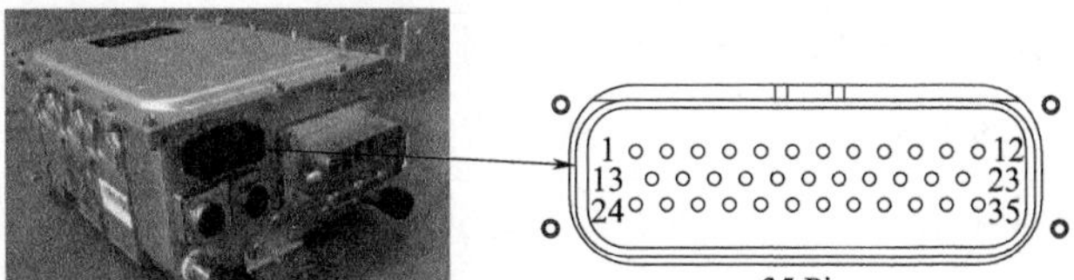

35 Pin

6. 测量旋转变压器各个绕组阻值及其波形

（1）使用万用表电阻挡测量 MCU 低压插件 T35 的 22、23 号端子的电阻值，正常值为 50～70 Ω，测量值为 52.2 Ω，测量结果正常；测量 34、35 号端子的电阻值，正常值为 50～70 Ω，测量值为 50.3 Ω，测量结果正常；测量 11、12 号端子的电阻值，正常值为 20～40 Ω，测量值为 20.8 Ω，测量结果正常。因此，可以判定旋转变压器励磁、正弦和余弦 3 组线圈阻值正常。

（2）使用万用表电阻挡测量驱动电机旋变插件 T19b（如下图所示）的 A 与 MCU 低压插件 T35 的 12 号端子、B 与 11 号端子、E 与 23 号端子、F 与 22 号端子、C 与 35 号端子、D 与 34 号端子的电阻值，正常值为 0.2～0.5 Ω，测量值为 0.37 Ω 左右，测量结果正常。
</td><td>根据维修手册和电路图进行测量，并填写相关测量数据</td></tr>
</table>

续表

<table>
<tr><th>作业项目</th><th colspan="2">作　业　内　容</th><th>备　　注</th></tr>
<tr><td>部件/电路测试</td><td colspan="2">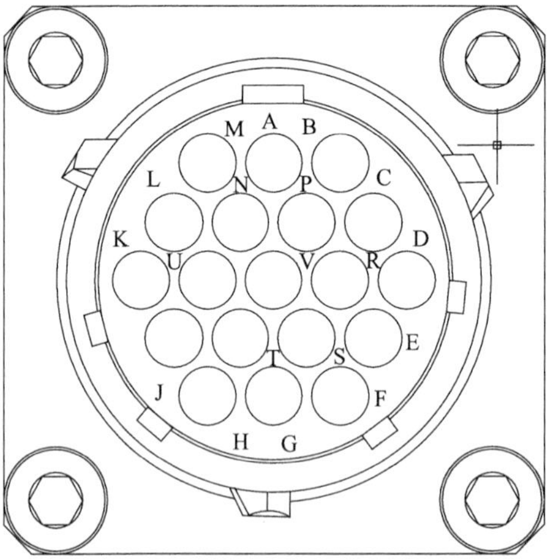

驱动电机旋变插件 T19b

(3)使用示波器通过驱动电机旋变插件 T19b 测量旋转变压器各个绕组波形,发现 A 与 B 端子、C 与 D 端子之间可以调取波形并且经过频率调整后,其波形符合维修手册中所示标准波形;但是,E 与 F 端子之间无法调取波形。
(4)使用万用表电阻挡测量端子 E 与车身搭铁之间的电阻值,结果为 0.96 Ω。原来是线束对地搭铁</td><td>根据维修手册和电路图进行测量,并填写相关测量数据</td></tr>
<tr><td>确定故障</td><td colspan="2">旋转变压器的线束端子 E 与车身搭铁短路</td><td></td></tr>
<tr><td rowspan="4">故障部位确认和排除</td><td>故障类型</td><td>确认的故障位置</td><td>排除处理说明</td></tr>
<tr><td>线路短路</td><td>线束端子 E 与车身搭铁短路</td><td>□更换　☑维修　□调整</td></tr>
<tr><td></td><td></td><td>□更换　□维修　□调整</td></tr>
<tr><td></td><td></td><td>□更换　□维修　□调整</td></tr>
<tr><td>清除故障代码再读取故障代码</td><td colspan="3">检查故障代码是否再次出现,并填写结果
☑无 DTC　　□有 DTC</td></tr>
<tr><td>故障现象确认</td><td colspan="2">由于旋转变压器的线束端子 E 与车身搭铁短路(即对地短路),导致旋变工作不正常,电机控制器 MCU 无法起动电机,所以总是有起动趋势但车辆始终无法运转前行并伴随有沉闷的电机起动声音。征得厂家同意更换低压线束后试车,车辆运转正常。连接解码仪,删除历史故障代码,再次读取故障代码,仪器显示没有故障代码,证明故障排除</td><td>故障排除</td></tr>
</table>

2. 比亚迪 E6 驱动电机控制器模块损坏导致汽车驱动电机故障(见表 2-3-2)

表 2-3-2 比亚迪 E6 驱动电机控制器模块损坏导致汽车驱动电机故障

作业项目	作 业 内 容	备 注
驱动电机故障	驱动电机控制器模块损坏导致汽车驱动电机故障	以比亚迪 E6 为例
故障现象确认	驱动电机控制器存在故障时,会导致电机不能正常运转,使车辆失去动力。同时位于车辆仪表盘上的动力系统故障指示灯 将点亮。注意:如果仅有 指示灯点亮,说明问题是电机的温度过高,系统将降低电机的功率输出	确认故障症状 记录症状现象
结构分析	1. 结构组成 驱动电动机控制器类型为电压型逆变器,利用 IGBT 将直流电转换为交流电,额定电压为 330 V,主要功能是控制电动机和发电机等根据不同工况控制电动机的正反转、功率、扭矩、转速等。即控制电动机的前进、倒退,维持电动汽车的正常运转。关键零部件为 IGBT,IGBT 实际为一种三端半导体开关器件,目的是控制电流的工作,保证能够按照驾驶人的意愿输出合适的电流参数。 驱动电动机控制器总成包含上、中、下三层,上、下层为电动机控制单元,中层为水道冷却控制单元,总成还包括信号接插件(包含 12 V 电源/CAN 线/挡位/加速踏板/制动/旋变/电动机温度信号线/预充满信号线等),2 根动力电池正负极接插件、3 根电动机三相线接插件、2 个水套接头及其他周边附件。电动机驱动器的结构如下图所示。 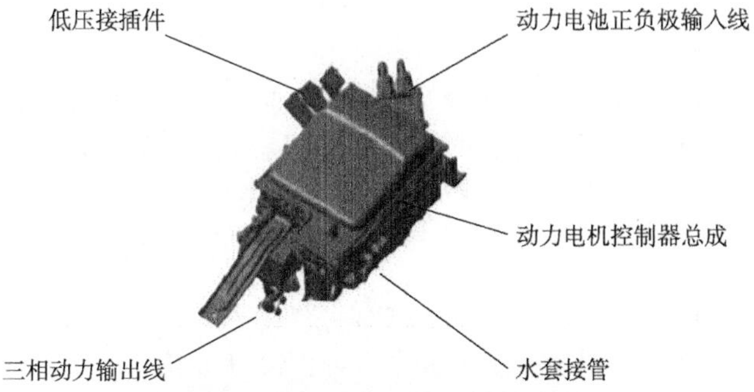 	如果无故障代码则无须填写

续表

作业项目	作业内容	备注
结构分析	2. 功能 ① 控制电动机正反向驱动、正反转发电。 ② 控制电动机的动力输出,同时对电动机进行保护。 ③ 通过 CAN 与其他控制模块通信,接收并发送相关的信号,间接地控制车上相关系统正常运行。 ④ 制动能量回馈控制。 ⑤ 自身内部故障的检测和处理。 ⑥ 最高工作转速:在额定电压时,运行所能达到的最高转速为 7 500 r/min。 ⑦ 半坡起步功能。 ⑧ 防止电动机飞车、防止 IPM 保护。 ⑨ 采集 P 挡、R 挡、N 挡、D 挡位信号。 ⑩ 采集油门深度传感器和刹车深度传感器信号。 3. 绝缘栅双极晶体管控制原理 绝缘栅双极晶体管(IGBT)被认为是电动汽车的核心技术之一。它的作用是进行交流电和直流电转换,同时还承担电压的高低转换功能。另外也将电动机回收的交流电流转换成可供蓄电池充电的电流。 动力电池组和电动机的正负极分别与 IGBT 模块的输入端及输出端连接,IGBT 的输出电压由主控制器向其输入的 PWM 信号控制。在控制器运行过程中,主控制器通过采集分析加速踏板、制动踏板、车速等传感器信号进行电动机电压的输出控制,输出方式是将 PWM 信号传递到 IGBT 模块,通过采集电动机电压、电动机电流、电动机和 IGBT 模块的温度等反馈信号进行系统的过电流、过电压、过热保护。 4. 驱动系统控制策略 电动汽车行驶过程中,驾驶人根据实际行驶工况的需要,通过操作加速踏板、制动踏板、变速器操纵杆来控制电动汽车的车速。在不考虑换挡的情况下,加速踏板的信号就代表驾驶人的指令,因此电动汽车的车速实际上是通过驾驶人实现广义的车速闭环控制来实现的。 按加速踏板所代表的给定指令不同,控制系统可以分为开环控制系统、电流闭环控制系统和车速-电流双闭环控制系统。 开环控制系统是用加速踏板信号代表主控制器向 IGBT 模块输送 PWM 占空比信号,其特点是线路简单、成本低,但是当电池电压参数变化时,没有自动调节作用,抗干扰能力差,起步加速和动力指示不高。 电流单闭环控制系统就是用加速踏板信号代表电动机电枢电流,即电动机的输出扭矩。电流单闭环车速控制系统的主要特点是响应时间短、控制准确,且具有自调节能力,但是此系统容易出现过电流现象,可能导致电动机或者控制器损坏。	如果无故障代码则无须填写

续表

作业项目	作 业 内 容	备 注
结构分析	加速踏板信号代表驾驶人期望车速的控制系统称为车速控制系统。如安装车速传感器检测车速,并将与期望车速相比较构成反控制,则称为车速单闭环控制系统。双闭环控制系统具有比较满意的动态性能,加速踏板位置直接代表驾驶人的期望车速,直观、便于理解,起动加速好,动力性好。 动力电动机再生制动:电动力系统中采用了“再生制动器”,它利用电动机的发电来再次利用动能。电动机通常在通电后开始转动,但是让外界力量带动电动机旋转时,它又可作为发电机来发电。因此,利用驱动轮的旋转力带动电动机发电,在给蓄电池充电的同时,又可利用发电时的电阻来减速。该系统在制动时与液压制动器同时控制再生制动器,完美地将原来在减速中作为摩擦热散失的动能回收为行驶用能量。城市中行驶时,反复进行的调速操作具有较高的能量回收效果,所以在低速时优先使用再生制动器。例如,在城市中行驶 100 km,即可再生相当于 1 L 汽油的能量。 5. 预充满信号回路控制 预充电目的:在没有进行预充的情况下,主接触器吸合可能引起电流过大而烧结主接触器和击穿电容。 钥匙置于 ON 挡时,为缓解高压电池的冲击,电池管理器先吸合预充接触器控制继电器。来自动力电池的高压电经过预充接触器与两个并联的限流电阻,加载到母线正极上。驱动电动机控制器检查母线正极上的电压达到动力电池额定电压的 2/3 时,向电池管理器反馈一个预充满信号。此后组合仪表 OK 灯点亮,从而电池管理器控制正极放电接触器的控制器吸合,断开预充接触器的控制器。 如有故障,则用诊断仪检查预充情况。如预充失败,则进行以下操作。 ①检查电池管理器是否进行预充。 ②从电池管理器 K05 连接器后端引线。 ③检查线束端子 M33-25(钥匙 ON 挡)与车身的电压(正常值小于 1 V)。 如果不正常,则更换电池管理器,再检查高压电源电路。 预充满信号回路如下图所示 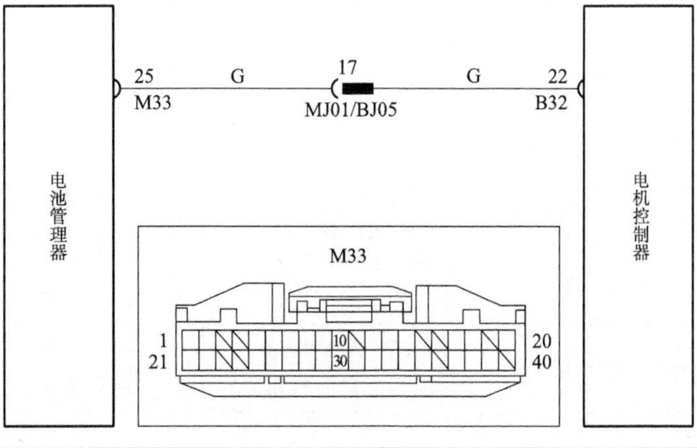	如果无故障代码则无须填写

续表

<table>
<tr><th>作业项目</th><th>作 业 内 容</th><th>备 注</th></tr>
<tr><td>故障现象分析</td><td>驱动电机控制器是驱动系统的核心执行模块。驱动电机控制器接收动力电池管理器和整车控制单元的信息,控制驱动电机的运转,并实现电机转速、方向和转矩的改变。电机控制器通过接收电机角度传感器(电机转角传感器)信号,作为控制命令的输出反馈,实现系统的闭环控制。
驱动电机控制器的常见故障原因如下:
(1)控制器模块本身的故障。
(2)电机温度传感器故障。</td><td>可能故障范围:控制器模块故障、电机温度传感器故障</td></tr>
<tr><td>增加条件 1:读取故障代码</td><td>使用故障诊断仪读取故障代码(DTC),驱动电机控制器可能存在的故障代码(DTC)见下表
<table>
<tr><th colspan="3">驱动电机控制器故障代码</th></tr>
<tr><th>故障代码</th><th>故障描述</th><th>可能发生部位</th></tr>
<tr><td>P1B00-00</td><td>IPM 故障</td><td>电机控制器</td></tr>
<tr><td>P1B01-00</td><td>旋变故障</td><td>MG2 电机线束、接插件</td></tr>
<tr><td>P1B02-00</td><td>欠电压保护故障</td><td>电机控制器</td></tr>
<tr><td>P1B03-00</td><td>主接触器异常故障</td><td>电机控制器
动力电池管理器
高压配电箱</td></tr>
<tr><td>P1B04-00</td><td>过电压保护故障</td><td>电机控制器</td></tr>
<tr><td>P1B05-00</td><td>IPM 散热器过温故障</td><td>电机控制器</td></tr>
<tr><td>P1B06-00</td><td>挡位故障</td><td>挡位管理器
电机控制器/线束</td></tr>
<tr><td>P1B07-00</td><td>加速踏板异常故障</td><td>加速踏板深度传感器回路</td></tr>
<tr><td>P1B08-00</td><td>电机过温故障</td><td>制动踏板深度传感器回路</td></tr>
<tr><td>P1B09-00</td><td>驱动电机过电流故障</td><td>MG2 电机</td></tr>
<tr><td>P1B0A-00</td><td>缺相故障</td><td>电机控制器、线束</td></tr>
<tr><td>P1B0B-00</td><td>EEPROM</td><td></td></tr>
</table></td><td>如果无故障代码则无须填写</td></tr>
<tr><td>增加条件 2:读相关数据流</td><td><table>
<tr><th>项 目</th><th>数 值</th><th>单位</th><th>判断</th></tr>
<tr><td>电机转速</td><td>0～10 000 r/min
(随车速变化)</td><td>r/min</td><td>□正常
□异常</td></tr>
<tr><td>电机实际扭矩</td><td>-300～300 N·m
(负值为能量回收扭矩)</td><td>N·m</td><td>□正常
□异常</td></tr>
</table></td><td>如果无相关数据则无须填写</td></tr>
</table>

续表

<table>
<tr><th>作业项目</th><th>作 业 内 容</th><th>备 注</th></tr>
<tr><td>增加条件 2:读相关数据流</td><td>
<table>
<tr><th>项 目</th><th>数 值</th><th>单位</th><th>判断</th></tr>
<tr><td>电机请求扭矩</td><td>应与实际扭矩匹配
(差值过大可能故障)</td><td>N · m</td><td>□正常
□异常</td></tr>
<tr><td>电机绕组温度</td><td>正常<100 ℃,超 120 ℃
触发过热保护</td><td>℃</td><td>□正常
□异常</td></tr>
<tr><td>电机控制器温度
(IGBT)</td><td>正常<85 ℃</td><td>℃</td><td>□正常
□异常</td></tr>
<tr><td>高压母线电压</td><td>300～650 V
(SOC 影响,满电约 650 V)</td><td>V</td><td>□正常
□异常</td></tr>
<tr><td>电机三相电流
(U/V/W)</td><td>动态值,
空载时接近 0 A</td><td>A</td><td>□正常
□异常</td></tr>
<tr><td>电机直流母线电流</td><td>根据负载变化,
急加速可达 200 A+</td><td>A</td><td>□正常
□异常</td></tr>
<tr><td>加速踏板开度</td><td>0% ～100%
(与踏板深度对应)</td><td>—</td><td>□正常
□异常</td></tr>
<tr><td>制动踏板状态</td><td>0(未踩)或
1(已踩)</td><td>—</td><td>□正常
□异常</td></tr>
<tr><td>能量回收等级</td><td>1～3 级
(部分车型可调)</td><td>—</td><td>□正常
□异常</td></tr>
</table>
</td><td>如果无相关数据则无须填写</td></tr>
<tr><td>增加条件 3:诊断座检测</td><td>
<table>
<tr><th>针脚号</th><th>项 目</th><th>数 值</th><th>单位</th><th>判断</th></tr>
<tr><td>4</td><td>车身接地
(GND)</td><td>对地电阻≤0. 5</td><td>Ω</td><td>□正常
□异常</td></tr>
<tr><td>5</td><td>信号接地
(SGND)</td><td>与针脚 4 导通
(电阻≈0 Ω)</td><td>—</td><td>□正常
□异常</td></tr>
<tr><td>6</td><td>CAN-H
(高速 CAN 总线)</td><td>电压 2. 5～3. 5
(静态)</td><td>V</td><td>□正常
□异常</td></tr>
<tr><td>14</td><td>CAN-L
(高速 CAN 总线)</td><td>电压 1. 5～2. 5
(静态)</td><td>V</td><td>□正常
□异常</td></tr>
<tr><td>16</td><td>常电
(+12 V 蓄电池供电)</td><td>电压 11. 5～14
(点火开关 OFF)</td><td>V</td><td>□正常
□异常</td></tr>
</table>
</td><td>如果无相关数据则无须填写</td></tr>
<tr><td>清除故障代码
再读取故障代码</td><td>检查故障代码是否再次出现,并填写结果
□无 DTC　　☑有 DTC</td><td></td></tr>
</table>

续表

<table>
<tr><th>作业项目</th><th>作 业 内 容</th><th>备 注</th></tr>
<tr><td>故障检测</td><td>

1. 控制器电源与搭铁的诊断

根据 DTC 提示完成故障检测，其中包括电源和搭铁的线路检测。

(1)电源与搭铁诊断电路图如下图所示。

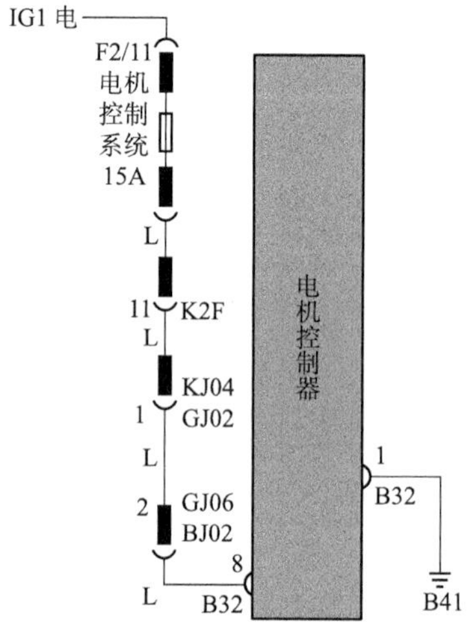

①拔下电机控制器 b32(外围 24 端子棕色)连接器。

②测量线束端连接器各端子间电阻或电压。

③连接器端子与标准参考值如下图所示。

B32

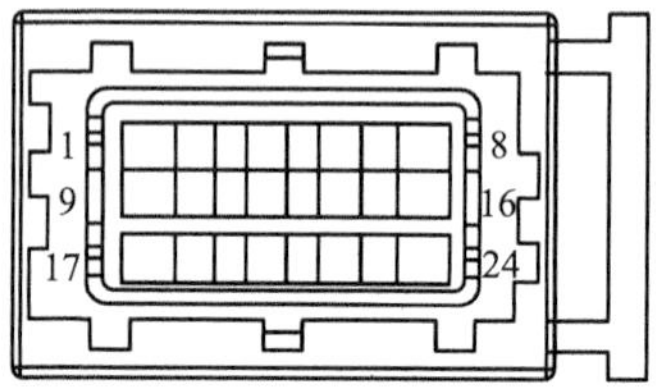

<table>
<tr><th>端子</th><th>线色</th><th>条件</th><th>正常值</th></tr>
<tr><td>B32-8-车身地</td><td>L</td><td>电源打到ON挡</td><td>11~14 V</td></tr>
<tr><td>B32-1-车身地</td><td>B</td><td>电源打到ON挡</td><td>小于1 Ω</td></tr>
</table>

(2)电机控制器与电机低压端子线束电阻检测。

①用故障诊断仪检测电机控制器和电机。

②对照下方的图进行测量，如果不符合正常值则更换相应的组件。

B22

B23

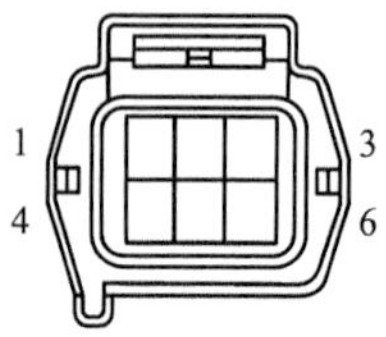

</td><td>根据维修手册和电路图进行测量，并填写相关测量数据</td></tr>
</table>

续表

作业项目	作 业 内 容	备 注
故障检测	见下文	根据维修手册和电路图进行测量,并填写相关测量数据

端 子	线 色	正常值
B32-7→B23-1	O	小于 1 Ω
B32-15→B23-4	Lg	小于 1 Ω
B32-4→B22-1	Y/L	小于 1 Ω
B32-5→B22-2	Y/O	小于 1 Ω
B32-6→B22-3	Y/G	小于 1 Ω
B32-12→B22-4	L/W	小于 1 Ω
B32-13→B22-5	L/O	小于 1 Ω
B32-14→B22-6	Gr	小于 1 Ω

(3)主电机控制器检测数据:测量电机控制器高压正负极输入端与控制器向动力电机输出端的电压值,标准参考值见下表。

动力电机输出相位	输入端	正常值
A 相	与控制器输入正极	0.3 V
	与控制器输入负极	
B 相	与控制器输入正极	
	与控制器输入负极	
C 相	与控制器输入正极	
	与控制器输入负极	

2. 旋转变压器的诊断

(1)使用故障诊断仪诊断如产生故障代码(DTC):P1B01-00,经查询为旋变故障。

(2)检查低压连接器。退电 OFF 挡,拔掉电机控制器低压连接器 B33。

①测量 B33-4 和 B33-12 电阻是否为 8~10 Ω。

②测量 B33-5 和 B33-13 电阻是否为 14~18 Ω。

③测量 B33-6 和 B33-14 电阻是否为 14~18 Ω。

④如果所测电阻正常,则检查 B22 接插件是否松动,如果没有松动,则为动力总成故障。

(3)更换驱动电机控制器与 DC 总成。

电机控制器连接器 B33 主要端子定义如下图所示。

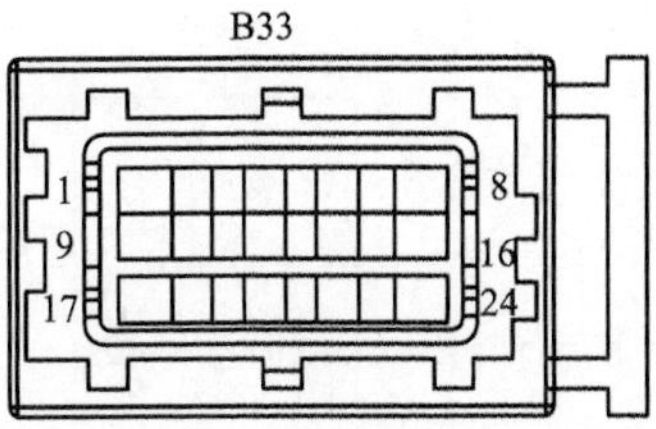

续表

<table>
<tr><th>作业项目</th><th>作 业 内 容</th><th>备 注</th></tr>
<tr><td>故障检测</td><td>
<table>
<tr><th>端子号</th><th>线色</th><th>端子描述</th><th>条件</th><th>正常值</th></tr>
<tr><td>3</td><td>绿</td><td>MG2 旋变屏蔽地</td><td>始终</td><td>小于 1 V</td></tr>
<tr><td>4</td><td>黄</td><td>MG2 励磁+</td><td>线束端（断线插件）</td><td>与励磁（−8.1±2）Ω</td></tr>
<tr><td>5</td><td>蓝</td><td>MG2 正弦+</td><td>线束端（断线插件）</td><td>与正弦（−14±4）Ω</td></tr>
<tr><td>6</td><td>橙</td><td>MG2 余弦+</td><td>线束端（断线插件）</td><td>与余弦（−14±4）Ω</td></tr>
<tr><td>7</td><td>粉</td><td>MG2 电机过温</td><td>线束端（断线插件）</td><td>与 15 端子有电阻值（小于 100 Ω）</td></tr>
<tr><td>8</td><td>灰</td><td>运行模式切换信号输入</td><td>ON 挡</td><td>小于 1 V 或 11～14 V</td></tr>
<tr><td>11</td><td>紫</td><td>CAN 屏蔽地</td><td>始终</td><td>小于 1 V</td></tr>
<tr><td>12</td><td>绿黑</td><td>MG2 励磁−</td><td>线束端（断线插件）</td><td>与励磁（+8.1±2）Ω</td></tr>
<tr><td>13</td><td>黄黑</td><td>MG2 正弦−</td><td>线束端（断线插件）</td><td>与正弦（+14±4）Ω</td></tr>
<tr><td>14</td><td>蓝黑</td><td>MG2 余弦−</td><td>线束端（断线插件）</td><td>与余弦（+14±4）Ω</td></tr>
<tr><td>15</td><td>绿黄</td><td>MG2 电机过温地</td><td>线束端（断线插件）</td><td>与 7 端子有电阻值（小于 100 Ω）</td></tr>
<tr><td>16</td><td>黄红</td><td>运行模式切换信号输出</td><td>ON 挡</td><td>小于 1 V 或 11～14 V</td></tr>
<tr><td>19</td><td>棕</td><td>CAN 信号高</td><td>始终</td><td>2.5～3.5 V</td></tr>
<tr><td>20</td><td>白</td><td>CAN 信号低</td><td>始终</td><td>1.5～2.5 V</td></tr>
<tr><td>21</td><td>白黑</td><td>驻车制动信号</td><td>驻车</td><td>小于 1 V</td></tr>
<tr><td>22</td><td>白红</td><td>制动信号</td><td>踩制动踏板</td><td>11～14 V</td></tr>
</table>
</td><td>根据维修手册和电路图进行测量，并填写相关测量数据</td></tr>
</table>

续表

<table>
<tr><th>作业项目</th><th>作 业 内 容</th><th>备 注</th></tr>
<tr><td>故障检测</td><td>3. 相关 DTC P1B03
欠电压保护故障(或 P1B04:过电压保护故障)的诊断。首先检查动力电池电量,动力电池电量是否大于 10%。如果电量正常,则检测高压母线,步骤如下:
(1)断开维修开关,等待 5 min。
(2)拔掉电机控制器高压接插件端子。
(3)插上维修开关,整车上电。
(4)测量母线电压值,正常值为标准动力电池电压。
(5)如果母线电压值不在正常范围,那么检查高压配电盒及高压线路。否则,更换驱动电机控制器
<table><tr><th>端　　子</th><th>正常值</th></tr><tr><td>母线正→母线负</td><td>标准动力电池电压</td></tr></table></td><td>根据维修手册和电路图进行测量,并填写相关测量数据</td></tr>
<tr><td>驱动电机控制器更换流程</td><td>如果确认驱动电机控制器损坏,应进行更换,更换流程如下:
1. 拆卸前需求
(1)整车 OFF 挡。
(2)拔掉紧急维修开关,等待 5 min 以上。
(3)拆掉配电盒。
2. 拆卸步骤
(1)拆掉电机三相线接插件的 4 个螺栓。
(2)拔掉高压母线接插件。
(3)拆掉附在箱体上的配电盒上端螺栓。
(4)拆掉底座 4 个紧固螺栓。
(5)将控制器往左移,拔掉低压接插件,拆掉搭铁螺栓,拔掉 DC 低压输出线,拔掉 4 个低压线束卡扣。
(6)将控制器往右移,拆掉进水管,拆掉出水管。
注意:拆掉进水管时将流出的冷却液用容器接住。
3. 安装步骤
(1)将控制器放进安装位置。
(2)将控制器往右边移动,安装进水管、出水管。
(3)安装 4 个底座螺栓(先对准左上方螺栓,将螺栓放进去,拧进 1/3,再对准右下方螺栓,将螺栓拧进 1/3,之后放进其他螺栓,将所有螺栓拧紧。紧固力矩:22 N·m)。
(4)卡上 DC 12 V 输出线卡扣,插上 DC 12 V 接插件;卡上 ACM 线束卡扣;安装搭铁螺栓(紧固力矩:22 N·m);插上接插件。
(5)安装箱体侧面的配电盒螺栓。
(6)插上高压母线接插件。
(7)安装电机三相线接插件(先装最靠近车头下方的螺栓,拧进 1/3;再装其对角螺栓,拧进 1/3;之后安装其他螺栓;将所有螺栓拧紧。紧固力矩:9 N·m)</td><td></td></tr>
</table>

续表

作业项目	作业内容		备注
故障部位确认和排除	故障类型	确认的故障位置	排除处理说明
	模块故障	驱动电机控制器短路	☑更换 □维修 □调整
			□更换 □维修 □调整
			□更换 □维修 □调整
清除故障代码 再读取故障代码	检查故障代码是否再次出现,并填写结果 ☑无 DTC　□有 DTC		
故障现象确认	再次运行车辆,故障现象消除		故障排除

3. 比亚迪秦 PRO-DM BSG 电机无法起动(见表 2-3-3)

表 2-3-3　比亚迪秦 PRO-DM BSG 电机无法起动

作业项目	作业内容	备注
驱动电机故障	比亚迪秦 PRO-DM BSG 电机无法起动	以比亚迪秦 PRO-DM 为例
故障现象确认	一辆 2018 款比亚迪秦 PRO-DM 混动车,搭载 BYD476ZQA 型发动机,行驶里程为 1 200 km。车主反映,该车无法使用 BSG 电机起动发动机,只能用普通起动电机起动车辆	确认故障症状记录症状现象
结构原理分析	1. 双向交流逆变式电机控制器(VTOG)的主要功能 (1)驱动控制(放电): ①采集油门、制动、挡位、旋变信号等控制电机正向、反向驱动,正、反转发电功能。 ②具有高压输出电压和电流控制限制功能,具有电压跌落、过电流、过温、IPM 过温、IGBT 过温保护、功率限制、扭矩控制限制等功能。 ③同时具备电控系统防盗、能量回馈控制、主动泄放、被动泄放控制。 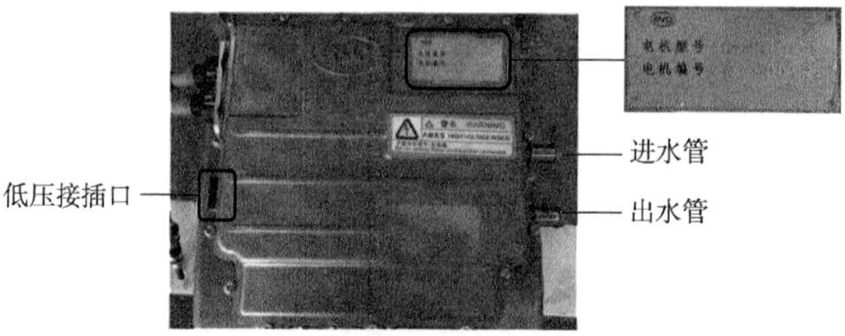 电机控制器	

续表

<table>
<tr><th>作业项目</th><th>作 业 内 容</th><th>备 注</th></tr>
<tr><td>结构原理分析</td><td>
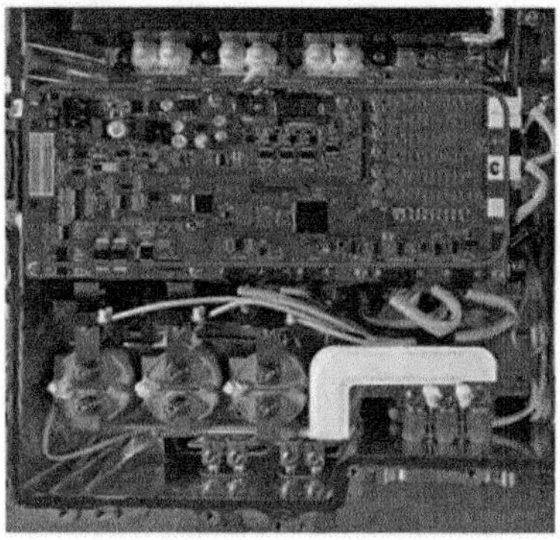

(2)充电控制:

①交、直流转换,双向充、放电控制功能。

②自动识别单相、三相相序并根据充电电流控制充电方式,根据充电设备识别充电功率,控制充电方式;根据车辆或其他设备请求信号控制车辆对外放电。

③断电重启功能:在电网断电又供电时,可继续充电。

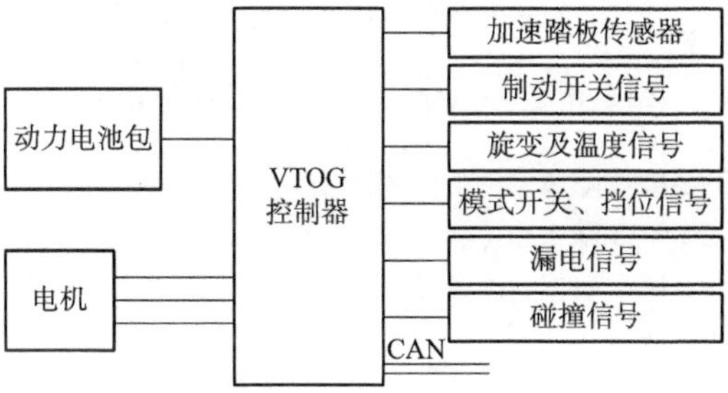

④车辆指示灯 OK 灯点亮条件:当电池管理器 BMS 收到 VTOG 反馈的预充满信号时起动车辆时,为缓解对高压系统的冲击,电池管理器先吸合预充接触器,电池包的高压电经过预充接触器并联的限流电阻后加载到 VTOG 母线上,VTOG 检测到母线上的电压与电池包电压相差在 50 V 以内时,通过 CAN 通道向电池管理器反馈一个预充满信号,OK 灯点亮,电池管理器收到预充满信号后控制主接触器吸合,断开预充接触器,如下图所示

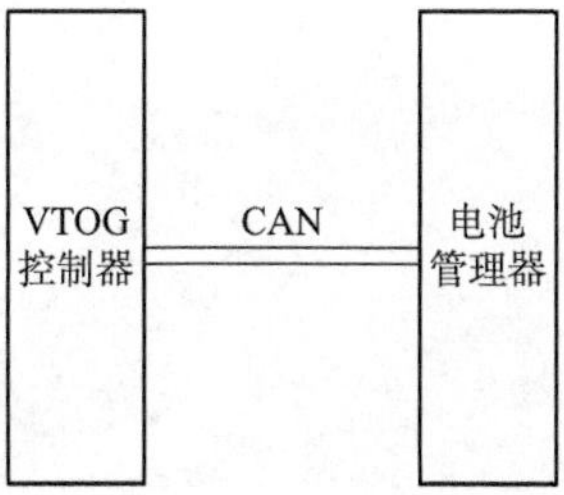

</td><td></td></tr>
</table>

续表

作业项目	作 业 内 容	备 注
结构原理分析	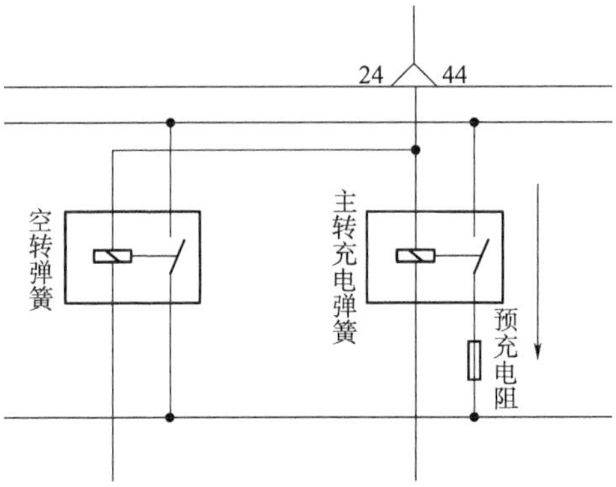	
故障原因分析	连接专用诊断仪，在 BSG 系统中读取到四个故障代码，如下图所示。 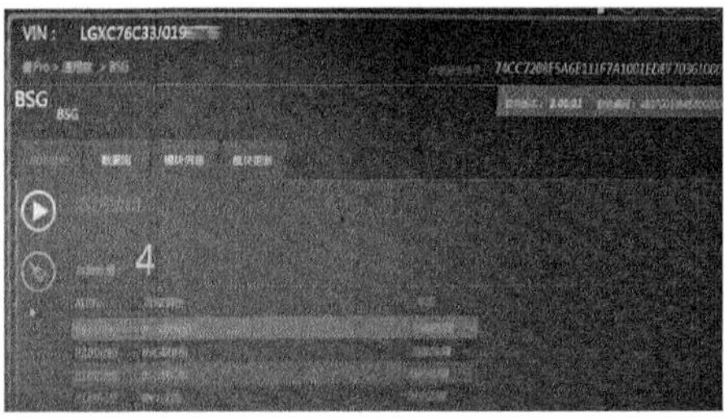 ➢ P180396-BSG 缺 A 相(当前故障)； ➢ P180496-GSG 缺 B 相(当前故障)； ➢ P180596-BSG 缺 C 相(当前故障)； ➢ P180F19-硬件过电流(历史故障)。 前三个故障代码无法删除。 通过故障代码可以看出，BSG 电机存在缺相故障，将故障点初步锁定在 BSG 电机、BSG 控制器及相关的控制线路。 BSG 电机具有启停、发电等功能，能够启停发动机，并且能够在发动机处于怠速、运行等工况下根据策略要求进行发电，以维持整车电平衡。BSG 电机的装配位置如下图所示。 	可能故障范围：驱动电机传感器、内部供电线路、熔丝及继电器存在故障（断路、虚接、短路）

续表

作业项目	作 业 内 容	备 注
故障原因分析	BSG 电机控制器(见下图)是控制 BSG 电机的装置,由输入输出接口电路、驱动电机控制电路和驱动电路组成,主要功能是控制 BSG 电机给整车发电或起动发动机,同时包括 CAN 通信、故障处理、在线 CAN 烧写、与其他模块配合完成整车的工作要求以及自检等。装配 BSG 电机的好处是:发动机起动响应速度快,既可作为起动电机起动发动机,又能作为发电机对蓄电池进行充电(高压电) 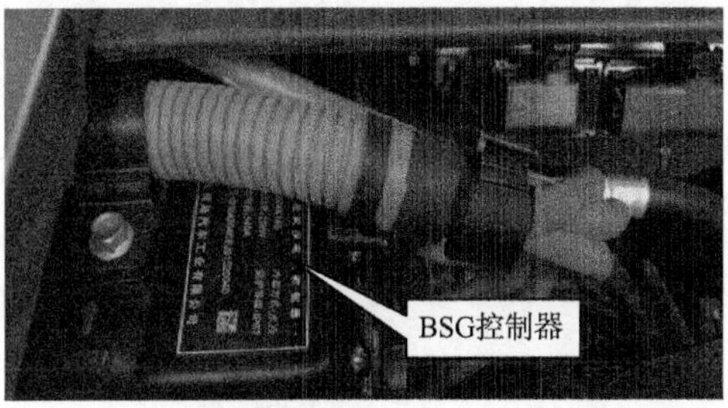 	可能故障范围:驱动电机传感器、内部供电线路、熔丝及继电器存在故障(断路、虚接、短路)
故障诊断与排除流程	根据 BSG 电机系统工作原理,并结合故障现象、故障信息,进行下述检测: (1)检查低压系统的相关插接器的供电、搭铁及网络电压等,未发现异常。 (2)使用诊断仪 VDS1000 扫描全车模块,各系统软件均为最新版本,无须更新。 (3)读取 BSG 电机数据流(见下图)发现,BSG 电机的 A、B、C 各相电流均为 0,说明 BSG 电机没有工作,BSG 母线电压为 0,说明没有电压输出。 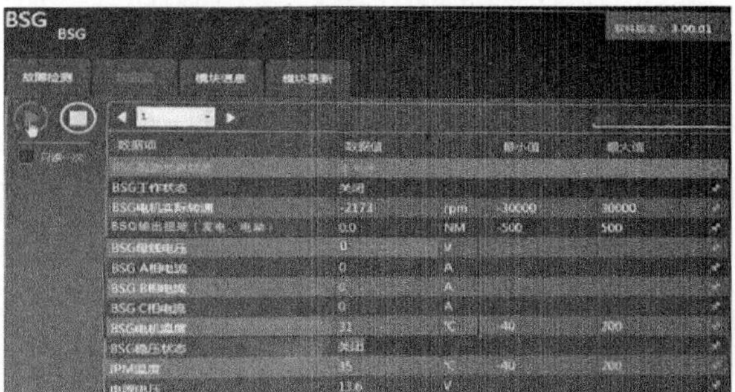 (4)戴上绝缘手套,断开高压母线,测量高压系统电压为 433 V(见下图),说明高压电池包输出电压正常。	如果无故障代码则无须填写

续表

作业项目	作 业 内 容	备 注
故障诊断与排除流程	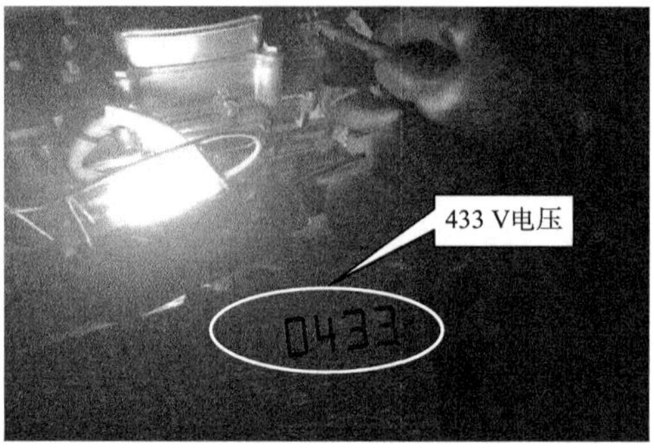 （5）查阅有关维修资料发现，BSG 电机在高压系统中有一个熔丝，测量位于前驱动电机控制器与 DC 总成中的 BSG 电机熔丝之间的电阻，阻值为 0（见下图），说明熔丝正常，没有烧蚀。 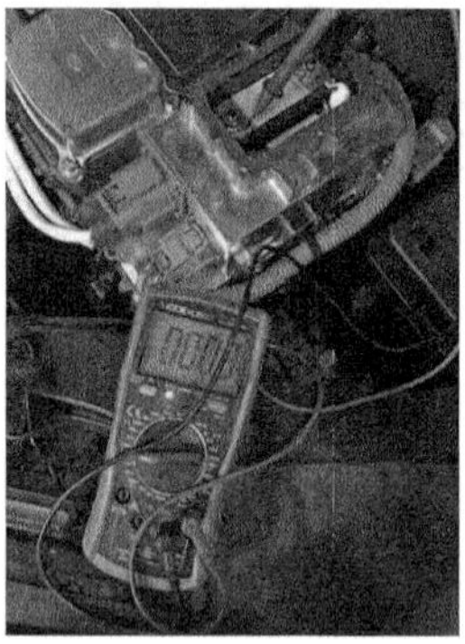 （6）查阅 BSG 电机控制系统电路图，测量 BSG 电机的正弦、余弦、励磁电阻，均正常，测量 BSG 控制器的供电、搭铁及网线电压、电阻，均正常。 （7）进一步检查发现，BSG 电机控制器外部螺栓有拆装过的痕迹，拆开 BSG 电机控制器三相母线进行测量时发现，其中一根高压母线的固定螺栓没有拧紧，有跳电烧蚀的痕迹，如下图所示  	如果无故障代码则无须填写

续表

<table>
<tr><th>作业项目</th><th colspan="3">作 业 内 容</th><th>备 注</th></tr>
<tr><td>分析确定故障</td><td colspan="3">该车之前因前部发生碰撞事故,在外面维修店维修过与 BSG 电机相关的线路,事故修复后就出现了如前所述的故障现象,由此可以判断该车故障原因是事故车修复过程中装配不当引起的,中间的高压母线固定螺钉没有拧紧,高压跳电致使 BSG 电机控制器内部元件被损坏。更换测试,恢复正常</td><td></td></tr>
<tr><td rowspan="4">故障部位确认和排除</td><td>故障类型</td><td>确认的故障位置</td><td colspan="2">排除处理说明</td></tr>
<tr><td>元器件损坏</td><td>BSG 电机控制器内部元件损坏</td><td colspan="2">☑更换 □维修 □调整</td></tr>
<tr><td></td><td></td><td colspan="2">□更换 □维修 □调整</td></tr>
<tr><td></td><td></td><td colspan="2">□更换 □维修 □调整</td></tr>
<tr><td>清除故障代码
再读取故障代码</td><td colspan="4">检查故障代码是否再次出现,并填写结果
☑无 DTC □有 DTC</td></tr>
<tr><td>故障现象确认</td><td colspan="3">更换 BSG 电机控制器后试车,该车恢复正常,故障被彻底排除</td><td>故障排除</td></tr>
</table>

4. 比亚迪-秦驱动电机控制器温度过高故障诊断与排除(见表 2-3-4)

表 2-3-4 比亚迪-秦驱动电机控制器温度过高故障诊断与排除

<table>
<tr><th>作业项目</th><th>作 业 内 容</th><th>备 注</th></tr>
<tr><td>驱动电机故障</td><td>比亚迪-秦驱动电机控制器温度过高故障</td><td>以比亚迪-秦为例</td></tr>
<tr><td>故障现象确认</td><td>比亚迪-秦车辆 OK 挡行驶一段时间后,无论是 EV 或 HEV 模式,散热器风扇一直高速运转,读取故障代码为:P1B0300 IGBT 过温告警</td><td>确认故障症状
记录症状现象</td></tr>
<tr><td>故障现象分析</td><td>在驱动电机控制器及 DC 总成内部,有三组单元在工作时会产生热量,分别为:IPM(控制器内部智能功率控制模块)、IGBT(电机驱动模块)、电感,因此,在驱动电机控制器及 DC 总成内部有相应的水道对这三部分进行冷却,电控模块冷却水路结构如下图所示。
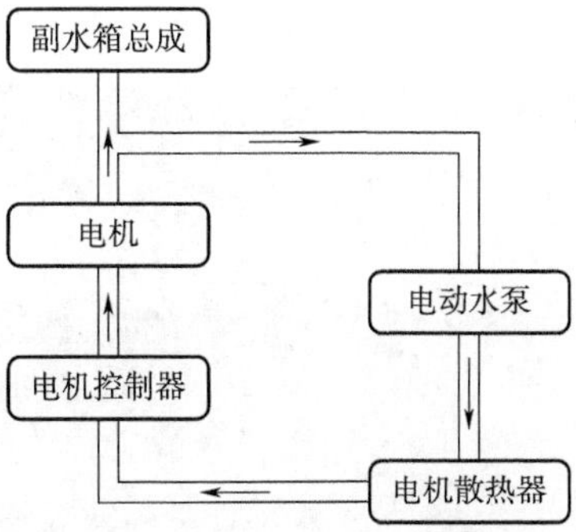
备注:电机电动水泵安装在右前部总成外侧保险杠骨架安装板附近。</td><td>可能故障范围:驱动电机传感器、内部供电线路、熔丝及继电器存在故障(断路、虚接、短路)</td></tr>
</table>

续表

<table>
<tr><th>作业项目</th><th>作 业 内 容</th><th>备 注</th></tr>
<tr><td>故障现象分析</td><td>当这几部分工作温度超过一定范围时,驱动电机控制器及 DC 总成就会检测到,同时经过 CAN 网络传递给发动机 EMS,EMS 驱动冷却风扇继电器后,冷却风扇工作以快速冷却防冻液,以降低温度,以下为冷却风扇工作条件:
(1)电机水温:
当电机水温在 47～64 ℃时,低速请求;当电机水温>64 ℃时,高速请求。
(2)控制器内部智能功率控制模块(IPM):
当该模块温度为53～64 ℃时,低速请求;当该模块温度>64 ℃时。高速请求;当该模块温度>85 ℃时,进行报警。
(3)电机驱动模块(IGBT):
当该模块温度为 55～75 ℃时,低速请求;当该模块温度>75 ℃时,高速请求;当该模块温度>90 ℃时,限制功率输出;当该模块温度>100 ℃,进行报警。
(4)电机温度:
当电机温度 90～110 ℃时,低速请求;当电机温度>110 ℃时,高速请求。
满足三个低速请求,电子风扇低速转;满足 1 个高速请求电子风扇高速转。
根据以上原理,可以分析出导致 IGBT 高温报警的原因有:
➢ 电机冷却系统防冻液不足或有空气。
➢ 电机电动水泵不工作。
➢ 电机散热器堵塞。
➢ 驱动电机控制及 DC 总成本身故障</td><td>可能故障范围:驱动电机传感器、内部供电线路、熔丝及继电器存在故障(断路、虚接、短路)</td></tr>
<tr><td>故障诊断与排除流程</td><td>(1)检查冷却系统,确认防冻液充足。
(2)上 OK 挡后用手捏电机水管,确认有一定水压,触摸电动水泵,确认工作良好。
(3)使用 VDS1000 读取驱动电机及 DC 总成内部数据流信息如下图所示。

</td><td>如果无故障代码则无须填写</td></tr>
</table>

续表

<table>
<tr><th>作业项目</th><th colspan="3">作 业 内 容</th><th>备 注</th></tr>
<tr><td>故障诊断与排除流程</td><td colspan="3">(4)从数据流可以看出,冷却液温度:24 ℃,IPM 温度:35 ℃,但 IGBT 温度已经高达 99 ℃,满足了风扇高速运转的条件,因此,分析为 IGBT 本身故障导致温度异常。
(5)更换驱动电机控制器及 DC 总成后故障排除</td><td>如果无故障代码则无须填写</td></tr>
<tr><td>确定故障</td><td colspan="3">驱动电机控制器及 DC 总成故障</td><td></td></tr>
<tr><td rowspan="4">故障部位确认和排除</td><td>故障类型</td><td>确认的故障位置</td><td colspan="2">排除处理说明</td></tr>
<tr><td>总成部件</td><td>驱动电机控制器及 DC 总成故障</td><td colspan="2">☑更换 □维修 □调整</td></tr>
<tr><td></td><td></td><td colspan="2">□更换 □维修 □调整</td></tr>
<tr><td></td><td></td><td colspan="2">□更换 □维修 □调整</td></tr>
<tr><td>清除故障代码再读取故障代码</td><td colspan="4">检查故障代码是否再次出现,并填写结果
☑无 DTC □有 DTC</td></tr>
<tr><td>故障现象确认</td><td colspan="3">通过数据分析可以准确确认驱动电机控制器及 DC 总成内部零部件的工作温度,一般情况下,若同时报 IPM 和 IGBT 温度过高时,应重点检查冷却系统是否有空气,冷却液是否充足,若仅有这两个其中一个,且通过数据流看其中一个温度确实过高,往往是 IPM 和 IGBT 本身故障造成,因二者集成在驱动电机控制器及 DC 总成内部,因此需要更换驱动电机控制器及 DC 总成处理</td><td>故障排除</td></tr>
</table>

5. 比亚迪-秦仪表指示灯显示异常(见表 2-3-5)

表 2-3-5 比亚迪-秦仪表指示灯显示异常

作业项目	作 业 内 容	备 注
驱动电机故障	比亚迪-秦仪表指示灯显示异常	以比亚迪-秦为例
故障现象确认	比亚迪-秦车辆无法上 OK 挡,仪表主屏上 OK 灯不亮,P 挡指示灯闪烁,并提示请检查动力系统	确认故障症状记录症状现象
故障原因分析	正常情况下,车辆仪表指示灯 OK 灯(即车辆可行驶信号灯)点亮即表示车辆已经满足可以行驶的必要条件,其控制流程如下: 将挡位置于 P 挡,踩下制动踏板,按下起动开关,当驱动电动机控制器接收制动、挡位及起动信号后,分别与发动机 ECU、自动变速箱控制器 TCU 及动力系统控制器 BCM 等模块进行通信,在各模块之间通信正常的情况下,即通过通信 CAN 线向仪表发出 OK 灯点亮命令,驱动 OK 灯点亮。整个流程如下图所示。	可能故障范围:驱动电机传感器、内部供电线路、熔丝及继电器存在故障(断路、虚接、短路)

续表

作业项目	作 业 内 容	备 注
故障原因分析	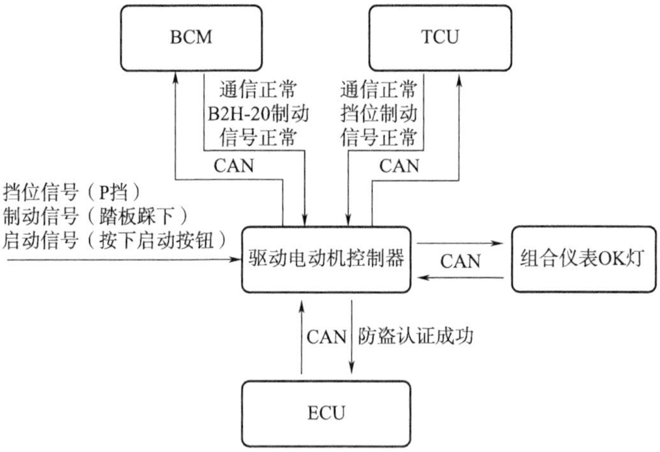 根据以上控制逻辑分析，引起该故障的原因可能有以下方面： ➢ 制动信号故障。 ➢ 挡位信号故障。 ➢ 驱动电动机控制器故障。 ➢ 发动机 ECU 故障。 ➢ 自动变速箱 TCU 故障。 ➢ 动力电池系统 BCM 故障。 ➢ CAN 网络通信故障	可能故障范围：驱动电机传感器、内部供电线路、熔丝及继电器存在故障（断路、虚接、短路）
故障诊断与排除流程	（1）利用故障诊断仪分别进入驱动电动机控制器、ECU、TCU、BCM系统，确认各个模块通信是否正常。经确认发现 TCU 无法进入。电动机控制器数据流如下图所示。 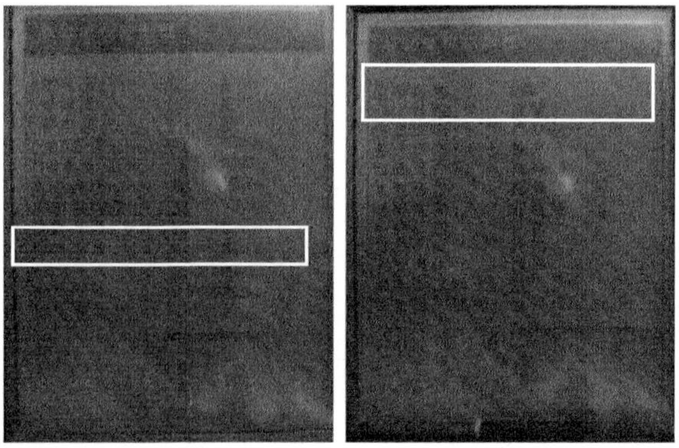 （2）拔掉 TCU 插头，测量 14 号、15 号针脚 CAN 线电压为 2.5 V 左右，阻值为 67 Ω 左右、TCU 的 8 号针脚（B）对地导通，9 号针脚（G/R）有 12 V 电源，可以确认 TCU CAN 线线路正常，电源、搭铁正常，怀疑是自动变速箱 TCU 内部故障。 （3）更换电液控制模块，故障排除	如果无故障代码则无须填写

续表

<table>
<tr><th>作业项目</th><th colspan="3">作 业 内 容</th><th>备 注</th></tr>
<tr><td>确定故障</td><td colspan="3">自动变速箱控制模块</td><td></td></tr>
<tr><td rowspan="4">故障部位确认和排除</td><td>故障类型</td><td>确认的故障位置</td><td colspan="2">排除处理说明</td></tr>
<tr><td>总成部件</td><td>自动变速箱控制模块</td><td colspan="2">☑更换 □维修 □调整</td></tr>
<tr><td></td><td></td><td colspan="2">□更换 □维修 □调整</td></tr>
<tr><td></td><td></td><td colspan="2">□更换 □维修 □调整</td></tr>
<tr><td>清除故障代码再读取故障代码</td><td colspan="4">检查故障代码是否再次出现,并填写结果
☑无 DTC □有 DTC</td></tr>
<tr><td>故障现象确认</td><td colspan="3">(1)要确认驱动电动机控制器是否收到制动信号及挡位信号,可以通过驱动电动机控制器的数据流确认。
(2)上 OK 挡时,驱动电动机控制器必须与 ECU 进行防盗认证,如果认证失败,则无法上 OK 挡。
注意:如果更换驱动电动机控制器时,需要进行防盗编程及标定,具体可以参考驱动电动机控制器标定方法</td><td>故障排除</td></tr>
</table>

6. 比亚迪-秦 EV 驱动电机控制模块电源故障(见表 2-3-6)

表 2-3-6 比亚迪-秦 EV 驱动电机控制模块电源故障

<table>
<tr><th>作业项目</th><th>作 业 内 容</th><th>备 注</th></tr>
<tr><td>驱动电机故障</td><td>比亚迪-秦 EV 驱动电机控制模块电源故障</td><td>以比亚迪-秦 EV 为例</td></tr>
<tr><td>故障现象确认</td><td>
踩制动踏板数次并保持,按压点火开关,仪表点亮正常,制动踏板高度正常下降。但仪表上可运行指示灯不能正常点亮,也没有听到高压继电器吸合的声音,同时仪表上的主警告灯、ESP 系统警告灯点亮,仪表循环提示“请检查动力系统”“EV 功能受限”“请检查 ESP 系统”,车辆无法换入 D 挡或 R 挡</td><td>确认故障症状记录症状现象</td></tr>
<tr><td>故障原因分析</td><td>连接故障诊断仪,读取故障代码,发现故障诊断仪与驱动电机控制系统 MCU 无法通信,进入 VCU 读取故障代码:U01A500 与前驱动电机控制器通信故障。</td><td>可能故障范围:驱动电机传感器、内部供电线路、熔丝及继电器存在故障(断路、虚接、短路)</td></tr>
</table>

续表

<table>
<tr><th>作业项目</th><th colspan="3">作 业 内 容</th><th>备 注</th></tr>
<tr><td>故障原因分析</td><td colspan="3">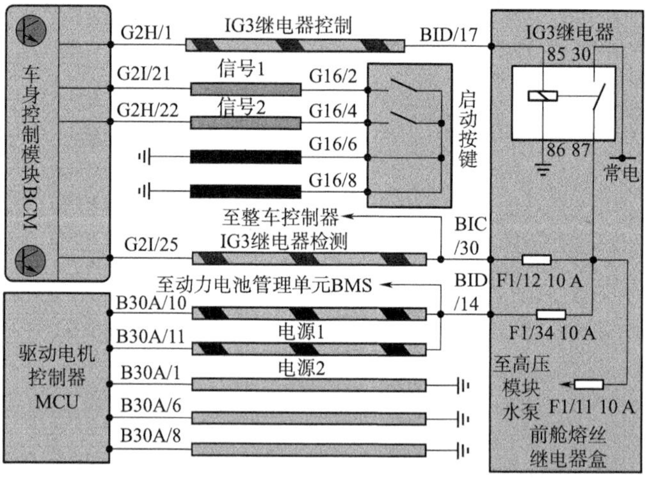

分析可能原因：
(1)电机控制器的IG供电线路(开路、虚接、短路)故障。
(2)电机控制器的动力CAN总线(开路、虚接、短路)故障。
(3)电机控制器自身故障</td><td>可能故障范围：驱动电机传感器、内部供电线路、熔丝及继电器存在故障（断路、虚接、短路）</td></tr>
<tr><td>故障诊断与排除流程</td><td colspan="3">(1)用示波器测量MCU端的CAN总线波形：实测未发现异常。
(2)测量电机控制器的IG供电B30A/10、B30A/11对地电压：实测结果均为0 V，异常。
(3)测量熔丝F1/34两侧对地电压，实测均正常。
(4)测量电机控制器端子B30A/10和B30A/11至熔丝F1/34之间线路的导通性：实测阻值为无穷大</td><td>如果无故障代码则无须填写</td></tr>
<tr><td>确定故障</td><td colspan="3">MCU的IG电源线路故障</td><td></td></tr>
<tr><td rowspan="4">故障部位确认和排除</td><td>故障类型</td><td>确认的故障位置</td><td colspan="2">排除处理说明</td></tr>
<tr><td>线路故障</td><td>MCU的IG电源线路</td><td colspan="2">□更换 ☑维修 □调整</td></tr>
<tr><td></td><td></td><td colspan="2">□更换 □维修 □调整</td></tr>
<tr><td></td><td></td><td colspan="2">□更换 □维修 □调整</td></tr>
<tr><td>清除故障代码再读取故障代码</td><td colspan="4">检查故障代码是否再次出现，并填写结果
☑无DTC □有DTC</td></tr>
<tr><td>故障现象确认</td><td colspan="3">由于MCU的IG电源线路故障，导致MCU不能正常工作，且无法与其他模块通信，所以打开点火开关后，高压系统没有上电，仪表的OK灯不亮，车辆不能行驶</td><td>故障排除</td></tr>
</table>

纯电动汽车不能充电故障诊断与排除

郑春伟

一、任务内容

吉利帝豪 EV450 是一款常见的纯电动车型,其交流慢充功能是车辆充电的重要方式之一。然而,在实际使用过程中,部分车辆可能会出现无法进行交流慢充的故障,严重影响用户的使用体验。因此,对这一故障进行准确诊断与有效排除具有重要意义。通过案例学习,可以提升维修人员对纯电动汽车故障诊断的能力,同时为相关技术人员提供参考。

本次任务主要是对车辆充电系统的全面检查与分析,快速准确地定位故障原因,并采取有效措施进行修复,恢复车辆的交流慢充功能。任务内容包括:首先确认车辆的基本信息和故障现象,检查充电设备和车辆充电口的外观及连接状态;其次,利用专业诊断工具读取故障代码,检查通信线路和关键部件(如充电接口模块、BMS、VCU)的工作状态;根据诊断结果,制定并执行维修方案,修复故障部件或线路,并通过实际充电测试验证修复效果;最后,总结故障原因。

二、注意事项

1. 安全注意事项

(1)在进行任何检查和维修之前,必须确保车辆处于断电状态(关闭点火开关并拔出钥匙),同时断开车辆的 12 V 低压电源和高压系统,避免触电或短路风险。

(2)新能源汽车的高压系统电压较高,维修人员必须具备相关资质,并严格遵守高压系统的操作规范。在接触高压部件时,需佩戴绝缘手套和使用绝缘工具。

(3)在确认车辆故障之前,先检查交流充电桩是否正常工作,避免因充电设备故障导致误判。

(4)确保维修场地通风良好,无易燃易爆物品,避免因电气火花引发安全事故。

2. 诊断注意事项

(1)确保使用的诊断仪为吉利专用或兼容设备,并更新至最新版本,以便准确读取故障代码和车辆信息。

(2)读取故障代码后,需结合车辆实际状态和维修手册进行综合分析,避免仅凭代码盲目维修。

(3)检查通信线路和充电线路时,使用万用表或示波器时需确保正确连接,并注意区分线路的正常电压范围和信号波形。

(4)按照从外到内、从简单到复杂的顺序检查关键部件,优先排查充电接口、线路连接等常见问题,再逐步深入到 BMS、VCU 等核心模块。

3. 维修注意事项

(1)维修人员必须具备新能源汽车维修资质,熟悉吉利帝豪 EV450 的充电系统结构和工作原理。

(2)若需更换关键部件(如充电接口模块、BMS 等),必须确保更换的部件为原厂或认证配件,并严格按照维修手册进行安装。

(3)在维修过程中,详细记录故障现象、诊断过程、更换部件及维修操作,便于后续追溯和经验总结。

(4)维修完成后,清除故障代码并进行系统自检,确保所有系统恢复正常工作状态。

4. 测试与验证注意事项

(1)选择稳定的交流充电桩进行充电测试,避免因充电桩电压不稳定或功率不足影响测试结果。

(2)在充电测试过程中,全程监控车辆的充电状态,包括充电电流、电压、SOC 变化等,确保充电过程正常。

(3)若条件允许,建议进行多次充电测试,以确保故障彻底排除,车辆充电功能稳定可靠。

通过严格遵守以上注意事项,可以有效保障维修过程的安全性、准确性和高效性,同时提升用户的满意度和车辆的可靠性。

三、标准化作业表

无法交流慢充的故障诊断与排除(见表 2-4-1)

表 2-4-1 无法交流慢充的故障诊断与排除

作业项目	作 业 内 容	备 注
起动关键功能故障	无法交流慢充	以吉利帝豪 EV450 为例
故障现象确认	(1)全车上电挂挡 **操作**:READY 点亮,行驶正常,仪表未提示相关故障信息 **现象** (2)观察仪表 **操作**:剩余电量非满格 **现象** (3)按压充电枪机械开关 **操作**:枪端 CC 与 PE 电阻值有变化 **现象** (4)充电枪连接 220 V **操作**:枪端 CP 与 PE 有约 12 V **现象** (5)插入充电枪 **操作**:仪表点亮充电枪连接指示灯 **现象** (6)插入充电枪 **操作**:观看仪表,动力电池 SOC 显示条不闪动,且充电电流为-0 A **现象**	确认故障症状 记录症状现象
故障现象分析	➢ 由故障现象(1)推理可知: 全车上电(低压、高压)正常,动力电池不存在故障。 ➢ 由故障现象(2)推理可知: SOC<100%,满足充电条件。 ➢ 由故障现象(3)推理可知: 按下 S3 开关,CC 与 PE 间电阻约 3 380 Ω。	可能故障范围: ➢ 充电设备故障。 ➢ 充电控制确认 CP 信号及线路(断路、虚接、短路)故障。

续表

<table>
<tr><th>作业项目</th><th>作　业　内　容</th><th>备　　注</th></tr>
<tr><td>故障现象分析</td><td>松开 S3 开关，CC 与 PE 间电阻约 680 Ω。
充电枪机械开关正常，且 Rc、R4 电阻及 CC 信号枪端线路正常。
➢ 由故障现象(4)推理可知：
220 V 交流电正常，充电设备基本正常。
➢ 由故障现象(5)推理可知：
CC 信号正常，即充电连接确认信号正常，枪端、车端 CC 信号线路正常，否则排除充电接口至 OBC 之间的 CC 信号线路、车载充电机 OBC 接插件上的 CC 端子、充电接口至车身之间的搭铁线路、OBC 的 P-CAN 总线。
➢ 由故障现象(6)推理可知：
车辆无法交流慢充充电</td><td>➢ 车载充电机 OBC 内部局部故障。
➢ 交流充电插座温度传感器信号线路（断路、虚接、短路）故障。
最有可能的是：
➢ 充电控制确认 CP 信号及线路（断路、虚接、短路）故障</td></tr>
<tr><td>增加条件 1：读取故障代码</td><td>DTC 分析：
➢ P1A8403 CP 在充电机内部测试点占空比异常。
➢ P1A841C CP 在充电机内部 6 V 测试点电压异常（S2 关闭以后）。
➢ P1A851C CP 在充电机内部 9 V 测试点电压异常（S2 关闭以前）。
➢ P1A8538 CP 在充电机内部测试点频率异常（S2 关闭以前）。
➢ P1A881C 充电连接故障。</td><td>如果无故障代码则无须填写</td></tr>
<tr><td>增加条件 2：读相关数据流</td><td><table><tr><th>项　目</th><th>数值</th><th>单位</th><th>判断</th></tr><tr><td>充电口温度</td><td>28</td><td>℃</td><td>√</td></tr><tr><td>充电连接装置连接状态</td><td>标准连接</td><td></td><td>√</td></tr><tr><td>交流侧输入电压</td><td>5</td><td>V</td><td>×</td></tr><tr><td>PWM 占空比</td><td>0</td><td></td><td>×</td></tr><tr><td>通信状态</td><td>正常</td><td></td><td>√</td></tr></table></td><td>如果无相关数据则无须填写</td></tr>
<tr><td>增加条件 3：诊断座检测</td><td><table><tr><th>项目</th><th>数值</th><th>单位</th><th>判断</th></tr><tr><td></td><td></td><td></td><td></td></tr><tr><td></td><td></td><td></td><td></td></tr><tr><td></td><td></td><td></td><td></td></tr><tr><td></td><td></td><td></td><td></td></tr></table></td><td>不需要</td></tr>
<tr><td>增加条件 4：控制同一变量替换检测</td><td>使用同样充电设备给其他新能源汽车充电，观察是否能够正常充电，测试发现可以正常充电，因此排除充电设备故障</td><td>简单可实施操作替换可用</td></tr>
<tr><td>清除故障代码再读取故障代码</td><td colspan="2">检查故障代码是否再次出现，并填写结果
☐无 DTC　　☑有 DTC</td></tr>
</table>

续表

<table>
<tr><th>作业项目</th><th colspan="3">作 业 内 容</th><th>备 注</th></tr>
<tr><td>确定故障范围</td><td colspan="3">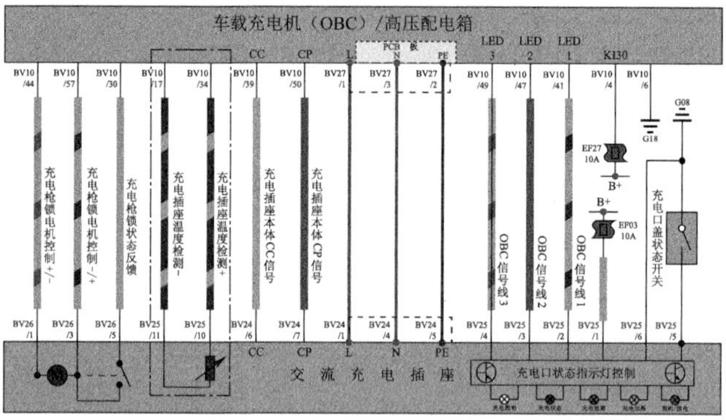

➢ 交流充电座 BV24/7 至车载充电机（OBC）/高压配电箱 BV10/50 线束短路、断路、虚接。
➢ 车载充电机（OBC）/高压配电箱 BV10/50 端子故障。
➢ 车载充电机（OBC）内部故障</td><td>吉利帝豪 EV450 模块电路图</td></tr>
<tr><td rowspan="8">部件/电路测试</td><td>部件/线路范围</td><td colspan="3">检查或测试后的判断结果</td></tr>
<tr><td>线路电阻：BV24/7-BV10/50</td><td>□正常</td><td colspan="2">☑异常</td></tr>
<tr><td>端子电压：BV24/7</td><td>☑正常</td><td colspan="2">□异常</td></tr>
<tr><td>端子电压：BV10/50</td><td>□正常</td><td colspan="2">☑异常</td></tr>
<tr><td></td><td>□正常</td><td colspan="2">□异常</td></tr>
<tr><td></td><td>□正常</td><td colspan="2">□异常</td></tr>
<tr><td></td><td>□正常</td><td colspan="2">□异常</td></tr>
<tr><td></td><td>□正常</td><td colspan="2">□异常</td></tr>
<tr><td rowspan="5">故障部位确认和排除</td><td>故障类型</td><td>确认的故障位置</td><td colspan="2">排除处理说明</td></tr>
<tr><td>线路断路</td><td>BV24/7-BV10/50</td><td colspan="2">□更换 ☑维修 □调整</td></tr>
<tr><td></td><td></td><td colspan="2">□更换 □维修 □调整</td></tr>
<tr><td></td><td></td><td colspan="2">□更换 □维修 □调整</td></tr>
<tr><td></td><td></td><td colspan="2">□更换 □维修 □调整</td></tr>
<tr><td>清除故障代码
再读取故障代码</td><td colspan="4">检查故障代码是否再次出现，并填写结果
☑无 DTC □有 DTC</td></tr>
<tr><td>故障现象确认</td><td colspan="3">插入充电枪 操作：观看仪表，动力电池 SOC 显示条闪动，且充电电流为-16 A 现象</td><td>故障排除</td></tr>
</table>

纯电动汽车高温故障诊断与排除

解艳超

一、任务内容

纯电动汽车的发热零部件相对较多，如驱动电机、电机控制器、动力电池等均属于发热元件。冷却方式主要分为风冷和水冷两种形式。引发纯电动汽车高温的原因有电器系统及其工作电路故障、机械系统故障等形式。本任务对造成高温的两个电气系统故障和一个机械系统故障进行分析，并对其可能的故障点进行诊断与排除。

通过学习，可使学生掌握水泵、风扇电机工作电路的构成及原理、冷却液的循环过程。明确纯电动汽车高温故障的原因，并能排除相关故障。

二、注意事项

纯电动汽车与传统燃油车就冷却系统方面，在结构和原理上有很大不同。在维修过程中需要注意以下事项：

（1）安全方面。维修前必须断开高压电源（断开蓄电池负极、拔下维修开关等），使用万用表确认系统无残余电压。禁止徒手触碰高压线束、控制器及水泵/风扇电机端子，必须佩戴绝缘手套和护目镜。禁止直接接触防冻液（尤其是乙二醇基液体），需穿戴防化手套并及时清理泄漏液体。

（2）查阅资料方面。维修前必须查阅车辆维修手册，明确冷却系统结构、电路图、扭矩参数等技术细节。熟练使用诊断软件调取冷却系统数据流，对比标准值分析故障。

（3）工具方面。工具按用途分类（如高压工具、常规工具、测量仪器等），禁止混放；废弃冷却液、零件需放入指定回收箱。

三、标准化作业表

1. 纯电动汽车高温故障诊断与排除——电动水泵及其电路故障的诊断与排除（见表 2-5-1）

表 2-5-1　纯电动汽车高温故障诊断与排除——电动水泵及其电路故障的诊断与排除

作业项目	作　业　内　容	备　注
高压部件高温故障	高压控制器及驱动电机高温	以吉利帝豪 EV450 为例

续表

作业项目	作 业 内 容	备 注
故障现象确认	(1)全车可以上低压和高压电 (2)仪表报电机控制器、高压配电盒及驱动电机高温故障 (3)打开发动机前舱盖,无法听到水冷电动水泵运转的声音	确认故障症状 记录症状现象
故障现象分析	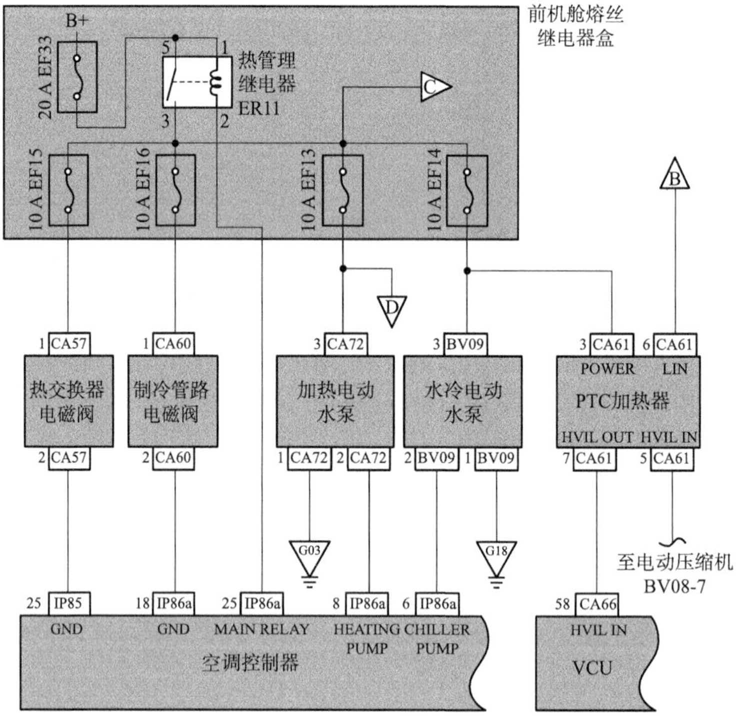 由现象推理可知: ➢ 水冷电动水泵及其工作电路出现故障	可能故障范围: ➢ EF33、EF14熔丝损坏。 ➢ ER11继电器损坏。 ➢ 相关供电线路断路。 ➢ ER11继电器控制线路故障。 ➢ 水冷电动水泵接地故障。 ➢ 水冷电动水泵故障
增加条件1:水冷电动水泵端子的检测	➢ 拔下水冷电动水泵接插件,测量BV09/3对地电压,数值为0 V(不正常)。 ➢ 测量BV09/1对地电阻,数值为0.5 Ω(正常)。 ➢ 测量BV09/2对IP86a/6之间的电阻,数值为0.5 Ω左右(正常)	可能故障范围: ➢ 水冷电动水泵之前的熔丝、继电器损坏。 ➢ 各供电线路损坏。 ➢ 继电器控制线路损坏。 ➢ 水冷电动水泵本体故障

续表

作业项目	作　业　内　容	备　注
增加条件2：熔丝的检测	➢ 测量 EF33 和 EF14 熔丝，电阻均为 0.1 Ω 左右（正常）	可能故障范围： ➢ 水冷电动水泵之前的继电器损坏。 ➢ 各供电线路损坏。 ➢ 继电器控制线路损坏。 ➢ 水冷电动水泵本体故障
增加条件3：继电器的检测	➢ 用继电器检测仪检测 ER11 继电器，绿灯闪烁（正常）	可能故障范围： ➢ 各供电线路损坏。 ➢ 继电器控制线路损坏。 ➢ 水冷电动水泵本体故障
增加条件4：供电线路的检测	➢ 测量 ER11 继电器 5 口的电压，数值为 12.15 V（正常）。说明 ER11 继电器之前的线路正常。 ➢ 测量 ER11 继电器 3 口到 EF14 熔丝之间的电阻，数值为 0.2 Ω（正常）。说明 EF14 熔丝之前的线路正常。 ➢ 测量 EF14 熔丝到 BV09/3 口之间的电阻，数值为 0.2 Ω（正常）。说明冷却水泵之前的线路正常	可能故障范围： ➢ 继电器控制线路损坏。 ➢ 水冷电动水泵本体故障
增加条件5：ER11 继电器控制线路的检测	➢ 测量 ER11 继电器 2 口到空调控制器 IP86a/25 之间的电阻，数值为无穷大。（不正常）说明 ER11 继电器的控制线路损坏	可能故障范围： ➢ 继电器控制线路损坏
故障诊断与排除	增加跨接线： 在 ER11 继电器 2 口到空调控制器 IP86a/25 之间连接跨接线	
再次观察故障现象	（1）全车可以上低压和高压电 （2）仪表报电机控制器、高压配电盒及驱动电机高温故障 （3）打开发动机前舱盖，无法听到水泵运转的声音	可能故障范围： ➢ 水冷电动水泵本体故障
故障诊断与排除	更换水冷电动水泵： ➢ 更换同种型号的水冷电动水泵	
故障现象确认	（1）仪表报电机控制器、高压配电盒及驱动电机的高温故障消失 （2）打开发动机前舱盖，能听到水泵运转的声音	故障排除
故障部件名称	（1）ER11 继电器 2 口到空调控制器 IP86a/25 之间的线路断路。 （2）水冷电动水泵损坏	

2. 纯电动汽车高温故障诊断与排除——冷却风扇及其电路故障诊断与排除(见表 2-5-2)

表 2-5-2 纯电动汽车高温故障诊断与排除——冷却风扇及其电路故障诊断与排除

作业项目	作 业 内 容	备 注
高压部件高温故障	高压控制器及驱动电机高温	以吉利帝豪 EV450 为例
故障现象确认	(1)全车可以上低压和高压电 (2)车辆运行一段时间后,出现限制扭矩输出的现象 (3)仪表报电机控制器、高压配电盒及驱动电机高温故障 (4)打开发动机前舱盖,能听到水泵运转的声音。但是两冷却风扇均不旋转	确认故障症状 记录症状现象
故障现象分析	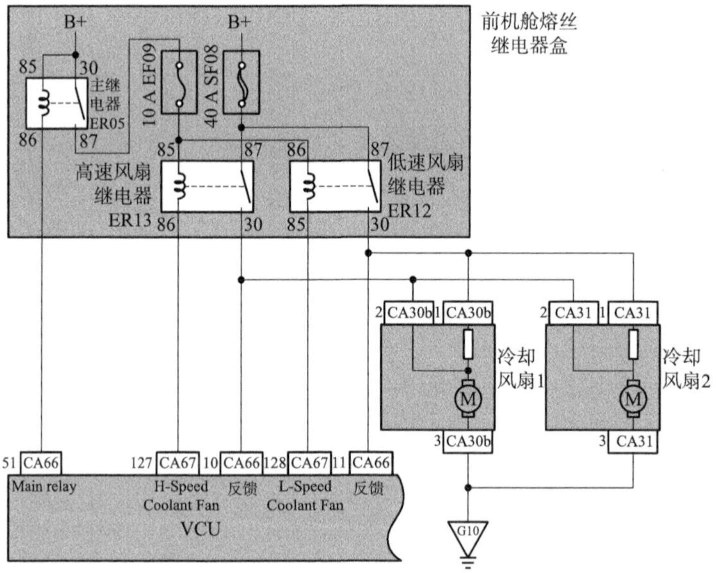 由现象推理可知: ➢ 冷却风扇及其工作电路出现故障	可能故障范围: ➢ EF09、SF08 熔丝损坏。 ➢ ER12 和 ER13 继电器同时损坏。 ➢ 风扇 1 和风扇 2 同时损坏。 ➢ 风扇 1 和风扇 2 共同接地断路。 ➢ ER12 和 ER13 继电器的控制线路同时损坏。 ➢ 相关供电线路损坏
增加条件 1:两冷却风扇端子的检测	➢ 分别拔下两冷却风扇的接插件,测量 CA30b/1 和 CA30b/2 对地电压,数值均为 0 V(不正常)。 ➢ 测量 CA31/1 和 CA31/2 对地电压,数值均为 0 V(不正常)。 ➢ 测量 CA30b/3 对地电阻,数值为 0.5 Ω(正常)。 ➢ 测量 CA31/3 对地电阻,数值为 0.5 Ω(正常)	可能故障范围: ➢ EF09、SF08 熔丝损坏。 ➢ ER12 和 ER13 继电器同时损坏。 ➢ 风扇 1 和风扇 2 同时损坏。 ➢ ER12 和 ER13 继电器的控制线路同时损坏。 ➢ 相关供电线路损坏

续表

作业项目	作 业 内 容	备 注
增加条件2：熔丝的检测	➢ 测量EF09、SF08熔丝，电阻均为0.1 Ω左右（正常）	可能故障范围： ➢ ER12和ER13继电器同时损坏。 ➢ 风扇1和风扇2同时损坏。 ➢ ER12和ER13继电器的控制线路同时损坏。 ➢ 相关供电线路损坏
增加条件3：继电器的检测	➢ 用继电器检测仪检测ER12和ER13继电器，绿灯闪烁（正常）	可能故障范围： ➢ 风扇1和风扇2同时损坏。 ➢ ER12和ER13继电器的控制线路同时损坏。 ➢ 相关供电线路损坏
增加条件4：供电线路的检测	➢ 测量ER12继电器86口和87口的电压，数值为12.15 V（正常）。说明ER12继电器之前的线路正常。 ➢ 测量ER13继电器85口和87口的电压，数值为12.15 V（正常）。说明ER13继电器之前的线路正常。 ➢ 测量ER12继电器30口分别到CA30b/1及CA31/1之间的电阻，数值为0.2 Ω（正常）。说明该段线路的供电正常。 ➢ 测量ER13继电器30口分别到CA30b/2及CA31/2之间的电阻，数值为0.2 Ω（正常）。说明该段线路的供电正常	可能故障范围： ➢ 风扇1和风扇2同时损坏。 ➢ ER12和ER13继电器的控制线路同时损坏
增加条件5：ER12和ER13继电器控制线路的检测	➢ 测量ER12继电器85口到VCU的CA67/128之间的电阻，数值为无穷大（不正常）。说明ER12继电器的控制线路损坏。 ➢ 测量ER13继电器86口到VCU的CA67/127之间的电阻，数值为无穷大（不正常）。说明ER12继电器的控制线路损坏	可能故障范围： ➢ ER12和ER13继电器的控制线路同时损坏
故障诊断与排除	增加跨接线： （1）在ER12继电器85口到VCU的CA67/128之间增加跨接线。 （2）在ER13继电器86口到VCU的CA67/127之间增加跨接线	
再次观察故障现象	（1）仪表报电机控制器、高压配电盒及驱动电机高温故障消失 （2）打开发动机前舱盖，能看到一个冷却风扇运转	可能故障范围： ➢ 另外一个风扇本体故障

续表

作业项目	作　业　内　容	备　　注
故障诊断与排除	更换风扇： ➢ 更换同种型号的风扇	
故障现象确认	(1)仪表报电机控制器、高压配电盒及驱动电机的高温故障消失 (2)打开发动机前舱盖，能看到两个风扇同时运转	故障排除
故障部件名称	(1)ER12 继电器 85 口到 VCU 的 CA67/128 之间的线束断路。 (2)ER13 继电器 86 口到 VCU 的 CA67/127 之间的线束断路。 (3)一个风扇本体损坏	

3. 纯电动汽车高温故障诊断与排除——机械系统故障诊断与排除(见表 2-5-3)

表 2-5-3　纯电动汽车高温故障诊断与排除——机械系统故障诊断与排除

作业项目	作　业　内　容	备　　注
高压部件高温故障	高压控制器及驱动电机高温	以吉利帝豪 EV450 为例
故障现象确认	(1)全车可以上低压和高压电 (2)仪表报电机控制器、高压配电盒及驱动电机高温故障 (3)打开发动机前舱盖，能听到水泵运转的声音 (4)打开发动机前舱盖，能看到两冷却风扇均运转	确认故障症状 记录症状现象
故障现象分析	冷却系统的原理如下图所示。 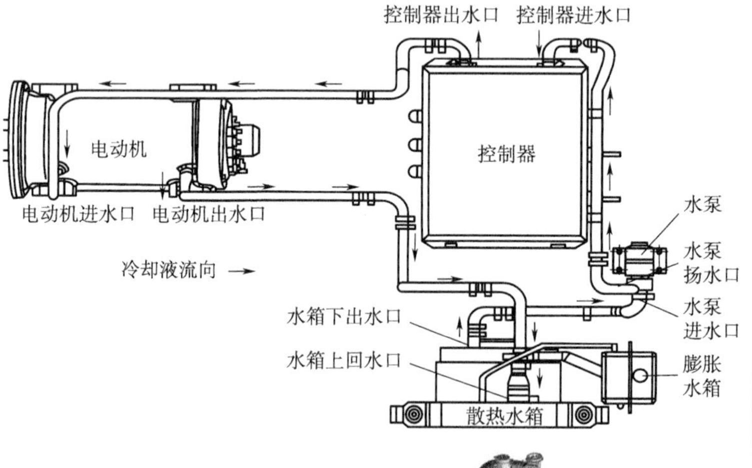 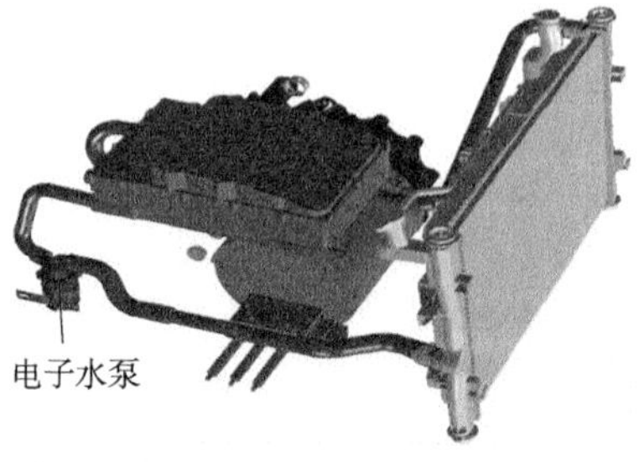 	可能故障范围： ➢ 冷却液的液位不足。 ➢ 冷却管路内有空气。 ➢ 冷却管路内有堵塞现象。 ➢ 冷却管路有弯折现象。 ➢ 散热器翅片有堵塞现象

续表

作业项目	作　业　内　容	备　　注
增加条件1:观察冷却液的液位	➢ 观察膨胀水箱冷却液的液位,如下图所示,处于最低和最高之间(正常) 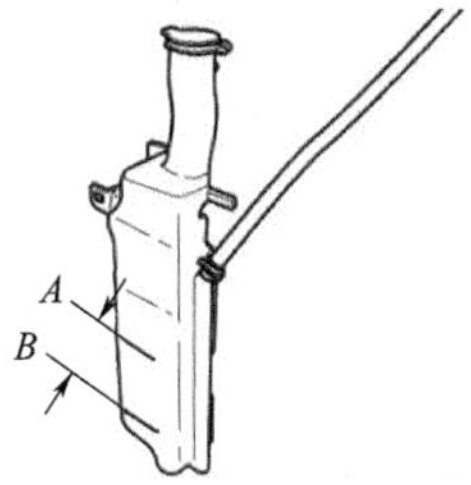 	可能故障范围: ➢ 冷却管路内有空气。 ➢ 冷却管路内有堵塞现象。 ➢ 冷却管路有弯折现象。 ➢ 散热器翅片有堵塞现象
增加条件2:排除冷却管路内空气	➢ 此项检查不能通过肉眼直接观察,使用工具轻轻敲打所有管路,使管路内的空气完全排除干净(正常)	可能故障范围: ➢ 冷却管路内有堵塞现象。 ➢ 冷却管路有弯折现象。 ➢ 散热器翅片有堵塞现象
增加条件3:排除冷却管路内的堵塞物	➢ 该检查需要将冷却液排出,并用压缩空气排空整个系统内的冷却液。最后加注冷却液到正确位置(正常)	可能故障范围: ➢ 冷却管路有弯折现象。 ➢ 散热器翅片有堵塞现象
增加条件4:排除冷却管路的弯折	➢ 检查冷却管路是否由于折弯造成冷却液循环不良,如果有折弯现象,更换相应管路或将折弯管路恢复正常状态(正常)	可能故障范围: ➢ 散热器翅片有堵塞现象
故障诊断与排除	观察散热器翅片的状态: 散热器翅片有堵塞现象。清洗翅片要用专用的清洗剂,避免对翅片造成损坏,清洗过程如下图所示 	
再次观察故障现象	(1)全车可以上低压和高压电。 (2)仪表报电机控制器、高压配电盒及驱动电机高温故障消失。 (3)打开发动机前舱盖,能听到水泵运转的声音。 (4)打开发动机前舱盖,能看到两冷却风扇均运转	故障排除
故障部件名称	散热器翅片堵塞造成的高压部件高温	

纯电动汽车 CAN 总线系统的检修

孙　丽

一、任务内容

纯电动汽车 CAN 系统故障诊断与排除任务主要围绕北汽新能源 EV160 的无法起动问题，结合动力电池断开、MCU 通信丢失等核心故障现象，完成故障现象确认、系统原理分析、检测与修复、故障验证等工作流程，通过以上方法的学习，来提高维修工修复 CAN 通信系统的能力，提高工作效率。

二、注意事项

（1）安全第一：新能源汽车中存在高压电路，因此在进行任何维修工作之前，必须确保车辆处于断电状态，并遵循制造商的安全指南进行操作。佩戴适当的个人防护装备（PPE），比如绝缘手套和护目镜。

（2）诊断工具准备：使用专门针对 CAN 总线系统的诊断设备，可以帮助用户识别故障代码、监控实时数据流以及执行其他诊断任务。

（3）了解网络架构：熟悉特定车型的 CAN 总线网络结构图，包括各个模块之间的连接方式和通信协议，有助于快速定位问题所在。

（4）检查物理连接：许多 CAN 总线的问题源于物理层面的损坏或不良接触，如接头松动、线路破损等。仔细检查所有相关电缆和接插件的状态。

（5）电磁干扰考虑：由于 CAN 总线信号容易受到电磁干扰的影响，在布线及安装过程中应尽量避免将信号线与电源线并行铺设，必要时采用屏蔽电缆以减少干扰。

（6）记录维护情况：详细记录下每次维修的具体内容，包括发现的问题、采取的措施以及使用的零件等信息，这对于后续的维护非常重要。

遵循以上建议的同时，还应参考最新的行业标准和技术手册。

三、标准化作业表

纯电动汽车 CAN 总线系统的检修(见表 2-6-1)

表 2-6-1　纯电动汽车 CAN 总线系统的检修

<table>
<tr><th>作业项目</th><th>作　业　内　容</th><th>备　　注</th></tr>
<tr><td rowspan="3">(一)
接受工作任务</td><td>1. 企业工作任务
北汽新能源 EV160 车主冯先生经常驾车往返于老家与工作的城市，冯先生最近一次回城时因道路整修选择绕道行驶，绕行道路崎岖多坑洼，所幸最终顺利回到了住所。第二天冯先生打算用车时，发现车辆无法正常起动，仪表上的动力电池断开指示灯和系统故障灯点亮。随即车辆被送至新能源汽车维修服务站，技师刘强负责对车辆进行故障诊断与维修</td><td rowspan="3">北汽新能源
EV160 为例</td></tr>
<tr><td>2. 车辆信息登记
维修前务必核查确认车辆身份信息，将工作结果登记在《汽车维修服务有限公司任务委托书》</td></tr>
<tr><td>3. 确认故障现象
(1)记录整车上电仪表信息数据。
点火钥匙位置：□Start　☑On　□Acc　□Lock
READY 指示灯：☑熄灭　□点亮
续航里程：183 km
挡位情况：□R　☑N　□D　□E
动力电池电压值：0 V
仪表显示提示语：无
故障灯：动力电池断开指示灯、系统故障指示灯

(2)记录行驶模式下仪表信息数据。
挡位情况：□R　□N　☑D　□E
车辆能否起动：□能　☑不能
仪表显示提示语：无
故障灯：动力电池断开指示灯、系统故障指示灯、能量回收关闭

(3)利用 BDS 诊断软件读取故障代码和驱动电机系统数据流。
故障代码：U011087
故障代码说明：与 MCU 通信丢失</td></tr>
</table>

续表

<table>
<tr><th>作业项目</th><th>作　业　内　容</th><th>备　　注</th></tr>
<tr><td>（二）
信息收集</td><td>

（1）北汽新能源电动汽车电机控制器对所有输入信号进行处理，并将驱动电机控制系统运行状态的信息通过（B）发送给整车控制器。

A. TP-LINK　B. CAN2.0 网络　C. K 线　D. 光纤

（2）查阅资料，填写电机控制器低压插件部分针脚的定义。

30—CAN 屏蔽；31—CAN-L；32—CAN-H。

（3）查阅资料，补充完整北汽新能源 EV160 的 CAN 总线电路示意图。

（4）北汽新能源 EV160 的 CAN 总线回路中各管理器之间并联连接，内设两个电阻，分别位于整车控制器和电池管理系统中，单个电阻的阻值 120 Ω 左右

</td><td></td></tr>
<tr><td>（三）
制订计划</td><td>

（1）故障现象描述及原因分析。

①故障现象描述。根据客户故障现象描述及确认故障现象，本次维修作业任务为：MCU 通信丢失。

②故障原因分析：动力电池断开证明车辆无法上高压，有可能与整车自检环节出现故障有关，通过 BDS 检查结果可知，MCU 自检存在问题，可能原因有 MCU 低压供电故障、MCU 通信故障（结合实训主题，低压供电故障不做讨论）。

（2）按照故障检测思路，制订维修作业计划。

<table>
<tr><th colspan="3">作　业　流　程</th></tr>
<tr><td>序号</td><td>项　　目</td><td>操作要点</td></tr>
<tr><td>1</td><td>维修前的作业检查</td><td>作业前准备及车辆防护</td></tr>
<tr><td>2</td><td>检查电机控制器的 CAN 通信回路</td><td>针脚检查及阻值测量</td></tr>
<tr><td>3</td><td>故障验证</td><td>车辆行驶验证</td></tr>
</table>

（3）根据维修作业计划，完成小组成员任务分工。

<table>
<tr><td>操作人</td><td></td><td>记录员</td><td></td></tr>
<tr><td>监护人</td><td></td><td>展示员</td><td></td></tr>
<tr><td colspan="4">作业注意事项</td></tr>
<tr><td colspan="4">①实训开始前应摘掉首饰，换上实训服，长发应挽起固定于脑后。
②严格按照标准完成维修作业前准备工作，注意高压安全防护及车辆整洁维护。
③严禁非专业人员或无实训教师在场的情况下私自对高压部件进行移除或安装。
④故障诊断排查坚持“安全第一”原则，严禁私自拉接线束、短路连接等违规操作。
⑤严格按照实训步骤进行实训任务，严禁使用尖锐工具暴力拆卸接插件、针脚等。
⑥爱护诊断、测量工具及设备，轻拿轻放，严禁磕碰或违规使用。</td></tr>
</table>

</td><td></td></tr>
</table>

续表

<table>
<tr><th>作业项目</th><th>作 业 内 容</th><th>备 注</th></tr>
<tr><td>(三)
制订计划</td><td>检测设备、工具、材料
<table><tr><th>序 号</th><th>名 称</th><th>数 量</th></tr><tr><td>1</td><td>实训用车</td><td>1</td></tr><tr><td>2</td><td>高压防护用具</td><td>1</td></tr><tr><td>3</td><td>绝缘胶带</td><td>1</td></tr><tr><td>4</td><td>隔离柱</td><td>4</td></tr><tr><td>5</td><td>警戒线</td><td>1</td></tr><tr><td>6</td><td>警示标识牌</td><td>1</td></tr><tr><td>7</td><td>翼子板防护垫</td><td>1</td></tr><tr><td>8</td><td>绝缘万用表</td><td>1</td></tr><tr><td>9</td><td>绝缘工具箱</td><td>1</td></tr><tr><td>10</td><td>BSD 诊断软件</td><td>1</td></tr><tr><td>11</td><td>诊断仪</td><td>1</td></tr><tr><td>12</td><td>测试端</td><td>1</td></tr></table></td><td></td></tr>
<tr><td>(四)
计划实施</td><td>(1)完成维修作业前检查及车辆防护,并记录信息。
①维修作业前现场环境检查。
作业内容:检查绝缘垫,设立隔离柱,布置警戒线,张贴警示牌。
作业结果:现场环境达标,隔离距离正常,警示标牌清晰。
②维修作业前防护用具检查。
作业内容:绝缘手套、绝缘鞋、护目镜、安全帽外观及性能检查。
作业结果:外观检查良好,绝缘手套及绝缘鞋技术参数合格。

③维修作业前仪表工具检查。
作业内容:绝缘万用表、绝缘工具箱、放电工装外观及性能检查。
作业结果:外观检查良好,绝缘万用表及放电工装性能正常。
④维修作业前实施车辆防护。
作业内容:铺设翼子板防护垫、汽车维修三件套、脚垫。
作业结果:车辆防护实施完毕,可以进行故障诊断维修任务</td><td></td></tr>
</table>

续表

作业项目	作　业　内　容	备　　注
(四) 计划实施	(2)检查电机控制器的 CAN 总线通信线路,并记录数据。 ①检查电机控制器 CAN 总线通信信号针脚状态。 ➢ MCU 低压插件 31 号针脚状态　☑完好　□退针 ➢ MCU 低压插件 32 号针脚状态　□完好　☑退针 结果分析:经检查,电机控制器低压插件端 CAN-H 对应针脚存在退针现象,需进行修复处理。 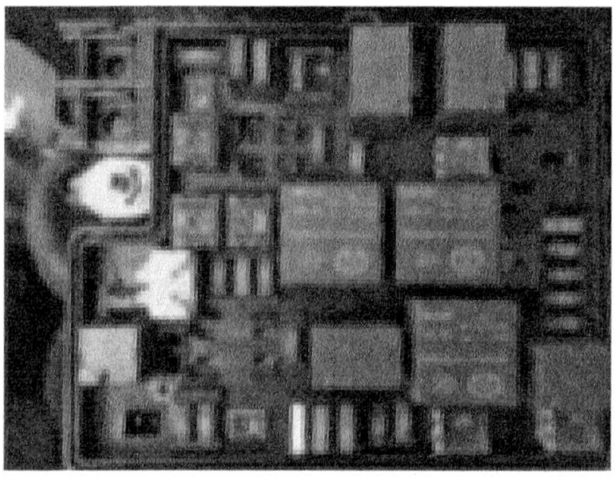 ②检查电机控制器 CAN 总线通信线路,并记录检查结果。 ➢ 下电状态下测量 MCU 低压插件 31、32 号针脚之间的阻值。 测量值:60.3 Ω、标准值:60 Ω。 ➢ 上电状态下,利用免剥线测试仪分别测量 CAN-H 和 CAN-L 对车身的电压值。 CAN-H 电压值:2.6 V、CAN-L 电压值:2.38 V。 结果分析:电机控制器低压插件 31、32 号针脚之间的实测阻值 60.3 Ω 接近标准值,符合要求;另外 CAN-H 与 CAN-L 的压差为 0.22 V,符合压降要求,这证明电机控制器的 CAN 总线通信信号正常,且传输线路无故障。 (3)如果 CAN 总线线压差异常,一般由整车高压器件信号干扰所致,一般使用 PCAN 设备检测干扰源,常见的干扰源有空调压缩机(占比 70% ~ 80%)、车载充电机(占比 10%)、空调面板(占比 15%)。 (4)完成整车上电及车辆驾驶操作,以验证故障现象是否解除。 ①记录整车上电仪表信息数据。 点火钥匙位置:□Start　☑On　□Acc　□ Lock READY 指示灯:□熄灭　☑点亮 续航里程:182 km 挡位情况:□R　☑N　□D　□E 动力电池电压值: 366 V 仪表显示提示语: 无 故障灯: 无	

续表

<table>
<tr><th>作业项目</th><th>作 业 内 容</th><th>备 注</th></tr>
<tr><td>(四)
计划实施</td><td>

②记录行驶模式仪表信息数据。
挡位情况:□R □N ☑D □E
车辆能否正常起动:☑能 □不能
提示语:无
仪表显示故障灯:无
故障现象:无

③故障验证结论。
结论:当点火钥匙置于 ON 位置时, READY 指示灯点亮,仪表参数显示正常,无故障;行驶模式时仪表参数显示正常,车辆可正常行驶,故障完全解除。此故障现象因电机控制器低压插件 CAN-H 针脚退针所致</td><td></td></tr>
<tr><td>(五)
质量检查</td><td>
<table>
<tr><td colspan="3">请实训指导教师检查本组作业结果,并针对实训过程出现的问题提出改进措施及建议。</td></tr>
<tr><td>序号</td><td>评价标准</td><td>评价结果</td></tr>
<tr><td>1</td><td>规范采集故障现象并进行故障分析</td><td></td></tr>
<tr><td>2</td><td>规范完成 CAN 总线通信线路故障排查</td><td></td></tr>
<tr><td>3</td><td>维修完毕车辆可正常上电行驶</td><td></td></tr>
<tr><td>4</td><td>维修完毕恢复场地</td><td></td></tr>
<tr><td>综合评语</td><td colspan="2"></td></tr>
</table>
</td><td></td></tr>
<tr><td>(六)
评价反馈</td><td>根据自己在实训中的实际表现进行自我反思和自我评价。
自我反思:
自我评价:</td><td></td></tr>
</table>

新能源汽车现场查勘流程

刘 颖

一、任务内容

新能源汽车查勘定损的内容,主要针对查勘前的准备、现场查勘操作要求及基本流程、不同事故场景的查勘要点及注意事项等进行。

二、注意事项

在进行新能源汽车事故现场查勘时,务必注意以下事项:

(1)安全防护:查勘前务必穿戴好防护装备,确保个人安全。

(2)特殊情况处理:如遇起火冒烟等特殊情况,请勿靠近,即刻拨打 119 火警电话。

(3)漏电检查:在接触车辆前,应使用试电笔或万用表检查车辆损坏部位附近位置裸露金属部位是否带电。

(4)高压部件处理:如高压部件存在损伤,应迅速拆卸 12 V 蓄电池负极并断开维修开关,以确保安全。

(5)专业处理:动力蓄电池包、高压部件外壳有损伤时,可能存在绝缘失效漏电,需注意人员安全,建议联系专业人员处理。

(6)全面记录:详细记录车辆所有损伤情况,包括照片和文字描述,以便后续定损和维修。

三、标准化流程

(一)查勘前的准备工作

1. 确认被保险车辆信息

查勘员接到保险公司专线调度之后,首先通过抄单(机动车保险报案记录)信息了解被保险车辆的基本情况,包括厂牌型号、车牌号码、使用性质、使用年限、VIN 码和保险期限等。机动车保险报案记录(抄单)如下图所示。查勘员可根据车辆的厂牌型号或号牌号码预先判断出险车辆是否为新能源汽车。新能源汽车的厂牌型号后缀往往标有 EV、HEV 等专有字符。

机动车保险报案记录（代抄单）

保险单号:	PDAA20191404000003×××××	报案编号:	RDAA2020140400N00×××××		
被保险人:	山西××××科技有限公司	号牌号码:	晋DG××××	牌照底色：蓝	
厂牌型号:	特斯拉MODEL X 75D纯电动越野车	报案方式:	■95518 □传真 □上门 □其他		
报案人:	赵××	报案时间：2020年04月18日11时11分	联系人：赵××	联系电话:	186355×××××
出险原因:	碰撞	出险时间：2020年04月18日11时06分	是否第一现场报案：□是 □否		
出险地点:	长治市城区工农巷北口海底捞	驾驶员姓名:	赵××	准驾车型:	
驾驶证初次领证日期:		驾驶证号:			
处理部门:	■交警处理 □保险公司 □其他部门	承保机构：长治市长治支公司营销业务一部		客户类别:	
VIN码:	5YJXCCE29HF0×××××	发动机号:	17A1136691L2××××	车架号：5YJXCCE29HF0×××××	
被保险人单位性质:		车辆初次登记日期:	27日04月2017年	已使用年限：2	
新车购置价:	796 800.00元	车辆使用性质：非营业企业客车		核定载客6人核定载质量0.000kg	
保险期限:	自2019年07月08日0时0分至2020年07月07日24时0分	车辆行驶区域：中华人民共和国境内（不含港澳台）		车辆种类：客车	
基本条款类别:	争议解决方式：诉讼	保险费:	5 841.97元	签单日期:	03日07月2019年
绝对免赔约定金额：0.00元					
约定驾驶	主驾驶员姓名:	驾驶证号码:		初次领证日期:	
人员:	从驾驶员姓名:	驾驶证号码:		初次领证日期:	

序号	承保险别（代码）	保险金额/责任限额	序号	承保险别（代码）	保险金额/责任限额
1	机动车损失保险（M0.00）	672499.20元	7		
2	第三者责任保险（M）	500000.00元	8		
3	机动车损失保险无法找到第三方特约险	672499.20元	9		
4	不计免赔险（车损险）	0.00元	10		
5	不计免赔险（三者险）	0.00元	11		
6			12		

特别约定

	26	本车车主为（长治市××××有限公司）。
	9920895	本保单被保险车辆，保单有效期内免费享受最多不超过5次，每次100公里道路救援服务（服务内容可包括送油、送水、送防冻液、搭电、拖车、更换轮胎、拖拽、充电）；免费享受最多不超过5次，累计最多不超过10天的发生保险事故后的代步车服务。

批改信息		批改日期	批单号	批改类型	保费变化值

保险出险信息	出险经过	三车追尾，本车前部有损，三者车后部、前部有损，三者车福特后部有损，无人伤，无其他损失，有现场，已报交警
	处理经过	

	出险时间	驾驶员	报案人	出险险种	估损金额	结案时间	赔偿金额
1	18/04/2020	赵××	赵××				
2							
3							
4							
5							
6							

本单批改次数:	0	车辆出险次数:	1	赔款次数:	0	赔款总计:	0元
被保险人地址:	山西省长治市××南路			邮政编码:			
联系人:	赵××	固定电话:	186355×××××	移动电话:	186355×××××		
签单人:	崔××	经办人:	崔××	核保人:	司××		
抄单人:	张××	抄单日期:	11日05月2020年				

保险记录抄单

2. 了解事故状态

通过抄单掌握车辆基本信息后,确定为新能源车辆。查勘员应及时联系客户询问车辆出险原因及车辆损失情况,对事故车辆的损失做到心中有数。重点了解以下内容:

(1)车辆是否能够正常驾驶。

(2)仪表盘是否有故障显示信息。

(3)车辆电池包是否受损,是否漏液。

(4)高压部件是否受损。

(5)气囊是否起爆。

(6)事故现场是否存在人员伤亡。

根据已经了解的事故损伤情况,预先做出现场查勘预案,携带好必备的查勘工具和救护用具,为现场查勘做好充分准备。

(二)现场查勘操作要求及基本流程

特别提示:在进行新能源事故车辆现场查勘前,务必穿戴好防护装备,在查勘过程中如遇起火冒烟等特殊情况,请勿靠近,即刻拨打 119 火警电话。查勘员到达事故现场后,需要查验事故车辆是否属于承保标的、是否存在三者损失、出险车辆与现场是否吻合等。同时,要对出险车辆行驶证、驾驶证相关信息进行验证。现场查勘工作可参照以下基本流程操作:

(1)在车辆周围设置警示标识。

(2)外观查验,判断车辆损伤部位和损伤程度是否涉及高压部件。

(3)使用试电笔/万用表检查车辆损坏部位附近位置裸露金属部位(如轮毂)是否带电。

(4)在确认安全的情况下,检查仪表盘信息,主要包括故障信息、行驶里程、电池剩余电量(SOC 值),并拍照记录。

(5)对于不能行驶的车辆,应尽快拆卸 12 V 蓄电池负极。条件允许时,断开维修开关。

(6)拍照记录车辆所有损伤情况。

(7)协助施救人员将车辆移至维修厂。

(8)如车主手机能够收到远程故障信息,应及时拍照保留证据。

特别提示:如动力蓄电池包、高压部件外壳有损伤,可能存在绝缘失效漏电,需注意人员安全,建议联系专业人员处理。

(三)不同事故场景的查勘要点及注意事项

1. 碰撞事故现场查勘

碰撞事故是最常见的事故类型,在碰撞事故中最容易遭受损伤的电动汽车部件有充电口、电机控制器等。车辆正面碰撞事故现场查勘事项:

(1)在车辆四周布置警示标志。

(2)漏电检查,方法参考电测量仪器的使用方法。

(3)仪表盘检查,重点检查仪表盘以下信息:

①车辆行驶里程;

②电池剩余电量(SOC 值)或剩余续航里程;

③高压系统故障灯是否点亮,见表 2-7-1;

④其他故障灯是否点亮。

表 2-7-1　新能源汽车部分高压系统故障灯图例

序号	故障名称	图　示	备　注
1	动力故障		此故障灯提示动力系统故障,通常会和其他故障灯一起亮,有时也会单独亮起
2	电量不足		此故障灯提示的是电动车的电量不足,应当及时进行充电
3	高压断开故障		此故障灯提示车辆内部的高压电断开,部分车型可能表示为 12 V 蓄电池充电故障
4	动力蓄电池内部故障		此故障灯提示动力蓄电池包的内部发生了故障,车辆无法正常行驶。少数情况下,车辆还可以限速行驶
5	动力蓄电池包漏电		此故障灯提示动力蓄电池包漏电

(4)如高压部件存在损伤,应拆卸 12 V 蓄电池负极及断开维修开关。

(5)车辆外观及部件检查内容如下:

①车辆是否有焦煳异味;

②车辆是否冒烟、起火;

③高压部件损伤情况:快慢充电口及线束是否损伤,高压部件壳体及插接口是否损伤,驱动电机是否损伤,高压线束是否破皮,铜线是否裸露,见表 2-7-2;

④低压部件损伤情况:动力蓄电池包散热器、冷凝器、电子扇外壳是否受损,行人警示喇叭是否损坏,制动助力蓄压罐是否破裂等,以及传统车辆部件损伤。

表 2-7-2　新能源汽车部分高压部件检查图示

序号	部件名称	部件损伤状态图示	说　　明
1	充电口	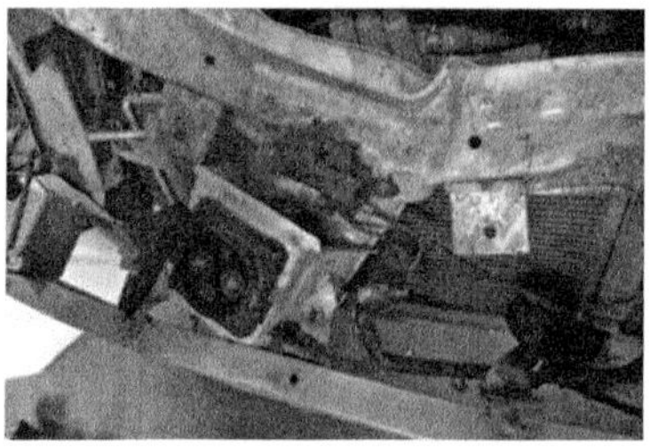	➢ 外观是否损伤。 ➢ 线束端子/插接件是否破裂、破皮、断裂。 ➢ 充电口支架是否变形、褶皱（金属件）、破裂
2	电机控制器		➢ 外壳是否损伤。 ➢ 固定支架是否变形破裂。 ➢ 线束和插接件是否破裂、破皮、断裂
3	车载充电机		➢ 外壳是否损伤。 ➢ 固定支架是否变形破裂。 ➢ 线束和插接件是否破裂、破皮、断裂
4	DC-DC 变换器		➢ 外壳是否损伤。 ➢ 固定支架是否变形破裂。 ➢ 线束和插接件是否破裂、破皮、断裂
5	高压分配单元		➢ 外壳是否损伤。 ➢ 固定支架是否变形破裂。 ➢ 线束和插接件是否破裂、破皮、断裂

续表

序号	部件名称	部件损伤状态图示	说　明
6	驱动电机		➢ 外壳是否损伤。 ➢ 固定支架和悬置是否变形破裂。 ➢ 线束和插接件是否破裂、破皮、断裂
7	高压空调泵		➢ 外壳是否损伤。 ➢ 固定支架是否变形破裂。 ➢ 线束和插接件是否破裂、破皮、断裂
8	高压线束		➢ 固定支架是否变形、断裂、破裂。 ➢ 线束绝缘层、屏蔽线、线芯是否扭曲、破皮、断裂。 ➢ 插接件是否变形、破裂

2. 各类事故损伤范围及动力蓄电池包检查项目(见表 2-7-3)

表 2-7-3　4 种事故类型损伤范围

序号	事故类型	损　伤　范　围
1	碰撞事故	动力蓄电池包的布局大多位于车辆底盘中后部,所以在碰撞事故中,侧面碰撞及尾部碰撞最有可能造成电池包受损;正面碰撞事故基本不会对电池包造成损伤,但可能造成其他高压部件的损伤,如电机控制器、DC-DC 变换器、充电口等
2	拖底事故	拖底事故往往会对电池包造成直接损伤,一般会造成动力蓄电池壳体划伤、凹陷、破裂。严重托底事故可能会导致动力蓄电池模组损伤、内部短路、冒烟起火等
3	水淹事故	水淹事故可能造成车辆线束插接件进水、高压部件进水、动力蓄电池包进水。情况严重时可能导致短路起火
4	火灾事故	火灾事故可能对动力蓄电池造成损伤,严重时会造成车辆全损,并且全损概率较高

3. 宝马 3 纯电动车型动力蓄电池包检查项目(见表 2-7-4)

表 2-7-4　宝马 3 纯电动车型动力蓄电池包检查项目

序号	检　查　项　目	对　应　故　障
1	是否产生可见烟雾	可能短路/高温起火
2	是否可在车上识别到烧伤痕迹	可能有过短路/高温起火
3	是否有水渍,包括消防用水(车辆和高压蓄电池单元)	可能进水
4	车辆动力蓄电池包区域是否有机械损伤	碰撞/托底导致的车身损伤
5	高压蓄电池壳体上是否有裂缝和开口	碰撞/托底导致的动力蓄电池包外壳损伤
6	壳体上是否有凹陷,高压蓄电池单元是否变形(允许不超过 0.5 mm 深或 5 cm 的划痕)	碰撞/托底导致的动力蓄电池包外壳内部元件损伤
7	高压蓄电池单元连接是否松动、移动或损坏	碰撞/托底导致的内部元件损伤
8	高压线是否自由悬挂在车辆外,有无挤压	动力蓄电池包连接线束可能在事故中损伤

4. 大众帕萨特混合动力车型动力蓄电池包检查项(见表 2-7-5)

表 2-7-5　大众帕萨特混合动力车型动力蓄电池包检查项目

序号	检　查　项　目	对　应　故　障
1	高压蓄电池上盖或下部壳体是否有裂纹	可能绝缘失效
2	高压蓄电池上盖或下部壳体是否变形	可能绝缘失效
3	是否由于温度作用导致外壳颜色变化和外壳褪色	可能温度过高
4	是否有电解液溢出	漏液
5	高压电触点是否损坏	功能失效
6	等电位线是否安装正确	安装不正确或未安装可能导致电击伤害
7	是否有锈蚀损坏	可能进水

5. 腾势纯电动车型动力蓄电池包检查项目(见表 2-7-6)

表 2-7-6　腾势纯电动车型动力蓄电池包检查项目

序号	检　查　项　目	对　应　故　障
1	密封盖边缘四周密封面是否有翘曲变形	碰撞/托底导致的电池包损伤
2	密封盖和托盘之间是否有间隙	碰撞/托底导致的电池包损伤
3	托盘四周是否有裂纹、孔洞	碰撞/托底导致的电池包损伤
4	托盘底部是否有裂纹、孔洞,包含焊缝处裂纹	碰撞/托底导致的电池包损伤
5	托盘划伤宽度或厚度不能超过 0.5 mm,凹坑直径不能超过 3 mm,深度不能超过 0.5 mm	碰撞/托底导致的电池包损伤
6	密封胶破裂时,里层的金属是否开裂	可能进水
7	高低压插接件是否有变形、退针、歪斜等	可能功能失效
8	密封胶是否失效	可能进水
9	是否漏液	可能绝缘失效

维护保养篇

纯电动汽车维护与保养基础

崔广磊　李　超

任务目标

1. 了解新能源汽车维护保养的意义与作用。
2. 掌握新能源汽车维护保养内容。

重点

1. 掌握新能源汽车各项维护保养的周期。
2. 掌握新能源汽车维护保养项目及内容。

一、新能源汽车维护保养简介

随着行驶里程、使用时间的增加,汽车技术状况会发生变化,使用性能会逐渐变差,并通过各种形式表现出来,直至丧失工作能力。因此,掌握汽车技术状况变化规律,合理使用和及时维护新能源汽车,确保技术状况良好,会对延长汽车使用寿命起到重要作用。

新能源汽车维护和保养是指对新能源汽车各部分进行以清洗、检查、紧固、润滑、调整和补给为中心的作业内容,目的在于保持车容整洁和消除故障隐患,防止车辆早期损坏,使汽车保持其良好的使用性能和可靠性。

新能源汽车修理是指为恢复新能源汽车各部分规定的技术状况和工作能力所进行的活动的总称。修理是对汽车有形耗损的补偿,包括故障诊断、拆卸、更换、修复、装配、磨合和实验等作业。

新能源汽车维护保养与新能源汽车修理是密切相关的。形象地说,汽车也像人一样,一诞生就成为一个独立的个体,有其必然的衰老过程。汽车维护保养的任务就是更好地保持汽车各个系统的良好性能,延缓汽车的衰老过程。就像人生病了需要去医院治病一样,汽车生病了也需要去治病,汽车修理的任务就是查找故障原因,采取措施排除故障,从而恢复汽车原有的性能,避免事故的发生。做好新能源汽车的维护保养,不仅可以保持车辆的光亮清洁,使汽车的安全系数增加,而且可以避免过多的修车麻烦。

二、新能源汽车维护保养内容(以北汽新能源 EV160 为例)

电动汽车的保养内容较少,小保养基本就是常规检查,大保养有制动、助力油检查更换等。总的来说电动汽车保养的费用要比一般的燃油汽车便宜得多,也不涉及那么复杂的项目和技术要求,因此在保养方面,电动汽车非常划算,主要是针对电池组和电动机进行日常养护。

1. 保养周期

电动汽车的电池组与电机代替了普通汽车的发动机来驱动汽车行驶，变速箱与普通汽车的变速箱也略有不同，底盘和电器部分与普通汽车基本一致。电动汽车相对于燃油汽车定期保养的周期较长，可参考北汽新能源 EV160/200 保养周期，见表 3-1-1。

表 3-1-1 北汽新能源 EV160/200 保养周期

保养类别	保养项目	累计行驶里程/km					
		10 000	20 000	30 000	40 000	50 000	依此类推
A 级保养	全车保养	√		√		√	
B 级保养	高压、安全检查		√		√		√

2. 保养项目及内容

车辆的正确维护保养对于安全驾驶和减少车辆的维修成本是必不可少的，为了确保车辆保持最佳状态，务必按照保养手册中的规定进行保养，见表 3-1-2。

表 3-1-2 北汽新能源 EV160/200 保养项目及内容

系统类别	检查内容	处理方法	A 级保养			B 级保养		
			项目	配件及材料	数量或规格	项目	配件及材料	数量或规格
1. 动力电池系统	安全防护	检查并视情况处理	√			√		
	绝缘	检查并视情况处理	√			√		
	接插件状态	检查并视情况处理	√			√		
	标识	检查并视情况处理	√			√		
	螺栓紧固力矩	检查并视情况处理	√			√		
	动力电池加热功能检查	检查并视情况处理	√					
	外部检查	清洁处理	√			√		
	数据采集	分析视情况处理	√					
2. 电机系统	安全防护	检查并视情况处理	√			√		
	绝缘检查	检查并视情况处理	√			√		
	电机及控制器冷却检查	检查并视情况处理	√			√		
	外部检查	清洁处理	√			√		
	机舱及各部位低压线束防护及固定	检查并视情况处理	√			√		

续表

系统类别	检查内容	处理方法	A级保养			B级保养		
			项目	配件及材料	数量或规格	项目	配件及材料	数量或规格
3. 电器电控系统	机舱及各部位插接件状态	检查并视情况处理	√			√		
	机舱及底盘高压线束防护及固定	检查并视情况处理	√			√		
	机舱及底盘各高、低压电器固定及插接件连接状态	检查视情况处理并清洁	√			√		
	蓄电池	检查电量状态并视情况处理	√			√		
	灯光、信号	检查并视情况处理	√			√		
	充电口及高压线	检查并视情况处理	√			√		
	高压绝缘监测系统	检查并视情况处理	√					
	故障诊断系统报警监测	检查并视情况处理	√					
4. 制动系统	驻车制动器	检查并视情况处理	√			√		
	制动装置	泄漏检查	√			√		
	制动液	液位检查	√	更换制动液		√	检查视情况添加	
	制动真空泵、控制器	检查(漏气)并视情处理	√			√		
	前、后制动摩擦副	检查并视情况更换	√			√		
5. 转向系统	方向盘及转向管柱连接紧固状态	检查并视情况处理	√			√		
	转向机本体连接紧固状态	检查并视情况处理	√			√		
	检查转向横拉杆间隙及防尘套	检查并视情况处理	√			√		
	检查转向助力功能	路试并视情况处理	√			√		

续表

系统类别	检查内容	处理方法	A级保养			B级保养		
			项目	配件及材料	数量或规格	项目	配件及材料	数量或规格
6. 车身系统	风窗及洗涤刮水器	检查并视情况更换处理	√	添加风窗洗涤剂		√	检查视情况添加	材料收费
	顶窗	检查并视情况更换处理	√	加注润滑脂	润滑脂250 g	√	加注润滑脂	润滑脂250 g
	座椅及滑道	检查并视情况处理	√			√		
	门锁及铰链	检查并视情况处理	√			√		
	机舱铰链及锁扣	检查并视情况处理	√			√		
	后背门(厢)铰链及锁	检查并视情况处理	√			√		
7. 传动及悬架系统	变速器(减速器)	检查减速器连接、紧固及渗漏	√	更换减速器齿轮油		√	检查视情况添加	
	传动轴	检查球笼间隙及护罩,并视情况处理	√			√		
	轮辋	检查、紧固,视情处理	√			√		
	轮胎	检查胎压,并视情况处理	√			√		
	副车架及各悬置连接状态	检查紧固	√			√		
	前后减振器	检查渗漏情况并紧固,并视情况更换	√			√		
8. 冷却系统	冷却液液位及冰点	液位及冰点测试,视情况添加	√			√	检查视情况添加	
	冷却管路	检查渗漏情况并处理	√			√		
	水泵	检查渗漏情况并处理	√			√		
	散热水箱	检查并清洁	√			√		

续表

系统类别	检查内容	处理方法	A 级保养			B 级保养		
			项目	配件及材料	数量或规格	项目	配件及材料	数量或规格
9. 空调系统	空调冷、暖风功能	测试并处理	√			√		
	压缩机及控制器	检查压缩机及控制器安装及线束插接件状态	√			√		
	空调管路及连接固定	管路防护检查并视情况检漏处理	√			√		
	空调系统冷凝水排水口	检查处理	√			√		
	空调滤芯	检查处理	√	更换空调滤芯	滤芯收费（首次保养免费）	√	清洁	

由于电动汽车是靠电机驱动，所以电动汽车不需要机油、三滤、皮带、张紧轮等，也不用担心会出现漏油的情况。电动汽车只需要对动力电池和驱动电机辅助系统进行一些常规的检查，并保持其清洁即可。可见电动汽车在保养方面比传统汽车有很大优势。针对现在混合动力和插电混合动力车型，发动机保养和普通汽油车一样，但电机保养更为重要，要定期加润滑油并进行检查。

纯电动汽车维护保养作业前场地准备

崔广磊　李　超

任务目标

1. 了解维护保养工作前的场地要求,能检查各项设施配套是否完善。
2. 知道电动汽车维修工位安全规范,能完成车辆停放、防护设备等工作。
3. 了解后续维护保养项目,能有效准备并检查维修所用工具设备。
4. 清楚作业规范,能及时铺设三件套及翼子板防护垫。
5. 清楚电动汽车维修工位高压绝缘要求,能对绝缘地垫绝缘阻值进行测量。

重点

1. 能对绝缘地垫绝缘阻值进行测量。
2. 能正确检查个人防护用具及维修工具。
3. 按照正确顺序对车辆铺设三件套。

难点

测量绝缘地垫绝缘阻值。

一、汽车维护保养作业规范

“工欲善其事,必先利其器。”虽然电动汽车和传统汽车驱动方式有些差别,但依然要进行日常的保养维护。两者保养最大的区别就是,传统汽车主要针对的是发动机系统的保养,需要定期更换机油机滤等。而电动汽车主要是针对电池组和电机进行日常养护。

因此,在维修工位的布置、工具的准备方面会有一些差别。

1. 新能源汽车车间环境要求

1)工位布置

新能源汽车和燃油车的维护保养的工位尺寸差别不大,长度 7 m,宽度 4 m,能够保证在这个范围内容纳下车辆与前后左右各留有 1 m 左右的活动区域,用于摆放工具车、维修设备等,如图 3-2-1 所示。

工位地面铺设统一色号的灰色或绿色聚氨酯或环氧树脂,一方面可以与其他标线进行区别,另一方面便于日常清扫。工位行车线和停车线使用线宽 10 cm 的白色实线进行标注,如图 3-2-2 所示。

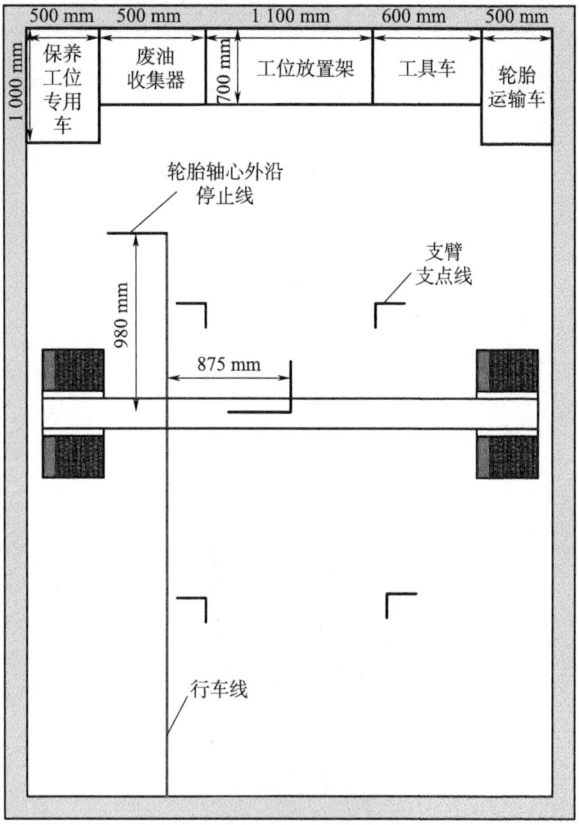

图 3-2-1　维修工位场地建设尺寸

2)必备设施

由于新能源汽车上有高压电,因此,在工位地面上需要铺设绝缘地垫。另外,必须安装双柱龙门式举升机,并配套电动工具和气动工具,方便实训中举升车辆以及电池举升车、电焊等维修工具的使用,如图 3-2-3 所示。

图 3-2-2　工位地面要求

图 3-2-3　维修工位设施配备要求

在工位纵向上方配置日光灯,用于照明的光线,注意灯光照射方向,尽量位于工位两侧,避免单向照射,影响施工。

2. 绝缘维修工具要求

电气工作安全更需要注意绝缘安全用具的使用,绝缘安全用具指带电作业或使用电气工具时,维修保养作业中为防止工作人员触电,必须使用绝缘工具,见表 3-2-1。

表 3-2-1 电动汽车高压作业防护工具

工具名称		用途描述
警示牌		在地面或车辆附近明显位置放置
绝缘手套（绝等级为 1 000 V/300 A 以上）		拆除及安装高压部件使用
皮手套	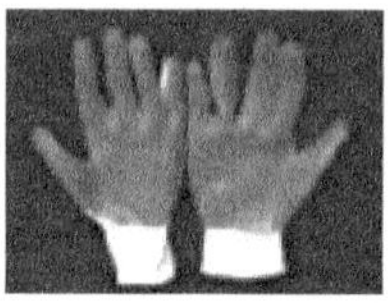	拆除及安装高压部件使用(保护绝缘手套)
绝缘鞋		拆除及安装高压部件使用
防护眼镜		拆除及安装高压部件使用
绝缘帽		拆除及安装高压部件使用
绝缘万用表		测试高压部件绝缘阻值
绝缘工具	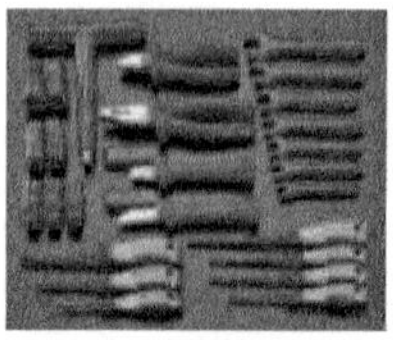	拆除及安装高压部件使用

二、新能源汽车维护保养操作要求及管理规范

1. 车辆维护保养操作要求

(1)严禁非专业人员对高压部件进行移除及安装,未经过高压安全培训的维修人员,不允许对高压部件进行维护。

(2)车辆在充电过程中不允许对高压部件进行移除、维护等工作。

(3)对高压部件进行作业前,必须确认车辆钥匙处于 LOCK 挡位并将 12 V 蓄电池负极断开。

(4)高压部件打开后或插头断开后,使用万用表对其电压进行测量,电压在 36 V 以下才可以进行下一步操作。

(5)任何人不准玩弄电气设备和开关,不准利用车身电源对电动汽车以外的用电设备供电。

(6)破损的电气设备应及时调换,不准使用绝缘损坏的电气设备。

(7)熔丝熔断时,不准调换容量不符的熔丝,不经技术部门或主管部门审批,不准私自改动和加装。

(8)发现有人触电,应立即切断电源进行抢救,未脱离电源前不准直接接触触电者。

(9)雷雨天气,禁止室外对车辆充电和维修维护。

(10)避免烫伤。刚刚熄火的电机,由于电机的各部件温度都比较高,必须小心接触,以防烫伤。

(11)注意防火。在保养汽车时,经常需要使用油料、清洗剂等易燃易爆物品,此时千万别忘了消防措施,备好灭火器,以防万一。

(12)避免损伤汽车。制动液对汽车的漆膜(包括皮鞋的漆膜)有损坏作用,它能很快地溶解漆膜。制动液对眼睛是有害的,假如不慎溅入眼睛,必须立即用清水冲洗干净。

(13)注意工作场所的清理。在关闭前机舱盖或其他总成盖时,应检查工具、抹布和拆下的零件等物品是否遗忘,确认无误后才可以关闭。

2. 维护保养作业安全管理规范

(1)现场环境保持清洁,符合安全、防火和环境保护要求,明亮、通风,各区域、岗位有标志。各工位明显处张贴该岗位安全操作流程。对于重要区域和特殊设备,要于醒目处张贴禁止事项。

(2)加强安全管理,建立、健全安全生产责任制度,完善安全生产条件,定期开展安全生产教育,组织开展安全生产定期检查和日常监督活动以确保安全生产。

(3)按照国家有关规定配置消防设施和器材、设置消防安全标志,保障疏散通道、安全出口畅通,并定期组织检验与维修,确保消防设施和器材完好、有效。

(4)设备、工具配备合理、齐全,性能良好,实行定置管理。

(5)各类物资定置存放,堆放整齐,废旧物资及时清理。

(6)维修人员着装统一、保持整洁。

(7)工作过程中实行“三不落地”(工具不落地、配件不落地、废料油污不落地),保持工作场地的清洁。

(8)严格领料制度,换下的旧件、领用待装的配件及维修过程中拆下待装的配件要妥善保管。各工位不得存放在修车辆配件以外的其他配件。

(9)有毒、易燃、易爆物品和化学物品,粉尘、腐蚀剂、污染物、压力容器等应有安全防护措施和

设施，压力容器及仪表等应严格按有关部门要求定期校验。

三、新能源汽车维护保养作业前准备

车辆在进入车间后，维修人员需要与服务顾问交流车辆保养项目，确定车辆重点检查部位，以便在各系统检查过程中有侧重地进行详细检查。

1. 车辆停放要求

维修站一般都是由服务顾问将车辆开进车间，停放在固定的工位上。车辆在车间内的行驶速度不要超过 5 km/h，车辆停放位置应位于维修工位中心，车身两侧与举升机双柱间距要均匀，确保升机悬臂支撑点能够与车辆的支点对齐，如图 3-2-4 所示。

2. 车辆防护

根据车辆维护保养操作规范，维修人员在对车辆进行检查作业时，需要对车辆内饰做好防护，铺设方向盘套、脚垫和座椅套，有些维修站也会要求四件套、五件套，增加了换挡手柄和驻车制动的保护套。铺设三件套是为了防止维修技师在进入车辆检查时弄脏车辆内饰，引起不必要的纠纷。同时，这也是一种服务质量的体现，如图 3-2-5 所示。

图 3-2-4　车辆停放位置

图 3-2-5　车辆防护五件套

车辆停入工位后，维修人员需要将车辆熄火，拔出车钥匙并保管好。同时将挡位置于 N 挡，启动电子驻车制动。某些车辆设有 P 挡，在停好车后则需将挡位置于 P 挡，如图 3-2-6 所示。

为避免在维护保养时车辆向前或向后滑溜，维修技师需要放置车轮挡块，放在前轮的前方，或堵住后轮的后方。尤其是在做四轮定位时，必须放置车轮挡块，如图 3-2-7 所示。

图 3-2-6　北汽新能源 EV160/200 挡位

图 3-2-7　车轮挡块放置示意

3. 场地准备

电动汽车维修需要使用专用的工位，有条件的维修站可以设置隔离区，布置警戒线，防止在进行车辆维护时，无关人员靠近，影响维修操作或引发危险，如图 3-2-8 所示。

另外，电动汽车上存在高压电，在维修保养时需要专业人员进行操作。为了确保其他人员人身安全，需在明显位置放置警示牌，如图 3-2-9 所示。

图 3-2-8 布置警戒线

图 3-2-9 放置警示牌

4. 高压绝缘防护

在电动汽车中，高压电气系统的工作电压在数百伏，为了确保维护保养工作安全，作业前务必做好高压安全防护。

(1)绝缘防护设备检查。维修技师在作业时需要佩戴绝缘手套、绝缘靴、安全头盔和护目镜，防护设备的耐高压等级需在 1 000 V 以上，表面无腐蚀、无破损，密封性良好，合格标志完整。

(2)绝缘维修工具检查。机械操作工具也需使用绝缘工具，如绝缘扳手、绝缘套筒工具、绝缘钳等。其耐高压等级也需在 1 000 V 以上。

(3)测量绝缘垫的绝缘阻值。电动汽车维修工位地面必须铺设绝缘垫，如以 1 000 V 电压进行测量时，绝缘垫的绝缘阻值应当在 2. 2 GΩ 以上。测量时，应以车辆停放位置为参照，至少测量四个车轮及车辆中心下方绝缘垫的阻值。

(4)铺设翼子板防护垫。维护保养检查过程中，为防止不小心划伤漆面，避免在检查冷却液、玻璃水时，无意中滴落到漆面上，需要铺设翼子板防护垫。防护垫尽量使用绝缘性能较好的皮质软布。

车辆电器及设施基本检查

崔广磊　李　超

任务目标

1. 能识别仪表盘上各个指示灯，并说明其含义。
2. 能熟练使用灯光检查手势，配合搭档检查车外各灯光状态。
3. 能根据检查结果在合理条件下，调节大灯光束。
4. 能检查和调整刮水器橡胶片尖端和排水槽盖板的上边缘之间的间隙。
5. 能检查电动天窗并润滑滑动导轨。
6. 能检查安全气囊和安全带并正确判断是否需要维修。
7. 能检查车门，判断其外观及功能是否正常工作。
8. 能检查机舱线束及接插件状态，确定其是否需要更换或修复。
9. 能检查低压蓄电池固定情况和工作状态，并测量其静态放电电流。

重点

1. 能识别仪表盘上各个指示灯，并说明其含义。
2. 能调节前照灯光束、刮水器橡胶片尖端停止位置。
3. 能检查安全气囊和安全带、机舱线束及接插件状态，确定其是否需要更换或修复。
4. 能检查低压蓄电池固定情况和工作状态，并测量其静态放电电流。

难点

1. 能调节前照灯光束、刮水器橡胶片尖端停止位置。
2. 能检查低压蓄电池固定情况和工作状态，并测量其静态放电电流。

一、车辆仪表指示灯介绍

1. 仪表指示灯认识

进入车辆，最引人注目的就是车辆仪表，新能源汽车由于其结构及功能的特性，因此其仪表显示与传统汽车也有较大不同。北汽新能源 EV160/200 仪表指示灯如图 3-3-1 所示，各指示灯的名称见表 3-3-1。

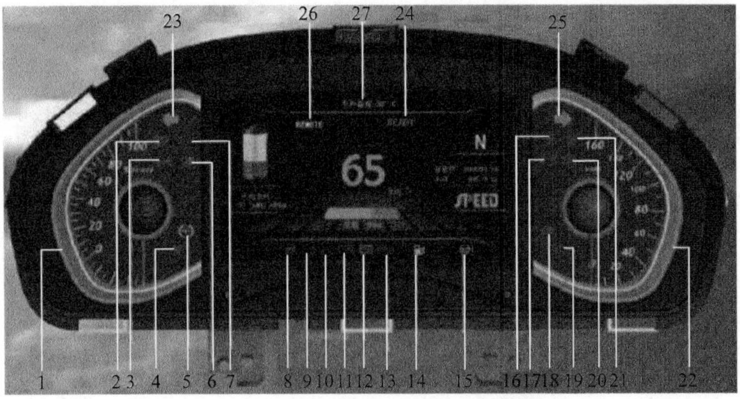

图 3-3-1 北汽新能源仪表指示灯位置

表 3-3-1 北汽新能源仪表指示灯名称

序号	名　称	序号	名　称	序号	名　称
1	驱动电机功率表	10	电机及控制器过热指示灯	19	充电线连接指示灯
2	前雾灯	11	动力电池故障指示灯	20	驻车制动指示灯
3	示廓灯	12	动力电池断开指示灯	21	门开指示灯
4	安全气囊指示灯	13	系统故障灯	22	车速表
5	ABS 指示灯	14	充电提醒灯	23/25	左/右转向指示灯
6	后雾灯	15	EPS 故障指示灯	24	READY 指示灯
7	远光灯	16	安全带未系指示灯	26	REMOTE 指示灯
8	跛行指示灯	17	制动故障指示灯	27	室外温度提示
9	蓄电池故障指示灯	18	防盗指示灯		

车辆各个仪表的点亮位置及点亮条件,见表 3-3-2。

表 3-3-2 北汽新能源仪表的点亮位置及点亮条件

序号	名称	显示位置	符号	颜色	显示文字	点亮条件	建议处理方式
1	安全带未系	表盘		红色	请系安全带	当车辆处于 ON 状态,驾驶人安全带未系或者乘客安全带未系且乘客座有人或重物时	
2	安全气囊	表盘		红色		当车辆处于 ON 状态,且安全气囊发生故障时	请检查安全气囊模块

续表

序号	名称	显示位置	符号	颜色	显示文字	点亮条件	建议处理方式
3	车身防盗	表盘		红色		车身防盗开启后	
4	蓄电池报警灯	显示屏	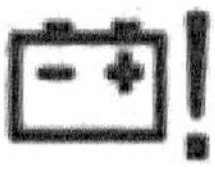	红色	蓄电池故障	蓄电池电压高/低故障或 DC/DC 故障	
5	门开报警	表盘		红色		驾座门/乘客门/行李箱任意门开时	
6	ABS	表盘		黄色		车辆 ABS 系统发生故障时	
7	前雾灯	表盘		绿色		前雾灯打开	
8	后雾灯	表盘		黄色		后雾灯打开	
9	前照灯远光	表盘		蓝色		远光灯打开	
10	左转向	表盘		绿色		左转向打开	
11	右转向	表盘		绿色		右转向打开	
12	EBD	表盘		红色	EB 故障	车辆 EBD 系统发生故障时	
	制动液位				添加制动液	车辆制动液位低时	添加制动液

续表

序号	名称	显示位置	符号	颜色	显示文字	点亮条件	建议处理方式
13	制动系统故障	—	—	—	制动系统故障	车辆制动系统发生故障时	
14	驻车制动	表盘		红色	启动驻车制动时	—	
15	充电提示灯	显示屏		黄色	请尽快进行充电	充电提醒：电量小于 30% 时指示灯点亮；在电量低于 5% 时，提示“请尽快充电”	
16	系统故障	显示屏		红色	—	仪表与整车失去通信时，指示灯持续闪烁；车辆出现一级故障时，指示灯持续点亮	
				黄色	—	车辆出现二级故障时，指示灯持续点亮	
17	充电提示灯	表盘		红色	请连接充电枪	充电枪线缆接触不好时，显示“请连接充电枪”	
18	READY 指示灯	显示屏		绿色	—	车辆准备就绪时	
19	跛行指示灯	显示屏		红色	车辆进入跛行状态	加速踏板故障时	
20	EPS 故障	显示屏		黄色	EPS 系统故障	EPS 系统发生故障时	
21	挡位故障	显示屏		—	—	挡位故障触发后，当前挡位持续闪烁	

续表

序号	名称	显示位置	符号	颜色	显示文字	点亮条件	建议处理方式
22	电机冷却液温度过高	显示屏	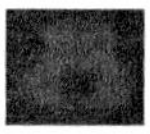	红色	电机冷却液温度过高	当电机或电机控制器温度过高而引起冷却液温度过高时	
23	电机转速过高	文字提示区域	—	—	电机转速过高	当电机转速过高时	
24	请尽快离开车内	文字提示区域	—	—	请尽快离开车内	当遇到电池严重故障时	
25	动力电池断开	显示屏		黄色	—	当车辆动力电池断开时	
26	动力电池故障	显示屏	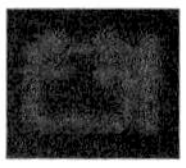	红色	动力电池故障	当车辆动力电池发生故障时	
27	示廓灯	表盘	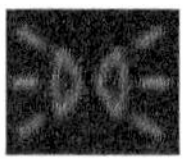	绿色	—	当示廓灯打开时	
28	绝缘故障	文字提示区域	—	—	绝缘故障	当车辆发生绝缘系统故障时	
29	驱动电机系统故障	文字提示区域	—	—	驱动电机系统故障	当车辆驱动电机系统发生故障时	
30	车身控制模块故障	文字提示区域	—	—	车身控制模块故障	当车辆车身控制模块发生故障时	

2. 操纵杆使用说明

按钮 A 使用说明(见表 3-3-3)。

表 3-3-3 按钮 A 使用说明

当前显示模式	开关按住时间	开关放开后显示模式
平均电耗	$t<2$ s	保养里程
保养里程	$t<2$ s	平均电耗
	$t>10$ s	保养里程复位至 10 000 km

按钮 B 使用说明(见表 3-3-4)。

表 3-3-4　按钮 B 使用说明

当前显示模式	开关按住时间	开关放开后显示模式
车速	$t<2$ s	数字电压值
数字电压值	$t<2$ s	数字电流值
数字电流值	$t<2$ s	数字转速值
数字转速值	$t<2$ s	瞬时电耗
瞬时电耗	$t<2$ s	车速
任意模式	$t>3$ s	小计清零
充电模式	—	车辆充电信息

二、用电设备和车外灯光检查

1. 检查项目

检查仪表背光灯、收音机、全车灯光功能,通过组合开关控制,逐个检测灯光是否正常,否则进行调节,具体检查项目及手势见表 3-3-5。

表 3-3-5　检查灯光手势

检查项目	手　势
小灯(示廓灯)	
前照灯(近光灯)	 
前照灯(远光灯)	 

续表

检查项目	手　　势
近光-远光变换	 
雾灯(前后)	
转向灯(左右/前后)	 
制动灯	 
倒车灯	 

续表

检查项目	手　　势
警告灯(前后)	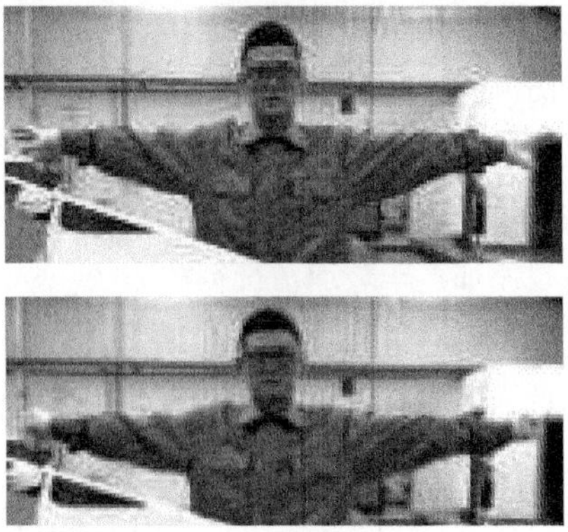

2. 检测和调节前照灯的条件

(1)轮胎充气压力正常。

(2)不得损坏或污损前照灯的灯罩。

(3)反光罩和灯泡正常。

(4)必须已加载汽车负荷。负荷:驾驶人座椅上仅有一个人或 75 kg 的重物,负荷为空(空车质量)。空车质量包括所有在运行中附带的装备(如备用车轮、工具、汽车千斤顶、灭火器等)的质量。

(5)汽车必须行驶几米,或者多次压缩前后部悬架,使悬架调节到位。

(6)汽车和大灯调节装置必须处于同一平面上。

(7)必须调节倾斜度。

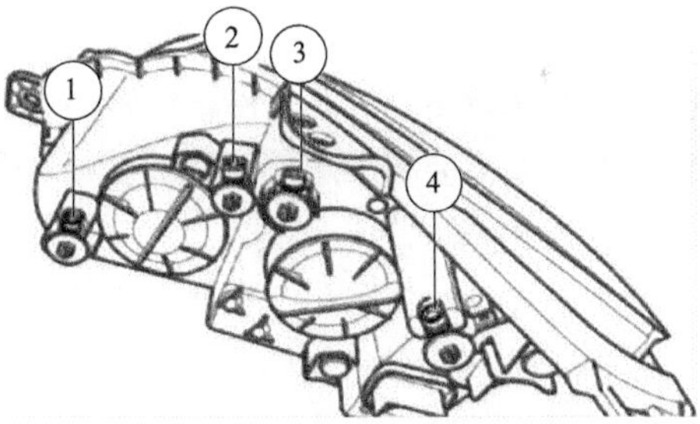

图 3-3-2　北汽新能源 EV160/200 主前照灯调节螺栓

3. 调节卤素灯泡的主前照灯(见图 3-3-2)

首先检测左右两侧前照灯在照明距离内手动调节时的表现是否相同。

(1)调节前照灯的倾斜度。带卤素灯泡的主前照灯的倾斜度为 1.0%。百分数与 10 m 的投影距离有关。左侧前照灯的调节螺栓与右侧前照灯呈对称布置。分别为用于高度调整的调节螺栓和用于侧向调整的调节螺栓。

(2)旋转调节螺栓①和③,调节主前照灯的照射高度。

(3)旋转调节螺栓②和④,左右方向调节主前照灯光线。

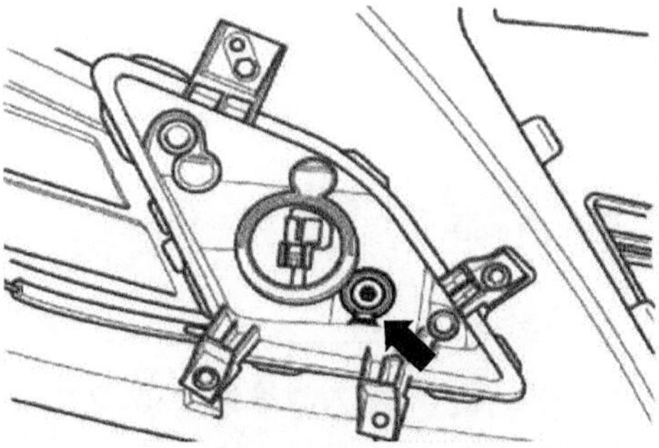

图 3-3-3　北汽新能源 EV160/200 雾灯调节螺栓

4. 调节前雾灯和其他辅助前照灯(见图 3-3-3)

左雾灯的调节螺栓排列与右侧雾灯呈对称布置。

(1)调节雾灯倾斜度,倾斜尺寸:前雾灯 20 cm。

(2)旋转调节螺栓(图 3-3-3 中箭头所示)以调节雾灯照明距离。

三、车身附件检查

1. 风窗刮水器(见图 3-3-4)

加注玻璃清洗剂时,应加注到储液罐标有 MAX 最大加液处位置。只能使用可全年使用的汽车玻璃清洗剂浓缩液,其作用及要求如下:

➢ 汽车玻璃清洗剂浓缩液可防止喷嘴、储液罐和连接软管冻结。

➢ 在温暖的季节也添加汽车玻璃清洗剂浓缩液。强劲的清洁能力可以清除车窗玻璃上的蜡类和油类残余物。

➢ 必须保证在最低-25 ℃(在某些气候恶劣的国家和地区约为-35 ℃)时车窗玻璃清洗装置不会冻结。

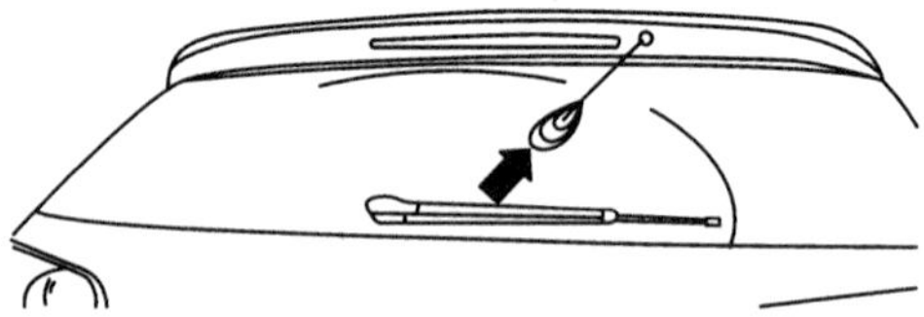

图 3-3-4　后窗玻璃喷水极限位置

(1)调节风窗玻璃刮水/清洗装置。

检测喷嘴调节情况,必要时调节喷嘴。前喷嘴不可调整,只能调整后喷嘴。

用调节工具调节喷嘴,使得水柱(下图箭头所指)可以喷射到后窗玻璃的上部三分之一处。

(2)调节前面刮水器终端位置,如图 3-3-5 所示。

①将刮水器运行至终端停留位置。

②调节车窗玻璃刮水片的终端停留位置。

驾驶人侧:

刮水器橡胶片尖端和排水槽盖板的上边缘之间的距离 A 必须为 45 mm。

③必要时,通过调节刮水臂来调节风窗玻璃刮水片的终端停留位置。

④拆卸刮水臂。

⑤拧紧紧固螺栓:12 N·m。

前排乘员侧:(见图 3-3-6)。

刮水器橡胶片尖端和排水槽盖板的上边缘之间的距离 B 必须为 10 mm。

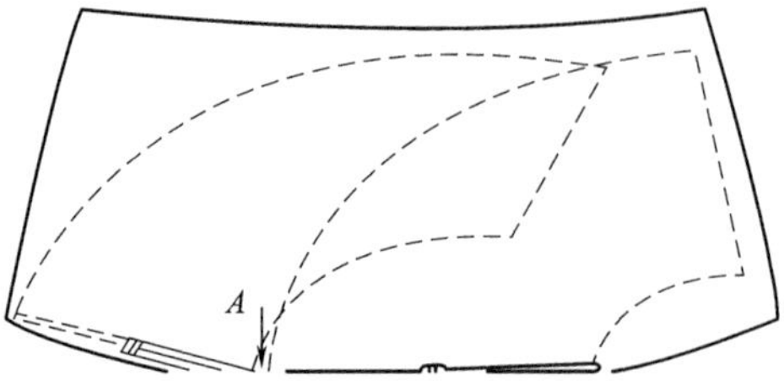

图 3-3-5　驾驶人侧刮水器终端位置

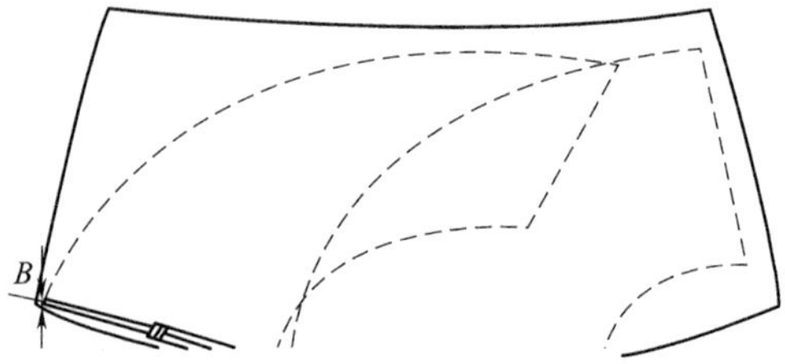

图 3-3-6　前排乘员侧刮水器终端位置

⑥必要时,通过调节刮水臂来调节风窗玻璃刮水片的终端停留位置。

⑦拆卸刮水臂。

⑧拧紧紧固螺栓：12 N · m。

2. 电动天窗（见图 3-3-7 和图 3-3-8）

按照下列步骤进行作业：

（1）检测滑动天窗的功能，开启电动天窗，检查电动天窗的运行状况。

（2）清洁滑动天窗的导轨（图 3-3-7 中箭头所示），用专用润滑油脂润滑导轨。

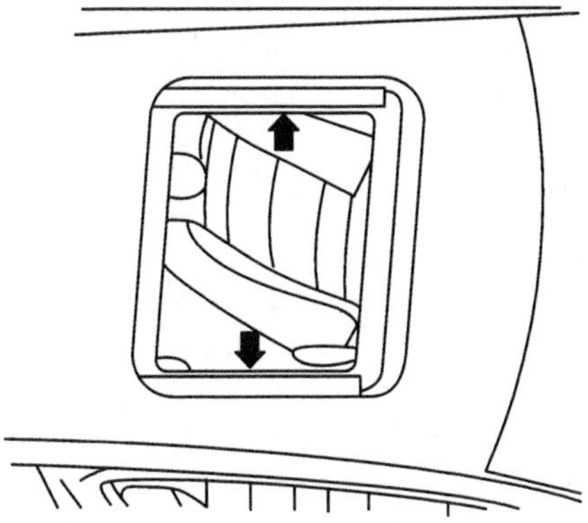

图 3-3-7　电动天窗示意图

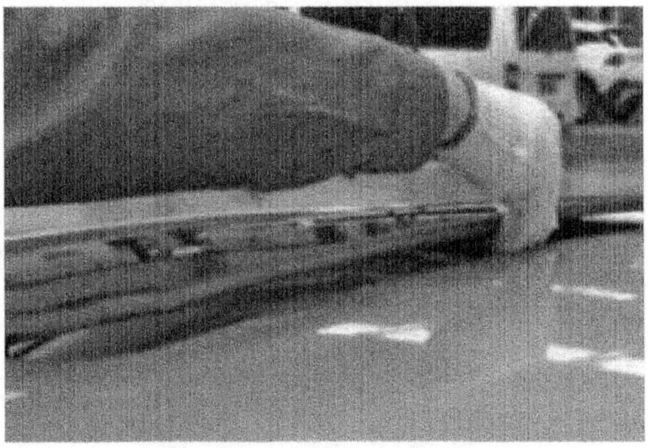

图 3-3-8　清洁电动天窗

3. 安全气囊和安全带（见图 3-3-9）

1）前排乘员安全气囊

安全气囊标识是仪表板右侧的字母 AIRBAG。目视检查仪表板外壳①表面的损坏情况。前排乘员安全气囊外壳表面不得被粘接上或者拉出，或实施其他加工操作，以确保气囊的正常功能，并提醒用户注意该事项。气囊外壳表面只允许用干燥的或稍湿的抹布清洁。

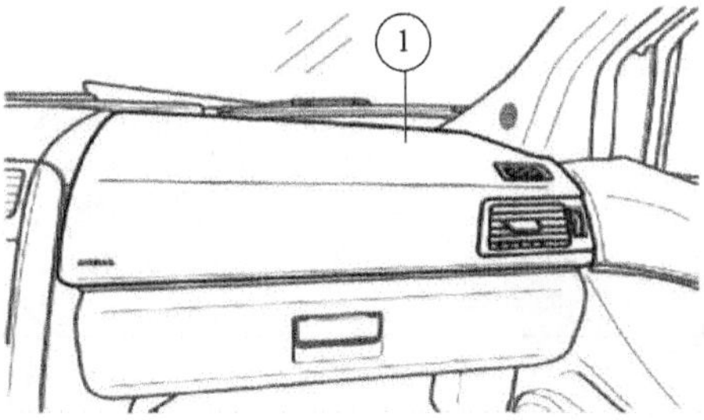

图 3-3-9　安全气囊示意图

2）检查安全带

将安全带从安全带自动回卷装置中完全拉出。检查安全带是否脏污，必要时用中性肥皂液清洗。安全带状态及采取措施见表 3-3-6。

3）检查自动回卷装置（锁止功能）

安全带自动回卷装置有双重锁止功能。第一个锁止功能在从安全带自动回卷装置中迅速拉出安全带（拉带加速度）时触发。第二个锁止功能通过改变汽车移动过程（与汽车有关的锁止功能）而触发。同时汽车必须行驶到平坦的路面上。

（1）检测第一道锁。从安全带自动回卷装置中用力迅速地拉出安全带。如果无锁止功能，则整体更换安全带和安全带锁。如果在安全带拉出或回卷时发生故障，应首先检查安全带自动回卷装置的位置是否发生了变化。

（2）检测第二道锁。系好安全带，将汽车加速到 20 km/h，然后用行车制动器进行全制动。如果在制动过程中安全带未被卡止机构锁止，则必须整体更换安全带和安全带锁。需要注意的是出于安全方面考虑，行车测试必须在无汽车行驶的路段上进行，以避免给其他车辆或行人带来危险。

表 3-3-6　安全带状态及采取措施

<table>
<tr><th>序号</th><th>安全带检查状态</th><th colspan="2">采 取 措 施</th></tr>
<tr><td>1</td><td>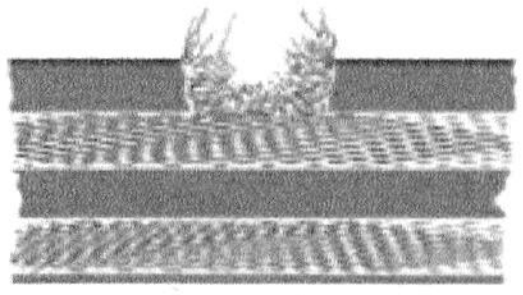
安全带断裂、扯破或擦伤</td><td rowspan="4">事故车上确定下列损坏 1 和 2 之一，则更换安全带连同安全带锁和安全带高度调节装置</td><td rowspan="4">如果在未发生事故的汽车上出现的 1、2、3 和 4 项中的损坏，则只需更换损坏的安全带</td></tr>
<tr><td>2</td><td>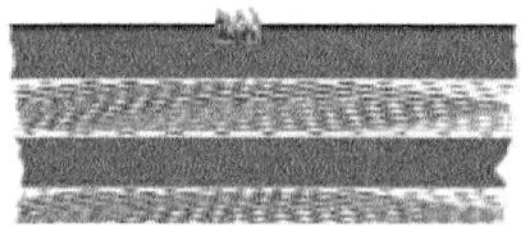
带边上织物线圈撕裂</td></tr>
<tr><td>3</td><td>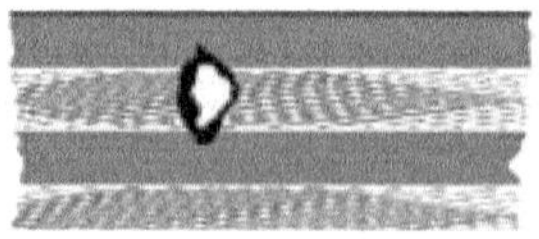
有被香烟等烫过的焦痕</td></tr>
<tr><td>4</td><td>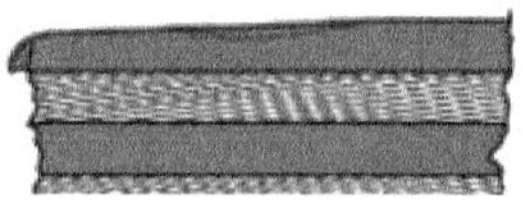
带边一面变形或安全带边缘呈波浪状</td></tr>
</table>

4）目检安全带带扣

检测带扣是否有裂缝或裂开，如有损坏，应整体更换安全带和安全带带扣。

5）检测安全带锁

将锁舌推入安全带扣中，直到能听到卡入的声音。用力拉动安全带，检测锁止机构是否卡入。在 5 次以上的检测过程中，即使锁舌只有一次未锁止在安全带锁中，也必须整个更换安全带和安全带锁。

6）检测解锁装置

用手指按压安全带扣上的按键，松开安全带。在安全带较松时，锁舌必须自动从安全带带扣中弹出。至少进行 5 次检测，只要锁舌有一次未弹出，就必须整体更换安全带和安全带锁。绝不允许在安全带带扣的按键上使用润滑剂以消除操作安全带时的噪声或干涩情况。

7）检测固定零件和固定点

如果存在以下零件受损情况：紧固片变形（被拉长）、高度调节装置失灵、固定点（座椅、柱、汽车底盘）扭曲或螺纹受损，则必须整体更换安全带、安全带带扣和固定点。对于不是交通事故引起的损坏（如磨损），则只须更换相应的受损件。

4. 车门

检查车门开关时是否有卡滞现象。在车门限位器①上涂抹油脂。使用固体润滑脂。如果车门锁无法正常开启和锁止，则需要维修或更换，如图 3-3-10 所示。

按下玻璃升降开关，检查玻璃升降机是否能正常工作。用手按压车门密封条，检查车门密封条是否有老化，必要时进行更换。

四、机舱线束及接插件检查

电动汽车不同于传统汽车，其动力来源于电能，电的传输主要通过一系列线束将各高压部件连接起来实现，因此电动汽车维护保养中非常重要的一项就是检查前机舱高低压线束的外观及连接状况。检查前机舱内的线束根部、接插件等是否有过热、变形、松脱等现象，如果有需要及时进行更换，如图 3-3-11 所示。

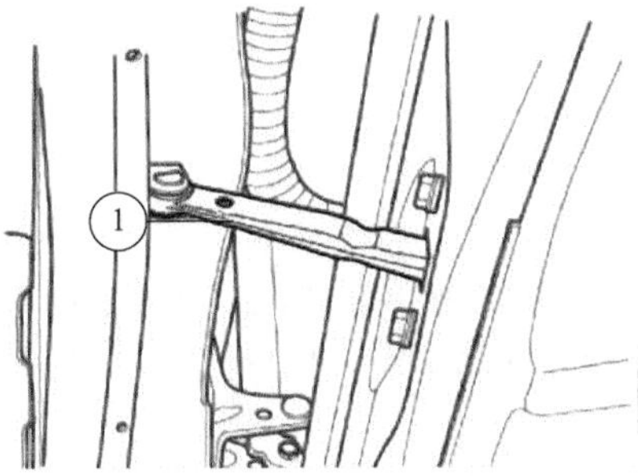

图 3-3-10　车门限位器

图 3-3-11　北汽新能源 EV160/200 前机舱

北汽新能源 EV160/200 的前机舱内需要重点检查的高低压线束有：快充线束、慢充线束、动力电池高压电缆、电机控制器电缆、高压附件线束、整车控制器线束、车载充电机低压线束、DC/DC 变换器低压线束、电机控制器低压线束、高压控制盒低压线束，如图 3-3-12 至图 3-3-16 所示。

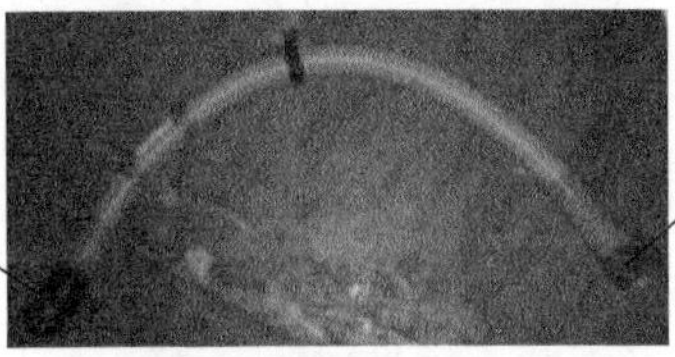

图 3-3-12　动力电池高压电缆

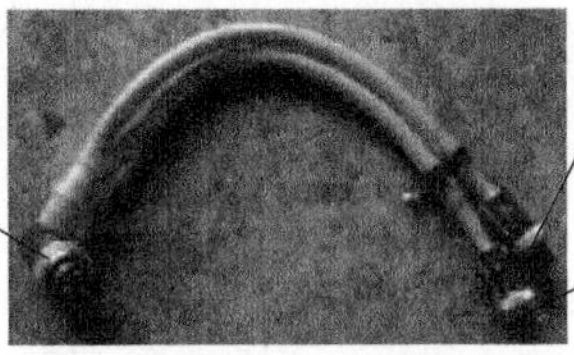

图 3-3-13　电机控制器电缆

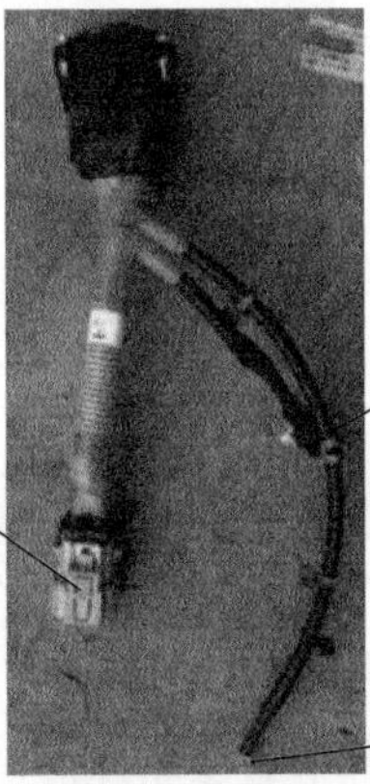

图 3-3-14　快充线束

图 3-3-15　慢充线束

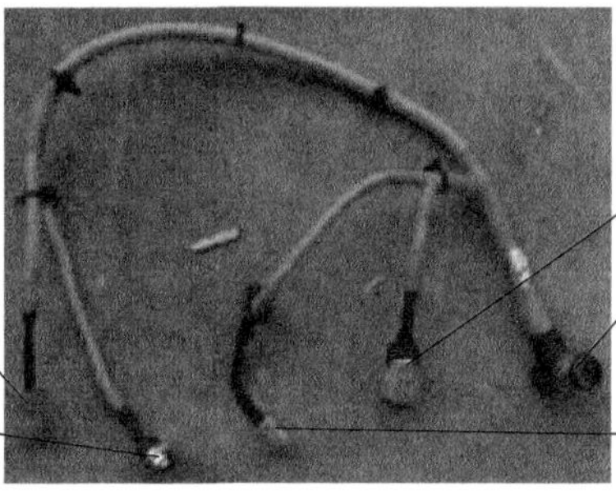

图 3-3-16 高压附件线束

五、低压蓄电池检查

1. 目测检查

(1)蓄电池壳体是否损坏,损坏会导致酸液流出,流出的蓄电池酸液会对车辆造成严重损坏。如有此现象发生应迅速用电解液稀释剂或肥皂液处理被电解液所接触的汽车零件。

(2)蓄电池电极(蓄电池导线接头)是否受损。蓄电池电极损坏,将无法保证蓄电池接线端能接触良好。

(3)蓄电池是否牢固。如果未正确固定蓄电池,振荡损坏会缩短蓄电池的使用寿命,有爆炸危险,会导致栅格损坏,并且固定卡子会损坏蓄电池壳体。所以必要时应以规定的拧紧力矩拧紧固定螺栓。

2. 紧固低压蓄电池

牢固安装的蓄电池接线端能确保蓄电池无故障运行以及经久耐用。在固定电极接线端时,注意将接线端完全放在蓄电池电极上。

(1)按压锁止卡,取下蓄电池正极盖板①(见图 3-3-17)。

(2)左右摇动蓄电池负极接线和蓄电池正极接线端,检查接线端固定是否牢固。

拧紧蓄电池正、负极接线的固定螺母,拧紧力矩为 6 N · m。

图 3-3-17 北汽新能源 EV160/200 低压蓄电池

3. 检查带有观察孔的蓄电池

(1)蓄电观察孔中可能有三种不同的颜色显示。

➢“绿色”:蓄电池已充分充电。

➢“黑色”:蓄电池部分充电,充电状态<65%或者放电。

➢“无色或者淡黄色”:必须更换蓄电池。观察孔呈无色或者淡黄色时,不得对蓄电池进行检测或充电。

(2)注意事项:

①关于观察孔的一般信息:适用于原装备中索引为所有蓄电池和所有自索引起的配件蓄电池。

②通过观察孔可以了解蓄电池酸液位和充电状态。

③在进行目检之前,用螺丝刀的手柄小心地轻敲观察孔,从而使可能会影响显示的气泡上升,保证观察孔的颜色显示更加准确。

④当蓄电池充电时,包括在行驶中给蓄电池充电时,会在观察孔下产生气泡。这些气泡会使观察孔的颜色显示不正确。

⑤由于观察孔只安装在蓄电池电解槽中,因此显示的也就只是该电解槽的情况。

⑥观察孔可能位于蓄电池的不同位置。

4. 检查低压蓄电池放电电流

(1)车辆存在下列任意一种状况时,在确认充电系统正常及排除蓄电池自身放电的可能性后,应进行电流测试。

①过放的蓄电池或已充电的蓄电池在短时间内亏电。

②车辆行驶一定里程后蓄电池亏电。

③车辆起动时,仪表闪烁。

④车辆停放一夜或几天后不能正常起动。

(2)电流测试。北汽新能源 EV160/200 采用免维护低压蓄电池,测量时要变换万用表表笔的插口位置,使用电流挡(a),见表 3-3-7。

表 3-3-7 北汽新能源 EV160/200 低压蓄电池

蓄电池类型	免 维 护
蓄电池额定值	60 A · h
电压和电极	正极 12 V,负极接地

放电电流测试的步骤如下:

①将车钥匙置于 LOCK 挡,关闭车门及所有用电设备。

②确认车内所有用电设备处于关闭状态。

③拆掉蓄电池负极侧接柱线束。

④万用表表笔接于蓄电池负极极柱,另一表笔接于蓄电池负极线。这时万用表会显示一个电流,电流的大小会随着时间的延长而变化。

⑤1 分钟后电流会下降到最小值。通过测量放电电流可以了解车辆是否存在漏电现象。测量正常值为 30 mA 以下。

底盘基本检查

崔广磊　李　超

任务目标

1. 正确检查驱动半轴万向节防护套有无泄漏或损坏情况。
2. 检查电池及驱动电机外观和固定情况,按规定力矩拧紧动力电池螺栓。
3. 正确检查车厢底部、轮罩和边缘,并能确定其是否需要维修。
4. 检查驱动电机及减速器前悬支架的固定螺栓,能按照规定力矩拧紧。
5. 了解减速器的几个油孔名称,能完成减速器漏油检查。
6. 正确检查转向横拉杆保护套有无老化、破损,判断其是否需要修复或更换。
7. 正确检查悬架支架与车身连接固定螺栓情况,能按照规定力矩拧紧。
8. 正确检查车辆悬架避振情况,并能判断其是否需要维修。

重点

1. 目测检查万向节防护套,高压线缆是否破损。
2. 目测检查车身底部及驱动电机等是否有磕碰。
3. 检查前悬支架、电池等固定螺栓紧固情况。
4. 检查车辆悬架避振情况。

难点

检查前悬支架、电池等固定螺栓紧固情况,按照规定力矩拧紧。

一、电动汽车底盘养护

1. 底盘清洗与防锈

对于电动汽车来说,底盘能确保车辆和车主的安全。电动汽车众多的养护项目中,底盘护理最容易被驾驶人忽视,但在冬季或湿滑天气时,底盘维护的重要性就很明显。如果驾驶人经常跑长途、到工地等地方,那么就要经常冲刷底盘,彻底做底盘清洗及防锈处理。

对于底盘的清洗,驾驶人一般很难自行完成,如果底盘上的污泥过多,还要用去油污的清洁剂清洗一遍。因此驾驶人可以去专业的美容店,定期进行底盘护理。一般来说,做完防锈护理的底盘在高压喷水冲洗后几乎不挂水珠,这样的效果才代表是“货真价实”的护理,才可起到很好的防锈保护效果。

除此之外,在日常的洗车当中,注意不要用碱性清洗剂、洗衣粉等冲洗车身和底盘,否则会影响防锈效果并缩短防锈时间。

2. 底盘装甲

一般新车出厂时都会喷涂防锈底漆，但一段时间后还是会慢慢氧化。一旦底盘零部件生锈腐蚀，就会导致整车的架构松动，带来安全隐患，而很多交通事故都由底盘松动所导致。有些生产厂家会给电动汽车电机加装底护板，驾驶人可以根据需求进行选装。

动力电池占据了电动汽车底盘的一大部分面积，驾驶人切勿在路面不平、砂石较多的地方长久行驶。小心保护底盘的最好办法，除了定期检查之外，还可以为爱车进行底盘装甲的施工。并非所有电动汽车都需要做底盘装甲，例如经常行驶于较好的公路就可以不装。

一般来说，底盘装甲的施工过程要求较高。首先，工作人员会卸下轮胎、制动片等底盘附件，对电动汽车底部进行彻底清洗。将底盘的残留杂质洗干净之后，工作人员会吹干底盘的水迹，然后对底盘喷涂具备弹性的塑料材质，从而保护底盘。底盘装甲对专业的要求非常高，因此驾驶人要选择正规的服务店。

二、驱动轴护套的检查

1. 左右驱动轴外侧护套损坏的检查

轿车一般前轮为转向驱动轮，驱动轮毂与差速器之间通过半轴相连接，半轴两端为等速万向节，该万向节是通过专用润滑脂实现润滑的，驱动轴护套的作用是防止外部灰尘和水分等杂质进入万向节。若护套损伤，必定会引起万向节的异常磨损，会直接影响汽车传动系统性能。

(1)左驱动轴外侧护套的检查。用力将左侧车轮逆时针转动到极限位置，转动车轮一周，用手电筒照明完成检查项目。检查驱动轴外侧护套是否有裂纹、破损，护套卡箍是否安装在正确位置、有无损伤，如图 3-4-1 所示。

(2)右驱动轴外侧护套的检查(同左驱动轴外侧护套)。

2. 左右驱动轴外侧护套泄漏的检查

(1)检查左右驱动轴外侧护套是否有泄漏。

(2)检查左右驱动轴内侧护套是否有泄漏。

(3)检查完毕后，恢复前轮保持车辆直行状态。

三、转向连接机构的检查

方向机和转向节通过转向连接机构连接在一起，转向连接机构变形，会影响到前轮定位。转向节球头间隙过大，会引起方向盘自由行程过大，影响到转向操纵性能。

(1)用手握紧横拉杆接近球头总成部位，上下左右摇晃，检查是否存在转向连接机构松动或摆动。同时检查横拉杆是否存在弯曲变形或其他损伤，如图 3-4-2 所示。

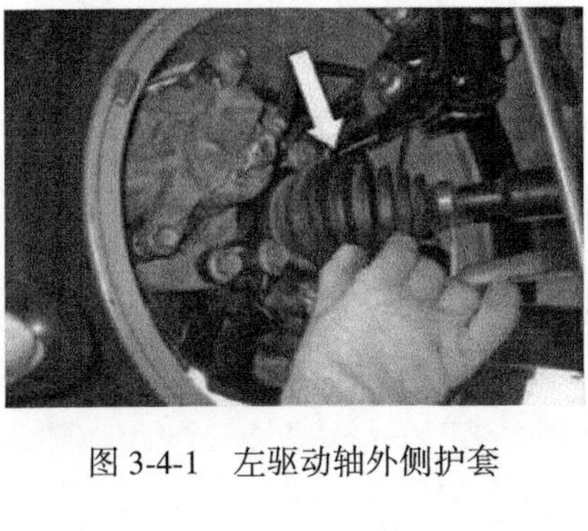

图 3-4-1　左驱动轴外侧护套

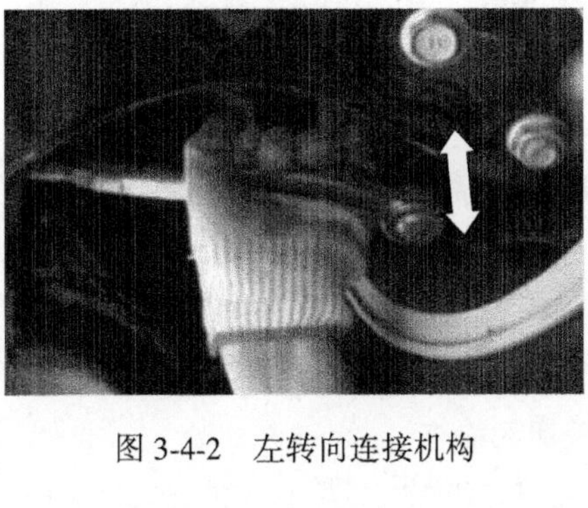

图 3-4-2　左转向连接机构

(2)检查左横拉杆球头总成护套是否破损、漏油,如图 3-4-3 所示。

(3)检查横拉杆防尘套是否破损、漏油,如图 3-4-4 所示。

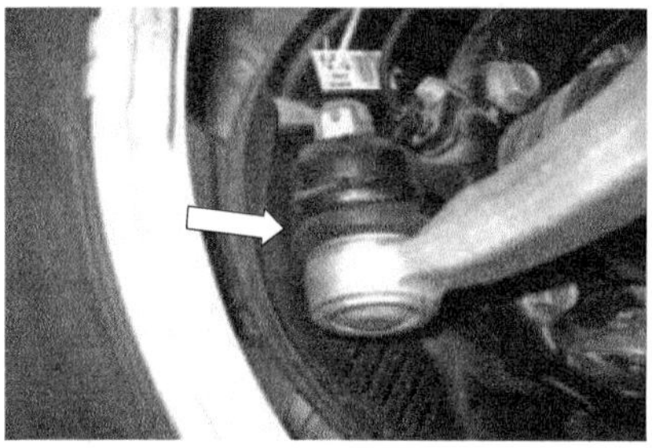

图 3-4-3 左横拉杆球头总成护套

图 3-4-4 横拉杆防尘套

四、制动管路的检查

液压式制动管路将制动总泵的制动能量通过液压油传到制动分泵上去,起到能量传递介质通道的作用。

1. 制动管路泄漏的检查

主要检查车辆左右两侧制动管与制动软管接头处、制动软管与制动分泵接头处是否存在泄漏,如图 3-4-5 所示。

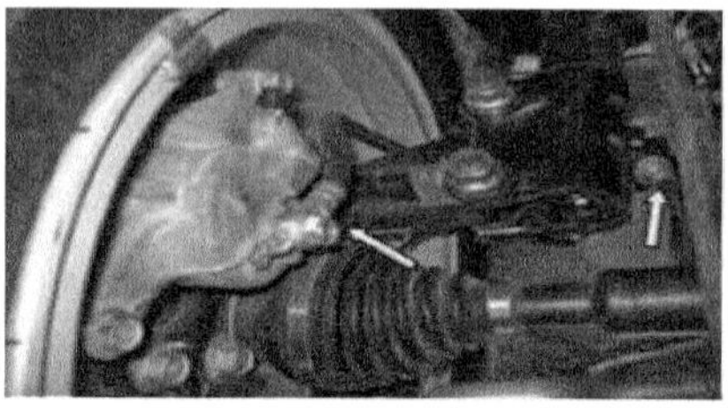

图 3-4-5 制动管路软管泄漏检查

2. 制动管路压痕或其他损坏的检查

检查制动管路是否牢固安装在车辆底部,并确保制动管路上无压痕,如图 3-4-6 所示。

3. 制动管路软管扭曲、裂纹或凸起的检查

车辆左右两侧制动软管应无扭曲、裂纹、凸起等损伤,如图 3-4-7 所示。

图 3-4-6 制动管路软管固定情况

图 3-4-7 制动管路软管外观

4. 检查制动器管道和软管的安装状况

将前轮用力转到转向极限位置,确认车辆左右两侧制动软管不会因振动而与车轮或车身接触。再将前轮用力转到车轮转向的另一个极限位置,确认车辆左右两侧制动软管不会因振动而与车轮或车身接触。检查完毕后,恢复车辆直行状态。

五、悬架的检查

汽车悬架有独立式悬架和非独立式悬架两种类型。

➢ 用于转向轮的非独立式悬架,转向主销与转向节上下端衬套为0.04～0.08 mm间隙配合,无下球节装置。

➢ 用于转向轮的独立式悬架,有麦弗逊式和横向摆臂式等结构形式。现以麦弗逊式转向独立式悬架为例说明,由于前轮为转向驱动轮,驱动半轴连接在差速器和轮毂之间,转向主销是以减振器上端为上支点、下球节为下支点的虚设轴(无转向主销),若下球节间隙过大,不能正确地支撑车辆前端载荷,从而影响到车辆的定位状况。

1. 检查转向节是否损坏

(1)用一把平口起子在球节的下端上下撬动,感觉球节是否有轴向间隙,若轴向间隙过大,应更换下球节总成。

(2)检查下球节防尘套是否有裂纹、撕裂或者其他损伤,如图3-4-8所示。

2. 检查前后减振器是否损坏

晃动和目测前后减振器螺旋弹簧是否损坏,如有损坏,更换,如图3-4-9所示。

图3-4-8 下球节防尘套

图3-4-9 后悬架

3. 检查前后减振器是否泄漏

检查前后减振器是否泄漏,如图3-4-10所示。

4. 检查稳定杆是否损坏

稳定杆实质为连接车辆两端左右悬架的扭杆弹簧,当车辆直线行驶时,质量重心位于稳定杆的中间位置,稳定杆不起作用。

当车辆转弯时,由于离心力的作用,使车辆质量重心发生横向偏移,导致前轮一边下沉,另一边提升,出现车辆两端高度不等,引起横向不稳定,车辆有发生侧滑的趋势。

当车辆转弯时,由于施加了稳定杆,车辆两端高度变化,拉伸稳定杆(即扭杆弹簧),扭杆弹簧反过来施加相反的弹力,使车辆高端有向下拉的趋势,低端有向上抬的趋势,确保了转弯时质量重心更少地发生偏移,增加了横向稳定性,减少车辆侧滑趋势。

检查稳定杆与左右两端悬架连接状况,稳定杆是否损坏,如图3-4-11所示。

六、螺母和螺栓的检查

驱动电机和减速器总成安装在前悬架横梁上,这四个螺栓又将前悬架横梁固定在车身上,只要断开驱动电机上支架与车身的连接,再拆下这四个螺栓,驱动电机和减速器总成就能随前悬架横梁一起与车身分离。

(1)前下悬架臂与前悬架横梁螺栓松动的检查,如图3-4-12所示。

图 3-4-10　减振器

图 3-4-11　稳定杆

紧固前悬架横梁与前下悬架臂,共 4 个螺栓,扭力数为 95～105 N · m(15#)和 85～90 N · m(13#)。

(2)检查动力电池固定螺栓,扭力数为 95～105 N · m(18#),如图 3-4-13 所示。

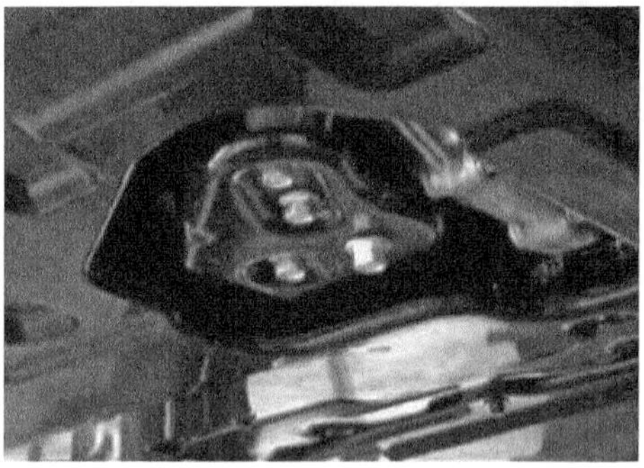

图 3-4-12　前下悬架臂与前悬架横梁螺栓

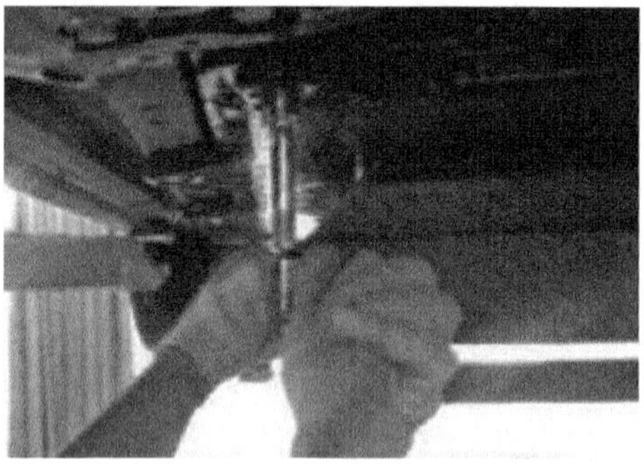

图 3-4-13　动力电池固定螺栓

(3)前悬架横梁与车身螺栓松动的检查。

紧固“前悬架横梁”与“车身”,扭力数为(65±5)N · m(15#)。

(4)前制动卡钳与转向节螺栓松动的检查,如图 3-4-14 所示。

(5)横拉杆端头锁止螺母松动的检查,如图 3-4-15 所示。

图 3-4-14　前制动卡钳与转向节螺栓

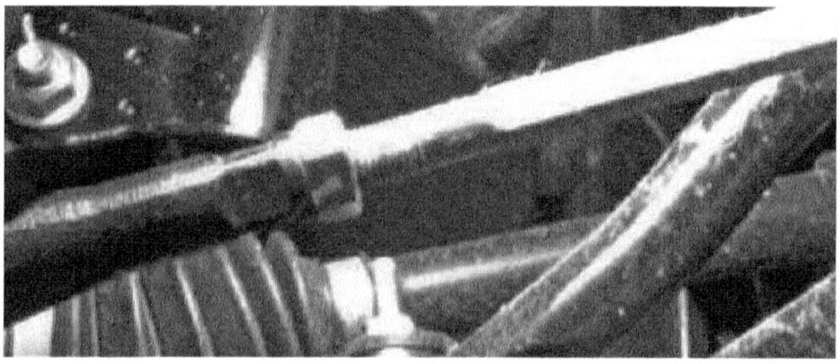

图 3-4-15　横拉杆端头锁止螺母

检查转向横拉杆端头锁止螺母是否松动。

充电系统基本检查

崔广磊　李　超

任务目标

1. 能理解车载充电机上指示灯的含义,检查车载充电机工作状态。
2. 能目测检查慢充充电线外观及插头状态。
3. 能熟练运用万用表检测充电线导通状态。
4. 能识别仪表充电指示灯并熟练检查充电口盖开关状态。
5. 能运用万用表检查 DC/DC 功能。

重点

1. 能理解车载充电机上指示灯的含义,检查车载充电机工作状态。
2. 能熟练运用万用表检测充电线导通状态。
3. 能运用万用表检查 DC/DC 功能。

难点

1. 能熟练运用万用表检测充电线导通状态。
2. 能运用万用表检查 DC/DC 功能。

一、充电系统概述

北汽新能源 EV160/200 设有两套充电系统,分别是慢充系统和快充系统。慢充系统主要由慢充口、车载充电机、高压控制盒、动力电池组成。慢充充电时,来自慢充桩的 220 V 交流电经车载充电机整流滤波升压成 380 V 直流电给动力电池充电。

快充系统主要由快充口、高压控制盒、动力电池组成。快充充电时,快充桩给电动汽车提供约 370～380 V 的高压直流电,可以直接给动力电池充电。

二、充电线束

1. 慢充线束

慢充线束是连接慢充口到车载充电机之间的线束,慢充线束接口及定义见表 3-5-1。

表 3-5-1　慢充线束接口及慢充口定义

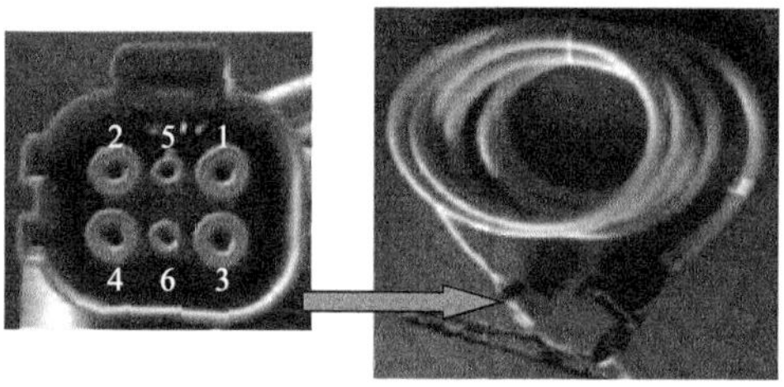	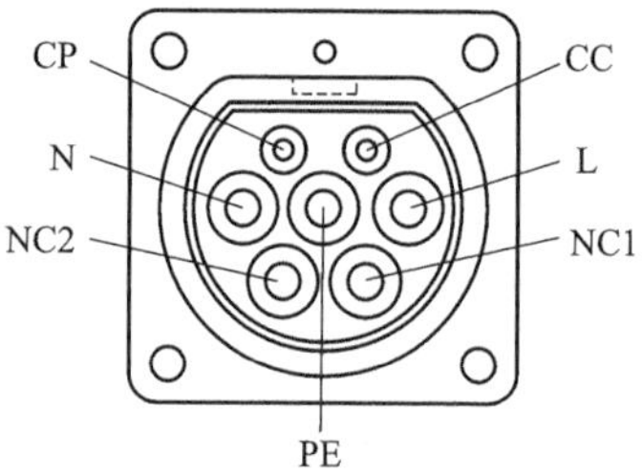
接车载充电机 1 脚:L(交流电源) 2 脚:N(交流电源) 3 脚:PE(车身地(搭铁)) 4 脚:空 5 脚:CC(充电连接确认) 6 脚:CP(控制确认线)	**慢充口** CP:控制确认线 CC:充电连接确认 N:(交流电源) L:(交流电源) PE:车身地(搭铁)

2. 快充线束

快充线束是连接快充口到高压盒之间的线束,快充线束接口及定义见表 3-5-2。

表 3-5-2　快充线束接口定义

接整车低压线束针脚 1 脚:A-(低压辅助电源负极) 2 脚:A+(低压辅助电源正极) 3 脚:CC2(充电连接器确认) 4 脚:S+(充电通信 CAN-H) 5 脚:S-(充电通信 CAN-L) 6 脚:空脚	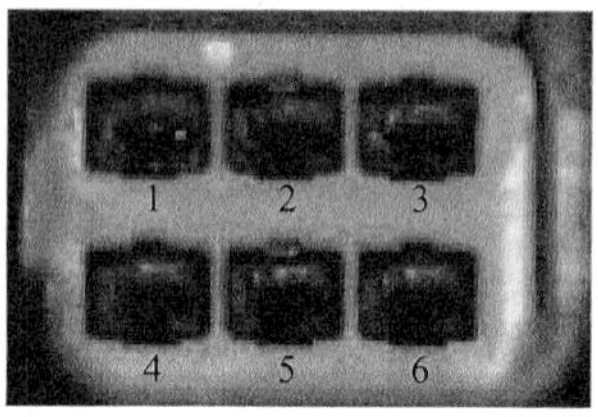	车身搭铁点
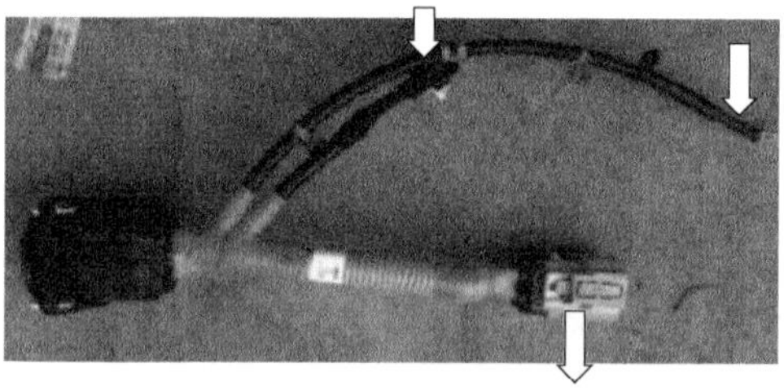		
接高压盒针脚 1 脚:电源负极 2 脚:电源正极 中间为互锁端子	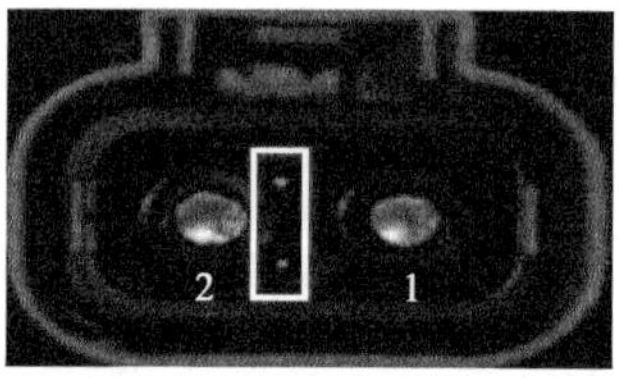	

快充口针脚定义见表 3-5-3。

表 3-5-3 快充口针脚定义

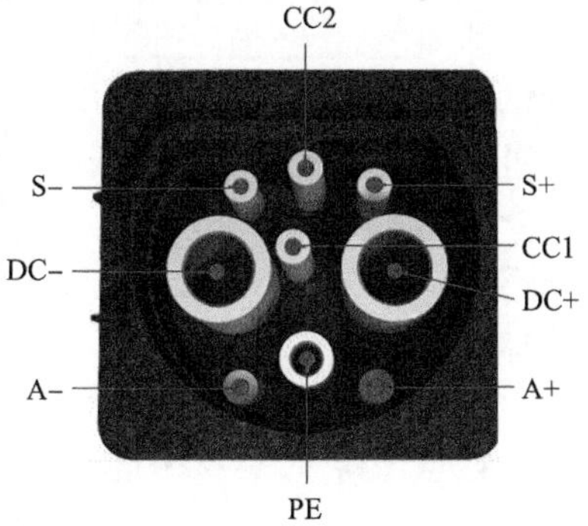	**快充口定义** DC-:直流电源负 DC+:直流电源正 PE:车身地(搭铁) A-:低压辅助电源负极 A+:低压辅助电源正极 CC1:充电连接确认 CC2:充电连接确认 S+:充电通信 CAN-H S-:充电通信 CAN-L

3. 慢充充电线检查

(1)确保充电桩状态良好,符合相关国家标准,与北汽新能源各款电动车进行过调试并通过。

(2)确认充电桩提供工作电压范围在 187~253 V。

(3)检查充电枪和充电口各连接端子无烧蚀和损坏现象。

(4)测量充电桩端充电枪的 N 针脚和车辆端的 N 针脚导通,阻值小于 0.5 Ω,不符合则更换充电线总成,如图 3-5-1 所示。

(5)测量充电线端充电枪的 L 针脚和车辆端的 L 针脚导通,阻值小于 0.5 Ω,不符合则更换充电线总成,如图 3-5-2 所示。

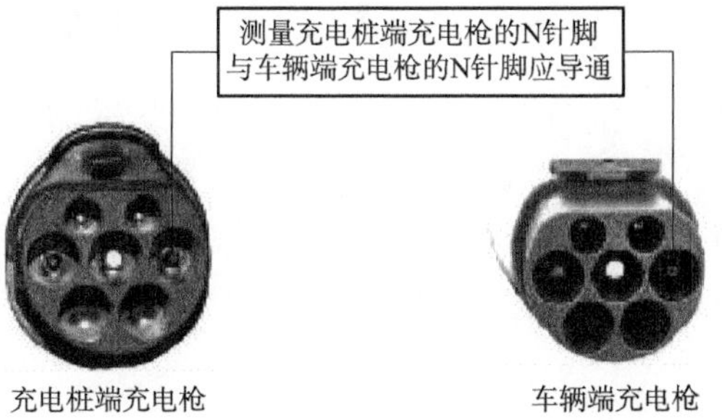

图 3-5-1 测量充电桩端充电枪的 N 针脚

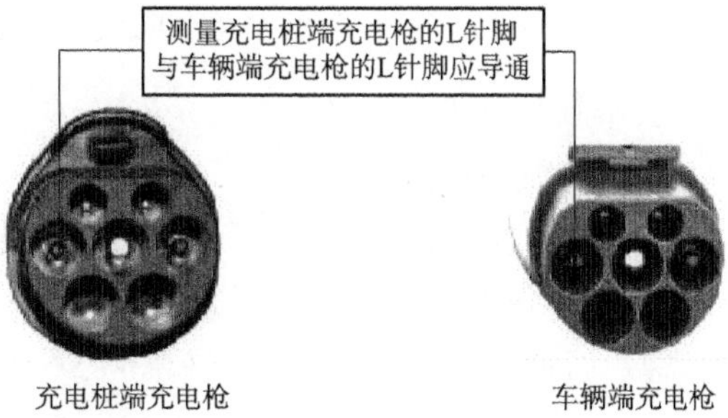

图 3-5-2 测量充电桩端充电枪的 L 针脚

(6)测量充电桩端充电枪的 PE 针脚和车辆端的 PE 针脚导通,阻值小于 0.5 Ω,不符合则更换充电线总成,如图 3-5-3 所示。

(7)测量充电桩端充电枪的 CP 针脚和车辆端的 CP 针脚导通,阻值小于 0.5 Ω,不符合则更换充电线总成,如图 3-5-4 所示。

(8)测量充电桩端充电枪的 CC 针脚和 PE 针脚的导通,阻值小于 0.5 Ω,不符合则更换充电线总成,如图 3-5-5 所示。

(9)测量车辆端充电枪的 CC 针脚与 PE 针脚的阻值,16 A 充电线阻值应为 680(1±3%)Ω,

32 A 充电线阻值应为 220(1±3%)Ω,不符合则更换充电线总成。测量时充电枪的解除锁止按键需保持在弹起状态,如图 3-5-6 所示。

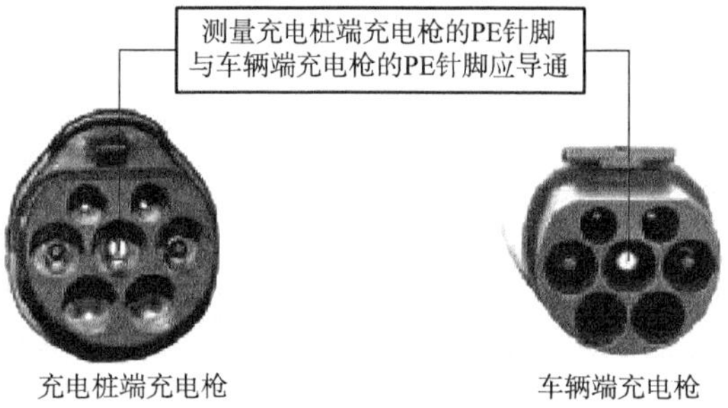

图 3-5-3 测量充电桩端充电枪的 PE 针脚

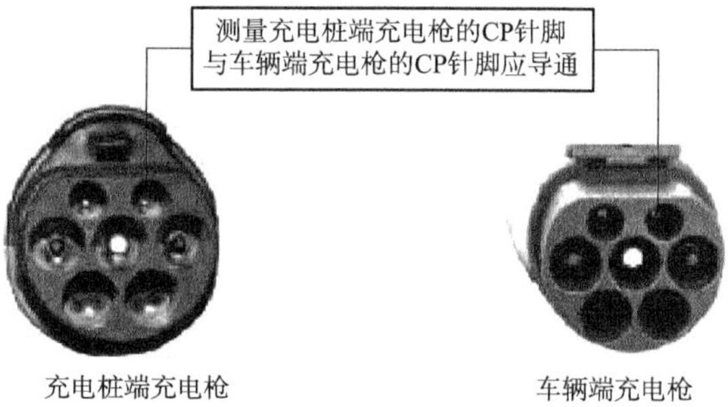

图 3-5-4 测量充电桩端充电枪的 CP 针脚

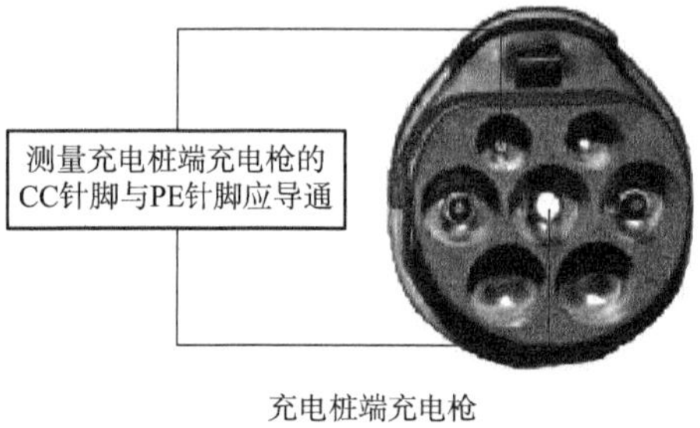

图 3-5-5 测量充电桩端充电枪的 CC 针脚与 PE 针脚

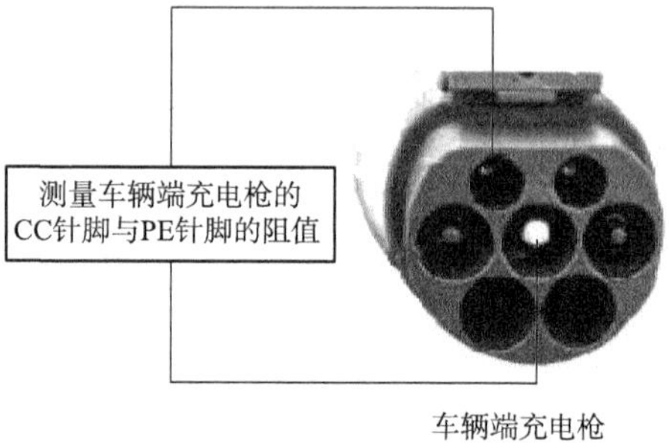

图 3-5-6 测量车辆端充电枪的 CC 针脚与 PE 针脚

通过以上方法可以检查出慢充充电线状态是否正常,如果异常,则更换。

三、车载充电机

1. 车载充电机简介

车载充电机(on-board charger)将 220 V 交流电转换为动力电池的直流电,实现电池电量的补给。相对于传统工业电源,它具有效率高、体积小、耐受恶劣工作环境等特点。车载充电机工作过程中需要协调充电桩、BMS 等部件,如图 3-5-7 所示。

项　目	参　数
输入电压	AC 200(1±15%)V
输出电压	DC 240~410 V
效率	满载大于90%
冷却方式	风冷
防护等级	IP66

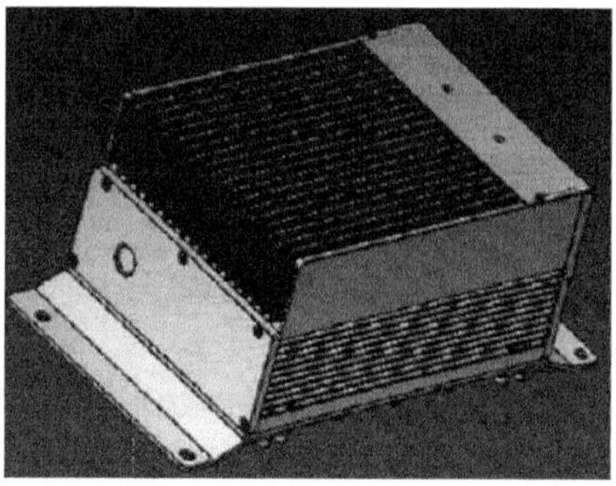

图 3-5-7 车载充电机参数

2. 车载充电机接口定义

车载充电机接口定义，如图 3-5-8 所示。

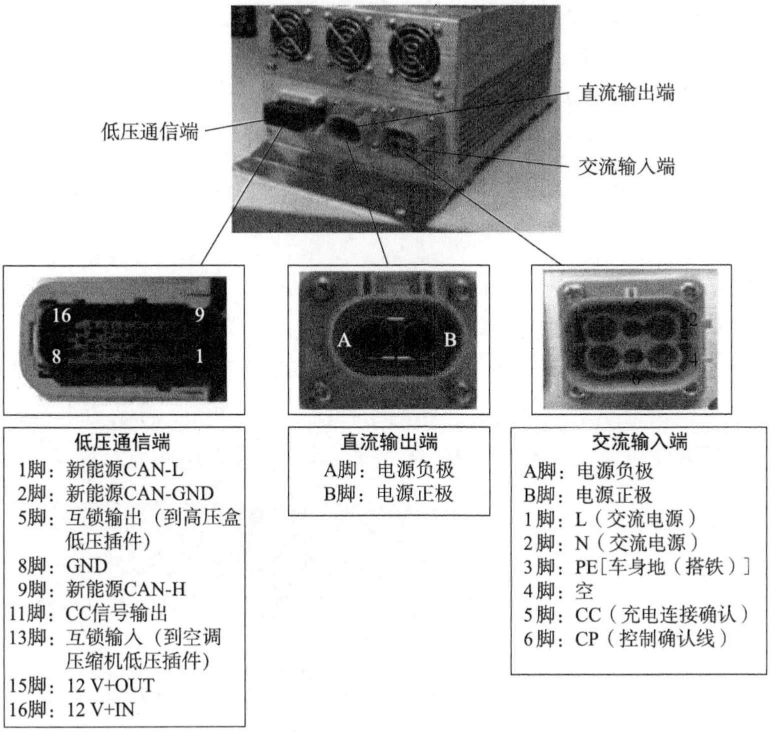

图 3-5-8　车载充电机接口定义

3. 车载充电机工作流程

(1)交流供电。

(2)低压唤醒整车控制系统。

(3)BMS 检测充电需求。

(4)BMS 给车载充电机发送工作指令并闭合继电器。

(5)车载充电机开始工作，进行充电。

(6)电池检测充电完成后，给车载充电机发送停止指令。

(7)车载充电机停止工作。

(8)电池断开继电器。

4. 车载充电机工作状态

车载充电机指示灯定义：

power 灯：电源指示灯，当接通交流电后，电源指示灯亮起。

Charge 灯：当充电机接通电池进入充电状态后，充电指示灯亮起。

Error 灯：报警指示灯，当充电机内部有故障时亮起。

对车辆进行充电，查看指示灯是否正常。充电正常时，power 灯和 Charge 灯点亮。当起动半分钟后仍只有 power 灯亮时，有可能为电池无充电请求或已充满。当 Error 灯点亮时，则说明充电系统出现异常。当充电灯都不亮时，检查充电桩以及充电线束及接插件。

5. 车载充电机常见故障

(1)充电桩显示车辆未连接。

解决方案:检查车辆与充电桩两端枪是否反接。

(2)动力电池继电器未闭合。

解决方案:检查连接器是否正常连接,检查充电机输出唤醒是否正常。

(3)电池继电器正常闭合,但充电机无输出电流。

解决方案:检查车端充电枪是否连接到位,检查高压熔丝是否熔断,检查高压连接器及线缆是否正确连接。

四、DC/DC 变换器

1. DC/DC 变换器简介

DC/DC 变换器(DC/DC converter)将动力电池的高压直流电转换为整车低压 12 V 直流电,给整车低压用电系统供电及铅酸电池充电。它相当于传统车的发电机,将动力电池的高压电转为低压电给蓄电池及低压系统供电。具有效率高、体积小、耐受恶劣工作环境等特点,如图 3-5-9 所示。

项　目	参　数
输入电压	DC 240~410 V
输出电压	DC 14 V
效率	峰值大于88%
冷却方式	风冷
防护等级	IP67

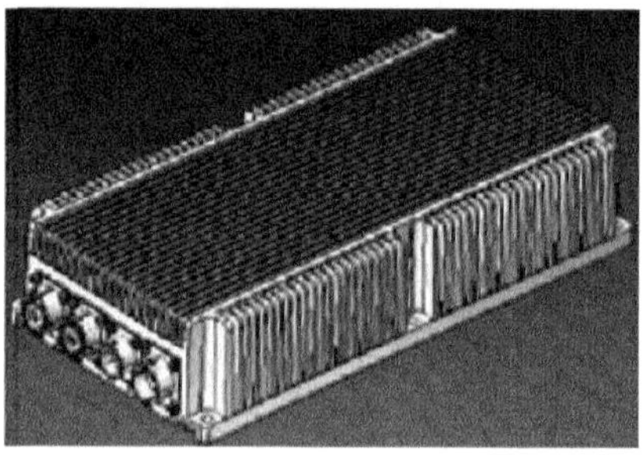

图 3-5-9　DC/DC 变换器参数

2. DC/DC 变换器接口定义

DC/DC 变换器接口定义,如图 3-5-10 所示。

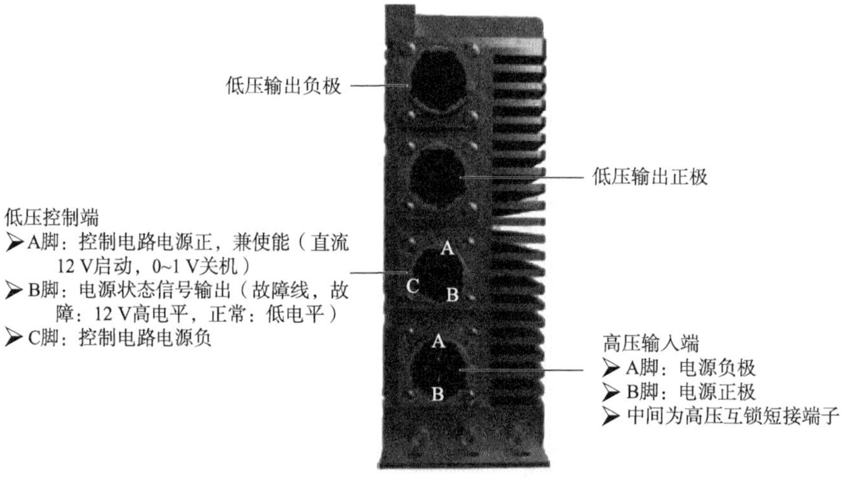

图 3-5-10　DC/DC 变换器接口定义

3. DC/DC 变换器工作流程

(1)整车 ON 挡上电或充电唤醒上电。

(2)动力电池完成高压系统预充电流程。

(3)VCU 发给 DC/DC 变换器使能信号。

(4)DC/DC 变换器开始工作。

4. DC/DC 变换器功能检查

(1)DC/DC 变换器功能检查的步骤:

①将车钥匙置于 LOCK 挡,断开所有用电器并拔出钥匙。

②按压低压蓄电池锁压件,打开盖板并裸露出低压蓄电池正极。为了避免电池或车辆受到损坏,请注意蓄电池类型的提示说明。

③使用专用万用表电压挡位测量低压蓄电池的电压(并记录此电压值)。

④将车钥匙置于 ON 挡位置。

⑤使用专用万用表电压挡位测量低压蓄电池的电压,这时所测的电压值是 DC/DC 输出的电压。DC/DC 正常输出电压为 13. 2～13. 5 V(或 13. 5～14 V)(关闭车上所有用电设备的情况下)。

(2)造成所测值低于规定值时可能有以下几点原因:

①车上用电设备未关闭。

②专用工具万用表测量值有误差。

③DC/DC 故障。

5. DC/DC 变换器常见故障

DC/DC 未正常工作。解决方案:

(1)检查连接器是否正常连接。

(2)检查高压熔丝是否熔断。

(3)检查使能信号是否给出。

高压部件绝缘检测

于洪兵　白康燕

任务目标

1. 能介绍电动汽车高压系统各高压部件的名称及功能。
2. 能介绍各高压线束的连接部件及接口定义。
3. 能描述电动汽车高压系统的工作原理。
4. 能运用兆欧表检测各高压部件及线束的绝缘阻值。
5. 能根据高压部件实测绝缘阻值排查电动汽车绝缘故障。

重点

1. 能描述电动汽车高压系统的工作原理。
2. 能运用兆欧表检测各高压部件及线束的绝缘阻值。
3. 能根据高压部件实测绝缘阻值排查电动汽车绝缘故障。

难点

1. 能运用兆欧表检测各高压部件及线束的绝缘阻值。
2. 能根据高压部件实测绝缘阻值排查电动汽车绝缘故障。

一、动力电池包

北汽新能源 EV160/200 电动汽车高压部件动力电池包位置如图 3-6-1 所示。

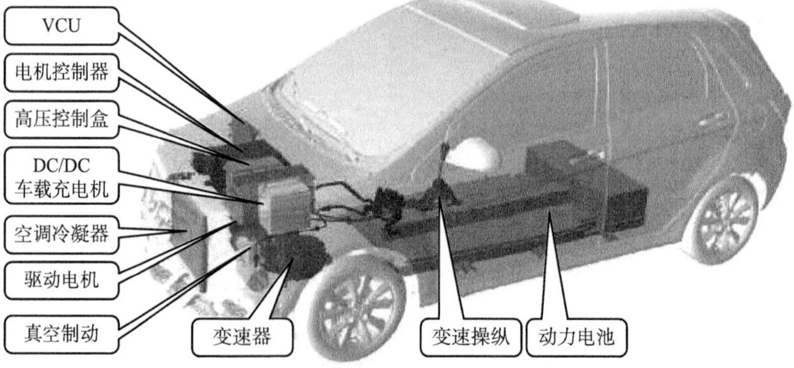

图 3-6-1　北汽新能源 EV160/200 电动汽车高压部件

动力电池是电动汽车的核心,是电动汽车驱动能量的唯一来源,直接关系到电动汽车的续航能力,也与电动汽车的安全性直接相关。从新能源汽车的成本构成看,电池驱动系统占据了新能源汽车成本的 30% ~50% 。

1. 动力电池包的主要作用

(1)提供动力。

(2)电量计算。

(3)温度、电压、湿度检测。

(4)漏电检测、异常情况报警。

(5)充放电控制、预充电控制。

(6)电池一致性检测。

(7)系统自检等。

2. 动力电池技术参数

北汽新能源 EV200 采用 SK 三元锂电池,其动力电池技术参数见表 3-6-1。

表 3-6-1 SK 三元锂电池技术参数

项　　目	SK-30.4 kW·h	车型号	EV200
零部件号	E00008302	BMS 供应商	SKinnovation
额定电压	332 V	总质量	291 kg
电芯容量	91.5 A·h	总体积	240 L
额定能量	30.4 kW·h	工作电压范围	250~382 V
连接方式	3P91S	质量比能量	104 W·h/kg
电池系统供应商	BESK	体积比能量	127 W·h/L

技术参数的计算:

以 C33DB-SK 动力电池为例说明:

动力电池系统的额定电压=单体电芯额定电压×单体电芯串联数

动力电池系统的容量=单体电芯容量×单体电芯并联数量

动力电池系统总能量=动力电池系统的额定电压×动力电池系统的容量

动力电池系统质量比能量=动力电池系统总能量÷动力电池系统质量

车辆行驶过程中,随着电量的消耗,SOC 表上指针指示的数值会逐渐减小。当 SOC 减小到 30% 以下时,SOC 表上的电量不足指示灯会点亮,提示用户尽快对车辆进行充电。

3. 动力电池组成结构

(1)动力电池主要由电池管理系统(BMS)、箱体、模组和维修开关等部件组成。

(2)北汽 EV200 采用 SK 三元锂电池。

①电池单体:构成动力电池模块的最小单元。一般由正极、负极、电解质及外壳等构成。可实现电能与化学能之间的直接转换。

②电池模块:一组并联的电池单体的组合,该组合额定电压与电池单体的额定电压相等,是电池单体在物理结构和电路上连接起来的最小分组,可作为一个单元替换。

③模组：由多个电池模块或单体电芯串联组成的一个组合体。

④BMS 的作用：电池保护和管理的核心部件，在动力电池系统中，它的作用相当于人的大脑。它不仅要保证电池安全可靠的使用，而且要充分发挥电池的能力和延长使用寿命，作为电池和整车控制器以及驾驶者沟通的桥梁，通过控制接触器控制动力电池组的充放电，并向 VCU 上报动力电池系统的基本参数及故障信息。

⑤BMS 具备的功能：通过电压、电流及温度检测等功能实现对动力电池系统的过电压、欠电压、过电流、过高温和过低温保护，继电器控制、SOC 估算、充放电管理、均衡控制、故障报警及处理、与其他控制器通信等功能；此外，电池管理系统还具有高压回路绝缘检测功能，以及为动力电池系统加热功能。

⑥BMS 的组成：按性质可分为硬件和软件，按功能分为数据采集单元和控制单元。BMS 的硬件：主板、从板及高压盒，还包括采集电压线、电流、温度等数据的电子器件。BMS 的软件：监测电池的电压、电流、SOC 值、绝缘电阻值、温度值，通过与 VCU、充电机的通信，来控制动力电池系统的充放电。

⑦辅助元器件：主要包括动力电池系统内部的电子电器元件，如熔断器、继电器、分流器、接插件、紧急开关、烟雾传感器等，维修开关以及电子电器元件以外的辅助元器件，如密封条、绝缘材料等。

4. 动力电池工作原理

动力电池模组放置在一个密封并且屏蔽的动力电池箱中，动力电池系统使用可靠的高压接插件与高压控制盒相连，然后输出的直流电由电机控制器转变为三相交流高压电，供驱动电机工作。系统内的 BMS 实时采集各电芯的电压、各温度传感器的温度值、电池系统的总电压值和总电流值等数据，实时监控动力电池的工作状态，并通过 CÀN 线与 VCU 或充电机之间进行通信，对动力电池系统进行充放电等综合管理。

5. 故障处理

三级故障：表明动力电池性能下降，电池管理系统降低最大允许充/放电的电流。

二级故障：表明动力电池在此状态下功能已经丧失，请求其他控制器停止充电或者放电；其他控制器应在一定的延时时间内响应动力电池停止充电或放电的请求。

一级故障：表明动力电池在此状态下功能已经丧失，请求其他控制器立即(1 s 内)停止充电或放电。如果其他控制器在指定时间内未作出响应，电池管理系统将在 2 s 后主动停止充电或放电(即断开高压继电器)。

备注：其他控制器响应动力电池二级故障的延时时间建议少于 60 s，否则会引发动力电池上报一级故障。

二、高压控制盒

1. 高压控制盒功能及内部结构

高压控制盒是完成动力电池电源的输出及分配，实现对支路用电器的保护及切断。北汽新能源 EV200 的高压控制盒内部结构如图 3-6-2 所示。

2. 高压控制盒接口定义

高压控制盒接口定义如图 3-6-3 所示。

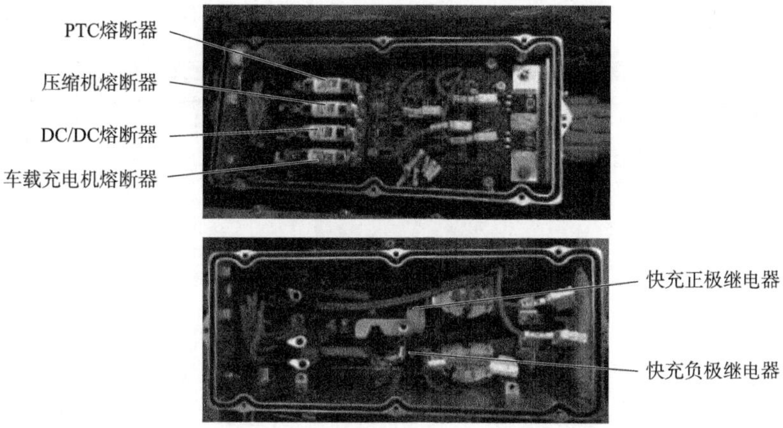

图 3-6-2　高压控制盒内部结构

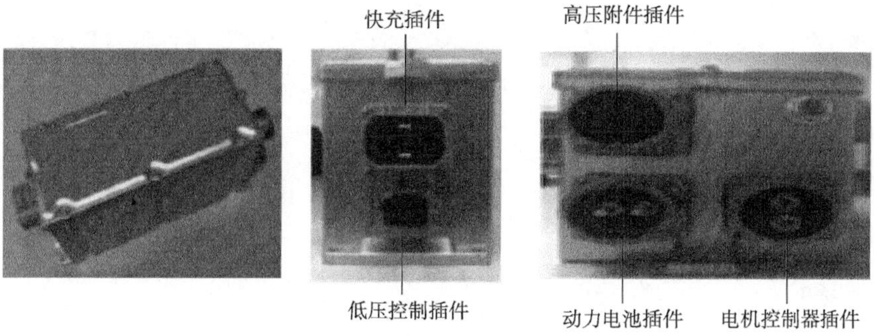

图 3-6-3　高压控制盒接口定义

高压控制盒快充输入与低压控制接口针脚定义见表 3-6-2。

表 3-6-2　高压控制盒快充输入与低压控制接口针脚定义

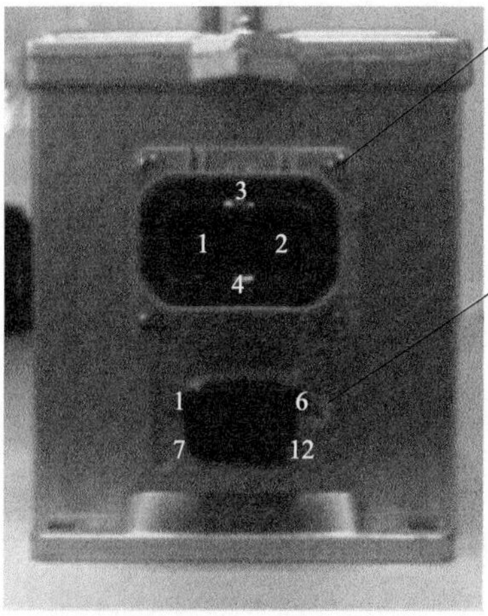	**接高压盒** 1 脚:电源负极 2 脚:电源正极 3 脚:互锁信号线 4 脚:互锁信号线(到盒盖开关)
	低压控制端插件 1 脚:快充继电器线圈(正极) 2 脚:快充负继电器线圈(控制端) 3 脚:快充正继电器线圈(控制端) 4 脚:空调继电器线圈(正极) 5 脚:空调继电器线圈(控制端) 6 脚:PTC 控制器-GND 7 脚:PTC 控制器 CAN-L 8 脚:PTC 控制器 CAN-H 9 脚:PTC 温度传感器负极 10 脚:PTC 温度传感器正极 11 脚:12 V+ 12 脚:12 V-

高压控制盒配电接口针脚定义见表 3-6-3。

表 3-6-3 高压控制盒配电接口针脚定义

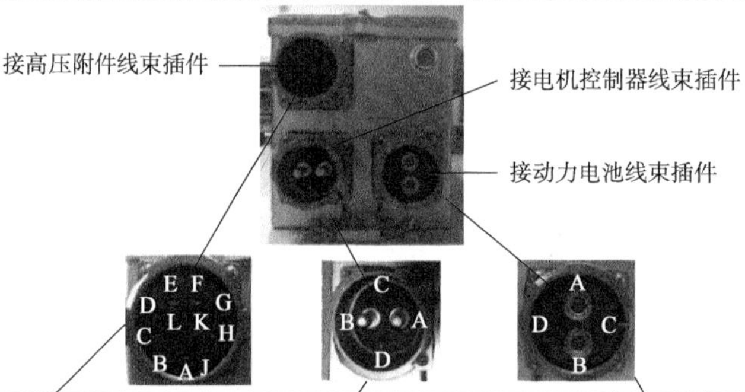

接高压附件线束插件 A:DC/DC 电源正极 B:PTC 电源正极 C:压缩机电源正极 D:PTC-A 组负极 E:充电机电源正极 F:充电机电源负极 G:DC/DC 电源负极 H:压缩机电源负极 J: PTC-B 组负极 L:互锁信号线 K:空引脚	**接电机控制器线束插件** B 脚:电源正极 A 脚:电源负极 C 脚:互锁信号线 D 脚:互锁信号线	**接动力电池线束插件** B 脚:电源正极 A 脚:电源负极 C 脚:互锁信号线 D 脚:互锁信号线

3. 高压控制盒内部原理

高压控制盒内部原理如图 3-6-4 所示。

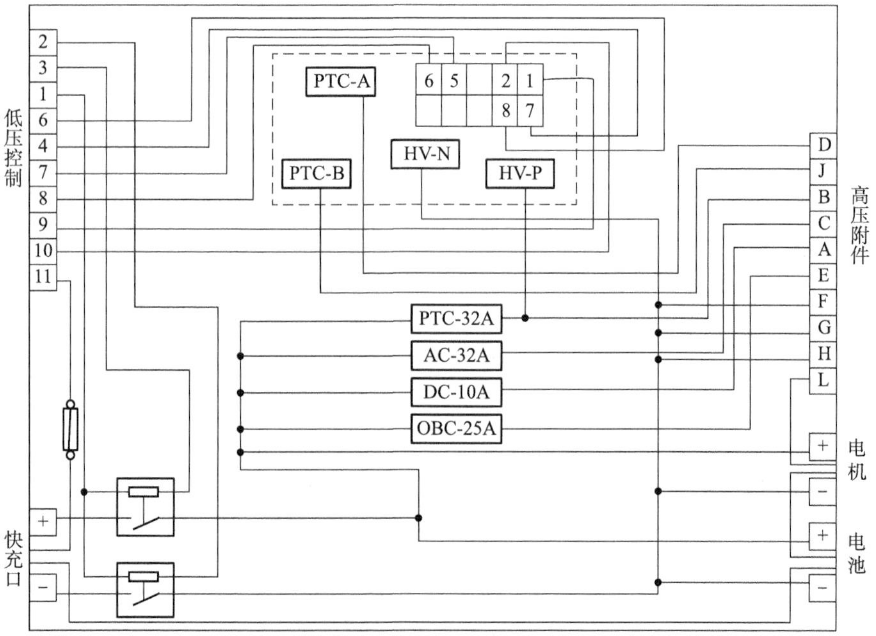

图 3-6-4 高压控制盒内部原理

4. 高压控制盒互锁连接线

高压控制盒互锁连接线如图 3-6-5 所示。

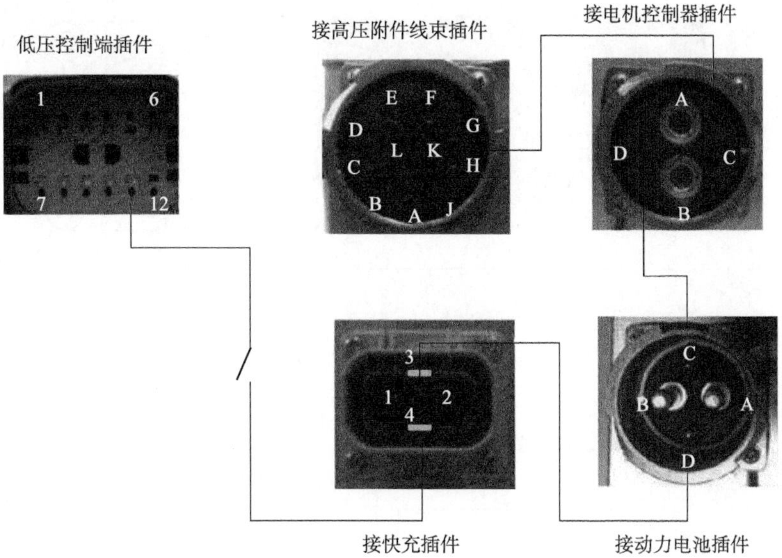

图 3-6-5　高压控制盒互锁连接线

三、驱动电机和电机控制器

1. 驱动电机介绍

驱动电机系统是电动汽车三大核心部件之一，是车辆行驶的主要执行机构，其特性决定了车辆的主要性能指标，直接影响车辆动力性、经济性和用户驾乘感受。驱动电机系统由驱动电动机（DM）、驱动电机控制器（MCU）构成，通过高低压线束、冷却管路，与整车其他系统作电气和散热连接，如图 3-6-6 所示。

图 3-6-6　北汽新能源 EV200 永磁同步驱动电机

北汽新能源 EV200 驱动电机技术参数表见表 3-6-4。

表 3-6-4　北汽新能源 EV200 驱动电机技术参数

类型	永磁同步	**额定扭矩**	102 N · m
基速	2 812 r/min	**峰值扭矩**	180 N · m
转速范围	0～9 000 r/min	**重量**	45 kg
额定功率	30 kW	**防护等级**	IP67
峰值功率	53 kW	**尺寸**（定子直径×总长）	（ϕ）245×（L）280

驱动电机低压接口定义 19 Pin 见表 3-6-5。

表 3-6-5　驱动电机低压接口定义 19 Pin

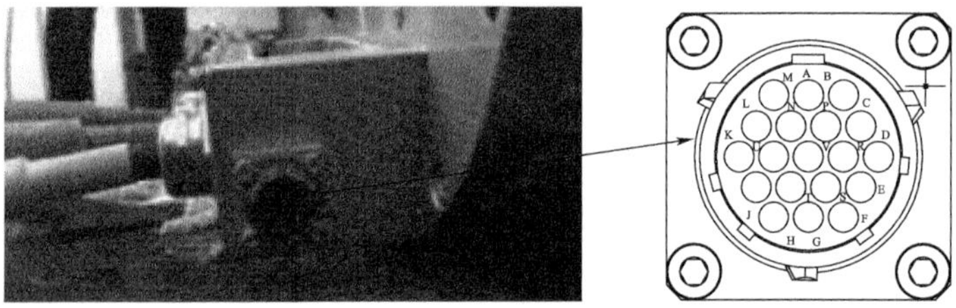

连接器型号	针脚	信号名称	说明
Amphenol RTOW01419PN03	A	激励绕组 R1	电机旋转变压器接口
	B	激励绕组 R2	
	C	余弦绕组 S1	
	D	余弦绕组 S3	
	E	正弦绕组 S2	
	F	正弦绕组 S4	
	G	TH0	电机温度接口
	H	TL0	
	L	HVIL1(+L1)	高低压互锁接口
	M	HVIL2(+L2)	

2. 驱动电机控制器介绍

北汽新能源 EV200 电机控制器技术参数见表 3-6-6。

表 3-6-6　北汽新能源 EV200 电机控制器技术参数

直流输入电压	336 V
工作电压范围	265～410 V
控制电源	12 V
控制电源电压范围	9～16 V
标称容量	85 kV · A
质量	9 kg
防护等级	IP67

电机控制器低压接口定义 35 Pin 见表 3-6-7。

表 3-6-7　电机控制器低压接口定义 35 Pin

连接器型号	针脚	信号名称	说明
AMP35pinC-776163-1	12	激励绕组 R1	电机旋转变压器接口
	11	激励绕组 R2	
	35	余弦绕组 S1	
	34	余弦绕组 S3	
	23	正弦绕组 S2	
	22	正弦绕组 S4	
	33	屏蔽层	
	24	12 V-GND	控制电源接口
	1	12 V+	
	32	CAN-H	CAN 总线接口
	31	CAN-L	
	30	CAN-PB	
	29	CAN-SHIELD	
	10	TH	电机温度传感器接口
	9	TL	
	28	屏蔽层	
	8	485+	RS-485 总线接口
	7	485-	
	15	HVIL1(+L1)	高低压互锁接口
	26	HVIL2(+L2)	

四、DC/DC 变换器

1. DC/DC 变换器功能级接口定义

DC/DC 将动力电池的高压直流电转换为整车低压 12 V 直流电，给整车低压用电系统供电及铅酸电池充电。EV200 的 DC/DC 变换器接口及其针脚定义如图 3-6-7 所示。

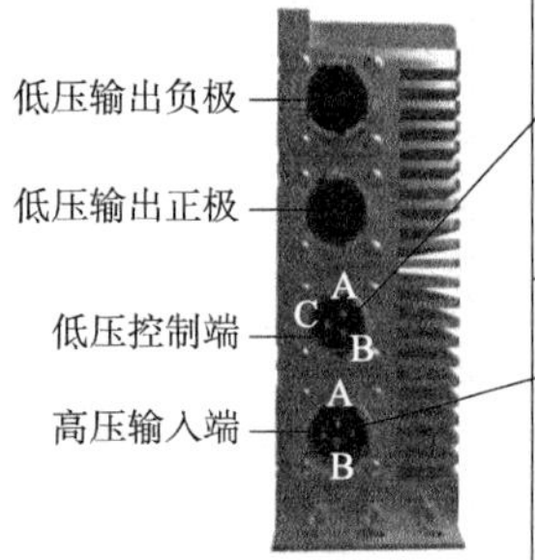

低压控制端
A脚：控制电路电源正，兼使能（直流12 V起动，0~1 V关机）
B脚：电源状态信号输出（故障线，故障：12 V高电平，正常：低电平）
C脚：控制电路电源负

高压输入端
A脚：电源负极
B脚：电源正极
中间为高压互锁短接端子

图 3-6-7　DC/DC 变换器接口及其针脚定义

2. DC /DC 的技术参数

DC/DC 的技术参数见表 3-6-8。

表 3-6-8　DC /DC 的技术参数

项　目	参　数	项　目	参　数
输入电压	DC 240～410 V	冷却方式	风冷
输出电压	DC 14 V	防护等级	IP67
效率	峰值大于 88%		

3. DC /DC 工作条件及判断

1)工作条件

(1)高压输入范围为 DC 290～420 V。

(2)低压使能输入范围为 DC 9～14 V。

2)判断 DC/DC 是否工作的方法

(1)保证整车线束正常连接的情况下,上电前使用万用表测量铅酸蓄电池端电压,并记录。

(2)整车上 ON 电,继续读取万用表数值,查看变化情况,如果数值在 13. 8～14 V,判断为 DC/DC 工作。

五、空调压缩机

(1)北汽新能源 EV200 空调压缩机结构及技术参数,如图 3-6-8 所示。

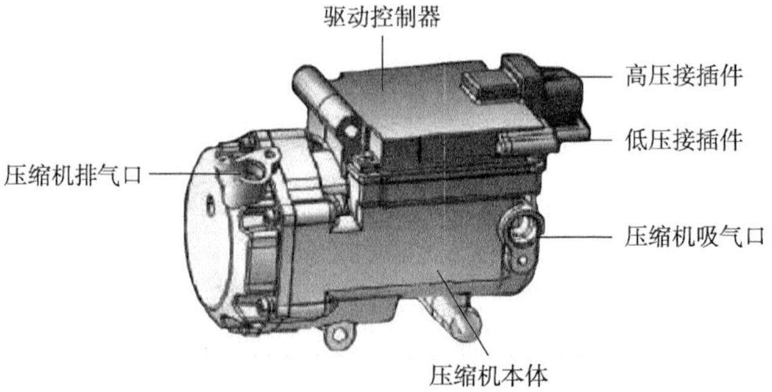

图 3-6-8　空调压缩机结构图

空调压缩机技术参数见表 3-6-9。

表 3-6-9　空调压缩机技术参数

工作电压范围	DC 220～420 V	**最小使用转速**	1 500 r/min
额定输入电压	DC 384 V	**转速误差**	<1%
实际输入功率	1 000～1 500 W	**排量**	27 cc/rev①
控制电源电压范围	DC 9～15 V	**制冷剂**	R134a
控制电源最大输入电流	500 mA	**冷冻油**	RL68H;POE68
电机类型	直流无刷无传感器电机,6 极	**最大使用制冷量**	2 500 W
最大使用转速	3 500 r/min		

注:①cc/rev 表示排量单位,即每转一圈马达所排出的液体体积。

(2)北汽新能源 EV200 空调压缩机接口定义见表 3-6-10。

表 3-6-10　北汽新能源 EV200 空调压缩机接口定义

接　插　件	接　口	接　口　定　义	备　　注
 高压 4 芯(动力接口)	1	高压电源正极	控制器与动力电池连接
	2	高压电源负极	
	中间	互锁端子	
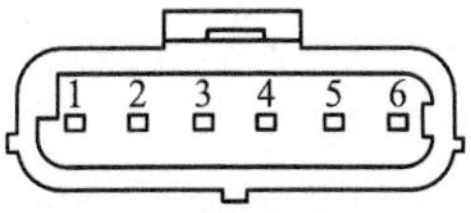 低压 6 芯(控制信号接口)	1	新能源 CAN-H	控制器与低压控制系统连接
	2	新能源 CAN-L	
	3	接地 GND	
	4	调速信号	
	5	启停信号	
	6	DC 12 V 正极	

六、车载充电机

1. 车载充电机功能及接口定义

车载充电机将 220 V 交流电转换为动力电池的直流电,实现电池电量的补给。北汽新能源 EV200 的车载充电机接口定义如图 3-6-9 所示。

图 3-6-9　车载充电机接口介绍

车载充电机接口及其针脚定义见表 3-6-11。

表 3-6-11　车载充电机接口及其针脚定义

低压通信端 1 脚:新能源 CAN-L 2 脚:新能源 CAN-GND 5 脚:互锁输出(到高压盒低压插件) 8 脚:GND 9 脚:新能源 CAN-H 11 脚:CC 信号输出 13 脚:互锁输入(到空调压缩机低压插件) 15 脚:12 V+OUT 16 脚:12 V+IN	**直流输出端** A 脚:电源负极 B 脚:电源正极	**交流输入端** 1 脚:L(交流电源) 2 脚:N(交流电源) 3 脚:PE[车身地(搭铁)] 4 脚:空 5 脚:CC(充电连接确认) 6 脚:CP(控制确认线)

2. EV200 的车载充电机技术参数见表 3-6-12

表 3-6-12　EV200 的车载充电机技术参数

项　　目	参　　数
输入电压	AC 20(1±15%)V
输出电压	DC 240～410 V

续表

项　　目	参　　数
效率	满载大于 90%
冷却方式	风冷
防护等级	IP66

七、高压线束介绍及针脚定义

高压线束的布置,如图 3-6-10 所示。

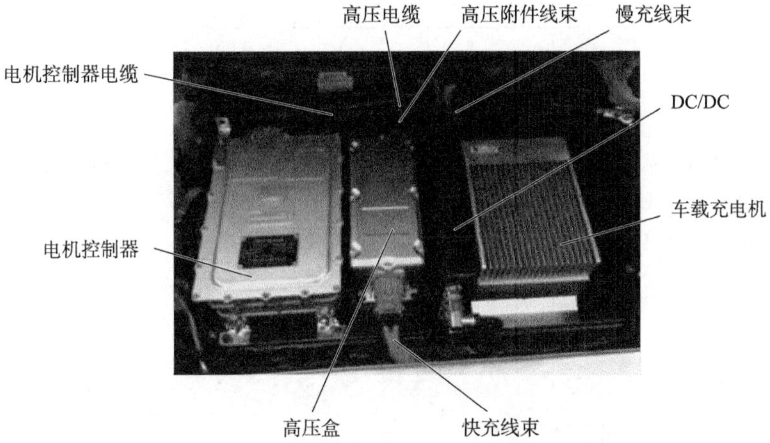

图 3-6-10　整车高压线束布置位置

1. 动力电池高压电缆

连接动力电池到高压盒之间的线缆,见表 3-6-13。

表 3-6-13　动力电池高压电缆接口及其针脚定义

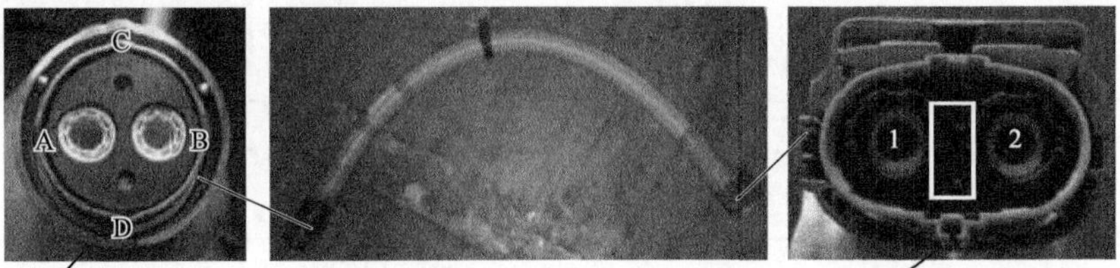	
接高压盒端 B 脚:电源正极 A 脚:电源负极 C 脚:互锁线短接 D 脚:互锁线短接	**接动力电池端** 1 脚:电源负极 2 脚:电源正极 中间互锁端子

2. 电机控制器电缆

连接高压盒到电机控制器之间的线缆,见表 3-6-14。

表 3-6-14　电机控制器电缆接口及其针脚定义

接高压盒端 B 脚:电源正极 A 脚:电源负极 C 脚:互锁线短接 D 脚:互锁线短接	 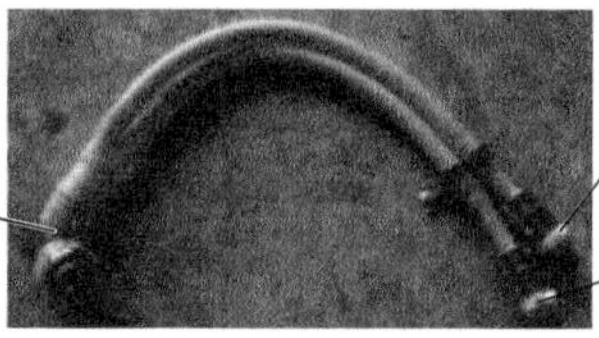	单芯插件(Y 键位)接电机控制器正极 单芯插件(Z 键位)接电机控制器负极

3. 快充线束

连接快充口到高压盒之间的线束,见表 3-6-15。

表 3-6-15　快充线束接口及其针脚定义

接整车低压线束脚 1 脚:A-(低压辅助电源负极) 2 脚:A+(低压辅助电源正极) 3 脚:CC2(充电连接器确认) 4 脚:S+(充电通信 CAN-H) 5 脚:S(充电通信 CAN-L) 6 脚:空脚	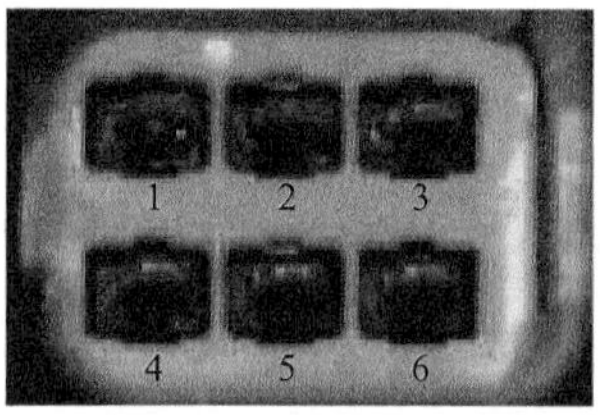	车身搭铁点
	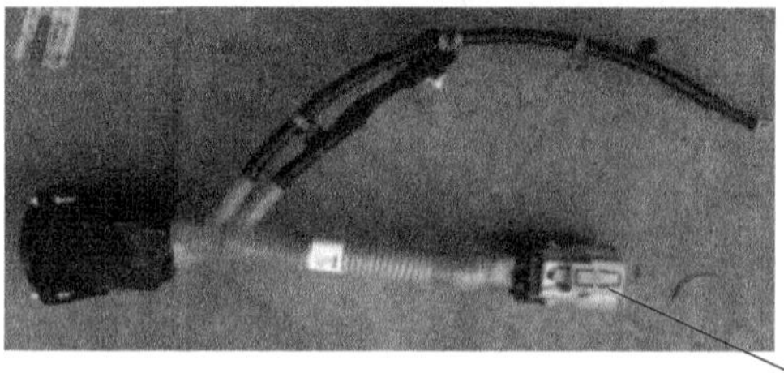	
	接高压盒针脚 1 脚:电源负极 2 脚:电源正极 中间为互锁端子	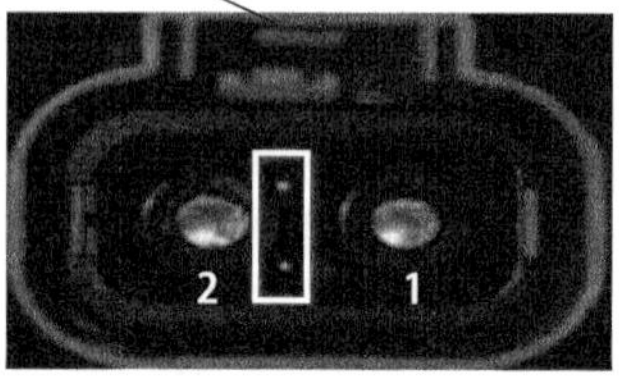

快充口针脚定义见表 3-6-16。

表 3-6-16　快充口针脚定义

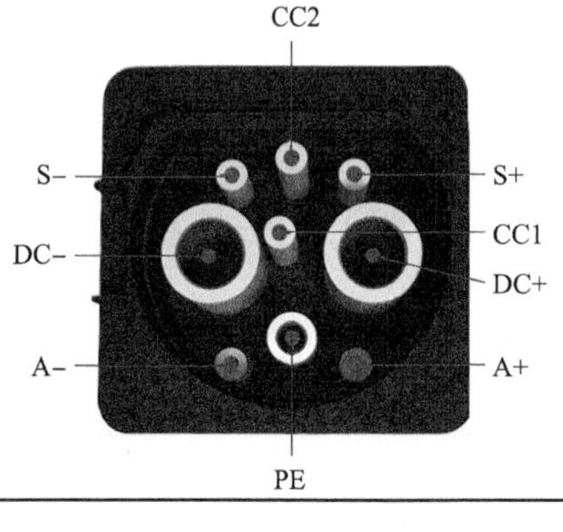	**快充口定义** DC-:直流电源负 DC+:直流电源正 PE:车身地(搭铁) A-:低压辅助电源负极 A+:低压辅助电源正极 CC1:充电连接确认 CC2:充电连接确认 S+:充电通信 CAN-H S-:充电通信 CAN-L

4. 慢充线束

连接慢充口到车载充电机之间的线束见表 3-6-17。

表 3-6-17　慢充线束接口及其针脚定义

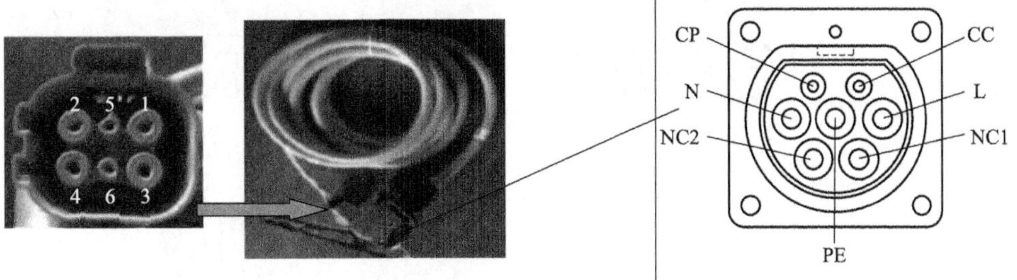

接车载充电机	慢充口
1 脚:L(交流电源) 2 脚:N(交流电源) 3 脚:PE[车身地(搭铁)] 4 脚:空 5 脚:CC(充电连接确认) 6 脚:CP(控制确认线)	CP:控制确认线 CC:充电连接确认 N:(交流电源) L:(交流电源) PE:车身地(搭铁)

5. 高压附件线束(高压线束总成)

(1)连接高压盒到 DC/DC、车载充电机、空调压缩机、空调 PTC 之间的线束,如图 3-6-11 所示。

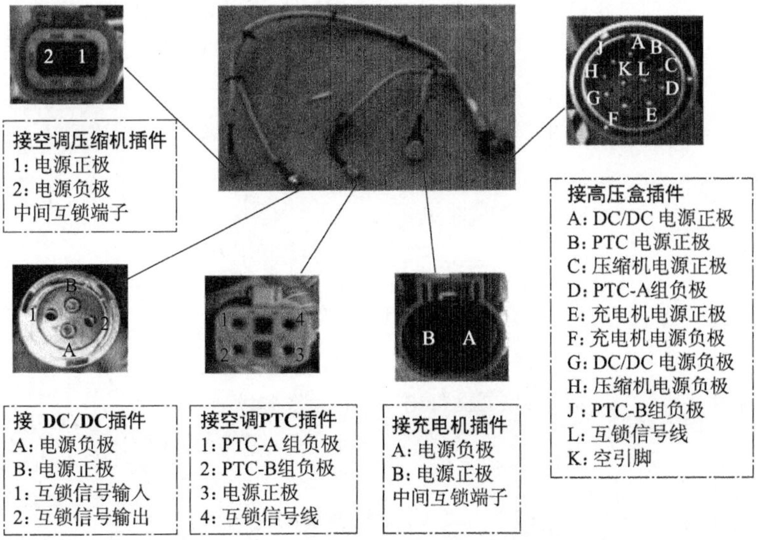

图 3-6-11　高压附件线束接口及其定义

(2)高压附件线束互锁接线原理,如图 3-6-12 所示。

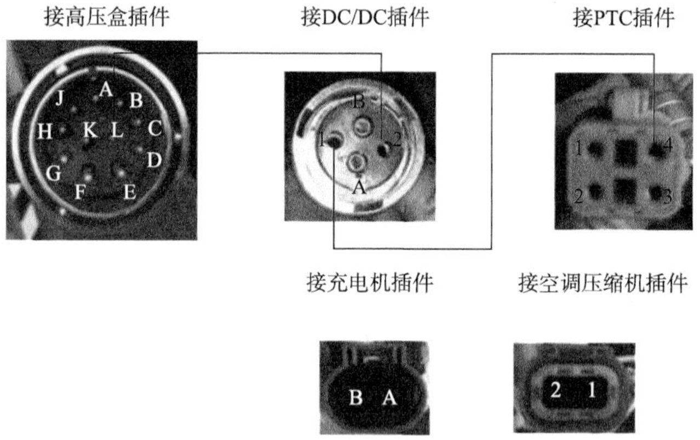

图 3-6-12 高压附件线束互锁原理图

八、高压部件检测项目及方法(见表 3-6-18)

表 3-6-18 高压部件检测项目及方法

序号	高压零部件	所需检测项目	检测所需工具	检测方法	标准值
1	动力电池	动力电池正负极与车身(外壳)绝缘电阻的检测	兆欧表 FLUKE1587C	(1)拔掉高压盒端动力电池输入线; (2)将钥匙打到 ON 挡; (3)将兆欧表黑表笔接于车身,红表笔逐个测量动力电池正负极端子	动力电池正极绝缘电阻为≥1.4 MΩ;负极绝缘电阻为≥1.0 MΩ
2	车载充电机	车载充电机正负极绝缘电阻的检测	兆欧表 FLUKE1587C	(1)将低压蓄电池负极断开; (2)拔掉高压盒十一芯插头; (3)将兆欧表黑表笔接于车身,红表笔逐个测量高压盒十一芯插头的 E(正极)、F(负极)	车载充电机绝缘阻值在环境温度为(23±2)℃和相对湿度为 45%～75%时,车载充电机正负极输出与车身(外壳)之间的绝缘电阻≥1 000 MΩ。 在环境温度为(23±2)℃和相对湿度为 90%～95%时,车载充电机正负极输出与车身(外壳)之间的绝缘电阻≥20 MΩ

续表

序号	高压零部件	所需检测项目	检测所需工具	检测方法	标准值
3	DC/DC	DC/DC正负极绝缘电阻的检测	兆欧表 FLUKE1587C	(1)将低压蓄电池负极断开； (2)拔掉高压盒十一芯插头； (3)将兆欧表黑表笔接于车身,红表笔逐个测量A(正极)、G(负极)	DC/DC绝缘阻值在环境温度为(23±2)℃和相对湿度为80%～90%时高压输入与车身(外壳)绝缘电阻≥1 000 MΩ;在工作温度-20～+65 ℃和工作湿度5%～85% RH环境下高压输入与车身(外壳)绝缘电阻≥20 MΩ
4	空调压缩机	空调压缩机正负极绝缘电阻的检测	兆欧表 FLUKE1587C	(1)将低压蓄电池负极断开； (2)拔掉高压盒十一芯插头； (3)将兆欧表黑表笔接于车身,红表笔逐个测量C(正极)、F(负极)	向空调压缩机内充入(50±1) cm^3 的冷冻机油和(63±1)g的HFC134a制冷剂后,空调压缩机正负极对车身(外壳)的绝缘电阻≥5 MΩ;清空空调压缩机内部的冷冻机油后,空调压缩机正负极对车身外壳的绝缘电阻≥50 MΩ
5	PTC	PTC正极绝缘阻值的测量	兆欧表 FLUKE1587C	(1)将低压蓄电池负极断开； (2)拔掉高压盒十一芯插头； (3)将兆欧表黑表笔接于车身,红表笔逐个测量D(正极)、E(负极)	PTC正负极与车身(外壳)绝缘阻值≥500 MΩ
6	电机控制器、驱动电机	电机控制器、驱动电机正负极输入绝缘阻值的测量	兆欧表 FLUKE1587C	(1)将低压蓄电池负极断开； (2)拔掉高压盒电机控制器输入插头； (3)将兆欧表黑表笔接于车身,红表笔逐个测量正负极端子	电机控制器正负极输入端子与车身(外壳)绝缘电阻值≥100 MΩ

续表

序号	高压零部件	所需检测项目	检测所需工具	检测方法	标准值
7	熔断器盒	高压盒正负极绝缘阻值的测量	兆欧表 FLUKE1587C	(1)将低压蓄电池负极断开; (2)拔掉高压盒十一芯插头,动力电池输入插头,驱动电机控制器输出插头; (3)将兆欧表黑表笔接于车身,红表笔逐个测量高压盒端(动力电池输入,驱动电机控制器输出)	高压盒端(动力电池输入,驱动电机控制器输出)与车身(外壳)绝缘阻值为无穷大

注意事项:在测量高压部件绝缘阻值前先将低压蓄电池负极断开(除动力电池),用万用表测量所测部位确认无高压后再进行测量。

1+X篇

概　　述

沈盛军　张呼努斯图　白树全　郝　魁

随着全球经济一体化的不断深入,汽车产业作为国民经济的重要支柱,正面临着转型升级和技术创新的重大机遇。在此背景下,技术技能型人才的培养显得尤为迫切和重要。为响应国家职业教育改革的号召,深化产教融合、校企合作,本篇内容以 2022 年度内蒙古自治区高等学校科学技术研究人文类重点项目《高职汽车专业群 1+X 证书制度人才培养模式探索与实践研究》(项目编号:NJSZ22106)研究成果为依托,系统地探讨和实践了 1+X 证书制度在高职汽车专业群中的应用,旨在为新能源汽车技术专业人才的培养提供新思路、新模式和新方法。

1+X 证书制度是《国家职业教育改革实施方案》(以下简称职教 20 条)的核心内容之一,其中,"1"为学历证书,"X"为若干职业技能等级证书,把学历证书与职业技能等级证书结合起来,探索 1+X 证书制度,是职教 20 条的重要改革部署,是现代职业教育体系建设的重要举措。本篇内容聚焦于如何将 1+X 证书制度有效融入高职汽车专业人才培养全过程,以期达到提升学生职业技能、拓展就业创业本领、缓解结构性就业矛盾的目的。

本篇内容能够全面梳理 1+X 证书制度的理论基础与政策背景,系统构建人才培养模式框架。紧密结合新能源汽车技术专业特点,开展实证研究,提出切实可行的人才培养方案。探索"课证融通"到"岗课赛证融通"的教学模式,实现学历教育与职业技能等级证书培训的深度融合。通过案例分析,展示 1+X 证书制度在高职汽车专业群中的成功实践,为同类院校提供借鉴。

本篇内容涵盖了 1+X 证书制度的实施背景、人才培养方案的构建、课程体系的重构、教学模式的创新、师资队伍建设、实训基地的建设、考核评价体系的完善以及保障机制的建立等多个方面。在人才培养模式方面,提出"岗课赛证融通"的人才培养模式,将企业岗位需求、课程教学、技能大赛和职业技能等级证书培训有机结合,形成闭环人才培养体系。在课程体系的重构方面,依据职业技能等级证书标准,对现有课程体系进行优化和重构,实现课程内容与职业技能等级证书培训内容的无缝对接。在教学模式方面,探索"理实一体""线上线下混合式"教学模式,提升教学效果和学生的学习体验。在师资队伍建设方面,通过教师企业实践、技能培训、教学能力提升等措施,打造一支高素质的"双师型"教师队伍。

本篇采用文献研究法、比较研究法、案例分析法、实证研究法等多种研究方法,对 1+X 证书制度在高职汽车专业群中的应用进行了深入探讨。实施 1+X 证书制度是提升高职汽车专业人才培养质量的有效途径。通过本篇内容的探索与实践,初步构建了一套适应新能源汽车产业发展需求的人才培养模式。未来,我们将继续深化研究,不断优化人才培养方案,为我国汽车产业的发展做出更大的贡献。

1+X 证书制度实施相关文件

张呼努斯图

文件一　关于在院校实施“学历证书+若干职业技能等级证书”制度试点方案

教职成〔2019〕6 号

按照国务院印发的《国家职业教育改革实施方案》(简称“职教 20 条”)要求,经国务院职业教育工作部际联席会议研究通过,现就在院校实施“学历证书+若干职业技能等级证书”制度试点,制定以下工作方案。

一、总体要求

(一)指导思想和基本原则

以习近平新时代中国特色社会主义思想为指导,深入贯彻落实全国教育大会部署,完善职业教育和培训体系,按照高质量发展要求,坚持以学生为中心,深化复合型技术技能人才培养培训模式和评价模式改革,提高人才培养质量,畅通技术技能人才成长通道,拓展就业创业本领。

坚持政府引导、社会参与,育训结合、保障质量,管好两端、规范中间,试点先行、稳步推进的原则。加强政府统筹规划、政策支持、监督指导,引导社会力量积极参与职业教育与培训。落实职业院校学历教育和培训并举并重的法定职责,坚持学历教育与职业培训相结合,促进书证融通。严把证书标准和人才质量两个关口,规范培养培训过程。从试点做起,用改革的办法稳步推进,总结经验、完善机制、防控风险。

(二)目标任务

自 2019 年开始,重点围绕服务国家需要、市场需求、学生就业能力提升,从 10 个左右领域做起,启动 1+X 证书制度试点工作。落实“放管服”改革要求,以社会化机制招募职业教育培训评价组织(以下简称培训评价组织),开发若干职业技能等级标准和证书。有关院校将 1+X 证书制度试点与专业建设、课程建设、教师队伍建设等紧密结合,推进“1”和“X”的有机衔接,提升职业教育质量和学生就业能力。通过试点,深化教师、教材、教法“三教”改革;促进校企合作;建好用好实训基地;探索建设职业教育国家“学分银行”,构建国家资历框架。

二、试点内容

(一)培育培训评价组织

培训评价组织作为职业技能等级证书及标准的建设主体,对证书质量、声誉负总责,主要职责包括标准开发、教材和学习资源开发、考核站点建设、考核颁证等，并协助试点院校实施证书培训。按照在已成熟的品牌中遴选一批、在成长中的品牌中培育一批、在有关评价证书缺失的领域中规划准备一批的原则，面向实施职业技能水平评价相关工作的社会评价组织，以社会化机制公开招募并择优遴选参与试点。试点本着严格控制数量，扶优、扶大、扶强的原则逐步推开。地方有关部门、行业组织要热心支持培训评价组织建设和发展，不得违规收取或变相收取任何费用。

（二）开发职业技能等级证书

职业技能等级证书以社会需求、企业岗位（群）需求和职业技能等级标准为依据，对学习者职业技能进行综合评价，如实反映学习者职业技术能力，证书分为初级、中级、高级。培训评价组织按照相关规范，联合行业、企业和院校等，依据国家职业标准，借鉴国际国内先进标准，体现新技术、新工艺、新规范、新要求等，开发有关职业技能等级标准。国务院教育行政部门根据国家标准化工作要求设立有关技术组织，做好职业教育与培训标准化工作的顶层设计，创新标准建设机制，编制标准化工作指南，指导职业技能等级标准开发。试点实践中充分发挥培训评价组织的作用，鼓励其不断开发更科学、更符合社会实际需要的职业技能等级标准和证书。

（三）融入专业人才培养

院校是1+X证书制度试点的实施主体。中等职业学校、高等职业学校可结合初级、中级、高级职业技能等级开展培训评价工作，本科层次职业教育试点学校、应用型本科高校及国家开放大学可根据专业实际情况选择。试点院校要根据职业技能等级标准和专业教学标准要求，将证书培训内容有机融入专业人才培养方案，优化课程设置和教学内容，统筹教学组织与实施，深化教学方式方法改革，提高人才培养的灵活性、适应性、针对性。试点院校可以通过培训、评价使学生获得职业技能等级证书，也可探索将相关专业课程考试与职业技能等级考核统筹安排，同步考试（评价），获得学历证书相应学分和职业技能等级证书。深化校企合作，坚持工学结合，充分利用院校和企业场所、资源，与评价组织协同实施教学、培训。加强对有关领域校企合作项目与试点工作的统筹。

（四）实施高质量职业培训

试点院校要结合职业技能等级证书培训要求和相关专业建设，改善实训条件，盘活教学资源，提高培训能力，积极开展高质量培训。根据社会、市场和学生技能考证需要，对专业课程未涵盖的内容或需要特别强化的实训，组织开展专门培训。试点院校在面向本校学生开展培训的同时，积极为社会成员提供培训服务。社会成员自主选择证书类别、等级，在试点院校内、外进行培训。新入校园证书必须通过遴选渠道，已取消的职业资格证书不得再引入。教育行政部门、院校要建立健全进入院校内的各类证书的质量保障机制，杜绝乱培训、滥发证，保障学生权益，有关工作另行安排。

（五）严格职业技能等级考核与证书发放

培训评价组织负责职业技能等级考核与证书发放。考核内容要反映典型岗位（群）所需的职业素养、专业知识和职业技能，体现社会、市场、企业和学生个人发展需求。考核方式要灵活多样，强化对完成典型工作任务能力的考核。考核站点一般应设在符合条件的试点院校。要严格考核纪律，加强过程管理，推进考核工作科学化、标准化、规范化。要建立健全考核安全、保密制度，强化保障条件，加强考点（考场）和保密标准化建设。通过考核的学生和社会人员取得相应等级的职业技能等级证书。

(六)探索建立职业教育国家“学分银行”

国务院教育行政部门探索建立职业教育“学分银行”制度，研制相关规范，建设信息系统，对学历证书和职业技能等级证书所体现的学习成果进行登记和存储，计入个人学习账号，尝试学习成果的认定、积累与转换。学生和社会成员在按规定程序进入试点院校接受相关专业学历教育时，可按规定兑换学分，免修相应课程或模块，促进学历证书与职业技能等级证书互通。研究探索构建符合国情的国家资历框架。

(七)建立健全监督、管理与服务机制

建立职业技能等级证书和培训评价组织监督、管理与服务机制。建设培训评价组织遴选专家库和招募遴选管理办法。本着公正公平公开的原则进行公示公告。建立监督管理制度，教育行政部门和职业教育指导咨询委员会要加强对职业技能等级证书有关工作的指导，定期开展“双随机、一公开”的抽查和监督。对培训评价组织行为和院校培训质量进行监测和评估。培训评价组织的行为同时接受学校、社会、学生、家长等的监督评价。院校和学生自主选择 X 证书，同时加强引导，避免出现片面的“考证热”。

三、试点范围及进度安排

(一)试点范围

面向现代农业、先进制造业、现代服务业、战略性新兴产业等 20 个技能人才紧缺领域，率先从 10 个左右职业技能领域做起。省级教育行政部门根据有关要求对符合条件的申报院校进行备案。试点院校以高等职业学校、中等职业学校(不含技工学校)为主，本科层次职业教育试点学校、应用型本科高校及国家开放大学等积极参与，省级及以上示范(骨干、优质)高等职业学校和“中国特色高水平高职学校和专业建设计划”入选学校要发挥带头作用。

(二)进度安排

2019 年首批启动五个领域试点，已确定的五个培训评价组织对接试点院校，并启动有关信息化平台建设；陆续启动其他领域试点工作。2020 年下半年，做好试点工作阶段性总结，研究部署下一步工作。

四、组织实施

(一)明确组织分工

国务院教育行政部门负责做好 1+X 证书制度试点工作的整体规划、部署和宏观指导，对院校职业技能等级证书的实施工作负监督管理职责。国务院市场监督管理部门(国家标准化管理委员会)负责协调指导职业教育与培训标准化建设。各省级教育行政部门主要负责指导本区域 1+X 证书制度试点工作，会同省级有关部门研究制定支持激励教师参与试点工作的有关政策，将参与职业技能等级证书培训与考核相关工作列入教师和教学管理人员工作量范畴，帮助协调解决试点中出现的新情况、新问题。省级有关职能部门负责研究确定证书培训考核收费管理相关政策。试点院校党委要加强对试点工作的领导，按有关规定加大资源统筹调配力度。

(二)强化基础条件保障

各省(区、市)在政策、资金和项目等方面向参与实施试点的院校倾斜，支持学校教学实训资源与培训考核资源共建共享，推动学校建好用好学校自办、学校间联办、与企业合办、政府开办等各种类型的实训基地。要吸引社会投资进入职业教育培训领域。通过政府和社会资本合作(PPP 模式)等方式,积极支持社会资本参与实训基地建设和运营。产教融合实训基地和产教融合型企业要积极参与实施培训。

(三)加强师资队伍建设

各省(区、市)和试点院校要加强专兼结合的师资队伍建设,打造能够满足教学与培训需求的教学创新团队,促进教育培训质量全面提升。要将职业技能等级证书有关师资培训纳入职业院校教师素质提高计划项目。培训评价组织要组建来自行业企业、院校和研究机构的高素质专家队伍,面向试点院校定期开展师资培训和交流,提高教师实施教学、培训和考核评价能力。

(四)建立健全投入机制

中央财政建立奖补机制,通过相关转移支付对各省 1+X 证书制度试点工作予以奖补。各省(区、市)要加大资金投入,重点支持深化职业教育教学改革、加强技术技能人才培养培训等方面,并通过政府购买服务等方式支持开展职业技能等级证书培训和考核工作。参加职业技能等级证书考核的建档立卡等家庭经济困难学生免除有关考核费用。凡未纳入 1+X 证书制度试点范围的培训、评价、认证等,不享受试点有关经费支持。

(五)加强信息化管理与服务

建设 1+X 证书信息管理服务平台,开发集政策发布、过程监管、证书查询、监督评价等功能的权威性信息系统。参与 1+X 证书制度试点的学生,获取的职业技能等级证书都将进入服务平台,与职业教育国家学分银行个人学习账户系统对接,记录学分,并提供网络公开查询等社会化服务,便于用人单位识别和学生就业。运用大数据、云计算、移动互联网、人工智能等信息技术,提升证书考核、培训及管理水平,充分利用新技术平台,开展在线服务,提升学习者体验。

文件二　关于扩大 1+X 证书制度试点规模有关事项的通知

教职成司函〔2019〕98 号

为进一步做好 1+X 证书制度试点工作,根据试点推进情况,综合考虑院校参与试点工作的积极性,结合有关工作基础,经研究,现就扩大试点规模有关事项通知如下。

一、各地要开展专题调研,全面了解本区域试点工作进展和院校参与意愿。在落实教育部等四部门《关于在院校实施“学历证书+若干职业技能等级证书”制度试点方案》关于“省级及以上示范(骨干、优质)高等职业学校和‘中国特色高水平高职学校和专业建设计划’入选学校要发挥带头作用”要求的基础上,统筹支持其他积极性高、具备试点条件的院校自主参与试点。具备良好工作基础,符合试点工作条件的院校均可参与,以学生自愿参与为基础,合理确定试点规模,不做规模限制。

二、省级教育行政部门要做好协调服务,简化工作程序,对区域内增补的试点院校进行备案,做好对有关院校试点规模的统计,动态调整情况在周报平台上予以体现,无须行文报送,试点院校名单不再由职教所汇总发布。

三、职业教育培训评价组织要进一步加强自身能力建设,强化条件保障,提高开展试点、承担考核工作的能力;进一步明确所能承担的考核发证规模,分省提供有关测算数据;汇总本领域参与意愿强、基础较好的有关院校情况,主动与省级教育行政部门或其确定的协调机构对接提供,推进试点工作。

四、培训评价组织要及时公布有关职业技能等级证书在行业内的使用情况，如持有证书后薪酬水平提升情况、证书受用人单位认可情况等，为学生自主选择参与试点的证书提供参考。

五、新增补的学生要按试点工作的统一安排，参加考核发证及学习成果存储、积累、转换。

文件三　关于推进 1+X 证书制度试点工作的指导意见

教职成厅函〔2019〕19 号

一、健全协同推进机制

（一）健全工作机构

各省级教育行政部门要切实把 1+X 证书制度试点工作作为深化职业教育改革、提高人才培养质量、拓展就业本领的重要抓手，加大统筹推进力度。在省级教研机构或区域牵头职业院校或专家组织等，建立试点工作指导协调机构，明确专人与各职业教育培训评价组织（简称培训评价组织）对接，对应协调不同证书的实施工作，指导本省（区、市）试点院校开展有关工作，协调解决有关困难问题，配合省级教育行政部门整体推进本省（区、市）试点工作。试点院校建立由主要负责人牵头的工作机构，统筹推进本校试点工作，并明确具体工作联系人，对接本省（区、市）试点工作指导协调机构。

（二）加强沟通对接

培训评价组织要加强与省级教育行政部门或省级试点工作指导协调机构的联系，在有关省域内组织开展标准宣贯、师资培训、考核等试点相关工作，以及大范围涉及有关省域内院校参与的会议、活动时，应提前与省级教育行政部门沟通并备案。省级教育行政部门组织开展与试点有关的研讨会、师资培训等，应积极邀请有关培训评价组织参与，有关培训评价组织应主动配合参加。

（三）实行工作动态定期报送制度

各省级教育行政部门、试点院校、培训评价组织要认真落实好试点工作动态定期报送制度，及时、准确报送工作进展，总结工作经验，汇聚典型案例，反映有关困难问题，提出政策建议等。通过职业技能等级证书信息管理服务平台填报系统，对试点院校及参与学生规模进行动态管理。

二、保障有序开展有关师资培训

（一）依托有关师资项目做好 1+X 证书制度试点师资培训

各省级教育行政部门要将职业技能等级证书有关师资培训纳入职业院校教师素质提高计划项目，对接陆续发布的职业技能等级证书和标准，结合 2019 年项目实施，统筹各方资源，及时调整培训计划、培训内容，积极开展 1+X 证书制度试点师资培训工作。从 2020 年起，发挥国家和地方教育行政部门师资培训项目的主渠道作用，将 1+X 证书制度试点师资培训纳入职业院校教师相关培训规划中。结合教师教学创新团队、“国家工匠之师”创新团队境外培训计划等项目，发挥引领作用，培育“种子”师资。培训评价组织要主动配合、优先保障国家和地方教育行政部门组织的 1+X 证书制度试点师资培训项目，积极参与培训方案设计和组织实施，根据各地实际需要委派授课专家，专家相关费用应严格执行国家和地方有关标准。

（二）规范培训评价组织有关师资培训行为

培训评价组织开展的1+X证书制度试点有关培训、研讨等，是国家和地方有关师资培训项目的有益补充。培训评价组织要坚持公益性原则，把社会效益放在首位，依法依规制订有关培训方案及收费标准，并提前公示公告，接受各方监督，试点院校结合实际自愿参加。不得以任何理由强制教师参加收费性培训。面向院校的师资培训和考评员培训有关收费标准参考国家和地方关于教师培训的规定，结合实际合理确定，不得另立名目额外收取培训师、考评员考核认证等其他费用。有关培训应采取线上线下相结合的方式，主要依托职业院校开展，充分利用职业院校现有资源，动员社会力量支持，精打细算，节约开支。培训评价组织要做好规划和管理，加强培训团队建设，严格培训师资质审核，来自行业企业的专家比例不少于40%，切实保障培训质量。

（三）鼓励教师积极承担证书培训任务

地方教育行政部门要加强与当地有关部门的沟通协作，支持职业院校用好本校组织实施职业技能等级证书培训的资源，参与职业技能提升行动，积极承担补贴性培训，扩大面向职工、就业重点群体和贫困劳动力的培训规模。培训评价组织在参与实施院校内1+X证书制度试点的同时，自主面向社会人员开展职业技能等级评价。试点院校可将教师额外承担的职业技能等级证书培训工作量，按一定比例折算成全日制学生培养工作量，纳入绩效工资分配因素范围；在内部绩效工资分配时向承担证书培训任务的一线教师倾斜。试点院校间可按证书类别组建培训联合体，互聘教师开展培训。

（四）建设并及时提供高质量培训资源

1+X证书制度试点是职业教育教学模式改革和评价模式改革的重要举措，面向学生开展的X证书培训，要与推进教师、教材、教法改革结合起来，由学校统筹用好有关资源和项目，结合教学组织实施。培训评价组织要整合优质资源，持续优化职业技能等级证书标准，按有关规定开发、完善职业技能等级证书培训教材，教材应由具备资质的出版单位正式出版，征订工作通过正规渠道开展，保障学生培训用书。要及时提供并适时更新案例库、习题库等线上配套资源，广泛免费共享，满足试点院校工作需要，确需有偿提供的，应本着公益性原则，严格控制成本，不得额外增加学生负担。

三、规范考核颁证

（一）完善考核评价体系

培训评价组织应建立模拟考核平台，发布考核方案，为院校学生参与考核提供支撑服务。培训评价组织提出对考核站点的有关条件要求并向社会公布，试点院校对照条件自主申报，培训评价组织与省级教育行政部门充分沟通，结合区域实际，协商确定考核站点，并在省级教育行政部门及有关平台备案。考核站点设置应综合考虑省内有关院校和专业布局，逐步覆盖更多试点院校，原则上有试点院校的地级市至少设置一个相关证书考核站点，为学生就近参加考核提供便利。

各地要统筹利用各种类型的实训基地，支持考核站点建设。培训评价组织要加强自身管理，不得以培训、考核、授牌等任何名义直接或变相要求试点院校购置指定品牌的设备设施、软件系统、课程资源及相关服务。

（二）加强证书考核成本核算

培训评价组织要坚持公益性原则，对职业技能等级证书的考核成本进行核算。试点期间，教育部委托有关机构组织论证提出参与试点的职业技能等级证书考核成本上限，并向社会公示。培训评价组织结合区域实际，与省级教育行政部门、试点院校具体协商确定考核费用标准。试点院校可统筹财政拨款、学费及其他事业收入等办学经费分担培训考核费用，保障试点学生至少参与一个职业技能等级证书的考核。要严格按照国家有关规定，规范使用相关经费。承担考核站点任务的试点院校，应统筹用好学校场地、设备、耗材、人员等资源，降低考核颁证费用。

(三)做好证书信息公开服务和学习成果积累

培训评价组织要对接职业技能等级证书信息管理服务平台，及时发布有关信息。职业技能等级证书信息在证书颁发后 7 个工作日内录入平台，提供查询、验证等服务。要对接职业教育国家学分银行，在有关职业技能等级证书公布后的 1 个月内，提出所体现学习成果的学分记录建议方案，推进学习成果积累。

四、完善财政支持方式

各地要按照财政部、教育部有关要求，切实履行投入主体责任，加大地方财政投入，统筹用好中央奖补资金，积极筹措社会资源，积极支持开展 1+X 证书制度试点工作。各省级教育、财政部门要结合试点实际统筹安排省级有关职教专项经费向试点工作倾斜，健全考核机制，完善分配因素，及时将有关资金拨付至试点院校。

各试点院校要及时与培训评价组织对接，根据证书考核需要调整完善学校专业人才培养方案，统筹好现有教学资源，在厉行节约的基础上合理安排财政资金、社会资源和自有资金，开展好 1+X 证书制度试点工作。要健全内部控制机制，不得截留挪用财政资金，确保资金使用规范有效。

五、严格监督管理

(一)健全制度约束

参与试点工作的培训评价组织，应与教育部委托的有关机构签署协议，明确公益性、先进性、合规性、退出机制等方面约束条款和违约责任。

(二)规范宣传引导

培训评价组织发布的有关通知、公告、宣传口径，要规范行文，文责自负，确保内容真实，不做虚假宣传、夸大宣传，不擅自标注“教育部指导”“职成司指导”“指定”等字样。

(三)建立健全监督机制

国家层面针对每个试点证书在 10 个左右试点院校设立监测点，监督培训评价组织履行协议的情况，及时发现、分析和研究试点工作各环节有关问题，各地可参照执行。培训评价组织、试点院校积极开展绩效自评，接受省级有关部门及其委托的第三方开展的评价。教育部将通过职业技能等级证书信息管理服务平台，及时关注并回应社会各方有关监督评价意见。

(四)建立退出机制

培训评价组织凡出现以下情形之一的，经相关部门调查核实，教育部将取消参与试点资格，退出试点工作：考核工作组织实施不力，在考核过程中存在严重违反考核纪律、弄虚作假的；违反有关规定进行高收费或另立名目乱收费，不按要求及时整改的；借试点工作谋取不正当利益的，如向学校捆绑销售仪器设备、实训软件等；不按要求及时更新有关职业技能等级标准、教材、考核题库的；针对通过证书信息管理服务平台等渠道反映集中的其他问题，不按要求及时整改的；存在其他违纪违规情况的。

试点院校出现以下情况之一的，省级教育行政部门取消参与试点资格：推进试点工作不力、进展缓慢，连续三周不填报周报的；证书培训、考核等工作管理不严的；试点工作经费使用不规范的；强制或变相强制学生参加培训或考核的；存在其他违纪违规情况的。

试点过程中，各地要及时总结经验，宣传典型案例，研究解决存在的困难问题，对有关政策措施提出调整优化建议。试点期后有关部门继续完善相关制度设计。

1+X 证书制度试点工作实施方案

白树全　郝　魁

“学历证书+若干职业技能等级证书”制度(简称 1+X 证书)是《国家职业教育改革实施方案》提出的一项重要改革任务,是职业教育作为类型教育的重要特征体现。学院依据《关于在院校实施“学历证书+若干职业技能等级证书”制度试点方案》(教职成〔2019〕6 号)《关于推进 1+X 证书制度试点工作的指导意见》(教职成〔2019〕19 号)等文件精神,为夯实学生可持续发展基础,拓展就业创业本领,缓解结构性就业矛盾,深化复合型技术技能人才培养培训模式改革,稳步推进 1+X 证书试点工作,结合学院实际,特制定本工作方案。

一、工作思路与原则

以习近平新时代中国特色社会主义思想为指导,深入贯彻落实全国教育大会部署,服务自治区经济建设和产业发展需要,按照高质量发展要求,坚持以学生为中心,深化复合型技术技能人才培养培训模式和评价模式改革,提高人才培养质量,畅通技术技能人才成长通道,拓展就业创业本领。实施 1+X 证书工作遵循以下基本原则:

育训结合,书证融通:落实学历教育和培训并举并重的法定职责,坚持学历教育与职业培训相结合,促进书证融通。

规范管理,质量为上:严把证书标准和人才质量两个关口,规范培养培训过程。

试点先行,稳步推进:从试点专业做起,不断总结经验、完善机制,稳步推进 1+X 证书工作。

二、建设目标

学院重点围绕服务自治区装备制造、现代服务等产业发展和学生就业能力提升,将 1+X 证书制度试点与专业建设、课程建设、师资队伍建设等紧密结合,通过试点,进一步推进产教融合、校企合作,深化教师、教材、教法“三教”改革,完善实践教学体系,促进“1”和“X”的衔接融合,提升职业教育质量和学生就业能力。

三、试点专业

作为全国首批 1+X 证书制度试点院校,我院现有 11 个专业开展 1+X 证书制度试点工作,见表 4-3-1;随着试点领域与专业范围的不断扩大,学院鼓励和支持更多的专业开展 1+X 证书制度试点。

表 4-3-1 已立项开展 1+X 证书试点专业

参与试点的证书及等级	所属批次	参与试点专业名称
Web 前端开发职业技能等级证书(中级)	第一批	计算机信息管理
汽车运用与维修职业技能等级证书(中级)	第一批	汽车运用与维修技术
智能新能源汽车职业技能等级证书(中级)	第一批	新能源汽车技术
智能财税职业技能等级证书(初级)	第二批	会计、审计
工业机器人应用编程职业技能等级证书(中级)	第二批	工业机器人技术
云计算平台运维与开发职业技能等级证书(初级)	第二批	计算机信息管理
业财一体信息化应用职业技能等级证书(中级)	第三批	会计
网络系统建设与运维职业技能等级证书(初级)	第三批	计算机网络技术
业财一体信息化应用职业技能等级证书(初级)	第三批	会计、审计
财务共享服务职业技能等级证书(初级)	第三批	会计、审计
幼儿照护职业技能等级证书(中级)	第三批	幼儿发展与健康管理
轨道交通装备焊接职业技能等级证书(初级)	第三批	焊接技术与自动化
轨道交通装备无损检测职业技能等级证书(初级)	第三批	焊接技术与自动化
工业互联网实施与运维职业技能等级证书(中级)	第三批	电气自动化技术 机电一体化技术

四、建设任务

(一)融入人才培养

1. 完善人才培养方案。各试点专业统筹专业资源,做好专业教学标准和职业技能等级标准的对接。按照职业技能等级标准和专业教学标准要求,将证书培训内容有机融入专业人才培养方案,优化课程设置和教学内容,对本专业职业面向、培养目标、培养规格、毕业要求等专业人才培养关键要素进行全面梳理、科学定位,完善"1"与"X"深度融合的专业人才培养方案。

2. 重构"课证融合"课程体系。在分析现有教学内容基础上,将职业技能等级标准内容转化为若干门专业(核心)课程并纳入专业课程体系,或将标准内容转化为若干教学模块纳入部分专业(核心)课程教学内容,融入专业人才培养方案,重构"课证融合"课程体系,根据证书要求修订完善专业课程标准。

3. 创新培养培训模式。试点专业探索将相关专业课程考试与职业技能等级考核统筹安排,同步考核评价,获得相应课程学分和职业技能等级证书。对专业课程未涵盖的内容或需要特别强化的实训,组织开展专门培训,获得职业技能等级证书;各试点专业学生至少应取得一项与专业职业能力相对应的职业资格(技能)证书,相应要求需纳入人才培养方案。

(二)实施高质量职业培训

1. 加强实践教学条件建设。试点专业要结合职业技能等级证书培训要求和相关专业建设需要,改善实践教学条件,用好校内外教学资源,做好线上线下培训教育教学资源开发,提高培养培训能力，积极开展高质量培训。

2. 积极开展面向社会人员的培训服务。试点专业在面向本校学生开展培训的同时，积极为社会成员提供培训服务。定期发布技能等级证书培训公告，组织社会成员培训报考。面向农民工、下岗工人、退役军人，在做好学历教育的基础上，灵活开展职业技能等级培训，提升其知识技能水平和就业创业本领。

3. 学习成果认定转换。各试点专业探索建立学习成果的认定、积累与转换。学生和社会成员按规定程序在试点专业接受相关学历教育时，可按规定兑换学分，免修相应课程或模块，促进学历证书与职业技能等级证书互通。

4. 建立证书遴选和保障机制。各专业要对职业资格证书进行严格遴选，已取消的职业资格证书不得再引入，严格规范职业资格培训与证书管理，保障学生权益，各试点专业引入职业技能等级证书需报教务处备案。

（三）严格职业技能等级考核与证书发放

1. 建立培训考核机制。培训评价组织负责职业技能等级考核与证书发放，学院相关系部及试点专业配合做好教学培训、考场建设和评价考核工作。

2. 建设标准化考场。考核站点要严格考核纪律，加强过程管理，推进考核工作科学化、标准化、规范化。要建立健全考核安全、保密制度，强化保障条件，加强考点（考场）和保密标准化建设。

3. 证书发放要求。通过考核的学生和社会人员取得相应等级的职业技能等级证书。

（四）加强师资队伍建设

各试点专业要培养培训一支能够准确把握 1+X 证书制度先进理念、深入研究职业技能等级标准、做好专业教学整体设计，满足新技术、新技能培养培训需求的教学创新团队。由教务处统筹 1+X 师资队伍建设，以专业为主体开展师资队伍培育工作。

1. 加强专业带头人培养。专业带头人要加强 1+X 证书制度新理念的学习，准确把握试点工作的背景与意义、职业技能等级证书及标准的内涵与要求，带领专业团队做好人才培养方案开发、教学模式改革创新、教材及教学资源建设等工作。

2. 加强专业骨干教师培养。各专业组织教师参加教师素质提高计划项目、参与职业技能等级标准培训，提高专业骨干教师实施教学、培训和考核评价能力。各试点专业至少有 2～3 名教师获得 1+X 证书考评员资格证书。

3. 加强校外兼职队伍建设。引进培训评价组织培训教师或行业企业兼职教师，优化师资队伍结构，全面提高专业师资团队的教学与培训能力。

五、保障措施

（一）组织保障

1. 学院成立 1+X 证书试点工作领导小组，主要负责 1+X 证书试点工作重要制度措施的制定、协调和决策，全面领导 1+X 证书试点工作的组织实施。领导小组办公室设在教务处。

2. 各试点专业所在系部需成立 1+X 证书试点项目工作组，主要负责各证书试点项目工作具体实施方案的拟定，组织、协调并督促试点工作的具体实施；负责 1+X 证书试点专业教育教学改革及试点工作的规划、指导、检查、评价，组织开展人才培养培训工作，保证 1+X 证书试点工作顺利开展。

(二)资金保障

学院将对各试点专业提供建设经费,建设经费主要用于调研、人才培养方案修订、教师考证培训、改善实践教学条件、教学资源共建共享及培训考核等方面。

自治区下拨的奖补专项资金,学校将根据试点专业培训考核人数及通过率等情况,按照补贴标准对试点专业进行奖补。各试点专业要科学规划,认真落实培训任务,按照要求规范使用奖补资金。

智能新能源汽车考试认证

沈盛军

新能源汽车电子电气空调舒适技术(中级)考试认证试题

一、考核项目一

模块:新能源汽车电子电气空调舒适技术(中级)			考核时间:30 min
姓名:	班级:	学号:	考评员签字:
考核项目一:电子控制电路检测与维修【实操考核报告】			
(一)车辆信息记录			

品牌		整车型号		生产年月	
驱动电机型号		动力电池额定容量		行驶里程	
车辆识别码					

(二)查询维修手册记录指定控制模块端子针脚信息并检测

1. 整车控制模块端子针脚信息查询

针脚	线束颜色	端子说明	针脚	线束颜色	端子说明
1			6		
2			7		
3			8		
4			9		
5			10		

2. 整车控制模块 CAN-H 电压及波形检测(读取到波形后需考官确认)

电子元件名称	元件电路编号	CAN 端子电压	判定
			正常☐ 异常☐

	波形绘制
检测通道: 检测部件插头针脚及颜色: 检测工况:熄火☐ 怠速☐ 每格电压: 最大信号电压值: 脉宽时间: 波形判断:正常☐ 异常☐	

二、考核项目二

模块:新能源汽车电子电气空调舒适技术(中级)			考核时间:30 min
姓名:	班级:	学号:	考评员签字:
考核项目二:起动与充电部件检测维修【实操考核报告】			
(一)车辆信息记录			
(略,可不填写)			
(二)读取混合动力起动充电数据流读取			
参数名称	怠速工况	高转速工况	判定
MG1 载波频率			正常□ 异常□
MG2 载波频率			正常□ 异常□
变频器载频			正常□ 异常□
变压器温度			正常□ 异常□
电机温度 MG1			正常□ 异常□
电机温度 MG2			正常□ 异常□
电瓶容量 SOC			正常□ 异常□
发动机(MG1)转速			正常□ 异常□
发动机(MG2)转速			正常□ 异常□
(三)查询车身控制模块端子,并检测该端子针脚波形			
端子编号	端子描述	线束颜色	
E8-8(RDY)			
E8-1(GND3)			
检测通道: 检测部件插头针脚及颜色: 检测工况:熄火□ 怠速□ 每格电压: 最大信号电压值: 脉宽时间: 波形判断:正常□ 异常□		波形绘制	

(四)检测起动充电电路并判定					
部件名称	电路编号	判定	部件名称	电路编号	判定
IG1 继电器		正常□ 异常□	ACC 继电器		正常□ 异常□

三、考核项目三

<table>
<tr><td colspan="3">模块:新能源汽车电子电气空调舒适技术(中级)</td><td>考核时间:30 min</td></tr>
<tr><td>姓名:</td><td>班级:</td><td>学号:</td><td>考评员签字:</td></tr>
<tr><td colspan="4">考核项目三:电器与控制部件检测维修【实操考核报告】</td></tr>
<tr><td colspan="4">(一)车辆信息记录</td></tr>
<tr><td colspan="4">(略,可不填写)</td></tr>
</table>

<table>
<tr><td colspan="4">(二)检测照明系统电路,找出灯泡不亮故障点</td></tr>
<tr><td>故障电路页码</td><td colspan="3">第____章____节____页</td></tr>
<tr><td>故障元件编号</td><td>针脚</td><td>颜色</td><td>故 障 说 明</td></tr>
<tr><td rowspan="2"></td><td>1</td><td></td><td>故障位置:灯泡□ 电路线束□ 继电器□
熔丝□ 组合开关□</td></tr>
<tr><td>2</td><td></td><td>故障原因:</td></tr>
<tr><td colspan="4">(三)检测喇叭系统电路,找出喇叭不工作故障点</td></tr>
<tr><td>故障电路页码</td><td colspan="3">第____章____节____页</td></tr>
<tr><td>故障元件编号</td><td>针脚</td><td>颜色</td><td>故 障 说 明</td></tr>
<tr><td rowspan="2"></td><td>1</td><td></td><td>故障位置:喇叭□ 电路线束□ 继电器□
熔丝□ 喇叭开关□</td></tr>
<tr><td>2</td><td></td><td>故障原因:</td></tr>
</table>

四、考核项目四

模块:新能源汽车电子电气空调舒适技术(中级)			考核时间:30 min
姓名:	班级:	学号:	考评员签字:
考核项目四:空调与舒适部件检测维修【实操考核报告】			
(一)车辆信息记录			

(略,可不填写)

(二)检测鼓风机系统电路,找出鼓风机工作异常故障点			
故障电路页码	第____章____节____页		
故障元件编号	针脚	颜色	故 障 说 明
	1		故障位置:鼓风机□ 电路线束□ 电阻模块□ 熔丝□ 开关□
	2		故障原因:

(三)读取电动空调系统数据流			
参数名称	不制冷工况	制冷工况	判定
车外温度			正常□ 异常□
车内温度			正常□ 异常□
蒸发器出口冷媒温度			正常□ 异常□
蒸发器出口压力			正常□ 异常□
蒸发器温度			正常□ 异常□
压力值			正常□ 异常□
电子膨胀阀			正常□ 异常□
主驾吹面通道温度			正常□ 异常□
主驾吹脚通道温度			正常□ 异常□

新能源汽车电子电气空调舒适技术(中级)考题-配分评分表

一、电子控制电路检测与维修

(一)考试情景
➢ 考试院校可选用整车或台架。
➢ 选用整车请填写【1.1 车辆信息】。
➢ 选用台架请填写【1.2 台架信息】。

1. 车辆/台架信息
1.1 车辆信息

品牌		整车型号		生产年月	
驱动电机型号		动力电池额定容量		行驶里程	
车辆识别码					
应具备正常系统功能					

1.2 台架信息

台架型号		台架号		生产日期	
应具备正常系统功能					

2. 使用资料情况(依据院校实际情况填写使用资料情况)
➢ 考试院校根据选用整车或台架填写【使用维修手册】及【使用其他的资料】信息。

使用维修手册	品牌: 车型: 年份: □中文版 □英文版	□电子档 □纸质档
使用用户手册	品牌: 车型: 年份: □中文版 □英文版	□电子档 □纸质档

使用其他的资料

资料名称	种类	类型
	□电子档 □纸质档	□中文版 □英文版
	□电子档 □纸质档	□中文版 □英文版

3. 使用设施设备情况(依据院校实际情况填写使用设施设备)
➢ 院校依据【使用设施设备】填写【学校实际使用设施设备名称】及【品牌】。
➢ 院校需按【数量】准备设施设备。

续表

使用设施设备					
序号	设施设备名称	学校实际使用设施设备名称	品牌	数量	使用项目
1	180 件套			1	零件拆装
2	多功能万用表			1	电路电压、导通检测
3	示波器			1	检测模块及电子元件波形
4	背插针			4	用于插接插头和线束

依据:智能新能源汽车职业技能考核【中级】培训方案准则中【强化培训设备与工具清单】序号:2-3;页码:P68。

4. 车辆故障信息(依据院校实际情况填写使用车辆故障信息)

➢ 依据院校实际情况填写【车辆原有故障】信息,车辆原有故障不应影响考核项目顺利进行。

车辆原有故障	

5. 车辆设置考题

车辆设置考题	一、车辆信息记录 二、查询维修手册记录指定控制模块端子针脚信息并检测 可设置:模块针脚线束断路、模块异常
设置考题依据	智能新能源汽车职业技能考核【中级】培训方案准则中【新能源汽车电子电气空调舒适技术】中级任务 2-3,页码:P92-95。

(二)考试评分细项

➢ 监考官依据此项对考生进行评分。

评分项	得分条件	评分标准	配分	扣分
情意面 (作业安全) (职业操守)	□1. 能进行工位 7S 操作(总分:3 分) □2. 能进行设备和工具安全检查(总分:3 分) 3. 能进行车辆安全防护操作(总分:4 分) □3.1 正确安装车辆内、外防护(1 分) □3.2 正确安装警戒带和高压电警示牌(1 分) □3.3 在进行 36 V 以上高压电作业时,穿戴绝缘手套、绝缘鞋、绝缘服及护目镜(1 分) □3.4 正确断开高压维修开关,并等待 5 min 以上(1 分) □4. 能进行工具清洁、校准及复位存放操作(总分:2 分) □5. 作业过程能进行三不落地操作(总分:3 分)	依据得分条件进行评分,按要求完成在□中打√,未按要求完成在□中打×并扣除对应分数,扣分不得超过 15 分	15	

续表

评分项	得分条件	评分标准	配分	扣分
技能面 (应用技能) (操作技能)	1. 能正确检测整车控制模块电压(总分:5 分) □1.1 断开和安装控制模块插头方法是否正确,无违规就操作(1 分) □1.2 背插针安装之后,是否检查导通性(1 分) □1.3 检测电压时,多功能万用表的表笔连接是否正确(1 分) □1.4 多功能万用表所选择挡位、电压量程是否符合规格(1 分) □1.5 能正确记录读取的数据且单位正确(1 分) 2. 能正确检测整车控制模块 CAN-H 波形(总分:16 分) □2.1 检测过程中,探针连接是否牢固,有无短接(2 分) □2.2 读取 CAN-H 波形是否暂停,并给考官确认(2 分) □2.3 波形是否放大,且清晰可辨(2 分) □2.4 波形的电压幅度和时间是否确认(2 分) □2.5 CAN-H 波形异常点是否确认(2 分) □2.6 在车辆怠速运转情况下,检测波形(2 分) □2.7 能正确记录读取的数据且单位正确(2 分) □2.8 波形的截图清晰且正确(2 分) □3. 能正确查询整车控制模块端子针脚信息(总分:4 分)	依据得分条件进行评分,按要求完成在□中打√,未按要求完成在□中打×并扣除对应分数,扣分不得超过 25 分	25	
作业面 (保养作业) (拆装作业) (维修作业)	1. 能正确检测整车控制模块的 CAN-H 针脚电压(总分:7 分) □1.1 查找整车控制模块插头位置(1 分) □1.2 关闭汽车电源,断开辅助电池负极端子(1 分) □1.3 断开插头,查找整车控制模块 CAN-H 信号针脚位置(1 分) □1.4 安装插头,插接背插针(1 分) □1.5 安装辅助电池负极端子,接通汽车电源(1 分) □1.6 检测整车控制模块 CAN-H 针脚信号电压(1 分) □1.7 判读电路图,查找整车控制模块电路元件编号及 CAN-H 针脚编号(1 分) 2. 能正确检测整车控制模块 CAN-H 波形(总分:10 分) □2.1 将示波器探针连接至 CAN-H 针脚(2 分) □2.2 将探针负极线连接至搭铁点(2 分) □2.3 打开汽车电源,读取 CAN-H 针脚波形(2 分) □2.4 调试波形的电压和时间,并锁住波形,向考官确认(2 分) □2.5 记录调试后波形的最大信号电压和脉宽时间(2 分)	依据得分条件进行评分,按要求完成在□中打√,未按要求完成在□中打×并扣除对应分数,扣分不得超过 25 分	25	

续表

评分项	得分条件	评分标准	配分	扣分
作业面 (保养作业) (拆装作业) (维修作业)	3. 能正确检测进气流量传感器的信号针脚与模块之间导通性(总分:8分) □3.1 关闭汽车电源,断开插头,查找进气流量传感器的信号针脚(2分) □3.2 检测进气流量传感器与控制模块之间针脚导通性(2分) □3.3 查找断开线束的位置(2分) □3.4 检修断开线束(2分)			
信息面 (信息录入) (资料应用) (资讯检索)	1. 能正确使用维修手册查询资料(总分:6分) □1.1 查询控制模块的电路图(2分) □1.2 查询控制模块的针脚端视图(2分) □1.3 查询所需部位定位图(2分) □2. 能正确记录所查询资料章节页码及所需维修信息(总分:4分)	依据得分条件进行评分,按要求完成在□中打√,未按要求完成在□中打×并扣除对应分数,扣分不得超过10分	10	
工具及设备的使用能力 (岗位所需工具设备的使用能力) (办公软件的使用能力) (查询软件的使用能力)	□1. 能正确使用维修工具拆装(总分:2分) □2. 能正确使用多功能万用表(总分:2分) □3. 能正确使用示波器(总分:4分) □4. 能正确使用背插针(总分:2分)	依据得分条件进行评分,按要求完成在□中打√,未按要求完成在□中打×并扣除对应分数,扣分不得超过10分	10	
分析面 (诊断分析) (检测分析) (调校分析)	□1. 能判断控制模块CAN针脚电压是否正常(总分:5分) □2. 能判断控制模块CAN波形是否正常(总分:5分)	依据得分条件进行评分,按要求完成在□中打√,未按要求完成在□中打×并扣除对应分数,扣分不得超过10分	10	
表单填写与报告的撰写能力 (电子工单) (纸质工单) (任务记录单)	□1. 字迹清晰、无错别字(总分:2分) □2. 语句通顺(总分:1分) □3. 无涂改、抄袭(总分:2分)	依据得分条件进行评分,按要求完成在□中打√,未按要求完成在□中打×并扣除对应分数,扣分不得超过5分	5	
合计				

二、起动与充电部件检测维修

(一)考试情景

➢ 考试院校可选用整车或台架。

➢ 选用整车请填写【1.1 车辆信息】。

➢ 选用台架请填写【1.2 台架信息】。

1. 车辆/台架信息

1.1 车辆信息

品牌		整车型号		生产年月	
驱动电机型号		动力电池额定容量		行驶里程	
车辆识别码					
应具备正常系统功能					

1.2 台架信息

台架型号		台架号		生产日期	
应具备正常系统功能					

2. 使用资料情况(依据院校实际情况填写使用资料情况)

➢ 考试院校根据选用整车或台架填写【使用维修手册】及【使用其他的资料】信息。

使用维修手册	品牌:　　车型:　　年份: □中文版　□英文版	□电子档　□纸质档
使用用户手册	品牌:　　车型:　　年份: □中文版　□英文版	□电子档　□纸质档

使用其他的资料

资料名称	种类	类型
	□电子档　□纸质档	□中文版　□英文版
	□电子档　□纸质档	□中文版　□英文版

3. 使用设施设备情况(依据院校实际情况填写使用设施设备)

➢ 院校依据【使用设施设备】填写【学校实际使用设施设备名称】及【品牌】。

➢ 院校需按【数量】准备设施设备。

续表

使用设施设备					
序号	设施设备名称	学校实际使用设施设备名称	品牌	数量	使用项目
1	180 件套			1	零件拆装
2	多功能万用表			1	电路电压、导通检测
3	示波器			1	检测模块及电子元件波形
4	背插针			1	用于插接插头和线束
5	解码器			1	数据流读取

依据:智能新能源汽车职业技能考核【中级】培训方案准则中【强化培训设备与工具清单】序号:2-3;页码:P68。

4. 车辆故障信息(依据院校实际情况填写使用车辆故障信息)

➤ 依据院校实际情况填写【车辆原有故障】信息,车辆原有故障不应影响考核项目顺利进行。

车辆原有故障	

5. 车辆设置考题

车辆设置考题	一、混合动力车辆信息记录 二、混合动力起动充电数据流读取 可设置:起动/充电电机温度传感器故障、动力电池电瓶容量过低 三、查询车身控制模块端子,并检测该端子针脚波形 可设置:针脚线束断路 四、检测起动充电电路并判定 可设置:继电器损坏、继电器的电路断路
设置考题依据	智能新能源汽车职业技能考核【中级】培训方案准则中【新能源汽车电子电气空调舒适技术】中级任务 2-3,页码:P92-95。

(二)考试评分细项

➤ 监考官依据此项对考生进行评分

评分项	得分条件	评分标准	配分	扣分
情意面 (作业安全) (职业操守)	□1. 能进行工位 7S 操作(总分:3 分) □2. 能进行设备和工具安全检查(总分:3 分) 3. 能进行车辆安全防护操作(总分:4 分) □3.1 正确安装车辆内、外防护(1 分) □3.2 正确安装警戒带和高压电警示牌(1 分) □3.3 在进行 36 V 以上高压电作业时,穿戴绝缘手套、绝缘鞋、绝缘服及护目镜(1 分) □3.4 正确断开高压维修开关,并等待 5 min 以上(1 分) □4. 能进行工具清洁、校准及复位存放操作(总分:2 分) □5. 作业过程能进行三不落地操作(总分:3 分)	依据得分条件进行评分,按要求完成在□中打√,未按要求完成在□中打×并扣除对应分数,扣分不得超过 15 分	15	

续表

评分项	得分条件	评分标准	配分	扣分
技能面 (应用技能) (操作技能)	□1. 能正确读取起动/充电系统数据流且单位正确(总分:9 分) 2. 能正确检测控制模块指定针脚电压(总分:5 分) □2. 1 检测电压时,多功能万用表的表笔连接是否正确(1 分) □2. 2 多功能万用表所选择电压量程是否符合规格(1 分) □2. 3 多功能万用表所选择挡位是否符合要求(1 分) □2. 4 能正确记录读取的数据且单位正确(2 分) 3. 能正确检测控制模块指定针脚波形(总分:5 分) □3. 1 波形是否放大,且清晰可辨(1 分) □3. 2 指定针脚波形异常点是否确认(1 分) □3. 3 在车辆怠速运转情况下,检测波形(1 分) □3. 4 能正确记录读取的数据且单位正确(2 分) 4. 能正确检测起动充电电路并判定(总分:6 分) □4. 1 能确认 IG1 继电器导通针脚编号及线圈针脚编号(1 分) □4. 2 能确认 ACC 继电器导通针脚编号及线圈针脚编号(1 分) □4. 3 能选取电阻挡测量继电器线圈电阻(2 分) □4. 4 能选取导通挡测量继电器针脚导通性(2 分)	依据得分条件进行评分,按要求完成在□中打√,未按要求完成在□中打×并扣除对应分数,扣分不得超过25 分	25	
作业面 (保养作业) (拆装作业) (维修作业)	1. 能正确读取充电系统数据流(总分:10 分) □1. 1 选取和核对车辆信息,进入诊断界面(1 分) □1. 2 选取并锁定指定数据流(1 分) □1. 3 选取充电系统相关模块,怠速运转车辆,读取数据(4 分) □1. 4 选取充电系统相关模块,高速运转车辆,读取数据(4 分) 2. 能正确检测控制模块指定针脚电压(总分:4 分) □2. 1 断开插头,查找控制模块指定脚位置(1 分) □2. 2 安装辅助电池负极端子,接通汽车电源(1 分) □2. 3 检测电子元件的信号电压(2 分) 3. 能正确检测控制模块指定针脚波形(总分:5 分) □3. 1 将示波器探针连接至控制模块指定针脚(1 分) □3. 2 将探针负极线连接至搭铁点(1 分) □3. 3 打开汽车电源,读取控制模块指定针脚波形(1 分) □3. 4 记录调试后波形的最大信号电压和脉宽时间(2 分)	依据得分条件进行评分,按要求完成在□中打√,未按要求完成在□中打×并扣除对应分数,扣分不得超过25 分	25	

续表

评分项	得分条件	评分标准	配分	扣分
作业面 （保养作业） （拆装作业） （维修作业）	4. 能正确检测起动/充电系统电路（总分：6分） □4.1 从电路图中IG1继电器和ACC继电器的电路编号（2分） □4.2 检测IG1继电器与电路导通性（2分） □4.3 检测ACC继电器与电路导通性（2分）			
信息面 （信息录入） （资料应用） （资讯检索）	1. 能正确使用维修手册查询资料（总分：8分） □1.1 查询控制模块的电路图（2分） □1.2 查询控制模块的针脚端视图（3分） □1.3 查询IG1继电器和ACC继电器的电路编号（3分） □2. 能正确记录所查询资料章节页码及所需维修信息（总分：2分）	依据得分条件进行评分，按要求完成在□中打√，未按要求完成在□中打×并扣除对应分数，扣分不得超过10分	10	
工具及设备的使用能力 （岗位所需工具设备的使用能力） （办公软件的使用能力） （查询软件的使用能力）	□1. 能正确使用维修工具拆装（总分：2分） □2. 能正确使用多功能万用表（总分：2分） □3. 能正确使用绝示波器（总分：4分） □4. 能正确使用背插针（总分：2分）	依据得分条件进行评分，按要求完成在□中打√，未按要求完成在□中打×并扣除对应分数，扣分不得超过10分	10	
分析面 （诊断分析） （检测分析） （调校分析）	□1. 能判断不同工况的数据流是否正常（总分：2分） □2. 能判断控制模块指定针脚波形是否正常（总分：2分） □3. 能判断IG1继电器电路编号（总分：3分） □4. 能判断ACC继电器的电路编号（总分：3分）	依据得分条件进行评分，按要求完成在□中打√，未按要求完成在□中打×并扣除对应分数，扣分不得超过10分	10	
表单填写与报告的撰写能力 （电子工单） （纸质工单） （任务记录单）	□1. 字迹清晰、无错别字（总分：2分） □2. 语句通顺（总分：1分） □3. 无涂改、抄袭（总分：2分）	依据得分条件进行评分，按要求完成在□中打√，未按要求完成在□中打×并扣除对应分数，扣分不得超过5分	5	
合　计				

三、电器与控制部件检测维修

(一)考试情景

➤ 考试院校可选用整车或台架。

➤ 选用整车请填写【1.1 车辆信息】。

➤ 选用台架请填写【1.2 台架信息】。

1. 车辆/台架信息

1.1 车辆信息

品牌		整车型号		生产年月	
驱动电机型号		动力电池额定容量		行驶里程	
车辆识别码					
应具备正常系统功能					

1.2 台架信息

台架型号		台架号		生产日期	
应具备正常系统功能					

2. 使用资料情况(依据院校实际情况填写使用资料情况)

➤ 考试院校根据选用整车或台架填写【使用维修手册】及【使用其他的资料】信息。

使用维修手册	品牌：　车型：　年份： □中文版　□英文版	□电子档　□纸质档
使用用户手册	品牌：　车型：　年份： □中文版　□英文版	□电子档　□纸质档

使用其他的资料

资料名称	种类	类型
	□电子档　□纸质档	□中文版　□英文版
	□电子档　□纸质档	□中文版　□英文版

3. 使用设施设备情况(依据院校实际情况填写使用设施设备)

➤ 院校依据【使用设施设备】填写【学校实际使用设施设备名称】及【品牌】。

➤ 院校需按【数量】准备设施设备。

续表

使用设施设备					
序号	设施设备名称	学校实际使用设施设备名称	品牌	数量	使用项目
1	180件套			1	零件拆装
2	多功能万用表			1	电路电压、导通检测
3	背插针			1	用于插接插头和线束
4	黑胶带			1	用于检修线束

依据:智能新能源汽车职业技能考核【中级】培训方案准则中【强化培训设备与工具清单】序号:2-3;页码:P68。

4. 车辆故障信息(依据院校实际情况填写使用车辆故障信息)

➢ 依据院校实际情况填写【车辆原有故障】信息,车辆原有故障不应影响考核项目顺利进行。

车辆原有故障	例如:发动机故障灯常亮;车辆机油泄漏;车辆冷却液泄漏;车辆燃油泄漏;轮胎气压不足;车辆喇叭不响;蓄电池缺电
5. 车辆设置考题	
车辆设置考题	一、车辆信息记录 二、检测照明系统电路,找出灯泡不亮故障点 可设置:一边亮一边不亮、近光灯不亮、远光灯不亮、示宽灯不亮 三、检测喇叭系统电路,找出喇叭不工作故障点 可设置:一边响一边不响、都不响
设置考题依据	智能新能源汽车职业技能考核【中级】培训方案准则中【新能源汽车电子电气空调舒适技术】中级任务2-3,页码:P92-95。

(二)考试评分细项

➢ 监考官依据此项对考生进行评分

评分项	得分条件	评分标准	配分	扣分
情意面 (作业安全) (职业操守)	□1. 能进行工位7S操作(总分:3分) □2. 能进行设备和工具安全检查(总分:3分) 3. 能进行车辆安全防护操作(总分:4分) □3.1 正确安装车辆内、外防护(1分) □3.2 正确安装警戒带和高压电警示牌(1分) □3.3 在进行36 V以上高压电作业时,穿戴绝缘手套、绝缘鞋、绝缘服及护目镜(1分) □3.4 正确断开高压维修开关,并等待5 min以上(1分) □4. 能进行工具清洁、校准及复位存放操作(总分:2分) □5. 作业过程能进行三不落地操作(总分:3分)	依据得分条件进行评分,按要求完成在□中打√,未按要求完成在□中打×并扣除对应分数,扣分不得超过15分	15	

续表

评分项	得分条件	评分标准	配分	扣分
技能面 (应用技能) (操作技能)	1. 能正确检测照明系统电路,找出灯泡不亮故障点(总分:13 分) □1. 1 能确认不亮的灯泡位置及名称(2 分) □1. 2 更换灯泡过程中,没有用手触摸灯泡(1 分) □1. 3 能通过摇晃灯丝或目视方式检查灯泡灯丝有无烧损(2 分) □1. 4 能正确使用电压挡或导通挡检测熔丝是否损坏(2 分) □1. 5 能正确使用电阻挡、电压挡或导通挡检测继电器是否损坏(2 分) □1. 6 能正确使用电压挡、导通挡检测组合开关或线束是否损坏(2 分) □1. 7 检修的线束,无金属暴露,且包扎牢固,手法正确(2 分) 2. 检测喇叭系统电路,找出喇叭不工作故障点(总分:12 分) □2. 1 能确认不响的喇叭位置及名称(2 分) □2. 2 能通过触摸或听音方式检查喇叭有无损坏(2 分) □2. 3 能正确使用电压挡或导通挡检测熔丝是否损坏(2 分) □2. 4 能正确使用电阻挡、电压挡或导通挡检测继电器是否损坏(2 分) □2. 5 能正确使用电压挡、导通挡检测喇叭开关或线束是否损坏(2 分) □2. 6 检修的线束,无金属暴露,且包扎牢固,手法正确(2 分)	依据得分条件进行评分,按要求完成在□中打√,未按要求完成在□中打×并扣除对应分数,扣分不得超过 25 分	25	
作业面 (保养作业) (拆装作业) (维修作业)	1. 能正确检测照明系统电路,找出灯泡不亮故障点(总分:13 分) □1. 1 检查照明系统工作情况(2 分) □1. 2 查找不亮的前照灯灯泡,并检查灯泡是否损坏(1 分) □1. 3 更换损坏的灯泡,并验证是否点亮(2 分) □1. 4 根据电路图检测照明系统电路熔丝(2 分) □1. 5 根据电路图检测照明系统电路继电器(2 分) □1. 6 根据电路图检测照明系统组合开关或线束(2 分) □1. 7 更换故障熔丝、继电器或检修线束(2 分) 2. 检测喇叭系统电路,找出喇叭不工作故障点(总分:12 分) □2. 1 检查喇叭系统工作情况(2 分) □2. 2 检查喇叭工作情况(2 分)	依据得分条件进行评分,按要求完成在□中打√,未按要求完成在□中打×并扣除对应分数,扣分不得超过 25 分	25	

续表

评分项	得分条件	评分标准	配分	扣分
作业面 (保养作业) (拆装作业) (维修作业)	□2.3 根据电路图检测喇叭系统电路熔丝(2分) □2.4 根据电路图检测喇叭系统电路继电器(2分) □2.5 根据电路图检测喇叭系统开关或线束(2分) □2.6 更换故障熔丝、继电器或检修线束(2分)			
信息面 (信息录入) (资料应用) (资讯检索)	1. 能正确使用维修手册查询资料(总分:8分) □1.1 查询照明系统的电路图(2分) □1.2 查询喇叭系统的电路图(2分) □1.3 查询喇叭开关针脚端视图(2分) □1.4 查询组合开关针脚端视图(2分) □2. 能正确记录所查询资料章节页码及所需维修信息(总分:2分)	依据得分条件进行评分,按要求完成在□中打√,未按要求完成在□中打×并扣除对应分数,扣分不得超过10分	10	
工具及设备的使用能力 (岗位所需工具设备的使用能力) (办公软件的使用能力) (查询软件的使用能力)	□1. 能正确使用维修工具拆装(总分:1分) □2. 能正确使用多功能万用表(总分:5分) □3. 能正确使用背插针(总分:2分) □4. 能正确使用黑胶带检修线束(总分:2分)	依据得分条件进行评分,按要求完成在□中打√,未按要求完成在□中打×并扣除对应分数,扣分不得超过10分	10	
分析面 (诊断分析) (检测分析) (调校分析)	1. 能判断照明系统的故障原因(总分:5分) □1.1 能判断灯泡是否正常(1分) □1.2 能判断照明系统控制电路是否正常(2分) □1.3 能清晰说明照明系统故障原因(2分) 2. 能判断喇叭系统的故障原因(总分:5分) □2.1 能判断喇叭是否正常(1分) □2.2 能判断喇叭系统控制电路是否正常(2分) □2.3 能清晰说明喇叭系统故障原因(2分)	依据得分条件进行评分,按要求完成在□中打√,未按要求完成在□中打×并扣除对应分数,扣分不得超过10分	10	
表单填写与报告的撰写能力 (电子工单) (纸质工单) (任务记录单)	□1. 字迹清晰、无错别字(总分:2分) □2. 语句通顺(总分:1分) □3. 无涂改、抄袭(总分:2分)	依据得分条件进行评分,按要求完成在□中打√,未按要求完成在□中打×并扣除对应分数,扣分不得超过5分	5	
合　　计				

四、空调与舒适部件检测维修

(一)考试情景

➢ 考试院校可选用整车或台架。

➢ 选用整车请填写【1.1 车辆信息】。

➢ 选用台架请填写【1.2 台架信息】。

1. 车辆/台架信息

1.1 车辆信息

品牌		整车型号		生产年月	
驱动电机型号		动力电池额定容量		行驶里程	
车辆识别码					
应具备正常系统功能					

1.2 台架信息

台架型号		台架号		生产日期	
应具备正常系统功能					

2. 使用资料情况(依据院校实际情况填写使用资料情况)

➢ 考试院校根据选用整车或台架填写【使用维修手册】及【使用其他的资料】信息。

使用维修手册	品牌:　车型:　年份: □中文版　□英文版	□电子档　□纸质档
使用用户手册	品牌:　车型:　年份: □中文版　□英文版	□电子档　□纸质档

使用其他的资料

资料名称	种类	类型
	□电子档　□纸质档	□中文版　□英文版
	□电子档　□纸质档	□中文版　□英文版

3. 使用设施设备情况(依据院校实际情况填写使用设施设备)

➢ 院校依据【使用设施设备】填写【学校实际使用设施设备名称】及【品牌】。

➢ 院校需按【数量】准备设施设备。

续表

使用设施设备					
序号	设施设备名称	学校实际使用设施设备名称	品牌	数量	使用项目
1	180 件套			1	零件拆装
2	多功能万用表			1	电路电压、导通检测
3	背插针			1	用于插接插头和线束
4	解码器			1	数据流读取
5	黑胶带			1	用于检修线束
6	温度计			1	用于检测室内温度

依据:智能新能源汽车职业技能考核【中级】培训方案准则中【强化培训设备与工具清单】序号:2-3;页码:P68。

4. 车辆故障信息(依据院校实际情况填写使用车辆故障信息)

➢ 依据院校实际情况填写【车辆原有故障】信息,车辆原有故障不应影响考核项目顺利进行。

车辆原有故障	例如:发动机故障灯长亮;车辆机油泄漏;车辆冷却液泄漏;车辆燃油泄漏;轮胎气压不足;车辆喇叭不响;蓄电池缺电等

5. 车辆设置考题

车辆设置考题	一、车辆信息记录 二、检测鼓风机系统电路,找出鼓风机工作异常故障点 可设置:鼓风机高速不转、鼓风机所有挡位都不转 三、读取电动空调系统数据流 可设置:车外传感器故障、压力传感器故障
设置考题依据	智能新能源汽车职业技能考核【中级】培训方案准则中【新能源汽车电子电气空调舒适技术】中级任务 2-3,页码:P92-95。

(二)考试评分细项

➢ 监考官依据此项对考生进行评分。

评分项	得分条件	评分标准	配分	扣分
情意面 (作业安全) (职业操守)	□1. 能进行工位 7S 操作(总分:3 分) □2. 能进行设备和工具安全检查(总分:3 分) 3. 能进行车辆安全防护操作(总分:4 分) □3.1 正确安装车辆内、外防护(1 分) □3.2 正确安装警戒带和高压电警示牌(1 分) □3.3 在进行 36 V 以上高压电作业时,穿戴绝缘手套、绝缘鞋、绝缘服及护目镜(1 分) □3.4 正确断开高压维修开关,并等待 5 min 以上(1 分) □4. 能进行工具清洁、校准及复位存放操作(总分:2 分) □5. 作业过程能进行三不落地操作(总分:3 分)	依据得分条件进行评分,按要求完成在□中打√,未按要求完成在□中打×并扣除对应分数,扣分不得超过 15 分	15	

续表

评分项	得分条件	评分标准	配分	扣分
技能面 (应用技能) (操作技能)	1. 能正确检测鼓风机系统电路,找出鼓风机工作异常故障点(总分:14 分) □1.1 能按照由低速挡位到高速挡位,依次检查各个挡位的鼓风机转速(2 分) □1.2 能正确使用电压挡或导通挡检测熔丝是否损坏(2 分) □1.3 能正确使用电阻挡检测鼓风机电阻模块的内部电阻(2 分) □1.4 能正确使用电压挡检测鼓风机电阻模块的信号电压(2 分) □1.5 能正确使用电压挡检测鼓风机插头针脚供电电压(2 分) □1.6 能正确使用电压挡、导通挡检测开关及线束是否损坏(2 分) □1.7 检修的线束,无金属暴露,且包扎牢固,手法正确(2 分) 2. 能正确读取电动空调系统数据流(总分:11 分) □2.1 选取的车辆信息是否正确,是否进行至少一次核对(1 分) □2.2 选取的诊断模块是否正确(2 分) □2.3 能正确记录读取的数据且单位正确(2 分) □2.4 制冷工况数据读取时,有正确将空调开至最冷状态(2 分) □2.5 是否在室内温度有明显降低情况下读取制冷工况数据(2 分) □2.6 起动车辆前,是否做好安全检查(1 分) □2.7 数据回放过程中,数据无缺少(1 分)	依据得分条件进行评分,按要求完成在□中打√,未按要求完成在□中打×并扣除对应分数,扣分不得超过 25 分	25	
作业面 (保养作业) (拆装作业) (维修作业)	1. 能正确检测鼓风机系统电路,找出鼓风机工作异常故障点(总分:14 分) □1.1 检查各个挡位时,鼓风机电机的工作情况(2 分) □1.2 根据电路图检测熔丝(2 分) □1.3 根据电路图检测鼓风机的供电电压(2 分) □1.4 根据电路图检测鼓风机电阻模块的电压(2 分) □1.5 根据电路图检测鼓风机电阻模块的电阻(2 分) □1.6 根据电路图检测开关或线束(2 分) □1.7 更换故障熔丝、鼓风机电阻模块或检修线束(2 分) 2. 能正确读取电动空调系统数据流(总分:11 分) □2.1 将解码器与车辆正确连接(1 分) □2.2 打开汽车电源,检查是否驻车,挡位是否挂 P 挡(1 分) □2.3 选取和核对车辆信息,进入诊断界面(1 分)	依据得分条件进行评分,按要求完成在□中打√,未按要求完成在□中打×并扣除对应分数,扣分不得超过 25 分	25	

续表

评分项	得分条件	评分标准	配分	扣分
作业面 (保养作业) (拆装作业) (维修作业)	□2.4 选取电动空调系统控制模块,读取数据流(2分) □2.5 选取并锁定指定数据流(1分) □2.6 怠速运转车辆,读取不制冷时空调系统数据(1分) □2.7 怠速运转车辆,读取空调系统数据(2分) □2.8 将读取的数据进行捕捉,并保存在指定文件夹内,并命名为准考证号(1分) □2.9 向考官确认所捕捉数据,并进行回放(1分)			
信息面 (信息录入) (资料应用) (资讯检索)	1. 能正确使用维修手册查询资料(总分:8分) □1.1 查询鼓风机的电路图(4分) □1.2 查询鼓风机电阻模块的针脚端视图(4分) □2. 能正确记录所查询资料章节页码及所需维修信息(总分:2分)	依据得分条件进行评分,按要求完成在□中打√,未按要求完成在□中打×并扣除对应分数,扣分不得超过10分	10	
工具及设备的使用能力 (岗位所需工具设备的使用能力) (办公软件的使用能力) (查询软件的使用能力)	□1. 能正确使用维修工具拆装(总分:2分) □2. 能正确使用多功能万用表(总分:2分) □3. 能正确使用背插针(总分:2分) □4. 能正确使用解码器(总分:2分) □5. 能正确使用温度计(总分:2分)	依据得分条件进行评分,按要求完成在□中打√,未按要求完成在□中打×并扣除对应分数,扣分不得超过10分	10	
分析面 (诊断分析) (检测分析) (调校分析)	1. 能判断鼓风机及电阻模块是否正常(总分:5分) □1.1 能判断鼓风机是否正常(1分) □1.2 能判断电阻模块是否正常(1分) □1.3 能判断熔丝是否正常(1分) □1.4 能判断开关或线束是否正常(1分) □1.5 能清晰说明故障原因(1分) 2. 能判断不同工况的电动空调系统数据流是否正常(总分:5分) □2.1 能判断车内和车外温度数据是否正常(2分) □2.2 能判断蒸发器相关数据是否正常(2分) □2.3 能判断吹脚和吹面的通道温度数据是否正常(1分)	依据得分条件进行评分,按要求完成在□中打√,未按要求完成在□中打×并扣除对应分数,扣分不得超过10分	10	
表单填写与报告的撰写能力 (电子工单) (纸质工单) (任务记录单)	□1. 字迹清晰、无错别字(总分:2分) □2. 语句通顺(总分:1分) □3. 无涂改、抄袭(总分:2分)	依据得分条件进行评分,按要求完成在□中打√,未按要求完成在□中打×并扣除对应分数,扣分不得超过5分	5	
合计				

汽车运用与维修认证考试

张呼努斯图　白树全

汽车电子电气与空调舒适系统技术(中级)考试试题

一、考核项目一

模块:汽车电子电气与空调舒适系统技术(中级)			考核时间:30 min
姓名:	班级:	学号:	考评员签字:
考核项目一:电子控制电路检测与维修【实操考核报告】			

(一)车辆信息记录					
品牌		整车型号		生产日期	
发动机型号		发动机排量		行驶里程	
车辆识别码					

(二)查询维修手册,记录右前照灯侧,右前转向灯针脚信息及线束颜色/导线编码

1. 右前转向灯针脚信息查询

元件名称	针脚	线束颜色/导线编码	线束说明
右前转向灯			信号线□　接地线□　供电线□
			信号线□　接地线□　供电线□
			信号线□　接地线□　供电线□
			信号线□　接地线□　供电线□
			信号线□　接地线□　供电线□
			信号线□　接地线□　供电线□

2. 右前转向灯与灯光控制单元模块的导通性及信号针脚波形检测(读取到波形后需考官确认)

电子元件名称	元件电路编号	与控制模块导通针脚	是否导通	信号波形	判定
右前转向灯					正常□　异常□

	波形绘制
检测通道: 检测部件插头针脚及颜色或编码: 检测工况:ON 挡□　怠速□ 每格电压: 最大信号电压值: 周期: 波形判断:正常□　异常□	

二、考核项目二

模块:汽车电子电气与空调舒适系统技术(中级)			考核时间:30 min
姓名:	班级:	学号:	考评员签字:
考核项目二:起动与充电系统检测维修【实操考核报告】			
(一)车辆信息记录			
(略,可不填写)			
(二)起动系统电路检测			
起动机电路图位置			记录所查询的电路图在维修手册位置
名称	起动电路熔丝	起动机继电器	起动机电机
电路编号			
判断	正常□ 异常□	正常□ 异常□	正常□ 异常□
(三)起动及充电系统性能检测			
参数名称	测量值		判断
起动电流			正常□ 异常□
起动时电压降			正常□ 异常□

参数名称	怠速工况	高转速(1 500 r/min)工况	判断
发电机输出电流			正常□ 异常□
充电电流			正常□ 异常□
蓄电池电压			正常□ 异常□
发电机发电负载信号			正常□ 异常□
发动机转速			正常□ 异常□

三、考核项目三

<table>
<tr><td colspan="3">模块:汽车电子电气与空调舒适系统技术(中级)</td><td colspan="2">考核时间:30 min</td></tr>
<tr><td>姓名:</td><td>班级:</td><td colspan="2">学号:</td><td>考评员签字:</td></tr>
<tr><td colspan="5">考核项目三:电器与控制部件检测维修【实操考核报告】</td></tr>
<tr><td colspan="5">(一)车辆信息记录</td></tr>
<tr><td colspan="5">(略,可不填写)</td></tr>
<tr><td colspan="5">(二)检测近光灯,找出导致灯泡不亮故障元件,记录故障元件相关信息,进行故障原因说明</td></tr>
<tr><td colspan="2">近光灯系统相关电路图位置</td><td colspan="2"></td><td>记录所查询的电路图
在维修手册位置</td></tr>
<tr><td>故障元件名称</td><td>故障元件编号</td><td>针脚编号</td><td>针脚线束颜色</td><td>故障分析</td></tr>
<tr><td></td><td></td><td></td><td></td><td>故障位置:灯泡□ 电路线束□
继电器□ 熔丝□
组合开关□ 其他□
故障原因说明:</td></tr>
<tr><td colspan="5">(三)检测喇叭系统电路,找出导致喇叭不工作故障元件,记录故障元件相关信息,进行故障原因说明</td></tr>
<tr><td colspan="2">喇叭系统相关电路图位置</td><td colspan="2"></td><td>记录所查询的电路图
在维修手册位置</td></tr>
<tr><td>故障元件名称</td><td>故障元件编号</td><td>针脚编号</td><td>针脚线束颜色</td><td>故障说明</td></tr>
<tr><td></td><td></td><td></td><td></td><td>故障位置:喇叭□ 电路线束□
继电器□ 熔丝□
喇叭开关□ 其他□
故障原因说明:</td></tr>
<tr><td colspan="5">(四)检测刮水器系统电路,找出导致刮水器不工作故障元件,记录故障元件相关信息,进行故障原因说明</td></tr>
<tr><td colspan="2">刮水器系统相关电路图位置</td><td colspan="2"></td><td>记录所查询的电路图
在维修手册位置</td></tr>
<tr><td>故障元件名称</td><td>故障元件编号</td><td>针脚编号</td><td>针脚线束颜色</td><td>故障说明</td></tr>
<tr><td></td><td></td><td></td><td></td><td>故障位置:电机□ 电路线束□
继电器□ 熔丝□
组合开关□ 其他□
故障原因说明:</td></tr>
</table>

四、考核项目四

模块:汽车电子电气与空调舒适系统技术(中级)			考核时间:30 min
姓名:	班级:	学号:	考评员签字:
考核项目四:空调与舒适系统检测维修【实操考核报告】			
(一)车辆信息记录			
(略,可不填写)			

(二)检测鼓风机系统电路,找出导致鼓风机工作异常故障元件,记录故障元件相关信息,进行故障原因说明,并修复故障元件

故障现象		
故障代码		
数据流		
鼓风机相关电路图位置		记录所查询的电路图在维修手册位置
可能故障原因分析:鼓风机□ 电路线束□ 鼓风机调速模块□ 熔丝□ 开关□		
检测项目	检测结果	判断
鼓风机工作电压		正常□ 异常□
鼓风机调速模块信号电压		正常□ 异常□
鼓风机调速模块供电电压		正常□ 异常□
熔丝		正常□ 异常□
故障说明		
故障元件		
故障机理分析		

(三)检测自动空调出风口风速,进行故障分析

出风口	鼓风机转速	风速(m/s)	鼓风机转速	风速(m/s)	鼓风机转速	风速(m/s)	判断
中央出风口	低转速		中转速		高转速		正常□ 异常□
左侧出风口	低转速		中转速		高转速		正常□ 异常□
右侧出风口	低转速		中转速		高转速		正常□ 异常□
可能故障原因分析:风道泄漏□ 风道堵塞□ 空调滤芯堵塞□							
故障说明							
故障位置							
故障机理分析							

(四)读取自动空调系统数据流

参数名称	怠速工况	发动机高转速(2 000 r/min)工况	判断
冷却液温度			正常□ 异常□
车内温度			正常□ 异常□
车外温度			正常□ 异常□
蒸发器温度			正常□ 异常□
制冷剂压力值			正常□ 异常□

汽车电子电气与空调舒适系统技术(中级)考题-配分评分表

一、电子控制电路检测与维修

(一)考试情景

➢ 考试院校可选用整车或发动机台架。

➢ 选用整车请填写【1.1 车辆信息】。

➢ 选用发动机台架请填写【1.2 发动机台架信息】。

1. 车辆/发动机台架信息

1.1 车辆信息

品牌		整车型号		生产日期	
发动机型号		发动机排量		行驶里程	
车辆识别码					
应具备正常系统功能	(1)起动、充电系统、点火系统功能正常 (2)灯光系统正常				

1.2 发动机台架信息

发动机型号		发动机号		生产日期	
应具备正常系统功能	(1)起动、充电系统、点火系统功能正常 (2)灯光系统正常				

2. 使用资料情况(依据院校实际情况填写使用资料情况)

➢ 考试院校根据选用整车或发动机台架填写【使用维修手册】及【使用其他的资料】信息。

使用维修手册	品牌： 车型： 年份： □中文版 □英文版	□电子档 □纸质档

使用其他的资料

资料名称	种类	类型
示波器使用手册	□电子档 □纸质档	□中文版 □英文版
万用表使用手册	□电子档 □纸质档	□中文版 □英文版

3. 使用设施设备情况(依据院校实际情况填写使用设施设备)

➢ 院校依据【使用设施设备】填写【学校实际使用设施设备名称】及【品牌】。

➢ 院校需按【数量】准备设施设备。

续表

使用设施设备					
序号	使用设施设备	学校实际使用设施设备名称	品牌	要求数量	使用项目
1	维修工具套装			1	零件拆装
2	多功能万用表			1	电路电压、导通检测
3	示波器			1	检测模块及电子元件波形
4	背插针			10	用于插接插头和线束

依据:汽车运用与维修职业技能考核【中级】培训方案准则中【汽车电子电气与空调舒适系统技术】-【强化培训设备与工具清单】任务 1-5,页码:P72-73。

4. 车辆故障信息(依据院校实际情况填写使用车辆故障信息)
➤ 依据院校实际情况填写【车辆原有故障】信息,车辆原有故障不应影响考核项目顺利进行。

车辆原有故障	例如:车辆机油泄漏;车辆冷却液泄漏;车辆喇叭不响等

5. 车辆设置考题
➤ 院校依据【车辆设置考题】进行考题设置。

车辆设置考题	一、车辆信息记录 二、查询维修手册,检测记录右前照灯侧,右前转向灯针脚信息及线束颜色/导线编码 三、右前转向灯与灯光控制单元模块的导通性及信号针脚波形检测
设置考题依据	汽车运用与维修职业技能考核【中级】培训方案准则中【汽车电子电气与空调舒适系统技术】中级实训项目 1-5,页码:P76-80。

(二)考试评分细项
➤ 监考官依据此项对考生进行评分。

评分项	得分条件	评分标准	配分	扣分
情意面 (作业安全) (职业操守)	1. 能进行工位 7S 操作(总分:3 分) □1.1 整理、整顿(0.5 分) □1.2 清理、清洁(1 分) □1.3 素养、节约(0.5 分) □1.4 安全(1 分) 2. 能进行设备和工具安全检查(总分:3 分) □2.1 检查作业所需要的工具设备是否完备,有无损坏(0.5 分) □2.2 检查作业环境是否配备灭火器(0.5 分) □2.3 检查多功能万用表的型号及规格是否符合作业要求(1 分) □2.4 检查多功能万用表的挡位及按键功能是否正常(1 分)	依据得分条件进行评分,按要求完成在□中打√,未按要求完成在□中打×并扣除对应分数,扣分不得超过 15 分	15	

续表

评分项	得分条件	评分标准	配分	扣分
情意面 (作业安全) (职业操守)	3. 能进行车辆安全防护操作(总分:3 分) □3.1 正确安装车辆绝缘翼子板布和格栅垫(1 分) □3.2 正确安装车内四件套(1 分) □3.3 正确安装后车轮挡块(1 分) 4. 能进行工具清洁校准存放操作(总分:3 分) □4.1 使用工具前对工具量具进行校准(1 分) □4.2 使用工具后对工具量具进行清洁(1 分) □4.3 作业完成后对工具进行复位(1 分) 5. 能进行作业过程规范操作(总分:3 分) □5.1 作业过程做到工具不落地(2 分) □5.2 作业过程做到零件不落地(1 分)			
技能面 (应用技能) (操作技能)	1. 能正确查询右前转向灯针脚信息(总分:8 分) □1.1 能正确查询出信号线(2 分) □1.2 能正确查询出接地线(2 分) □1.3 能正确查询出供电线(2 分) □1.4 能正确查询线束颜色及导线编码(2 分) 2. 能正确检测右前转向灯的信号电压(总分:9 分) □2.1 背插针安装之后,是否检查导通性(1 分) □2.2 是否确认电子元件插头安装情况(2 分) □2.3 检测电压时,多功能万用表的表笔连接是否正确(2 分) □2.4 多功能万用表所选择电压量程是否符合规格(1 分) □2.5 多功能万用表所选择挡位是否符合要求(1 分) □2.6 能正确记录读取的数据且单位正确(2 分) 3. 能正确检测右前转向灯与灯光控制单元模块的信号波形(总分:8 分) □3.1 检测过程中,探针连接是否牢固,有无短接(1 分) □3.2 读取信号波形是否暂停,并给考官确认(1 分) □3.3 波形是否放大,且清晰可辨(1 分) □3.4 波形的电压幅度和时间是否确认(1 分) □3.5 信号波形异常点是否确认(1 分) □3.6 在车辆怠速运转情况下,检测波形(1 分) □3.7 波形的截图清晰且正确(2 分)	依据得分条件进行评分,按要求完成在□中打√,未按要求完成在□中打×并扣除对应分数,扣分不得超过 25 分	25	
作业面 (保养作业) (拆装作业) (维修作业)	1. 能正确查询右前转向灯针脚信息(总分:4 分) □1.1 查找右前转向灯信号针脚(1 分) □1.2 查找右前转向灯接地针脚(1 分) □1.3 查找右前转向灯供电针脚(1 分) □1.4 记录各线束颜色及编码(1 分) 2. 能正确检测右前转向灯的信号针脚电压(总分:6 分) □2.1 安装插头,插接背插针(3 分) □2.2 打开右转向灯,检测右前转向灯的信号电压(3 分)	依据得分条件进行评分,按要求完成在□中打√,未按要求完成在□中打×并扣除对应分数,扣分不得超过 25 分	25	

续表

评分项	得分条件	评分标准	配分	扣分
作业面 (保养作业) (拆装作业) (维修作业)	3. 能正确检测可控交流发电机控制线的信号波形(总分:15 分) □3.1 将示波器探针连接至电子元件信号针脚(3 分) □3.2 将探针负极线连接至搭铁点(3 分) □3.3 打开汽车电源,读取电子元件信号针脚波形(3 分) □3.4 调试波形的电压和时间,并锁住波形,向考官确认(3 分) □3.5 记录调试后波形的最大信号电压和脉宽时间(3 分)			
信息面 (信息录入) (资料应用) (资讯检索)	1. 能正确使用维修手册查询资料(总分:4 分) □1.1 查询灯光控制模块的电路图(2 分) □1.2 查询右前转向灯的针脚端视图(2 分) □2. 能绘制右前转向灯信号波形图(总分:4 分) □3. 能正确记录读取的右前转向灯信号电压且单位正确(总分:2 分)	依据得分条件进行评分,按要求完成在□中打√,未按要求完成在□中打×并扣除对应分数,扣分不得超过 10 分	10	
工具及设备的使用能力 (岗位所需工具设备的使用能力) (办公软件的使用能力) (查询软件的使用能力)	□1. 能正确选用维修工具(总分:1 分) □2. 能正确使用维修工具拆装(总分:1 分) □3. 能正确使用多功能万用表(总分:2 分) □4. 能正确使用示波器(总分:4 分) □5. 能正确使用背插针(总分:2 分)	依据得分条件进行评分,按要求完成在□中打√,未按要求完成在□中打×并扣除对应分数,扣分不得超过 10 分	10	
分析面 (诊断分析) (检测分析) (调校分析)	□1. 能判断右前转向灯信号波形是否正常(总分:5 分) □2. 能判断右前转向灯与控制单元模块是否导通(总分:5 分)	依据得分条件进行评分,按要求完成在□中打√,未按要求完成在□中打×并扣除对应分数,扣分不得超过 10 分	10	
表单填写与报告的撰写能力 (电子工单) (纸质工单) (任务记录单)	□1. 字迹清晰(总分:1 分) □2. 语句通顺(总分:1 分) □3. 无错别字(总分:1 分) □4. 无涂改(总分:1 分) □5. 无抄袭(总分:1 分)	依据得分条件进行评分,按要求完成在□中打√,未按要求完成在□中打×并扣除对应分数,扣分不得超过 5 分	5	
合　计				

二、起动与充电部件检测维修

(一)考试情景

➢ 考试院校可选用整车或台架。

➢ 选用整车请填写【1.1 车辆信息】。

➢ 选用台架请填写【1.2 台架信息】。

1. 车辆/台架信息

1.1 车辆信息

品牌		整车型号		生产年月	
驱动电机型号		动力电池额定容量		行驶里程	
车辆识别码					
应具备正常系统功能					

1.2 台架信息

台架型号		台架号		生产日期	
应具备正常系统功能					

2. 使用资料情况(依据院校实际情况填写使用资料情况)

➢ 考试院校根据选用整车或台架填写【使用维修手册】及【使用其他的资料】信息。

使用维修手册	品牌： 车型： 年份： ☐中文版 ☐英文版	☐电子档 ☐纸质档
使用用户手册	品牌： 车型： 年份： ☐中文版 ☐英文版	☐电子档 ☐纸质档

使用其他的资料

资料名称	种类	类型
	☐电子档 ☐纸质档	☐中文版 ☐英文版
	☐电子档 ☐纸质档	☐中文版 ☐英文版

3. 使用设施设备情况(依据院校实际情况填写使用设施设备)

➢ 院校依据【使用设施设备】填写【学校实际使用设施设备名称】及【品牌】。

➢ 院校需按【数量】准备设施设备。

续表

使用设施设备					
序号	设施设备名称	学校实际使用设施设备名称	品牌	数量	使用项目
1	180 件套			1	零件拆装
2	多功能万用表			1	电路电压、导通检测
3	示波器			1	检测模块及电子元件波形
4	背插针			1	用于插接插头和线束
5	解码器			1	数据流读取

依据:智能新能源汽车职业技能考核【中级】培训方案准则中【强化培训设备与工具清单】序号:2-3,页码:P68。

4. 车辆故障信息(依据院校实际情况填写使用车辆故障信息)

➢ 依据院校实际情况填写【车辆原有故障】信息,车辆原有故障不应影响考核项目顺利进行。

车辆原有故障	

5. 车辆设置考题

➢ 院校依据【车辆设置考题】进行考题设置。

车辆设置考题	一、混合动力车辆信息记录 二、读取混合动力起动充电数据流读取 可设置:起动/充电电机温度传感器故障、动力电池电瓶容量过低 三、查询车身控制模块端子,并检测该端子针脚波形 可设置:针脚线束断路 四、检测起动充电电路并判定 可设置:继电器损坏、继电器的电路断路
设置考题依据	智能新能源汽车职业技能考核【中级】培训方案准则中【新能源汽车电子电气空调舒适技术】中级任务 2-3,页码:P92-95。

(二)考试评分细项

➢ 监考官依据此项对考生进行评分。

评分项	得分条件	评分标准	配分	扣分
情意面 (作业安全) (职业操守)	□1. 能进行工位 7S 操作(总分:3 分) □2. 能进行设备和工具安全检查(总分:3 分) 3. 能进行车辆安全防护操作(总分:4 分) □3.1 正确安装车辆内、外防护(1 分) □3.2 正确安装警戒带和高压电警示牌(1 分) □3.3 在进行 36 V 以上高压电作业时,穿戴绝缘手套、绝缘鞋、绝缘服及护目镜(1 分) □3.4 正确断开高压维修开关,并等待 5 min 以上(1 分) □4. 能进行工具清洁、校准及复位存放操作(总分:2 分) □5. 作业过程能进行三不落地操作(总分:3 分)	依据得分条件进行评分,按要求完成在□中打√,未按要求完成在□中打×并扣除对应分数,扣分不得超过 15 分	15	

续表

评分项	得分条件	评分标准	配分	扣分
技能面 (应用技能) (操作技能)	□1. 能正确读取起动/充电系统数据流且单位正确(总分:9 分) 2. 能正确检测控制模块指定针脚电压(总分:5 分) □2.1 检测电压时,多功能万用表的表笔连接是否正确(1 分) □2.2 多功能万用表所选择电压量程是否符合规格(1 分) □2.3 多功能万用表所选择挡位是否符合要求(1 分) □2.4 能正确记录读取的数据且单位正确(2 分) 3. 能正确检测控制模块指定针脚波形(总分:5 分) □3.1 波形是否放大,且清晰可辨(1 分) □3.2 指定针脚波形异常点是否确认(1 分) □3.3 在车辆怠速运转情况下,检测波形(1 分) □3.4 能正确记录读取的数据且单位正确(2 分) 4. 能正确检测起动充电电路并判定(总分:6 分) □4.1 能确认 IG1 继电器导通针脚编号及线圈针脚编号(1 分) □4.2 能确认 ACC 继电器导通针脚编号及线圈针脚编号(1 分) □4.3 能选取电阻挡测量继电器线圈电阻(2 分) □4.4 能选取导通挡测量继电器针脚导通性(2 分)	依据得分条件进行评分,按要求完成在□中打√,未按要求完成在□中打×并扣除对应分数,扣分不得超过25分	25	
作业面 (保养作业) (拆装作业) (维修作业)	1. 能正确读取充电系统数据流(总分:10 分) □1.1 选取和核对车辆信息,进入诊断界面(1 分) □1.2 选取并锁定指定数据流(1 分) □1.3 选取充电系统相关模块,怠速运转车辆,读取数据(4 分) □1.4 选取充电系统相关模块,高速运转车辆,读取数据(4 分) 2. 能正确检测控制模块指定针脚电压(总分:4 分) □2.1 断开插头,查找控制模块指定脚位置(1 分) □2.2 安装辅助电池负极端子,接通汽车电源(1 分) □2.3 检测电子元件的信号电压(2 分) 3. 能正确检测控制模块指定针脚波形(总分:5 分) □3.1 将示波器探针连接至控制模块指定针脚(1 分) □3.2 将探针负极线连接至搭铁点(1 分) □3.3 打开汽车电源,读取控制模块指定针脚波形(1 分) □3.4 记录调试后波形的最大信号电压和脉宽时间(2 分) 4. 能正确检测起动/充电系统电路(总分:6 分)	依据得分条件进行评分,按要求完成在□中打√,未按要求完成在□中打×并扣除对应分数,扣分不得超过25分	25	

续表

评分项	得分条件	评分标准	配分	扣分
作业面 (保养作业) (拆装作业) (维修作业)	□4.1 从电路图中能判断 IG1 继电器和 ACC 继电器的电路编号(2 分) □4.2 检测 IG1 继电器与电路导通性(2 分) □4.3 检测 ACC 继电器与电路导通性(2 分)			
信息面 (信息录入) (资料应用) (资讯检索)	1. 能正确使用维修手册查询资料(总分:8 分) □1.1 查询控制模块的电路图(2 分) □1.2 查询控制模块的针脚端视图(3 分) □1.3 查询 IG1 继电器和 ACC 继电器的电路编号(3 分) □2. 能正确记录所查询资料章节页码及所需维修信息(总分:2 分)	依据得分条件进行评分,按要求完成在□中打√,未按要求完成在□中打×并扣除对应分数,扣分不得超过 10 分	10	
工具及设备的使用能力 (岗位所需工具设备的使用能力) (办公软件的使用能力) (查询软件的使用能力)	□1. 能正确使用维修工具拆装(总分:2 分) □2. 能正确使用多功能万用表(总分:2 分) □3. 能正确使用示波器(总分:4 分) □4. 能正确使用背插针(总分:2 分)	依据得分条件进行评分,按要求完成在□中打√,未按要求完成在□中打×并扣除对应分数,扣分不得超过 10 分	10	
分析面 (诊断分析) (检测分析) (调校分析)	□1. 能判断不同工况的数据流是否正常(总分:2 分) □2. 能判断控制模块指定针脚波形是否正常(总分:2 分) □3. 能判断 IG1 继电器的电路编号(总分:3 分) □4. 能判断 ACC 继电器的电路编号(总分:3 分)	依据得分条件进行评分,按要求完成在□中打√,未按要求完成在□中打×并扣除对应分数,扣分不得超过 10 分	10	
表单填写与报告的撰写能力 (电子工单) (纸质工单) (任务记录单)	□1. 字迹清晰、无错别字(总分:2 分) □2. 语句通顺(总分:1 分) □3. 无涂改、抄袭(总分:2 分)	依据得分条件进行评分,按要求完成在□中打√,未按要求完成在□中打×并扣除对应分数,扣分不得超过 5 分	5	
合计				

三、电器与控制部件检测维修

(一)考试情景

➢ 考试院校可选用整车或台架。
➢ 选用整车请填写【1.1 车辆信息】。
➢ 选用台架请填写【1.2 台架信息】。

1. 车辆/台架信息

1.1 车辆信息

品牌		整车型号		生产年月	
驱动电机型号		动力电池额定容量		行驶里程	
车辆识别码					
应具备正常系统功能					

1.2 台架信息

台架型号		台架号		生产日期	
应具备正常系统功能					

2. 使用资料情况(依据院校实际情况填写使用资料情况)

➢ 考试院校根据选用整车或台架填写【使用维修手册】及【使用其他的资料】信息。

使用维修手册	品牌: 车型: 年份: □中文版 □英文版	□电子档 □纸质档
使用用户手册	品牌: 车型: 年份: □中文版 □英文版	□电子档 □纸质档

使用其他的资料

资料名称	种类	类型
	□电子档 □纸质档	□中文版 □英文版
	□电子档 □纸质档	□中文版 □英文版

3. 使用设施设备情况(依据院校实际情况填写使用设施设备)

➢ 院校依据【使用设施设备】填写【学校实际使用设施设备名称】及【品牌】。
➢ 院校需按【数量】准备设施设备。

续表

使用设施设备					
序号	设施设备名称	学校实际使用设施设备名称	品牌	数量	使用项目
1	180 件套			1	零件拆装
2	多功能万用表			1	电路电压、导通检测
3	背插针			1	用于插接插头和线束
4	黑胶带			1	用于检修线束

依据:智能新能源汽车职业技能考核【中级】培训方案准则中【强化培训设备与工具清单】序号:2-3;页码:P68。

4. 车辆故障信息(依据院校实际情况填写使用车辆故障信息) ➤ 依据院校实际情况填写【车辆原有故障】信息,车辆原有故障不应影响考核项目顺利进行。	
车辆原有故障	例如:发动机故障灯常亮;车辆机油泄漏;车辆冷却液泄漏;车辆燃油泄漏;轮胎气压不足;车辆喇叭不响;蓄电池缺电等
5. 车辆设置考题	
车辆设置考题	一、车辆信息记录 二、检测照明系统电路,找出灯泡不亮故障点 可设置:一边亮一边不亮、近光灯不亮、远光灯不亮、示宽灯不亮 三、检测喇叭系统电路,找出喇叭不工作故障点 可设置:一边响一边不响、都不响
设置考题依据	智能新能源汽车职业技能考核【中级】培训方案准则中【新能源汽车电子电气空调舒适技术】中级任务 2-3,页码:P92-95。

(二)考试评分细项
➤ 监考官依据此项对考生进行评分。

评分项	得分条件	评分标准	配分	扣分
情意面 (作业安全) (职业操守)	□1. 能进行工位 7S 操作(总分:3 分) □2. 能进行设备和工具安全检查 (总分:3 分) 3. 能进行车辆安全防护操作(总分:4 分) □3.1 正确安装车辆内、外防护(1 分) □3.2 正确安装警戒带和高压电警示牌(1 分) □3.3 在进行 36 V 以上高压电作业时,穿戴绝缘手套、绝缘鞋、绝缘服及护目镜(1 分) □3.4 正确断开高压维修开关,并等待 5 min 以上(1 分) □4. 能进行工具清洁、校准及复位存放操作(总分:2 分) □5. 作业过程能进行三不落地操作(总分:3 分)	依据得分条件进行评分,按要求完成在□中打√;未按要求完成在□中打×并扣除对应分数,扣分不得超过 15 分	15	

续表

评分项	得分条件	评分标准	配分	扣分
技能面 (应用技能) (操作技能)	1. 能正确检测照明系统电路,找出灯泡不亮故障点(总分:13分) □1.1 能确认不亮的灯泡位置及名称(2分) □1.2 更换灯泡过程中,没有用手触摸灯泡(1分) □1.3 能通过摇晃灯丝或目视方式检查灯泡灯丝有无烧损(2分) □1.4 能正确使用电压挡或导通挡检测熔丝是否损坏(2分) □1.5 能正确使用电阻挡、电压挡或导通挡检测继电器是否损坏(2分) □1.6 能正确使用电压挡、导通挡检测组合开关或线束是否损坏(2分) □1.7 检修的线束,无金属暴露,且包扎牢固,手法正确(2分) 2. 检测喇叭系统电路,找出喇叭不工作故障点(总分:12分) □2.1 能确认不响的喇叭位置及名称(2分) □2.2 能通过触摸或听音方式检查喇叭有无损坏(2分) □2.3 能正确使用电压挡或导通挡检测熔丝是否损坏(2分) □2.4 能正确使用电阻挡、电压挡或导通挡检测继电器是否损坏(2分) □2.5 能正确使用电压挡、导通挡检测喇叭开关或线束是否损坏(2分) □2.6 检修的线束,无金属暴露,且包扎牢固,手法正确(2分)	依据得分条件进行评分,按要求完成在□中打√,未按要求完成在□中打×并扣除对应分数,扣分不得超过25分	25	
作业面 (保养作业) (拆装作业) (维修作业)	1. 能正确检测照明系统电路,找出灯泡不亮故障点(总分:13分) □1.1 检查照明系统工作情况(2分) □1.2 查找不亮的前照灯灯泡,并检查灯泡是否损坏(1分) □1.3 更换损坏的灯泡,并验证是否点亮(2分) □1.4 根据电路图检测照明系统电路熔丝(2分) □1.5 根据电路图检测照明系统电路继电器(2分) □1.6 根据电路图检测照明系统组合开关或线束(2分) □1.7 更换故障熔丝、继电器或检修线束(2分) 2. 检测喇叭系统电路,找出喇叭不工作故障点(总分:12分) □2.1 检查喇叭系统工作情况(2分) □2.2 检查喇叭工作情况(2分)	依据得分条件进行评分,按要求完成在□中打√,未按要求完成在□中打×并扣除对应分数,扣分不得超过25分	25	

续表

评分项	得分条件	评分标准	配分	扣分
作业面 (保养作业) (拆装作业) (维修作业)	□2.3 根据电路图检测喇叭系统电路熔丝(2分) □2.4 根据电路图检测喇叭系统电路继电器(2分) □2.5 根据电路图检测喇叭系统开关或线束(2分) □2.6 更换故障熔丝、继电器或检修线束(2分)			
信息面 (信息录入) (资料应用) (资讯检索)	1. 能正确使用维修手册查询资料(总分:8分) □1.1 查询照明系统的电路图(2分) □1.2 查询喇叭系统的电路图(2分) □1.3 查询喇叭开关针脚端视图(2分) □1.4 查询组合开关针脚端视图(2分) □2. 能正确记录所查询资料章节页码及所需维修信息(总分:2分)	依据得分条件进行评分,按要求完成在□中打√,未按要求完成在□中打×并扣除对应分数,扣分不得超过10分	10	
工具及设备的使用能力 (岗位所需工具设备的使用能力) (办公软件的使用能力) (查询软件的使用能力)	□1. 能正确使用维修工具拆装(总分:1分) □2. 能正确使用多功能万用表(总分:5分) □3. 能正确使用背插针(总分:2分) □4. 能正确使用黑胶带检修线束(总分:2分)	依据得分条件进行评分,按要求完成在□中打√,未按要求完成在□中打×并扣除对应分数,扣分不得超过10分	10	
分析面 (诊断分析) (检测分析) (调校分析)	1. 能判断照明系统的故障原因(总分:5分) □1.1 能判断灯泡是否正常(1分) □1.2 能判断照明系统控制电路是否正常(2分) □1.3 能清晰说明照明系统故障原因(2分) 2. 能判断喇叭系统的故障原因(总分:5分) □2.1 能判断喇叭是否正常(1分) □2.2 能判断喇叭系统控制电路是否正常(2分) □2.3 能清晰说明喇叭系统故障原因(2分)	依据得分条件进行评分,按要求完成在□中打√,未按要求完成在□中打×并扣除对应分数,扣分不得超过10分	10	
表单填写与报告的撰写能力 (电子工单) (纸质工单) (任务记录单)	□1. 字迹清晰、无错别字(总分:2分) □2. 语句通顺(总分:1分) □3. 无涂改、抄袭(总分:2分)	依据得分条件进行评分,按要求完成在□中打√,未按要求完成在□中打×并扣除对应分数,扣分不得超过5分	5	
合　计				

四、空调与舒适部件检测维修

(一)考试情景

➢ 考试院校可选用整车或台架。

➢ 选用整车请填写【1.1 车辆信息】。

➢ 选用台架请填写【1.2 台架信息】。

1. 车辆/台架信息

1.1 车辆信息

品牌		整车型号		生产年月	
驱动电机型号		动力电池额定容量		行驶里程	
车辆识别码					
应具备正常系统功能					

1.2 台架信息

台架型号		台架号		生产日期	
应具备正常系统功能					

2. 使用资料情况(依据院校实际情况填写使用资料情况)

➢ 考试院校根据选用整车或台架填写【使用维修手册】及【使用其他的资料】信息。

使用维修手册	品牌:　车型:　年份: □中文版　□英文版	□电子档　□纸质档
使用用户手册	品牌:　车型:　年份: □中文版　□英文版	□电子档　□纸质档

使用其他的资料

资料名称	种类	类型
	□电子档　□纸质档	□中文版　□英文版
	□电子档　□纸质档	□中文版　□英文版

3. 使用设施设备情况(依据院校实际情况填写使用设施设备)

➢ 院校依据【使用设施设备】填写【学校实际使用设施设备名称】及【品牌】。

➢ 院校需按【数量】准备设施设备。

续表

使用设施设备					
序号	设施设备名称	学校实际使用设施设备名称	品牌	数量	使用项目
1	180 件套			1	零件拆装
2	多功能万用表			1	电路电压、导通检测
3	背插针			1	用于插接插头和线束
4	解码器			1	数据流读取
5	黑胶带			1	用于检修线束
6	温度计			1	用于检测室内温度

依据：智能新能源汽车职业技能考核【中级】培训方案准则中【强化培训设备与工具清单】序号：2-3；页码：P68。

4. 车辆故障信息(依据院校实际情况填写使用车辆故障信息)

➢ 依据院校实际情况填写【车辆原有故障】信息，车辆原有故障不应影响考核项目顺利进行。

车辆原有故障	例如：发动机故障灯常亮；车辆机油泄漏；车辆冷却液泄漏；车辆燃油泄漏；轮胎气压不足；车辆喇叭不响；蓄电池缺电等

5. 车辆设置考题

车辆设置考题	一、车辆信息记录 二、检测鼓风机系统电路，找出鼓风机工作异常故障点 可设置：鼓风机高速不转、鼓风机所有挡位都不转 三、读取电动空调系统数据流 可设置：车外传感器故障、压力传感器故障
设置考题依据	智能新能源汽车职业技能考核【中级】培训方案准则中【新能源汽车电子电气空调舒适技术】中级任务 2-3，页码：P92-95。

(二)考试评分细项

➢ 监考官依据此项对考生进行评分。

评分项	得分条件	评分标准	配分	扣分
情意面 (作业安全) (职业操守)	□1. 能进行工位 7S 操作(总分：3 分) □2. 能进行设备和工具安全检查 (总分：3 分) 3. 能进行车辆安全防护操作(总分：4 分) □3.1 正确安装车辆内、外防护(1 分) □3.2 正确安装警戒带和高压电警示牌(1 分) □3.3 在进行 36 V 以上高压电作业时，穿戴绝缘手套、绝缘鞋、绝缘服及护目镜(1 分) □3.4 正确断开高压维修开关，并等待 5 min 以上(1 分) □4. 能进行工具清洁、校准及复位存放操作(总分：2 分) □5. 作业过程能进行三不落地操作(总分：3 分)	依据得分条件进行评分，按要求完成在□中打√，未按要求完成在□中打×并扣除对应分数，扣分不得超过 15 分	15	

续表

评分项	得分条件	评分标准	配分	扣分
技能面 (应用技能) (操作技能)	1. 能正确检测鼓风机系统电路,找出鼓风机工作异常故障点(总分:14分) □1.1 能按照由低速挡位到高速挡位,依次检查各个挡位的鼓风机转速(2分) □1.2 能正确使用电压挡或导通挡检测熔丝是否损坏(2分) □1.3 能正确使用电阻挡检测鼓风机电阻模块的内部电阻(2分) □1.4 能正确使用电压挡检测鼓风机电阻模块的信号电压(2分) □1.5 能正确使用电压挡检测鼓风机插头针脚供电电压(2分) □1.6 能正确使用电压挡、导通挡检测开关及线束是否损坏(2分) □1.7 检修的线束,无金属暴露,且包扎牢固,手法正确(2分) 2. 能正确读取电动空调系统数据流(总分:11分) □2.1 选取的车辆信息是否正确,是否进行至少一次核对(1分) □2.2 选取的诊断模块是否正确(2分) □2.3 能正确记录读取的数据且单位正确(2分) □2.4 制冷工况数据读取时,有正确将空调开至最冷状态(2分) □2.5 是否在室内温度有明显降低情况下读取制冷工况数据(2分) □2.6 起动车辆前,是否做好安全检查(1分) □2.7 数据回放过程中,数据无缺少(1分)	依据得分条件进行评分,按要求完成在□中打√,未按要求完成在□中打×并扣除对应分数,扣分不得超过25分	25	
作业面 (保养作业) (拆装作业) (维修作业)	1. 能正确检测鼓风机系统电路,找出鼓风机工作异常故障点(总分:14分) □1.1 检查各个挡位时,鼓风机电机的工作情况(2分) □1.2 根据电路图检测熔丝(2分) □1.3 根据电路图检测鼓风机的供电电压(2分) □1.4 根据电路图检测鼓风机电阻模块的电压(2分) □1.5 根据电路图检测鼓风机电阻模块的电阻(2分) □1.6 根据电路图检测开关或线束(2分) □1.7 更换故障熔丝、鼓风机电阻模块或检修线束(2分) 2. 能正确读取电动空调系统数据流(总分:11分) □2.1 将解码器与车辆正确连接(1分) □2.2 打开汽车电源,检查是否驻车,挡位是否挂P挡(1分) □2.3 选取和核对车辆信息,进入诊断界面(1分)	依据得分条件进行评分,按要求完成在□中打√,未按要求完成在□中打×并扣除对应分数,扣分不得超过25分	25	

续表

评分项	得分条件	评分标准	配分	扣分
作业面 （保养作业） （拆装作业） （维修作业）	□2.4 选取电动空调系统控制模块，读取数据流（2分） □2.5 选取并锁定指定数据流（1分） □2.6 怠速运转车辆，读取不制冷时空调系统数据（1分） □2.7 怠速运转车辆，读取空调系统数据（2分） □2.8 将读取的数据进行捕捉，然后保存在指定文件夹内，然后命名为准考证号（1分） □2.9 向考官确认所捕捉数据，并进行回放（1分）			
信息面 （信息录入） （资料应用） （资讯检索）	1. 能正确使用维修手册查询资料（总分：8分） □1.1 查询鼓风机的电路图（4分） □1.2 查询鼓风机电阻模块的针脚端视图（4分） □2. 能正确记录所查询资料章节页码及所需维修信息（总分：2分）	依据得分条件进行评分，按要求完成在□中打√，未按要求完成在□中打×并扣除对应分数，扣分不得超过10分	10	
工具及设备的使用能力 （岗位所需工具设备的使用能力） （办公软件的使用能力） （查询软件的使用能力）	□1. 能正确使用维修工具拆装（总分：2分） □2. 能正确使用多功能万用表（总分：2分） □3. 能正确使用背插针（总分：2分） □4. 能正确使用解码器（总分：2分） □5. 能正确使用温度计（总分：2分）	依据得分条件进行评分，按要求完成在□中打√，未按要求完成在□中打×并扣除对应分数，扣分不得超过10分	10	
分析面 （诊断分析） （检测分析） （调校分析）	1. 能判断鼓风机及电阻模块是否正常（总分：5分） □1.1 能判断鼓风机是否正常（1分） □1.2 能判断电阻模块是否正常（1分） □1.3 能判断熔丝是否正常（1分） □1.4 能判断开关或线束是否正常（1分） □1.5 能清晰说明故障原因（1分） 2. 能判断不同工况的电动空调系统数据流是否正常（总分：5分） □2.1 能判断车内和车外温度数据是否正常（2分） □2.2 能判断蒸发器相关数据是否正常（2分） □2.3 能判断吹脚和吹面的通道温度数据是否正常（1分）	依据得分条件进行评分，按要求完成在□中打√，未按要求完成在□中打×并扣除对应分数，扣分不得超过10分	10	
表单填写与报告的撰写能力 （电子工单） （纸质工单） （任务记录单）	□1. 字迹清晰、无错别字（总分：2分） □2. 语句通顺（总分：1分） □3. 无涂改、抄袭（总分：2分）	依据得分条件进行评分，按要求完成在□中打√，未按要求完成在□中打×并扣除对应分数，扣分不得超过5分	5	
合　计				

1+X 证书制度实践研究报告

沈盛军　白树全　郝　魁

1+X 证书制度汽车职业技能等级培训与考评调研分析报告

一、前言

1. 调研的原因

本次调研工作,主要是对 2020 年上半年,在我院车辆工程系开展的首批 1+X 证书制度汽车职业技能等级培训与考评的组织、实施、总结。

为了 2021 年即将进行的新一轮培训与考评的顺利开展,课题组成员共同要完成本课题的研究,来更好地推动 1+X 培训与考评,使学生在培训过程中,学生有序参与学习和实践,教师能够有的放矢地进行培训与考评。因此课题组成员开展了本次调研,为后续工作做好工作基础。

2. 调研的目的

本次开展的问卷调研,主要目的是了解 2018 级(参与 2020 年首次 1+X 培训与考评的同学)同学,从其填写问卷的情况来了解学生对 2020 年的培训与考评的整体培训过程、方法,考评的工单、评价表、实训场地与设备等各方面的意见和建议。通过整理和分析所填问卷内容,精准作出更加适合我院汽车专业的 1+X 证书制度的培训与考评工作,为逐步推进课证融通,从而开展了本次调研。

3. 调查方法

本次调查方法主要是问卷调查和现场探讨。

对于参与过首轮 1+X 培训与考评工作的学生,由于他们已经处于大三顶岗实习阶段,因此使用网络调查问卷(问卷星)完成线上调研。使用问卷星可以便捷地采集学生对问卷内容的回答,并且形成可信数据,方便进行分析。

对于参与培训与考评的教师,采用共同讨论的方式,参与教师提出个人的相关看法和建议。

4. 调研对象

本次调研的对象主要是 2018 级参与 2020 年首轮汽车专业 1+X 证书制度实施的学生,以及推动、参与培训与考评的教师。

二、调研内容及分析

本次采用的问卷主要包括对培训内容、培训效果、考评阶段,以及建议这四块内容。

本次共收回67份调研问卷,有效答卷67份。

1. 培训内容及相关分析

(1)你了解什么是1+X证书制度吗?

经过调研,非常了解的学生只有24人,占调查有效答卷人数约36%,比较了解的学生是38人,占调查有效答卷人数约57%,不太了解有5人,占比约7%。

由此分析发现,能够很清楚了解国家出台的1+X证书制度的人群还是非常少的,因此我们在进行培训与考评的工作中,首先要把国家的文件和精神传达到学生那里,并且让学生从心底意识到落实国家政策的意义,从内心深处激发起学生学习的内生动力。

(2)在进行1+X培训过程中的目标是否明确?

经过调研,非常明确的学生有41人,占调查有效答卷人数约61%,较为明确的学生是22人,占调查有效答卷人数约33%,不太明确有4人,占比约6%。

由此分析发现,大部分同学能够明确自己参与1+X培训的目标。在后续工作中不仅要让学生了解我们培训的目的是获得技能等级证书,更重要的是提高分析问题、解决问题的能力。

(3)培训的内容是否与岗位技能要求匹配?

经过调研,选择很匹配的学生有40人,占调查有效答卷人数约60%,选择较为匹配的学生是23人,占调查有效答卷人数约34%,认为一般匹配的学生有4人,占比约6%。

由此分析可知,我们的培训内容与企业实践工作任务较为贴切,得到了同学们的认可。在接下来的工作中,应该更多发掘企业的相关案例和企业工作任务,实现工学结合的人才培养模式,以1+X培训与考评的工作实施,进一步加深学生对企业工作任务所需求的技能的了解和掌握。

(4)培训内容是否符合本人学习的需要?

经过调研,选择非常符合的学生有42人,占调查有效答卷人数约63%,选择较为符合的学生是23人,占调查有效答卷人数约33%,认为一般符合的学生有3人,占比约4%。

由此分析可知,培训所选的任务模块和考评内容,符合同学们的学习需求。培训设置的教学内容符合学生在专业培养的要求,结合人才培养方案,通过本次培训,对教学中学习的知识和技能进行了有效巩固。

(5)培训过程中的培训技巧和形式是否符合您的学习要求?

经过调研,选择非常符合的学生有39人,占调查有效答卷人数约58%,选择较为符合的学生是27人,占调查有效答卷人数约40%,认为一般符合的学生有1人,占比约2%。

由此分析可知,培训中使用的培训技巧形式,能满足大部分学生的学习要求,但还需要不断提高培训技巧,并且随着参与考评的学生人数的增多,我们还需要不断丰富培训的形式,在有限的时间和实训场地设备条件下,更好地把技能和知识传授给学生。

(6)培训中采用理实一体的培训模式,是否符合您的学习需求?

经过调研,选择非常符合的学生有44人,占调查有效答卷人数约66%,选择较为符合的学生是22人,占调查有效答卷人数约33%,认为不太符合的学生有1人,占比约2%。

由此分析可知,培训中使用理实一体的培训模式,非常符合培训的学习需求。根据培训的内容,结合考评的要求,可以把统一的理论知识和技能实操基础进行合并,作为培训考评指导手册的基础部分,加强理论基础的学习和认知,能够对后续实操有更好的指导作用,更好地提高实操的学习效果和效率。因此采用理论实操相结合,会得到更好的培训效果。

2. 培训效果及相关分析

(1)培训学习对于考评阶段的帮助状况?

经过调研,选择非常有帮助的学生有 39 人,占调查有效答卷人数约 58%,选择较为有帮助的学生是 27 人,占调查有效答卷人数约 40%,认为帮助一般的学生有 1 人,占比约 2%。

由此分析可知,培训整体效果还是不错的,学生对培训学习的效果还是满意的,说明培训是开展考评的重要抓手,考评通过率要高,必须加强培训的力度。另外,在培训阶段应适当地把培训的教学内容引入到实训或课堂教学中,努力朝着课证融通的方向进行研究。

(2)培训对于你的职业生涯和发展是否有帮助?

经过调研,选择非常有帮助的学生有 37 人,占调查有效答卷人数约 55%,选择较为有帮助的学生是 28 人,占调查有效答卷人数约 42%,认为帮助一般的学生有 2 人,占比约 3%。

由此分析可知,培训对于学生的职业生涯和发展是具有很大帮助的,通过参与培训,学生能够把课堂上学到的知识和技能,通过培训更进一步梳理、掌握,并通过这样的学习方式,不断巩固自身的知识和技能,也学习到了解决问题的思路和方法,并且使学生形成了良好的学习习惯和思考模式,对于学生未来的职业生涯,不管是做哪些行业,都能够积极胜任。因此在接下来的培训与考评阶段,应该更加注重提升学生的学习习惯、思考能力、解决问题的能力。

(3)对于培训过程中的整体安排您是否满意?

经过调研,选择非常满意的学生有 39 人,占调查有效答卷人数约 58%,选择较为满意的学生是 25 人,占调查有效答卷人数约 37%,认为不太满意的学生有 3 人,占比约 5%。

由此分析可知,学生对本次培训过程的整体安排大部分还是满意的,但也有部分同学对培训的过程不太满意。经过分析,应该是人数较多,在进行实训安排中,根据场地、师资、设备的安排还需要沟通和协商,把有限的资源安排得更加合理,让学生在培训任务中都能够人人参与,并且有总结、有评价、有进步地参与培训。

3. 考评阶段

(1)考评阶段的翻转表的应用是否清晰明了?

经过调研,选择非常了解的学生有 42 人,占调查有效答卷人数约 63%,选择比较了解的学生是 22 人,占调查有效答卷人数约 33%,认为不太了解的学生有 3 人,占比约 5%。

由此分析可知,学生对本次考评的过程大部分是了解,但是并不都是十分了解,因此在进行考评之前,需要在培训阶段增加选拔制的模拟考评阶段,让学生能够提早了解并掌握考评的模式和方法,降低学生考评阶段的紧张感。

(2)对于考评表中的考评内容和考评要点了解情况。

经过调研,选择非常熟悉的学生有 37 人,占调查有效答卷人数约 55%,选择比较熟悉的学生是 25 人,占调查有效答卷人数约 37%,一般熟悉的学生是 5 人,占比约 7%。

由此分析可知,还是有一半的学生对于考评表中考评内容和评分要点掌握不是很全面。如果对考评内容和考评评分表掌握不太全面,会影响学生学习和考评的发挥。因此在培训阶段要让学生提前掌握考评表内容和评分表评分准则,并且严格按照考评的要求参与培训学习,按照评分流程认真完成培训任务,才能在考评阶段头脑清晰、有条不紊地完成考评任务。

(3)考评阶段对于自己的实践操作技能是否得到了很大提升。

经过调研,选择非常提升自己的技能的学生有56人,占调查有效答卷人数约84%,选择提升程度一般的学生是11人,占调查有效答卷人数约16%。

由此分析可知,正式的考评阶段还是很锻炼学生的实操技能和现场发挥能力的。以真实的现场考核和严格的翻转表去考评学生的学习能力和学习效果,能够给学生留下难忘的学习场面,使学生记忆深刻。同时在考评阶段中,由于压力倍增,所以学生在考评阶段的实操过程会深深地烙印在心中。通过培训与考评,能够让学生技能提升,更重要的是心智更加成熟,应对特殊情况的心理素质更加沉稳。

(4)对于考评的整体过程,您是否满意?

经过调研,选择非常满意的学生有43人,占调查有效答卷人数约64%,选择比较满意的学生是22人,占调查有效答卷人数约33%,选择不太满意的有2个学生,占比约3%。

由此分析可知,考评的过程,大部分同学还是比较满意的。但是毕竟培训与考评的学生还不是全体18级同学,如何把1+X证书制度下的培训与考评更好地融入日常教学中,融入汽车专业课程中,内化于人才培养方案中,实现课证融通,是需要不断地探索和打破现有学习模式,不断地尝试改进和更新人才培养方案,才能让更多的学生参与这样深刻的培训与考评,为其后续的人生道路做好积极准备。

4. 意见及分析

(1)意见和建议。根据学生问卷调查所填的相关建议,现进行汇总整理,提出一些个人想法、具体见表4-6-1。

表4-6-1 意见与建议

序号	意 见	建 议
1	考评的试题与任务定的太仓促	提前定好考评试题及评分表
2	培训时间较短,个人实操时间短	增加培训时间与个人实操时间
3	培训阶段要是参考考评的模式去学习,效果会更好	培训阶段多以考评模式去培训
4	考试时个人精神紧张	增加个人情绪和应战能力的提升锻炼
5	建议老师培训时要分开培训,将考试重点和操作方法统一化	形成培训内容的系统化、重难点的操作方法统一化
6	考评任务有点欠缺,考评任务内容简单化,易懂一些	简化培训与考评的任务设置,加强考评任务理论基础的学习研究
7	培训老师对于某些问题不专业	提高教师团队师资教学与培训能力
8	培训的设备、实训车辆需要加强	更新设备,提高设备资源的合理配置和应用
9	培训过程中加入模拟考评,让学生有一些考试经验,更好地应对考评,降低错误操作	培训中多增加模拟考评,来提前锻炼学生的考试应对能力,多讲解总结易错、误操作的实操点,进行不断总结提炼
10	在培训学习中真正学到很多知识,并且亲自动手证实了	实现课证融通,在课堂中就进行1+X培训与考评,能够极大地提高学生学习的兴趣和效率

(2)分析。通过查阅问卷、分析问卷、解读反馈意见,为接下来的工作提供了宝贵意见。通过综合分析讨论,对接下来的工作提出以下几点要求:

①培训指导手册内容中,第一部分应该是有关国家出台的 1+X 政策,以及我国职业教育发展的相关文件,再加上有关文件的部分解读,能够使同学和老师在一个高度上去审视所做的工作;第二部分是找到符合我院汽车专业实训所需设备场地,并且结合企业故障诊断与排除的案例,参考"职业大典"汽车专业职业技能等级的标准,形成一种有高度、接地气的考核培训项目与任务,并且在培训练习过程中,为了让每一位同学都能够参与任务学习和练习,指导手册要配有相应学生操作的任务工单、评分表,使用翻转轮次表,加入培训学生,与此同时,通过理实一体教学模式,来阶段性(从简单到复杂的故障诊断与排除的训练任务)锻炼学生的思维和解决问题的方法,让学生形成良好的学习习惯;第三部分是模拟实战演练,通过指导手册设置安排的考核内容,设计轮次翻转表,让每位学员按照要求和评分表,轮流进行实践考核,并记录其模拟考核的评分项,并且录像,在课后学生通过录像找到不足,充分认识缺点和不足。

②统筹好实训场地、设备、班级人数轮次翻转表的安排。在有限的资源情况下,通过合理安排,选小组组长进行分组训练,培养小组长,通过组长安排小组学习,下发任务,即在学习技能的同时,也提高了优秀人才的管理能力。

③每个参与培训学习的学生、老师都要以一种学有所成的态度去完成任务。学生完成每一次任务后,都要进行总结、拍照,并且把自己学习的成果打印出来,贴到指导手册的成长记录页中,从理念、行动中,形成学习有成果的好习惯。教师也要在培训、考评中总结每天发现的问题和不足,并列出解决办法到指导手册中。通过学生、老师各自和相互之间的沟通交流反馈,最终形成培训、考评指导手册,不断地迭代形成教育成果。

三、总结

通过本次调研分析,我们掌握了本次参与 2020 年首轮 1+X 培训与考评的学生与教师的宝贵反馈,这为接下来课题组不断推进 1+X 技能等级培训与考评提供了很好的参考和引导。虽然调查的人群数量占到参与首轮考评人员的比重不是很高,但是也能够说明我们推动 1+X 证书制度改革推进是正确的道路,是对现在职业教育现状的不断优化改进的良好措施,我们会不断努力,为发展更好的职业教育而努力钻研,坚持进步。

实践课证融通的教学过程应用案例

从“课证融通”到“岗课赛证融通”的模式构建1+X证书制度工作的典型案例如下。

为贯彻落实党的二十大精神、全国教育大会精神和习近平总书记关于教育的重要论述，推进新时代职业教育改革发展，国务院印发了《国家职业教育改革实施方案》。为深入贯彻落实《国家职业教育改革实施方案》和《职业技能提升行动方案(2019—2021)》文件精神，积极推进“学历证书+若干职业技能等级证书”制度开展，各职业院校积极开展1+X证书制度改革的相关工作。

包头职业技术学院车辆工程系新能源汽车技术专业积极探索1+X证书制度的建设，并积极开展“课证融通”到“岗课赛证融通”的模式研究和实践探索。新能源汽车技术专业1+X证书制度是专门针对人才培养和行业需求的制度设计，切合当今职业教育人才培养目标和教育理念，为职业院校改革新能源汽车专业人才培养模式提供政治保障和指明了方向。因此将1+X证书制度融入课程教学中，形成课程教学内容和证书鉴定内容的融会贯通，在此基础上，要有效结合企业岗位发展需求，同时结合大学生各类型的大赛，锻炼学生的多方面能力，使学生获得更多的职业技能等级证书和创新能力提升证明，帮助学生在今后的工作中能更加胜任工作岗位。

一、教学策略

依据新能源汽车技术专业教学标准，结合企业岗位能力需求，并以立德树人为根本任务，贯穿“知行合一”的教学理念，遵循“学生主体，教师主导”，校企共同设计了“一三六”教学模式，即一条任务驱动链，课前、课中和课后三阶段，按照探-导-策-施-评-拓递进式教学环节，开展理虚实一体、线上线下混合式教学，采用任务驱动、情境导入等教学方法，指导学生自主学习和协作探究，做到做中学，做中教，如图4-7-1所示。

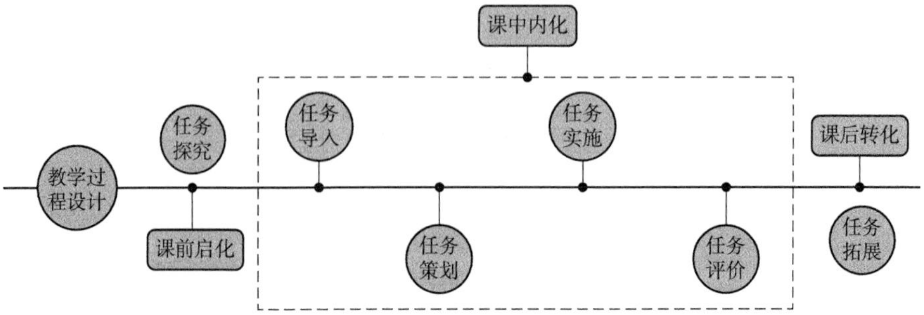

图4-7-1 教学过程实施

以《新能源汽车维护与故障诊断》课程教学为例，推进“课证融通”到“岗课赛证融通”的探索实践，将证书考核要点结合岗位技能需求，分解成课程不同任务，在课程教学中融入相关大学生赛项，打造“岗课赛证融通”的高效课堂，培养德才兼备的高素质技术技能人才。

二、教学实施及效果

1. 在“课证融通”的基础上，采用理虚实一体、线上线下混合式教学，完善考核评价，开展证书考核点和岗位技能点的融合，采取任务驱动的教学实施。

首先要对 1+X 证书制度培训考核的内容进行信息筛选，可以结合考评过程中所使用的考评项目实施筛选。例如，在新能源汽车电子电气空调舒适技术考评实施项目中，主要考查内容是学生对新能源汽车空调系统的故障诊断过程。通过分析考评表中此项目的考评项目，结合证书考评具体要求和《新能源汽车维护与故障诊断》的课程标准、授课计划，将考评点作为授课的教学点，完成空调故障诊断实施的有效融合。在教学过程中采用理虚实一体的教学方法，在教室对空调理论知识点和考评表进行内容分析，然后在虚拟仿真实训室，完成虚拟仿真操作，对空调系统进行虚拟实践，之后带上虚拟仿真实践的疑问和理论知识，到实训场地，同时也是培训考评的地方，进行现场实车操作。通过分析电路图，在实车上进行空调系统的故障诊断。之后根据课前分析归纳，课中探索实践，课后总结实战，完成课证融通的实践操作，如图 4-7-2 至图 4-7-4 所示。

图 4-7-2　学生在进行考评实践

图 4-7-3　教师在进行考评实践

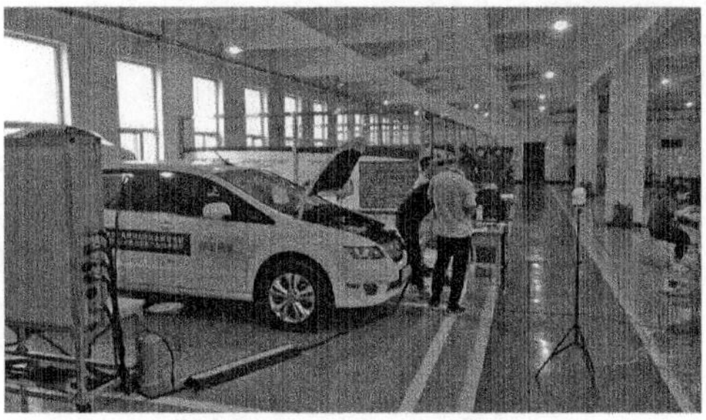

图 4-7-4　考评实践

2. 在“课证融通”的教学实践基础上，融合岗位能力需求，进行技能点分解，融合各类大赛及教师学生能力提升的途径，实现岗课赛证融通路径。

在进行“课证融通”的过程中，逐步分解企业岗位能力需求的技能点，对企业岗位进行人才培养的走访调研，形成企业岗位能力分析报告。结合能力分析报告，在进行课程实践教学中，设计接近企业岗位的情景，重点考查锻炼学生应急处置能力。另一方面，也要积极推动学生参与创新创业大赛、技能大赛，在大赛中磨炼学生的意志，锻炼团队合作能力，培养学生的创新制造能力，真正培养学生全方位的综合能力，更好地适应企业岗位的需求。在进行新能源汽车技术专业“岗课赛证融通”过程中，教师科研能力得到提升，如图 4-7-5 所示；学生也在“岗课赛证融通”学习实践中，发现了可以作为创新改造的知识技能点，经过打磨，参加创新创业大赛，并获得了优异的成绩，如图 4-7-6 所示。

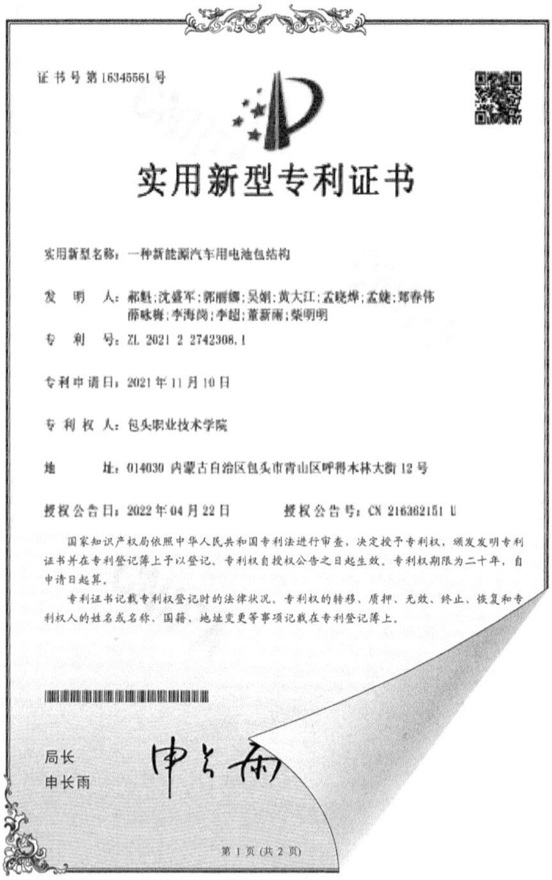

证书号第16345561号

实用新型专利证书

实用新型名称：一种新能源汽车用电池包结构

发明人：郝魁;沈盛军;郭丽娜;吴娟;黄大江;孟晓烨;孟婕;郑春伟
薛咏梅;李海岗;李超;董新雨;柴明明

专利号：ZL 2021 2 2742308.1

专利申请日：2021年11月10日

专利权人：包头职业技术学院

地址：014030 内蒙古自治区包头市青山区呼得木林大街12号

授权公告日：2022年04月22日　　授权公告号：CN 216362151 U

国家知识产权局依照中华人民共和国专利法进行审查，决定授予专利权，颁发发明专利证书并在专利登记簿上予以登记。专利权自授权公告之日起生效。专利权期限为二十年，自申请日起算。

专利证书记载专利权登记时的法律状况。专利权的转移、质押、无效、终止、恢复和专利权人的姓名或名称、国籍、地址变更等事项记载在专利登记簿上。

局长
申长雨

第1页（共2页）

图 4-7-5　教师获得的专利

荣誉证书

包头职业技术学院

罗伟东、张志义、鲍国健、王子源、丛庆、刘子龙、赵德权、王涛、张超同学：

你（们）的作品《动力电池的保温箱-纯电动恒温控制系统》在第十二届“挑战杯”全区大学生课外学术科技作品竞赛中荣获

二等奖

指导教师：郝魁、郭丽娜、柴明明

特发此证，以资鼓励。

共青团内蒙古自治区委员会　内蒙古自治区教育厅　内蒙古自治区科学技术协会　内蒙古自治区学生联合会

二〇二一年六月

图 4-7-6　学生获得的创新大赛荣誉

3. 多元化的考评方式,助推新能源汽车技术专业实践课证融通的教学过程

课程采用结果性评价和过程性评价相结合,评价方式多样化、评价主体多元化,资源库平台实现全程教学管理,课程教学与考评结合,及时有效记录评价大数据,依据平台记录,实现个性化学习和差异化指导。考核评价如图 4-7-7 所示。

三、总结

依据 1+X 证书标准构建"岗课赛证"融通模式是新时代职业教育改革发展的创新产物,是学院推进 1+X 证书制度试点工作,以及体现职业院校"三教"改革政策深度落实,参与院校的人才培养,聚焦职业教育新一代新兴技术专业人才培养方案、课程体系、教师、教材及信息化资源、教法、课堂、人才培养质量评价等方面的重要举措。课题团队致力于探索形成技术技能人才培养新模式,构建对接职业标准的课程体系,开发符合职业教育的课程模式,加强教师团队教学能力建设,开发新型教材与教学资源,创新职业教育教学方法,改革职业教育课堂模式,创新职业教育人才培养质量等。

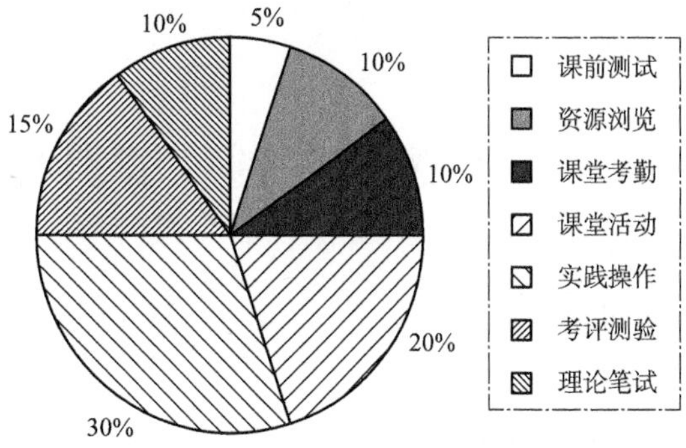

图 4-7-7　考核评价

在执行过程中,主要存在的问题是教学资源库更新动力不足,由于教学资源制作周期长,经济成本高,人力投入多,而教学内容往往更新较快,教学资源的更新进度往往滞后且后劲不足。新能源汽车技术专业的 1+X 人才培养体系,以及"岗课赛证"融通的课程教学改革是否能顺利进行,在内涵建设方面的更新与推进进度成了很关键的问题。在完成预期的目标上,目前已经完成大部分内容,阶段性目标已经达成。

后期的工作思路和研究方向主要有以下两方面:

一是课程体系搭建方面,课程内容来源于真实的岗位技能要求,在运用大数据技术,采集行业岗位大数据,通过进行职业能力模型分析,这个过程中,虽然在行业上能做到最大限度的涵盖,但是从数据中得出来的岗位信息相对表面和浅显,与企业真实岗位的内容存在一定的差距。另外,就是行业细分领域和应用领域范围大,企业专家往往由于经验局限某一行业,很难展现全部内容,因此在进行岗位工作分析到课程转化的过程,存在一定偏颇。在难度上、行动领域的划分上不完全符合真实行业岗位,这也是后续需要验证的部分,后续课程内容将陆续实施,同时跟进学生的就业情况,开展调研,根据反馈结果不断优化调整课程内容。

二是课程内容教学改革方面,教学过程的实施效果如何,还需结合后续的反馈情况进行调整和优化。另外,在开发新形态教材及项目式精品教辅资源库的过程中,需要及时更新行业新技术、新工艺、新标准的内容。因行业企业的技术、规范、工艺更新速度较快,教学内容不可避免具有滞后性,更新的内容到底能发挥多大作用,还需师资队伍及骨干力量进一步验证是否真正符合行业发展需求。

1+X 证书制度培训与考评模式的研究报告

一、研究内容

（一）项目实施的意义

近年来，随着新能源汽车的发展，行业的人才需求也日益增多。而与以往传统汽车相比，新能源汽车在人才具备的专业知识和可持续发展能力方面有着更高的要求，需要大量在新能源汽车研发、生产装配和检测维修方面的复合型人才。当前，职业院校的新能源汽车专业人才培养模式和专业设置大部分仍停留在借鉴传统汽车专业培养模式上，难以满足汽车产业发展对人才的需求。因此，改革新能源汽车人才培养模式，已然成为各职业院校发展新能源汽车专业的首要任务。新能源汽车技术专业 1+X 证书制度是专门针对人才培养和行业需求的制度设计，切合当今职业教育人才培养目标和教育理念，为职业院校改革新能源汽车专业人才培养模式提供政治保障和指明了方向。与此同时，新能源汽车技术专业 1+X 证书制度的培训考核方面还处于探索研究阶段，例如，对于拟定培训与考核计划、准备相关培训考评文本资料、开展技术验证、学生实践等还需要具体探索研究。

因此本课题实施具有以下方面的价值。

1. 理论价值

能够明确在 1+X 证书制度背景下，新能源汽车技术专业教育要达到的教学目标，为建设符合企业需求的、满足学生可持续发展的复合型技术技能型人才培养培训模式带来启发和推动作用；同时，将本课题的研究与学院 1+X 证书制度试点工作相结合，探索构建符合学院实际的新能源汽车技术专业 1+X 证书制度的培训与考评模式。

2. 实际价值

能够深化学生对新能源汽车维修技术不同阶段的职业活动和职业技能要求的认识，提高学生的学习兴趣，加强学生对新能源汽车的检查保养、检测维修、故障诊断等技能的学习和掌握；课题研究还能够强化学生对新能源汽车技术实际典型工作任务知识点和技能点的培养和提高，依据典型工作任务形成 1+X 证书制度培训与考评的过程资料与指导手册，推进学历证书与职业技能等级证书的有机衔接，进一步规范培训考评过程。

（二）课题实施内容

1. 课题实施的阶段

以学院新能源汽车技术专业 1+X 证书制度试点工作和培训与考评实践经验作为课题实施的工作基础，结合 OBE 成果导向教育理念，对新能源汽车技术专业 1+X 证书制度的培训与考评模式进行研究探索和实施。

课题实施的整体过程包括三个阶段:第一阶段为理论研究学习阶段,第二阶段为培训与考评的过程建设阶段,第三阶段为应用总结阶段。

第一阶段理论研究学习阶段,该部分主要是对《国家职业教育改革实施方案》《关于在院校实施"学历证书+若干职业技能登记证书"制度试点方案》《2020 年课证融通与 1+X 证书制度考评实施》《OBE 教育理念下三全育人理论与实践》等文件资料的学习和体悟进行研究,结合学院自身的实训场地和设备,对新能源汽车电子电气空调舒适技术(中级)试题及评分表进行剖析,为研究出符合学生考评、教师培训、实训场地设备的 1+X 智能新能源汽车培训与考评的指导手册而做好工作基础。第二阶段是培训与考评的过程建设阶段。在此阶段,基于学院新能源汽车技术专业 1+X 证书制度的试点工作中的考评工单项目和参与培训、考评的学生和教师的调研分析报告,结合学院、学生的自身特点和企业需求设计工作任务单,强调学生合作性学习和达成性评价,以学生学习成果为导向,构建培训考评体系,结合第一阶段的工作基础,编撰一套培训与考评的指导手册。第三阶段是应用总结阶段,课题实施的应用总结内容,主要包括将 1+X 证书制度的培训与考评体系应用到新能源汽车技术专业的核心课程中,实践课证融通,并根据情况适当改进培训与考评指导手册。同时,总结课证融通的经验,将职业资格证书所需要的技能充分融入课程教学中,逐步提高教学质量,增强学生的职业综合素质水平,为培养出能够满足社会需求的汽车维修技能型人才打下良好的基础。

2. 课题实施的内涵

1)实践 1+X 证书制度,是助力职业教育高质量发展的新途径

职业教育通过不断的改革创新举措,取得了丰硕的成果。通过在学历教育阶段增设书证融通,拓宽学习者在职业技能的考核认定,提高学生的就业本领,使用教育与培训、职业与技能的这种育训结合的创新模式,能够有效解决职业教育培养的人才与企业所需人才的无缝对接。

2)开展 1+X 书证融通,解决职业教育在教育过程中与企业脱节的状况

职业院校积极开展 1+X 证书制度,探索适合地区经济发展的书证融通措施,在职业教育的课程建设、专业建设、双师培养等方面提供可参考、可借鉴、可实施的新方法举措。通过梳理"1"与"X","书"与"证"之间的关系,结合职业院校以立德树人的根本任务,实现职业教育的证书与职业技能等级证书的相互融通,实现企业与学校之间的合作融通,实现学习的工作任务和企业的岗位工作任务对接,解决企业与学校之间的脱节。

3)1+X 证书制度的实施,能够为职业教育的教材、教法、教师的改革提供新驱动力

教材改革对于学生、教师、课堂是至关重要的,教材是连接学生与企业的重要纽带。因此,教材建设工作要结合书证融通的实施过程同步发展,通过开展 1+X 证书制度,能够将企业岗位相关标准和作业内容,融入课堂使用的教材中,教师能够依据企业真实案例和工作内容,进行学校教学,学生也能够通过书证融通教材,提早了解企业所需岗位内容,提高证书培训考核的通过率。对于教学方法而言,通过书证融通的实施,教师可以更加深入地实施理实一体化教学,并且将职业技能等级证书的培训阶段内容融入日常教学中。对于教师而言,1+X 证书制度的实施,能够为教师提供有关职业技能的培训,提高教师在职业技能培训考核中的能力,提升教师培训能力,增加学院双师型教师比例和质量。

3. 课题实施的主要内容

1)培训考核阶段缺乏资源保障

学院在开展新能源汽车技术专业的职业技能等级证书培训与考评阶段,考评员教师的培训经

验不足,教师在日常教育实训中,缺乏对培训考评的实施经验,考评阶段主要还是以一种上实训教学的能力和操作流程,去进行智能新能源汽车职业技能等级考评,不能满足 1+X 证书制度的培训考评的技能要求;另外,书证融通过程中相匹配的培训场地和设施设备,还不能满足职业技能等级证书考评任务需求,场地设备的设置理念还停留在新能源汽车技术专业知识体系的教授环节,但对于智能新能源汽车职业技能等级证书的培训所要求的场地设备的设置方面,存在不符合企业实际岗位需求,致使在进行职业技能等级证书考评的功能上,还不能满足职业技能等级证书考评场地设备需求。

2)师资团队缺乏对书证融通体系框架理解

作为 1+X 证书制度的试点单位,学院已经开展了三轮智能新能源汽车职业技能等级考评认证,但该任务只停留在培训考评的层面,师资团队并没有深入研究 1+X 证书制度的内涵要义,缺乏对书证融通体系的理解,更没有把职业技能等级证书完全融于课程体系和教学内容中。首先作为 1+X 证书制度的实施者,教师队伍没有深入理解职业技能等级标准的内涵,吃透书证融通的重要性,致使在思想上同国务院所要求的存在较大差距,教师队伍就停留在完成任务的层面;其次,教师队伍在进行 1+X 证书制度融于人才培养方案的过程中,将人才培养的选修模块增设一栏 X 模块,代表是书证融通,看似是放入了人才培养方案,但是没有在课程体系中体现出书证融通。因此教师队伍缺乏对书证融通的整体理解,会致使 1+X 证书制度运行得不顺畅。

3)培训考评前后工作人员投入的工作量巨大

在进行新能源汽车技术专业的职业技能等级证书培训考评前后阶段,考评员教师、实训中心教师、系部办公室教师三类教师团体,要进行很多备考工作。例如,系部办公室要进行报名同学的筛选、登记信息、安排时间与考评员,在后期要进行考生的成绩核算、汇总、录入系统、公示等一系列后续工作,任务叠加繁重。对于考评员教师,要在短时间内考评很多学生,由于工位、设备紧张,同一组学生考评所花费的时间更长,同时要进行现场监督记录,考评员的精力和体力跟不上考评过程的节奏,致使考评效果下降。对于实训中心的教师,要提前做好报名人员的轮转表设计,并且要将知识体系下的实训场地、设备,快速转变为职业技能等级证书考评环境下的场地设备安排,还要进行监控的调试、视频的转换和存储工作,随时对现场提供有效服务。所有参与 1+X 证书制度考评的工作人员的任务量巨大,所耗费的精力时间较为冗长。

4. 课题实施的主要内容

依据课题实施的三阶段分析,课题实施主要包括以下内容:

(1)对参与 1+X 证书制度试点工作的学生、教师进行调研分析,形成调研报告。

(2)基于 OBE 成果导向教学理念,梳理新能源汽车技术专业 1+X 证书制度培训考核过程,设计学生学习过程记录工单,形成学生学习成果记录(学习、培训、考核、评价)。

(3)以 OBE 成果导向教学理念为框架,构建新能源汽车技术专业 1+X 证书制度培训考评体系,并编撰一套培训、考评指导手册。

(4)将指导手册应用到新能源汽车技术专业核心课程教学中,实践课证融通,并总结经验改进培训、考评指导手册。

(三)课题实施思路

人才培养方案是开展 1+X 证书制度培训与考评的重要指导纲领。在进行新能源汽车技术专业 1+X 证书制度培训与考评等教学过程中,应该以 OBE 理念所提出的人才培养成果为导向进行反向设计。通过学生要求掌握的企业岗位所需技能，以学生能够掌握的此种学习成果，开展反向设计的教学体系，所以 OBE 理念是一种以学生所能掌握的成果为实际测评点，按照新能源汽车专业人才培养方案，进行新能源汽车技术专业人才培养体系的设计，持续关注学生在学习阶段所获得的学习成果，并反馈于人才培养体系设计。

另外，新能源汽车保有量的不断扩大，带动了新能源汽车维修行业从业人员的需求量激增。但目前新能源汽车维修技能人员较为紧缺，无法满足企业需求，只能由相近行业从业人员进行递补。在此背景下，学校应该提高汽车维修人员有关新能源汽车技术再学习、再培训的机会，以 1+X 证书制度为契机，结合 OBE 的全员全程参与人才培养的思想，对新能源汽车技术专业学生的知识能力素质进行培训与考评，提高学生及从业人员的岗位技能要求，建设符合岗位需求的新能源汽车技术培训与考评的实训资源配置，和具有培训能力的“双师型”师资团队，为新能源汽车技术专业培养更多符合社会需求的人才做好保障工作。

依据 OBE 理念，以学生为中心、以学习成果为导向，分析探讨新能源汽车技术从业人员应该具备的技能和素质，进行反向设计。从国家和社会对新能源汽车企业等相关制造业战略规划的大局出发，结合学校人才培养方案和学生及从业人员的职业生涯发展需求，依据以上调研的分析总结，来决定新能源汽车技术专业的人才培养目标；依据培养目标决定学生毕业所要掌握的各项要求；依据毕业要求，进行分层提炼培养标准的各项指标点，该指标点也要结合新能源汽车技术职业技能等级证书的各项培养标准，形成书证融通的指标点；依据各项指标点来决定课程体系建设，建设过程中要体现 1+X 证书制度的课证融通设计理念；依据课程体系的建设要求，从实际教学、培训、考评等各方面教学要求，决定教学内容的设计与实施。

这样的一个整体成果导向的人才培养体系设计，要对全部环节、全部参与者、全部成果，进行整体的评价和管理，并且不断地把反馈与评价应用于整体设计环节过程中，形成一种持续性的诊断与改进，并完成螺旋式上升的学生学习成果积累。学生通过有关课证融通的课程学习，完成学习成果积累，通过 1+X 培训考评的鉴定，获得所需新能源汽车技术专业的相关职业技能等级证书，获得所需培训考评成果。通过成果导向人才培养体系设计、相关管理制度的制定、保障措施的实施，有效提升学生及从业人员的整体学习成果获得的能力和效率。成果导向人才培养设计流程如图 4-8-1 所示。

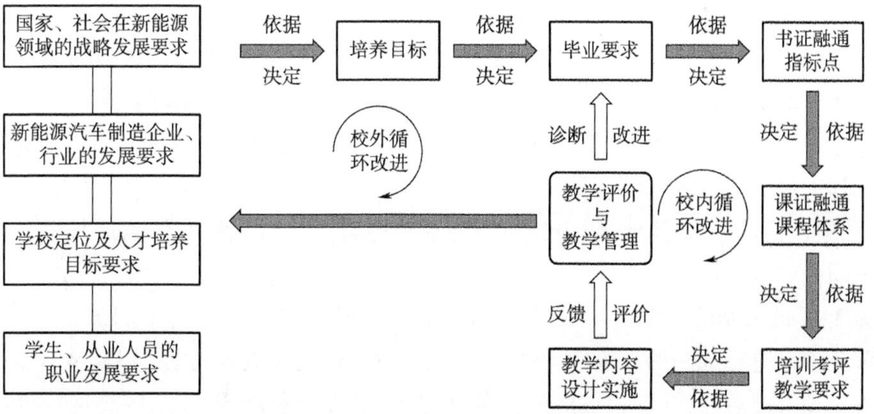

图 4-8-1　成果导向人才培养设计流程

（四）新能源汽车技术专业书证融通的具体措施

1. 梳理职业技能培训资源，构建多功能型培训考核环境条件

首先要对实训中心进行提档升级。依托新能源汽车技术专业高水平专业群的建设，在此基础上，梳理现有实训中心的场地和设备，将新能源汽车体验实训中心进行功能区域精细划分，划分的原则是智能新能源汽车职业技能等级证书模块，例如，划分新能源汽车动力驱动电机电池技术、新能源汽车悬架转向制动安全技术、新能源汽车电子电气空调舒适技术三大模块，然后对模块进行功能区细分，例如，对新能源汽车悬架转向制动安全技术模块，可以划分为新能源汽车转向模块、悬架模块、制动模块三个方向，在进行专业教学的知识体系授课阶段，可以将此模块的考核内容融入新能源汽车底盘构造专业核心课程的课程标准、授课计划中。通过实训中心功能区划分，结合书证融通、课证融通，形成利用率高、效率高的教学、培训一体化的新能源汽车体验实训中心。

其次，实训中心为了配合新能源汽车职业技能等级证书培训与考核，同时兼顾实训教学任务，要构建一套制度保障体系，通过制度的制定运行，合理安排实训场地、设备、实训室工作人员，发挥好实训中心的资源优势，配置好资源的使用，管理好实训中心的各项资源，形成一套可以循环纠正的制度保障体系，形成良性循环效果，降低实训中心设备空置率，减少实训室工作人员的工作强度，为1+X证书制度的正常运行提供坚实保障。

2. 打造“知行合一”高素质的书证融通“双师型”教师队伍

学院要力争打造高素质“双师型”教师，首先要站在国家战略角度，理解国家推行的职业教育改革实施方案，认识1+X证书制度的重要意义，明晰职业教育要通过1+X证书制度的改革实施，强化校企合作产教融合，改变校企脱离的现状等一系列重要内涵要义，有了高度的认识和理解，才能在思想上重视，在行动上体现国家职业教育改革的意志。

其次，教师队伍要在加强自身知识技能提高的基础上，不断提高培训技能的培养，在以往教授知识和进行实训指导的同时，培训学生的技能也要不断提高。教师队伍要积极参与企业培训，鼓励教师走出去，到企业、社会培训组织进行培训技能的学习深造。学院人事处成立教师发展中心，对教师在日常、寒暑假进行阶段性的企业实践锻炼，并做日常出勤和学习的考察，强化教师入企业学习，打破形式化的企业实践锻炼现状，真正提高教师实践技能。

通过对“双师型”师资团队的思想、实践技能、培训能力的提升，不断打造一支“知行合一”的高素质教师队伍，为1+X证书制度的落地实施提供有力的师资保障。

3. 建立科学的1+X证书制度管理平台

培训评价组织在各省市设立的推进中心，对试点院校的试点工作进行详细的调研，并定期组织院校试点工作的汇报和反馈工作，培训评价组织主动发现院校在试点过程中遇到的困难，通过建立一个科学的管理平台，为学院开展1+X证书制度提供平台保障。通过使用科学的管理平台，简化院校工作人员的工作量，随时记录考评学生从报名、培训、候考、考核、成绩录入、公示、颁证等一系列流程，一次信息录入，实时上传过程记录，这样的管理平台能够有效地提高学生、工作人员的任务完成质量和效率。

同时该1+X证书制度管理平台也要有对接国家学分银行的功能。培训评价组织要根据国家1+X证书服务平台进行统一的政策性文件的发布，同时各大院校应该设立自己的账号，在运行1+X证书制度的培训考评阶段，开展相应的过程监督评价、过程记录查看、证书的查询等事项；同时报名参考的学生，能够通过个人账户进入平台，查询个人职业技能等级证书的获取情况；同时该平台应该开放学分互换功能,学校鼓励学生在校期间获取更多的职业技能等级证书,例如,新能源汽车技术专业的同学可以获取汽车运用与维修技术相应职业技能等级证书,甚至可以跨系部,进行其他专业的技能等级证书学习考评,通过获取职业技能等级证书,可以进行学分互换,提高学生就业本领,有利于学生进入企业快速融入企业岗位和职业发展。

(五)新能源汽车技术专业书证融通的具体措施

1. 将职业技能等级证书融入人才培养方案

依据新能源汽车技术专业教学标准与职业技能等级证书的各项标准,持续修订并完善新能源汽车人才培养方案。首先,新能源汽车技术专业带头人和骨干教师、实训中心要统筹专业教学资源,对各类资源进行梳理,深入分析解读新能源汽车技术专业教学标准和职业技能等级标准,找到相互之间的契合点,进行融合对接;然后,按照新能源汽车技术职业技能等级标准和专业教学标准的要求,将新能源汽车技术的证书培训内容有机融入专业人才培养方案,优化课程设置和教学内容,形成模块化的课程体系并对接培训考核的相关内容与标准;其中,最为重要的是对新能源汽车技术专业的职业面向、培养目标、培养规格、毕业要求等专业人才培养关键要素进行全面梳理、科学定位,将职业技能等级标准的“1”与“X”,深度融合到新能源汽车技术专业人才培养方案中。

2. 梳理并重构新能源汽车技术专业核心课程

新能源汽车技术专业教学标准对标新能源汽车技术技能等级证书标准,完善人才培养方案。首先,要以学生及从业中所要获得的新能源汽车技术专业相关技能成果,结合职业技能等级标准内容,对现有新能源汽车技术专业核心课程的课程标准和课程教学内容进行重构,将 1+X 职业技能等级标准所要求掌握的知识、技能、素质,融入课程教学体系中,形成书证融通模块化课程;然后在教学、培训、考评阶段,整体教学设计过程中形成持续反馈的改进机制,形成可推广可示范的示范课程和经验,并将此经验逐步推广到新能源汽车技术专业的公共基础课、专业基础课、实训实习课程、毕业综合技能训练等课程,分类重构书证融通的新能源汽车技术专业课程体系。

3. 建立新能源汽车技术专业学分转换机制

学生在修完新能源汽车技术专业人才培养方案所规定的学分后,可以获得学历证书。同时在进行 1+X 证书制度培训考核合格后,获得相应职业技能等级证书,此时学生所获得的成果应该是可以相互转换的;学生在参加职业技能等级证书培训考核的同时,通过学分银行学分认证后,就可以按照规定兑换学历教育所需学分,免修相关课程。通过学历证书与职业技能等级证书之间的融通互换,能够为国家百万扩招、国家资历框架建设提供丰富的实践经验和实施基础。

4. 加强双师型教师队伍建设

新能源汽车技术专业带头人要深入研究 1+X 证书制度的内涵,把握新能源汽车技术专业实施 1+X 证书制度的背景和意义,理解国家对职业教育改革实施的重大措施举措;同时学院要打造新能源汽车技术创新教师团队,提高教师团队职业技能等级培训与考评中的任务和职责,教师团队负责人带领好新能源汽车技术骨干教师团队,不断完善人才培养方案,重构新能源汽车技术核心课程,不断优化教学方法、完善教师队伍建设、推动新型化活页式等教材开发;另外,新能源汽车技术专业骨干教师应该加强技能培训的能力提升,多参加各种技能培训提升会议,掌握技能培训的流程设计和培训能力的提升方法;最后,学院行政部门应该加强对教师企业实践锻炼的管理,利用教师业余时间、寒暑假阶段,学院针对性地为新能源汽车技术创新教师团队提供合适企业,并进行企业锻炼阶段性巡查考核,提高教师团队企业锻炼的效果,通过各种举措,加强新能源汽车技术专业的“双师”素质创新教师团队建设,提高团队教师专业技能、实践教学能力和社会服务能力,建立一支理论基础扎实、实践技能丰富、培训能力强大的新能源汽车技术创新教师团队。

5. 完善管理制度,做好保障工作

在推动书证融通的实施过程中,必须强化学院的保障措施。首先学院需成立 1+X 证书制度实施的领导小组,在书证融通推进工作中起到制度的制定、协调部门工作等重要职责;同时各个系部依据自身负责专业,成立专业项目实施工作组,负责专业具体的培训考评实施方案,加强政策的落地与顺利实施,并总结经验;另外,学院要出台相应的资金保障制度,用于书证融通实施中师资队伍的培训提升、优化实训资源配置、改善教学和实践条件等经费保障,确保 1+X 证书制度的顺利开展。

二、研究的总结

新能源汽车技术专业在开展 1+X 证书制度运行过程中,遇到很多困难,尤其作为试点院校,已经通过三轮的试点运行,突出表现的困难很明显。这就需要从院领导到系部领导,最后到 1+X 证书制度的实际运行的教师团队,要深刻理解国家 1+X 证书制度的内涵要义,结合新能源汽车技术专业的就业单位,如中航锂电动力电池企业、新大洋电机企业对电池的装配、工艺流程、电机的装配等岗位需求,要结合到新能源汽车技术专业的相应课程体系中,如新能源汽车电池与管理系统检修、新能源汽车驱动电机与控制系统检修等专业核心课程的日常教学中,将职业技能等级证书标准融于人才培养方案、课程标准、授课计划中,这样就可以将 1+X 证书制度的培训内容有机融于日常教学中,达到“1”与“X”的相互融合效果。同时所匹配的实训与培训资源要进行合理配置,保证课程知识体系的健全,同时又能完成 1+X 的培训与考评。

同时,将职业技能等级证书融入人才培养方案,对接职业技能等级标准内容,重构新能源汽车技术专业课程体系和课程标准,不断强化新能源汽车技术专业师资团队的建设,在学院和系部有力的保障措施和资金制度的支持中,开展新能源汽车技术专业书证融通的实践,并结合 OBE 理念,以学生和从业人员学习成果导向为指引,积极开展 1+X 证书制度的相关工作。

总之,从学院领导到一线教师,应该从理念到行动,致力于 1+X 证书制度的实践推广,不断推进落实国家职业教育改革实施方案,为国家培养更多德技双修的技术技能型人才,为培养高质量的人才队伍做出贡献。